寺廟與台灣開發史

卓克華／著

國立編譯館／主編

揚智文化事業股份有限公司／印行

謹以本書敬獻給兩位好友：

杜潔祥

與

陳俊榮（孟樊）教授

　　人間最難得是友情，憶昔佛光同事三載，宿舍同層連室，陽台互通，起居往來，不必設防。三年在校，朝授業講課、暮聚宴設飲、夜則品茗泡湯，或談佛論經，或修文讀書，常有清談竟夜，不覺破曉，各自回房，枕龜山，擁蘭陽，酣然入眠，彷彿夢中相通。時晨鳥鳴枝，曳空而過，一夜又逝。此間之樂，有終老意圖，余有詩聯紀道：

　　「入林美山，讀大文章，潔祥常為我開顏。一旦豁然，明月禪心通妙諦。

　　立三書樓，玩佳山水，海景最宜秋極目。雙友如翼，風雲高飛遨長空。」

　　如今人去室空（一無奈從商，一另樓他校），獨留我一人，時或海山東望，落日寒濤，雲掩霧鎖，一樹迷濛。有時清夜課讀，冷月殘照，中宵幽憂，風雨淒淒，對影三人，自悲身殘。深情雅調，弦斷聲絕，無復斯友與斯樂，感舊興懷，追思往事，獨唱寡合，好不落寞，心甚哀之，乃新名宿舍，曰「無鄰居」。

楊　序

　　我與克華最常在兩個場合謀面：一是民政局或文化局的古蹟調查研究審查會上，一是台北的大小書店。前者是應學術上的需要，後者是讀書人所不可少的。

　　克華投身古蹟歷史的研究爲時甚早，而且以風格一致，立論突出見稱。古蹟歷史的研究與一般的史學研究有很大的差別，後者有既定的方向和明確的目標，及問題意識，前者卻依受託標的的不同而必須時刻面對未知的挑戰。一般而言，每一個古蹟研究案的研究期限多半不超過一年，期間歷史研究還必須提早於建築的調查測繪開始之前，至少也要與現況調查相輔並進，一方面建立廣泛而正確的史觀與史實，一方面必須將結論與現況相互驗證。研究期程的壓力，與各古蹟史料的闕如，所以這一課題的研究有很大的難度，常使歷史研究者望而卻步。作爲歷史學者，克華卻能從蛛絲馬跡中，抽絲剝繭，進而鐵口直斷，作爲建築研究者的後盾，著實不是一件容易的事。

　　這本著作，對克華而言雖然只是牛刀小試，卻也是他長年浸淫在古蹟環境中的實錄。因爲，要使十二個類別相同的古蹟彙集成書，必然已累積了數十個不同類別的古蹟歷史研究經驗與成果，同時也要有能承接這麼多委託案，而且敢「放膽」給他一個人做研究的業主，更重要的當然還是克華他那隨時迎刃而解的能力與鍥而不捨的毅力。

這本著作的選樣可謂集台灣、澎湖、金門等地的廟宇之大成，不是以赫赫有名的廟宇為標的，而是在「兵來將擋」的情形下，以妙手接招的成果所展現的集錦。其中台中、彰化地區的廟宇約佔五處，北台地區佔兩處，東台地區佔一處，澎湖佔三處，金門佔一處。每一處古蹟之間，雖然彼此沒有絕對的關係，克華卻都有令人難以置信的語不驚人誓不休的成果。每一篇都十足展現出克華「大膽的假設、細心的求證」的史學風範與工夫，足為古蹟研究者的效法與參考、古蹟修復者的明燈與指引、古蹟參觀者深入堂奧的教戰守則。尤其附錄中的台灣寺廟古蹟參觀與研究，頗具實用的價值（編按：附錄兩篇，尊重審查委員意見，已刪除）。因此，與其說將這本書定位為古蹟歷史研究的專書，不如說是集理論與實用於一身的最佳著作。

楊仁江

序於中國文化大學古蹟及建築攝影研究室

2005年10月25日

徐　序

　　古蹟與歷史，猶如鏡子與鏡中之像，前者是一個具象的實體，後者是抽象的已逝虛境，兩者若能巧妙勾聯，透過鏡面的反射及傳達，可以鮮活的映照出歷史意象。歷史的詮釋，有賴於詳實的史料蒐證考據，更要有宏達的史觀和成熟的編排比較，透過邏輯的敘事、靈動的筆力刻劃，方克將「歷史事件」的鮮活意義打動讀者、產生共鳴。

　　卓克華教授多年沉浸在台灣史的鑽研，因緣際會地與古蹟修護的建築同道，多相往還。承其相助，對我們維修的古蹟歷史，以其生動刻劃的筆力，把殘舊的寺廟，聯結上刻板抽象的史料，霎時之間，古廟頓時成為充滿意義的所在，原本看似無關的碑文、方志、考古文獻史料，在其生花妙筆的編纂演繹之下，逐漸凝結成歷歷在目的歷史景象，經由古廟的陳跡，沛然充斥在歷史空間之中，斯時斯刻，寺廟猶如承載歷史的鏡台，映射出光彩絢麗的歷史雲彩。

　　克華兄的歷史鑽研功夫，向來別樹一幟、不落窠臼。特點之一，對既有研究文獻以及相傳多年的定論，充滿好奇和懷疑。「探其究竟、研其根源」是對歷史用心的基調，但因一再提出新的見解和歷史的可能性，往往在抽絲剝繭中，推翻了舊說公案，發現新歷史的驚奇。例如鹿港金門館的用途，一般被視為金門同鄉來台的接待會館，克華兄在研究捐輸碑文後，發現更深一層的意

義，金門館更是全台僅存的金門「水師伙館」，在史料鋪陳下，原本平淡無奇的「重建浯江館碑記」，呈現出清代當時的班兵制度、餉恤薪俸甚至職官升遷等等歷史佐證及趣聞，對金門館的歷史研究，拓耕一片足堪來者深入玩味的研究園地。又如新竹長和宮的研究，克華兄以其長年在「行郊史」的歷史洞見，將新竹早年墾拓的民間勢力「塹郊組織」聯結上清代新竹地區的陰墾史事「金廣福墾拓」以及慈善救濟的育嬰堂、地方自衛綏靖的平亂……以「長和宮」蕞爾寺廟的歷史空間，詮釋出大範圍地方歷史社會力的中介；凡此種種皆為其多年浸淫台灣史功力的展現。

　　歷史史料的陳述，如果過於關注史學範域，則不免艱澀抑且狹隘，本書的史事敘述，關心的不僅止於史事的真實性，更旁及當時社會生活的描寫以及社會關係的分析。景美集應廟的史論，娓娓道出安溪人高氏一族在文山區的墾拓以及其地緣宗族展現的地方勢力；梧棲真武宮更見證了日治時期寺廟活動「鸞堂」降筆會介入戒煙運動的史實；新竹長和宮凸顯了行郊勢力與墾拓組織的關係。歷史與社會的勾聯，相當程度的拓展了史學研究方法論在社會向度的範疇，更進一步觀照到常民生活的社會現象。

　　古蹟的生命力，因歷史詮釋的活力，可以彰顯出更深沉的空間文化意義，從澳洲在聯合國教科文組織Ecomos認可下，於1999年頒佈的《布拉憲章》(The Burra Charter)為1964年《威尼斯憲章》之後，最重要的保存憲章，主要彰顯國際文化的保存趨勢，更在於將歷史空間的「文化意義」詮釋，視為重要的保存客體。克華兄以其深沉的史學素養，兼以文采瀟灑的敘事筆力，豐富了我們對寺廟古蹟的參訪之路，更重要的是，將散佚不明的社會文化意

義聯結上生硬的史蹟建築，從本書中，我們可以更進一步邁入古
蹟的生命之旅。

華梵大學
徐裕健

謹序2005年台北

目　次

第一章

鹿港金門館

——一座清代班兵伙館的新發現

第一節　金門館創建之背景

　　金門館創建淵源，一向的說法是清代金門人在鹿港的同鄉會館兼廟宇，因主祀神明蘇府王爺是從金門縣金湖鎮分香而來，金門又稱浯洲、浯嶼，故又稱「浯江館」。金門館的創建，坊間頗多著述，或杜撰或臆度，以訛傳訛，輾轉抄襲，誤導至今，幸今留有一道光十四年（1834年）之「重建浯江館碑記」，可以提供吾人追索考證，明瞭其創建之背景、因由與經過。碑文記：

> 凡物開創為難，而繼承實易；然開創尤易，而繼承則更難也。彰之西，有鹿溪市焉。其地負山環海，泉廈之郊、閩粵之旅，車塵馬跡不絕於道，而後知台陽之利藪畢聚于斯也。曩者浯人崇祀蘇王爺之像，由淡越府，過鹿溪，而神低徊不能去。卜之曰：「此吉地也，余將住留於此。」然有是神，必有是館。顧為之考其始，則係浯人許君樂三所居之宇，遺命其子薄賣改建。時在嘉慶乙丑（按即十年，1805年）鳩眾而成之，修其頹敗，補其罅漏，相與祈求禱祀焉……故凡官斯鎮及弁丁輿夫、彼都人士，無不憩息其間。蓋是館之建，由來遠矣！……（下略）

這段碑文需要詮釋說明者約有三端：

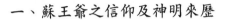

一、蘇王爺之信仰及神明來歷

　　有關蘇王爺之來歷，鹿港坊間一般著述係抄襲舊《金門縣志》，不清不楚，又謂分香自「浯德宮」，按事實上是「伍德宮」不是「浯德宮」，且光是「伍德宮」在金門就有同名寺廟多座，如金寧鄉伍德宮：在古寧頭南山，祀蘇、秦、金、何王爺及廣澤尊王。金湖鎮有二座伍德宮，一在新頭，祀蘇王爺及邱、梁、秦、蔡諸姓之神，民國六十五年（1976年）重修。一在林兜，祀蘇王爺等❶。試問是從哪一座伍德宮分香而來的？新修《金門縣志》對蘇王爺由來有詳盡確實之稽考，茲引述如下❷：

> 蘇王爺：合從祀邱、梁、秦、蔡稱「五王爺」，為清代水師營兵供奉於內校場觀德堂之神。後有營兵移防台灣鹿港，隨營將蘇王爺神像帶去，僅餘四王，故訛稱為「四王爺」。今鹿港有金門館，即蘇王爺廟也。又台南安平、台北艋舺，各有金門館祀蘇王爺，亦清營兵移防時自觀德堂乞求香火，隨往奉祀者。舊志云：神屢著靈異，咸豐三年（1853年），廈門會匪傾眾來犯，神先期乩示，令各戒備，賊果大敗。被獲者供稱：在海上見沿岸兵馬甚多，賊各奪氣，以是致敗。其祖廟在新頭，兩營官兵奉之甚謹。又云：相傳神係隨牧馬王陳淵來者，然《浯洲見聞錄》謂同淵來者十二姓，獨無蘇姓。俗傳神名蘇永盛，係出自乩巫之口，文獻無徵，不足信也。據清趙新出使琉球還，為神請加封號表云：臣等查詢閩省士民，據云：神蘇姓，名碧雲，係福建同安縣人，生於明季天

啟年間，讀書樂道，不求仕進。晚年移居海島，洞悉海道情
形，海船均蒙指引平安。歿後於海面屢著靈異，兵商各船均
祀香火。每歲閩省巡洋，一經籲禱，俱獲安全。此次復屢叨
護佑，可否援照海神之例，一併頒給匾額，用答神庥。是前
清水師營兵奉之蘇王爺乃蘇碧雲。然趙亦僅據地方士民之
言，未足為徵。按神像英姿勃發，有正氣凜然之慨，應為宋
英宗皇城使在邕州抗敵殉難之同安人蘇緘。

上引書作者考據精詳，只不過因過於相信志書所記載人物，
非要從中徵考得蘇姓人物不可，因而否定民間傳說之蘇碧雲其
人，未免犯了刻板錯誤。殊不知地方人物未必一定都會列入志書
採錄，正如同民間某些祠廟，地方志書也未必都會採錄，不可因
志書無記載，遂因此據之而否定該人物或該寺廟不存在，此與若
干學者呆板的只據志書否定寺廟初始之創建年代的道理相同，所
以在此筆者倒是較偏向神是蘇碧雲之民間說法。

要之，據此可知鹿港、台南、艋舺之金門館蘇府王爺均是分
香自金門後浦東門內之內校場的觀德堂，雖然其源頭可追溯至新
頭伍德宮。

二、許樂三其人其事初探

許樂三其人其事，遍查諸志書及文獻，目前只檢索到三件資
料，一是道光十一年（1831年）之「重修龍山寺記」碑文中提及
「乾隆丙午（按即五十一年，1786年），都閫府陳君邦光始偕其郡
人改建今地，林君祖振嵩、許君樂三實經營之。厥後……遇警中

止，今踵而修之……」。林振嵩爲鹿港日茂行大郊商，許樂三得以與其並列董理龍山寺重建工役，可以想見其人之社經地位，絕不是沒沒無名之升斗小民。其二是《金門縣志》〈人物志〉「義行傳」，引《竹畦文抄》載許樂三事蹟：「後浦人，善畫貓釆，瀟落好結客。東遊台灣，名籍甚。念同鄉標兵遣戍至，無棲所，棄齋宅聚（居？），舍之，即今鹿港金門公館也。臘杪，故交貧人，多藉其力度歲。比林爽文作亂，招募義旅，從官軍擊賊，以功授六品職銜。」❸

　　另一件資料則是鹿港民間之傳說，《鹿港傳奇》一書內收許漢卿〈鹿港鎮龍山寺一對石獅由來〉文中亦有提及許樂三其人，茲摘述如下❹：

乾隆五十一年（1786年）林爽文之亂，清廷派福康安由金門率水師來台鎮壓。時部份水師游擊官兵駐紮於鹿港龍山寺旁之營地，今金門館爲當時辦公署衙（按以今之軍事術語即是前進指揮所），其統領許樂三爲福氏之幕佐，奉命率軍鎮守鹿港。許氏乃浯江後浦鄉（現金門金城鎮）人，攜族侄許克京隨侍歷練。乾隆五十三年（1788年）亂平，樂三隨福氏班師返回大陸。臨行前樂三留下數百兩予族侄命克京留在鹿港發展，從事商貿生理。後克京以此銀兩義助某婦女，蒙觀音菩薩庇佑，賭博贏得鉅款，遂以此資本經商創「綿盛堂號」，從事兩岸貿易，屢蒙神佑，不僅往返平安且賺錢，嘉慶三年（1798年）與友人劉華堂，在唐山以重金禮聘名匠雕刻一對青斗石石獅，置在前埕作爲龍山寺守護寶獸，克京子孫繁昌，

為鹿港許氏望族。

　　此則民間傳說，可信度頗高，一方面人、時、地皆對，二則可以解釋許多疑點。金門館流傳故實疑點頗多，舉其要有四：按前引「重建浯江館碑記」內文提及金門館原係許樂三「所居之宇」，「遺命其子薄賣改建」，既用「遺命」一詞，則嘉慶十年（1805年）許樂三已亡故，何來所謂嘉慶十年許樂三親題的「浯江館」匾額，此其一。既已便宜賣出（薄賣），產權屬於他人，又何能據以改建？而且不過是將舊屋宇「修其頹敗，補其罅漏」，則只是修繕修補，談不上「改建」二字，此其二。其三，既然是金門官兵所居之會館，為何「凡官斯鎮及弁丁輿夫、彼都人士，無不憩息其間」？其四，既然只是金門會館，何以以後幾次修建捐獻者遍及全台水師諸官兵及將領？而這些人又不全是金門人？

　　根據此則傳說，若可靠，以上諸疑點大體可以解惑，一言以蔽之，此金門館原為許樂三之住宅，乾隆五十二年平林爽文之亂時，作為福康安（或大軍）所駐紮指揮辦公的衙署，此宅第自有其尊貴象徵意義與地位（民間傳說福康安為乾隆帝之私生子）。再次，所崇奉之蘇府王爺不僅為金門人所虔拜，亦是福建沿海水師舟夫所崇拜，何況蘇府王爺向為水師隨營護神，故凡水師調動汛地，每新至一地，必隨營恭迎，並設專人供奉，也即是說蘇府王爺非獨一地一時一營之人所供奉而已，所以有這麼多官兵與民人願意捐獻修建。再，許樂三為福氏幕佐，難免有挾權使勢之便利，所以薄賣之後，居然還能據之改建。不過「改建」一詞，個人以為應該是指將其住宅裝修改成恭奉蘇府王爺廟宇之意。第

三，可以說明何以以許樂三如此重要人物，除上述「重修龍山寺記」碑文中見其名，其他鹿港地區清代大大小小眾多石碑中未見其名姓，而且志書未詳載其事蹟，蓋因許樂三或是隨軍來台平亂，亂平即班師回去，在鹿港只有短暫時期之居留。

三、清代駐台班兵之防戍與調動

「重建浯江館碑記」記載內容有「曩者浯人崇祀蘇王爺之像，由淡越府，過鹿溪，而神低徊不能去」，所謂「由淡越府」即指班兵移防，由下淡水（今屏東地區）到台灣府（今台南市）再調到鹿港，其間涉及清代台灣班兵之制度與防戍，這不能不話說從頭了。

康熙二十二年（1683年），清廷收台入版圖，由於台灣孤懸海外，又是明鄭故地，加以當時兵餉繁重，在全國一片裁兵之聲中，施琅遂建議由福建各營額兵中抽調兵丁萬名到台防戍，既可守台，且使「兵無廣額，餉無加增」，獲得聖祖採納，制定班兵制度。最初台灣綠營分成水陸十營，即：台灣鎮標中、左、右三營，台灣水師協中、左、右三營，澎湖水師協左、右兩營，南路營、北路營、水師、陸路營各半。陸營諸將弁兵丁多由漳州、汀州、建寧、福寧、海壇、金門等六鎮標，及福州、興化、延平、閩安、邵武等五協標抽調而來。水師則由福建的海澄、金門、閩安三協標，及廣東水師南澳鎮標抽調而來，三年更替，故謂之班兵。班兵戍台前後約二百餘年，兵額數字，升降不一；原抽調營數，歷代不一；但皆由閩、粵各營抽調而來，則無二致，其中由汀州、福寧、建寧、海壇、延平、閩安、邵武、興化抽調來者，

謂之「上府兵」；其他各營，稱爲「下府兵」。由內地諸營抽調來台，復將每營之兵，分散安插，每營數百名、十餘名，或數名不等，分散零星如此，意在防其分類結黨，不令彼此私相聯絡，虞生不軌而然。有利必有弊，久之，產生諸多流弊，如訓練不齊、私相頂替、調撥弱兵、班兵冒濫、參與械鬥。爾後屢有改革，奈何積弊難起，形同贅疣，而海疆有事，率調用勇營，洎劉銘傳巡台，乃汰其老弱，以汛兵改爲隘勇、郵丁，班兵之制不廢而廢矣❺！

　　台灣班兵，約萬餘人，三年輪替，制以瓜代之年，分一、四、七、十，四個月，踵繼配運來台。而兵船之調撥、兵員之點驗、弁卒之盤費、船戶商民之騷擾，歷年視爲大役，頗費籌謀，屢有興革。初由鹿耳門一口，配舟內渡。至嘉慶年，嘉義以北班兵，改由鹿港登舟，既而港門淤淺、船少兵衆，候配需時。迨及道光初年，再改爲三口對渡：鹿耳門與同安、廈門對；鹿港與泉州、蚶江對；八里坌與福州五虎門對。至於配運船隻，初由水師營哨船配渡，後混用商船，商民困擾，官與兵、商三者皆不便。道光以降，班兵廢弛，及洪楊之役而後，更戍之期已廢，同治後配運之事，遂絕於記載。

　　再敘班兵之防戍：據康熙三十三年（1694年）《台灣府志》載，台灣防戍，共爲十營，班兵萬人，防戍地區，向北僅及半線（今彰化縣境），南向可達下淡水（今屏東縣境），大軍集守府城，南北二路顯然守兵不足。康熙中葉以後，北路漸闢，康熙三十五年（1696年）有吳球、朱祐龍之役，康熙四十年（1701年）有劉却之役，康熙四十三年（1704年）北路參將、守備，始移駐諸羅山。康熙五十年（1711年），海上有鄭盡心之役，始以守備移駐半

線，且調佳里興分防千總移淡水，駐八里坌。康熙五十七年（1718年）設淡水營，仍駐八里坌，每半年輪防基隆，仍隸北路參將營。康熙六十年（1721年），朱一貴反清事起，全台郡縣一時俱失。既平，以台灣兵力薄弱，不足守衛，有增兵之疏，不允；續有減兵之議，不可，遂仍舊制。

雍正元年（1723年），略有調整，如鎮標右營抽調駐岡山（高雄縣境），鎮標左營抽調駐下茄冬（今台南縣境），再令台協水師抽調駐塩水港，台協左營抽調駐笨港。雍正九年（1731年）又添設淡水汛守備一員（按此指下淡水而言，非北部之淡水）帶武洛把總一員、新東勢汛外委一員，駐山豬毛口。雍正十年（1732年），北路「大甲西番亂」，乃有改革營制及增兵益防之舉，南路駐紮地點有山豬毛口、阿里港、新園、萬丹、鳳山縣治、鳳彈、下埤頭、攀桂橋、觀音山、石井等處。北路地點有諸羅縣治、斗六門、竹腳寮、笨港、塩水港、貓霧揀、蓬山、竹塹、中港、後壠、南崁、淡水等汛。雍正十三年（1735年）增添台灣府治駐兵，復增駐小南門。

乾隆初年，仍有變革，略焉，下迨乾隆二十八年（1763年），據余文儀《續修台灣府志》，其時防戍分佈，如安平水師協標左營，內把總四員，一員分防內海鹿仔港汛，兼轄鹿仔港砲台；戰船十八隻，中鹿仔港二隻；砲台七座，中鹿仔港一座；煙墩十一座，中鹿仔港一座。此乾隆五十一年（1786年）林爽文亂之前概略情形也。

再據周璽《彰化縣志》摘述如下：彰化未設治之先，原屬諸羅。但於諸羅參將營內，撥千總一員，駐防半線，嗣以守備駐紮

半線。迨雍正元年，增設彰化縣治，乃設副將駐紮彰化，南馭諸
羅，北控淡水。台灣水師，向設副將駐安平，而彰化各港，但以
千、把總分防。至乾隆五十三年（1788年），始分安平水師左營遊
擊一員，移駐鹿港。以大將軍福公平台之師，多從鹿港登岸也。
時駐守鹿港汛，兼轄水裏港汛、三林港汛、海豐港汛。對於兵
防，志書作者有一番議論，足供參考了解道光年間詳情❻：

> 查鹿港未設以前，水師雖有汛防，不過一千把總駐劄，以嚴
> 出入，司斥堠而已。迨乾隆四十九年（1784年），福州將軍永
> 公，奏開鹿仔港口，對渡蚶江，其時文員祇一巡檢，武弁祇
> 一千總，帶兵數十名，何足資巡哨備彈壓哉？越三年冬，大
> 將軍福公征剿林逆，兵船數百，俱由鹿港登岸。削平後，始
> 議將安平水師左營遊擊一員，移駐鹿港，隨帶弁兵分防海
> 豐、三林、水裏各汛……惟鹿港最稱利涉，故丙午以後，蚶
> 江、廈門，通行配運，洵足與鹿耳門相埒。乃滄桑之變，令
> 人莫測……港口既以遷移，汛防亦宜通變，名雖沿舊，地已
> 易新……蓋台灣之正口有三：八里坌在北，鹿耳門在南，惟
> 鹿港為居中扼要之地……故口岸所在，必鎮以官兵、建以營
> 汛、設以哨船，而又築砲台、堅煙墩、造望樓，歲糜糧餉數
> 千金，年運米穀數萬石，其不惜多費，而設口置汛者，蓋欲
> 通商惠民，非徒徵關稅以裕國課，詰奸匪以耀兵威也……況
> 鹿港口岸，較之鹿耳門、八里坌，其形勢之險夷，又相懸絕
> 也……何如鹿港之往來習熟，郊商之蓄積饒多，水程亦甚直
> 捷，船戶莫不爭趨……獨鹿仔港口，駐劄水師遊擊，統兵七

百餘人，分防番仔挖者，僅三十人；分防水裏、海豐兩汛者，各二十人；又分三分之一，歸笨港守備統轄；則駐防鹿港之兵，未及五百……且鹿港之口，向距營汛不過數里，今港澳日徙日南，已在番挖之下，其離鹿港營汛也，旱程三十餘里，一旦有事……三十名之兵丁，其力尚足恃乎？……如今之大港在番挖，商船泊此最多，則番挖之口岸，宜以重兵守之，非二百餘人，不能獨當一面之衝也……他若海豐港汛，其港已無泊船，而番仔挖港，現成小口，小船亦堪停泊，此處胡可無兵？……至水裏汛，昔本無口，設兵何用？今水裏以北，有五汊，邇來始成港口，雖巨艦難泊，而小艇可停……徙水裏於五汊，斯亦必然之勢也……（下略）

　　筆者之所以不憚詞費，摘述徵引如此多之文獻，目的在於要考證追索金門館之創建背景與年代，及蘇府王爺信仰之傳入鹿港之初始年代與原因。綜括上引文獻，筆者可歸納爲下列數項析論：

　　第一，金門館前身爲許樂三住居之屋宇，許樂三在當時之社會地位聲望，既然足以與日茂行林家匹敵，居住宅第料不致過於寒磣簡陋。觀碑文中用「宇」字形容其住屋，及其整修，嗣後之破敗，用「棟宇、垣墉」等字眼形容，並且在平林爽文亂時作爲辦公指揮衙署，在在均可見其必然規模形制寬敞壯大。

　　第二，許樂三與日茂行林振嵩在乾隆五十一年（1786年）林爽文亂前，負責經建重修龍山寺，則可以說明金門館之前身（指許氏所住屋宇）在乾隆五十一年（1786年）前就已存在。

　　第三，金門軍人信奉之蘇府王爺信仰傳入鹿港雖可勉強追溯至康熙四十三年（1704年）撥千總一員率兵弁駐防半線之時，但更穩當更確切的說法，應是乾隆五十二年（1787年）福康安率滿漢水陸大軍進抵鹿港平林爽文之亂以後。亂平之後，或有感於神蹟靈驗，庇佑平亂，信仰愈盛。尤其乾隆五十三年（1788年）分安平水師左營遊擊一員移駐鹿港，帶來許多金門營水師兵丁，遂有建館奉祀之急迫性與必要性。因此金門館之創建年代，雖據碑文說為嘉慶十年（1805年），但因其前早有屋宇，且僅是修補一番而已，毋寧提前說是乾隆五十一年（1786年）即有，也無不可，含糊地說是乾隆中葉也可以！

第二節　清代金門館之修繕興築

一、碑文人物考釋

　　如前所綜合探究，金門館前身為浯人許樂三所居屋宇，在乾隆五十一年（1786年）前既有，乾隆五十二年（1787年）福康安率大軍平林爽文亂時，曾充為辦公衙署，或蒙神庇亂平，乾隆五十三年（1788年）分安平水師左營遊擊一員，移駐鹿港，其中必有抽調自金門鎮之營兵，金門人素信蘇府王爺，官兵尤奉之甚謹，有是神，必有是館，因此嘉慶十年（1805年），許樂三遺命其子，鳩眾合力整修，命名為「浯江館」。名為「浯江館」，並非只有金門兵丁與人士方得允休憩，「故凡官斯鎮及弁丁輿夫、彼都

人士，無不憩息其間」。惟歷年既久，不免有所殘傾，遂有進一步之規劃修建，「重建浯江館碑記」續載：

> 蓋是館之建，由來遠矣！前任鹿港遊府溫公欲重修經理，未及舉事，旋即陞遷。辛卯（按即道光十一年，1831年）余抵任，每見棟宇摧殘、垣墻傾圮，心竊傷之。欲為之改舊更新，又恐獨立難支，不克以濟。爰集紳耆、董事人等公同議舉，并於浯人之有身家者勸其捐輸，而余則傾囊相以濟。壬辰（道光十二年，1832年）花月（即二月）經始，今茲落成。然余非敢論有功於浯人也，實欲以誌明神之赫濯，長垂於不朽云爾，是為記。敕授武翼都尉台協水師左營鹿港遊擊劉光彩敬撰。董事進士鄭用錫、薛鳳儀、張朝選、薛紹宜、王高輝、楊淵老、歐陽建、郭溪石、蔡宗榮仝勒石。道光歲次甲午年（道光十四年，1834年）梅月（四月）日立。

此碑文提及諸多人物，茲就志書檢索所得，列傳如下：

鹿港遊府溫公：應即是溫兆鳳，鄭喜夫《官師志・武職表》記溫氏為福建龍巖州人，行伍出身，道光七年（1827年）四月由委署本標（即水師協標）中營遊擊本標右營都司陞任。道光十二年（1832年）（一作道光十三年，1833年）陞任艋舺營參將[7]。據此碑文應補充改正為：道光十一年（1832年）調任鹿港水師遊擊，同年旋升任艋舺營參將。

劉光彩：福建同安人，行伍出身，生平不詳，道光十二年（1832年）調任安平協水師左營鹿港遊擊，道光十四年（1834年）在任[8]。據此碑文則調任年代應改成十一年。

鄭用錫（1788-1858）：先世福建漳浦人，乾隆年間由金門遷居苗栗後龍，後避分類械鬥遷竹塹。父崇和，監生。用錫字在中，號祉亭，嘉慶二十三年（1818年）中舉人，道光三年（1823年）中進士，為首位台灣本籍出身進士。道光七年督建竹塹城，敘功加同知銜。復捐京秩，籤分兵部武選司，補授禮部鑄印局員外郎。咸豐四年（1854年）在籍協辦團練，給二品封典。晚築「北郭園」，著有《北郭園全集》八卷。用錫家族在新竹擁有大量土地，且擁有船隻販運於天津、上海、東南亞等地❾。

此段碑文值得注意及解讀者有三：

第一，從嘉慶十年（1805年）至道光十一年（1831年），經歷二十六年，金門館已是棟宇摧殘、垣墉傾圮。前後兩任鹿港武職最高之長官（水師遊擊）溫、劉二人都有意改建。兩位長官之有意改建，一方面有感神明赫濯，崇報功而隆祀典，同理說明蘇府王爺兼為他籍異營之水師官兵武將所虔拜，所以不能只單純解釋為溫、劉兩長官為討好方便金門人與營兵而有意修建，如前所引文獻，道光時駐防鹿港營兵未及五百人，金門籍營兵不過數十人，焉有是理為討好少數營兵而忽略其他眾多營兵，而且劉光彩還一度有意獨自負擔，傾囊重建，若說原因只是單純的討好照顧少數金門籍營兵則更無是理。關鍵在金門館其實是開放給眾多軍民官兵所休憩，因此與其說金門館是金門會館（按金門會館與金門館意涵不同），不如說是軍人會館或班兵伙館更為妥切，正所謂事不盡一端，這是必須先說明辯駁清楚的。

第二，此役修建從道光十二年（1832年）二月至道光十四年（1834年）四月，計經過二年有奇，花費二千六百銀元，惜不知其

　　規模形制。以清代台灣寺廟工程而言，多半一年左右，要經過二年工程期且用銀二千六百多元，則可以想見已是大廟之規模作法了。

　　第三，此次捐輸助修者有「衿耆、董事」及「浯人有身家者」，可見其時金門館之組織管理已有董事一職，而所謂浯人有身家者指的是一般金門籍居民，正反映金門籍營兵之普遍拮据（亦可參見後文之修建捐款金額可佐證）。而金門籍居民不僅指住在鹿港一地而已，吾人觀看今新竹市之鄭用錫列名首位，亦可想見勸募對象，廣及台灣各地，惜其他幾位董事生平不詳，不能做進一步徵信析論。但至少反映了在台金門人之團結與熱心公益。

　　「重建浯江館碑記」旁有二方副碑，乃捐題碑，茲將捐獻諸人士分成將弁、兵丁、士紳三類整理，並據鄭喜夫前引書《官師志》補充諸將弁之基本資料，以便進一步之析論。

　　首先說明諸將弁的部分：

1.福建台灣水師協鎮府黃印貴（福建閩縣人，道光十三年任，十六年二月十四日陞任廣東碣石總兵）捐銀貳拾大員。
2.陞授艋舺營水陸參府溫印兆鳳（仝前）捐銀伍拾大員。
3.原台灣艋舺水陸參府周印承恩（福建同安廈門人，行伍出身，道光九年五月以台協中營遊擊署）捐銀貳拾大員。
4.台灣協水師右營都閫楊印武鎮（又名楊振武，福建同安金門人，行伍出身，道光十年四月回任）捐銀陸大員。
5.台灣艋舺滬尾水師副府郭印揚聲（字騰圍，福建同安金門

人，行伍出身，道光十年以台協右營千總署）捐銀參拾大員。

6. 署台灣艋舺滬尾水師副府林淂義（字謙亭，福建淡水廳人，原籍福清，行伍出身，道光十四年由台協右營守備調任）捐銀拾大員。

7. 台協水師澎湖右營守府鄭^印起麟（按有作鄭起良、超良，皆誤，福建同安廈門人，咸豐十一年五月署）捐銀拾貳大員。

8. 台協水師左營守府嵩防廳林^印日光（按鄭喜夫書將其列入澎湖水師協標左營守備，記其：福建澎湖廳人，行伍出身，以本標千總委署，以疾卒於任）捐銀拾貳大員。

9. 金門鎮標左營左廳守府黃^印金祿（按據《金門縣志》：清初設金門鎮總兵官，標下中、左、右三營，兼轄銅山等五四，後改革專領標下三營。康熙二十七年，裁去中營，嗣又兼轄閩安、銅山。嘉慶間，再改，仍專轄左右二營。左營守備一員，駐防後浦。同書職官表卻記：黃金絡，同安金門人，道光十四年署左營守備，又記：黃全絡，道光二十年八月署。究竟是黃全祿？黃金絡？還是黃全絡？其中必有二誤，此非本文主題，暫闕待考）捐銀肆大員。

10. 新拔澎湖右營左司廳陳^印得顯（按鄭書缺此人，待補）捐銀陸大員。

11. 台協水師左營左哨頭司盧^印明生（按職位不高，故志書及鄭書皆未記錄，以下諸人，同理皆缺記載）捐銀肆大員。

12.原台協水師左營峕防廳周^印名揚捐銀肆大員。

13.台協水師左營峕防水裏楊^印騰蛟捐銀四大員。

14.金門鎮標右營協司廳李^印朝法捐番銀貳大員。

15.銅山營班政廳孫^印光明捐銀肆大員。

16.新拔銅山營協司廳楊^印其山捐銀壹大員。

17.金門鎮標右營右司廳陳^印士輝捐銀壹大員。

18.金門鎮標右營協司廳張^印進發捐銀壹大員。

19.金門鎮標左營左司廳許^印連科捐銀貳大員。

20.金門鎮標左營左司廳曾^印國華捐銀貳大員。

21.台協水師左營協左司廳許^印熊飛捐銀貳大員。

22.福建台協水師左營鹿港副總府劉^印光彩捐銀壹仟捌佰陸拾員。

23.福建台協水師左營中軍府翁^印芬春捐銀拾大員。

　　此捐題碑有助於了解當時台協水師左營與金門鎮標左右營之官銜職守與秩祿升遷之人事動態，對於清代武職之職官制度不僅有助了解，尤其可以補正志書中兵防志與職官表，對於鄭喜夫《官師志》亦可補其疏漏與錯誤。然此非本文要旨所在，重要者在於：

1.捐輸官員全是水師將弁，獨缺陸路官兵，職銜高至副將、遊擊，旁及軍中文職幕佐，下至守衛鹿港、水裏汛的哨頭，可謂大小將弁，全體總動員捐輸修建金門館，若謂金門館僅是金門會館，專供金門營兵或金門人士住宿休息聯誼之用，他籍將弁何以如此踴躍捐輸豈不可怪，不符常

情？

2.捐輸之水師駐守單位，遍及今台南、澎湖、鹿港、艋舺、
滬尾、金門。

3.除金門鎮標左、右營不論外，其他將弁大都非金門籍人，
金門籍將弁所捐金額亦薄少。

　　根據此三條歸納，很顯然證實了筆者前面論證的一項說法：
金門館不僅是金門會館，而是當時的水師會館或水師伙館（用今
日說法即海軍會館），提供當時來往鹿港水師官兵祭祀蘇府王爺，
及休憩聯誼的場所。

二、碑文中反映的班兵問題

　　其次說明兵丁的部分：

1.烽火門撥戍艋舺營，頭起戰餉（碑文原作「□」字即「餉」
之俗字，以下皆同）四名，每各（名？查碑文字跡確是作
各字，以下皆同，或即個的俗字）捐銀貳錢。

2.烽火門撥戍艋舺營，頭起守餉拾四名，每各捐銀壹錢伍
分。

3.烽火門撥戍滬尾營，頭起戰餉貳拾貳名，每各捐銀貳錢。

4.烽火門撥戍滬尾營，頭起守餉拾陸名，每各捐銀壹錢伍
分。

5.烽火門撥戍滬尾營，二起戰餉參拾伍名，每各捐銀貳錢。

6.烽火門撥戍滬尾營，二起守餉貳拾七名，每各捐銀壹錢伍
分。

7.烽火門撥戍滬尾營，三起戰餉參拾貳名，每各捐銀貳錢。

8.烽火門撥戍滬尾營，三起守餉貳拾參名，每各捐銀壹錢伍分。

9.烽火門撥戍滬尾營，四起戰餉肆拾名，每各捐銀貳錢。

10.烽火門撥戍滬尾，四起守餉貳拾六名，每各捐銀壹錢伍分。

11.金門右營撥戍台協左營二、三、四起戰餉拾陸名，各捐銀捌錢。

12.金門右營撥戍台協左營二、三、四起守餉貳拾參名，各捐銀陸錢。

13.頭起屆滿，戰餉七名，各捐銀貳錢。

14.頭起屆滿，守餉六名，各捐銀壹錢伍分。

15.金門左營撥戍艋舺營，戰餉貳拾名，各捐銀貳錢。

16.金門左營撥戍艋舺營，守餉貳拾九名，各捐銀壹錢伍分。

17.金門右營撥戍艋舺營，戰餉拾壹名，各捐銀貳錢。

18.金門右營撥戍艋舺營，守餉貳拾八名，各捐銀壹錢伍分。

19.金門左營撥戍滬尾營，戰餉拾壹名，各捐銀貳錢。

20.金門左營撥戍滬尾營，守餉拾壹名，各捐銀壹錢伍分。

21.金門右營撥戍滬尾營，戰餉拾名，各捐銀貳錢。

22.金門右營撥戍滬尾營，守餉拾壹名，各捐銀壹錢伍分。

23.金門左營楊仕生捐銀參拾員（空缺）二石，合共捐銀肆佰柒拾員。

此段碑文，值得吾人解讀與注意者有：

　　第一，這些兵丁捐獻金錢數目頗爲一致刻板，絕大部份都是貳錢或壹錢伍分（其中戰兵率捐餉貳錢，守兵捐餉壹錢伍分，則可以覘知戰兵薪餉收入應比守兵稍高），顯然是事先眾兵丁彼此約定，或是長官硬性規定從薪餉扣下的不樂之捐。

　　第二，捐輸金額極少，可見這些班兵薪餉薄少。按清代台灣班兵之流弊已如前文所述，但班兵亦有其自身痛苦之困擾，概要地說，其一：薪餉薄少，嗷嗷度日。雖然清廷對班兵調戍有旅費之補助，但其數戔戔；渡海之際常須候風，俟氣候許可方能登舟起程，況且船少兵眾，候配需時，爲此稽延時日，虛耗盤費。其二：戍守班兵，初到台澎，無房舍可住，兵丁大半在民間租房而住，或支架帳篷，搭蓋草寮，暫時棲住。即使兵房建好，使兵有居所，但一直到清末，台澎兵房大半都是官建的茅屋，而台澎風雨多，時有地震，所以「甫造旋坍，既坍復葺，葺完住暫，去則又空，輾轉虛糜，累公不少」，故營房常須修葺，並不合用。因此在澎湖產生「伙館」，主要目的即爲幫助各營班兵，解決調防駐紮的食宿問題。澎湖媽宮的「提標、海壇、南澳、銅山、閩安、烽火」諸館，即因此而創❿。不僅如此，由清代駐台澎班兵伙館演變而成的廟宇，是台澎地區民間宗教較少見的個案，這類廟宇名稱一律都用「館」而非一般所習見的「宮」、「殿」、「廟」等稱呼⓫。所以，鹿港「金門館」之取名是由此而來，「金門館」創置的主要目的也是爲解決班兵駐紮的食宿問題。明乎此，自然會明白何以金門館此次的重建會有大大小小的將弁官兵，全體總動員的捐獻。而且根據此副碑諸班兵之捐輸金額之如此戔戔，正可以證明清代調台班兵薪餉之微薄與生活之困苦。此碑之價值與意

義，不輸金門館本身，廟方千萬要安善保存。

　　第三，烽火門即指清代福寧府（今福建省霞浦縣）福寧灣外之四礵列島、福瑤列島、烽火島等水師駐兵，烽火營兵向以勇悍聞名，可見清廷對鹿港兵防與治安之重視。而且捐獻者，金門左右營與烽火門各居一半，可見道光年間駐守鹿港水師主要是金門兵與福寧兵。澎湖有「烽火館」，在鹿港卻未聞見，而烽火營兵願捐獻修建金門館，又為作者論斷金門館非僅是金門人或金門兵之會館，又得一條證據。此更加強了金門館是水師會館（或可同澎湖之稱呼為「伙館」）之確證。

　　第四，碑文中有「戰餉」、「守餉」諸名目，此乃其本俸薪餉與津貼恤賞之細目。台灣班兵糧餉，初從內地舊制。然以班兵遠渡大海，邊土苦惡，且拋家去鄉，眷屬待哺，情形特殊，不僅養贍家口，甚至自身用度，在所不敷，故頻施恤賞，以安軍心，較之內地綠營，為獨厚焉。雍正年間，台灣鎮總兵王郡更奏准在台地購置田園、糖廍、魚塭等業，各協營遴員經理，於冬成徵收租穀、糖斤、稅銀，除應納各縣正課外，所獲租息，以六分存留營中，四分解交台灣府劃兌藩庫，備賞戍兵、眷屬等巡遊、紅白吉凶事件。乾隆五十三年，朝廷諭旨「以林爽文案內，所有抄沒田園家產，遞年租息，給加台澎戍兵糧餉」。

　　台灣班兵，除上述加餉、償恤外，尚有官莊及隆恩莊租息之津貼優遇。「官莊」之制，由來已久。康熙二十二年，既克台灣，以台地肥沃，土曠人稀，施琅奏設官莊，召民開墾，按其所入，以助經費，為文武養廉之具。因此台澎水陸各營官兵，俸餉歲多不敷，每年兩次會委文、武各員，並赴庫請領，可歲省動支

司庫之二、三。嗣後流弊滋生，鎮將大員，無不創立莊產，侵佔
番地，召佃開墾，以爲己業，乾隆初葉遂廢其制。「隆恩莊」之
制，肇自乾隆五十一年，時林爽文之役甫平，福康安治軍台灣，
尙餘兵餉五十餘萬兩，乃奏設隆恩莊，募佃耕之，或購大租以收
其益，以充賑恤班兵之款。其田多在彰、淡兩屬，租制與官莊
同，所收租息，除完納正供外，餘款由營造冊送司，按年在請領
餉內扣存司庫，入撥充餉。然歷年既久，或無造冊存案，或案券
燬失，遂瓜葛不清，帳目混淆，流弊叢生。此外，又有「抄封」
者，抄封亦官租也，其租有二，曰叛產，曰生息。林爽文之役，
凡與是黨人者，皆籍其田，或被株連，所抄在數萬石，多在嘉、
彰兩縣。自是每有亂事，援例以行。叛產之業，贌之於民，而收
其稅，爲官署歲入之款。「然抄封之中，有撥支兵餉者、有充地
方公費者、又有齍供軍需者。其業散在各縣，統歸台灣府遴派佃
首，代爲徵收，多屬富紳攬辦。」⓬

　　第五，最重要者，從捐題的諸將弁、兵丁，背後反映了道光
十二年（1832年），金門館改建的原因，表面上看，此次改建原因
是因棟宇摧殘，垣墉傾圮，這是粗淺的、表面的說法，眞正的原
因，涉及當時班兵配運出現的諸多問題，必須急迫的重建金門館
以解決眼前問題。按，道光時，分巡台灣兵備道姚瑩（字石甫、
明叔，號展和、幸翁，安徽桐城人，嘉慶十三年戊辰進士），著有
〈改配台北班兵〉一文，敘述明詳，可藉知梗概，文曰⓭：

　　　　台灣一鎮，水陸十六營，班兵一萬四千六百五十六名，自內
　　　　地五十三營遣戍，三年更替。至台分入各營，戍滿由鹿耳

門，配舟內渡，此舊制也。台北各營至郡，道遠跋涉維艱。
嘉慶十五年（1810年），總督方公維甸奏：嘉義以北班兵，改
由鹿港登舟，時以為便……定例：班滿出營，即停給糧餉，
雖准借支盤費，回本營坐扣，而所借無多。其初調戍也，皆
至廈門，提督點驗；惟水提、金門兩標最便，上府各標自
五、六站，至十七、八站不等，點驗配船，候風東渡。至台
後，中營、北協兩次點驗，然後入艋、蘭兩營歸汛。道遠時
久，沿途已有借貸，三年戍滿，每不能償。瀕行借支盤費，
輒以償還，依然枵腹；群環帶兵官乞借，為之賠墊無以給，
至或被毆；以故帶弁畏之尤甚。所在廳縣，常為所呶；而船
戶之騷擾，無敢言者，商亦苦之。

　　觀上文，知悉：嘉慶十五年後，嘉義以北班兵，改由鹿港登
陸，減少道途跋涉，眾以稱便。但基本上弁卒調動報到或回歸本
營之沿途食宿交通盤費等等開銷問題仍未解決，以致常出現帶兵
官弁被迫同意屬下兵丁借貸賠墊之苦，若不肯借貸，甚至有被毆
打之事發生。情急之下，班兵居然敢到廳縣衙門呶叫騷擾，而船
戶、行商因須負配運之責，亦是苦不堪言。到了道光年間，鹿港
一地「既而港門淤淺，船少兵眾，候配需時」，所以「道光三年
（1823年），鹿港行商，求與淡水之八里坌口分船配載，趙文恪公
（指閩浙總督趙慎畛）行鎮、道、府議。四年正月，方傳穟署台
道，以問鹿港同知鄧傳安，署淡水同知龐周，皆言兵商之困，傳
穟乃與總兵觀公喜（指台灣總兵官觀喜）議覆曰：台灣三口對
渡，鹿耳門與同安、廈門對，鹿港與泉州、蚶江對，八里坌與福

州五虎門對。戍兵往來，本可量地配載，徒爲向例廈門、台郡點驗之故，跋涉迂途。台灣北協、中、左、右營兵三千一百十名；艋舺參將水、陸二營，並蘭營新舊兵二千二百一十四名；凡五千三百五十四名，盡由鹿港一口配舟，八里坌並無配載。商人苦樂不均，且帶弁有賠墊之苦，亦難責其鈐束。官與兵、商三者皆不便，亟宜量爲變通。請以蘭、艋、滬尾、北右四營中，上府兵二千二百四十一名，改由艋舺參將點驗，自八里坌配渡，逕入五虎門。四營中，下府兵與北協三營兵仍由鹿港如故」。後來閩浙總督趙愼畛乃據以入奏，朝廷從之。班兵之制，改成三口對渡之局。

　　可知在還沒有三口對渡成定制之前，嘉義以北之班兵出入登船，是由鹿港進出，再分批調往噶瑪蘭、滬尾、艋舺等地。這說明了金門館此次的改建，何以有台灣協、艋舺、滬尾等地水師諸將領願意熱烈捐獻的背景。茲再以三年更替爲一基準，即每三年，進出鹿港的班兵約有五千三百五十四名，平均每年約一千七百八十四名，若再以每年一、四、七、十等四個月，班兵調動配渡，進出鹿港來算，換句話說，平均每季進出鹿港的班兵約有四四六名，這與此次改建金門館捐獻的所有兵丁總數四三二名對比，差相符合。簡單的說，鹿港每年進出的班兵，若以調往台灣，或戍滿回本營的來回總數估計，每年約有三千四百名，每季約有一千二百名班兵在鹿港等候風汛船期進出，面對這龐大的班兵人數來來往往，食宿、交通盤纏、抽兵分汛、廉俸糧餉及秩序管理，在在皆成大問題，尤其因港門淤淺，船少兵眾，候配需時，眾兵萃集，更增加人心浮動，管理困難。且班滿出營之後，多不遵約束，紛紛滋事，帶兵員弁既畏之如虎，地方廳縣更難於

治問。明白了這些背景，才會明白在捐題碑中，捐獻人士出現了許多郊商、行商、船戶、帶兵哨弁，及管理班兵業務的諸營文案吏員（即碑文中的班政廳、協司廳、崙防廳等等，負責造冊移報、補革案牘諸業務），以及諸高級將領與基層的兵丁，因為這與他們有切身的利害關係，才形成了這次水師官兵總動員的捐獻。

同理為謀長遠計，此次改建金門館固然提供兵弁的短期食宿聯誼等候配運的場所，但為支付龐大的開銷，也乘機修建館邊的店舖、房室，以及購買新興街、地藏王廟口的店舖、灰窯等（見下文），以其租息收入，作為龐大開銷的經費由來。這也是這次修建金門館共花了二千六百多銀元的最大原因。不僅如此，劉光彩捐助了一千八百多元的錢數，我們有理由相信，他頗有可能是動用了公帑，才有如此的大手筆，他不是獨愛金門籍營兵，更不是偏愛諸營班兵，他多少是為己身謀，提供一場所供班兵短期住宿等待配渡，否則因缺盤纏或無處住宿，造成班兵騷動惹事，形成社會問題，這對他是不利的，身為長官他要負起責任的。當然我們也不能因而否定他的作為也有一定的貢獻。若以上的分析並無錯誤，在此，不僅可解決道光十二年金門館改建的背景，以及為何水師諸營全體總動員熱列捐獻的真正原因，更重要的，又多了一項證據，證明金門館的的確確是「班兵伙館」。

總之，透過此碑文，可間接了解清代台灣班兵制度、調防動態、餉恤薪俸、職官升遷等等情形，此碑之大有益於全台史、鹿港史之研究，其價值與意義幾希哉！

三、碑文中所反映的紳商階層

接下來討論士紳商號與船戶的部分：

1. 賜進士鄭^印 用錫捐銀參拾大員。
2. 廩生洪^印 清渠捐銀陸大員。
3. 薛紹宜捐銀參拾員。
4. 協振號捐銀肆拾員／許達世捐銀拾大員／德勝號捐銀參拾員。
5. 楊淵觀捐銀參拾員。
6. 同利號、合利號、張出觀以上三條，每各捐銀捌員。
7. 薛鳳儀、金菊號、郭溪石、王高煇、張朝選，以上五條，每各捐銀拾參員。
8. 郭恆利、羅德春、忍順號、葉簡觀、陳仕晚、陳仁記，以上六條，每各捐銀拾員。
9. 利源號、協記號，以上貳條，每各捐銀陸員。
10. 陳江記、薛炎觀、許廣泰，以上參條，每各捐銀伍員。
11. 歐陽進、陳海觀、寶源號、陳環琢、東利號、陳恒觀，以上六條，每各捐銀肆員。
12. 蔡青焜捐銀參員。
13. 福隆號、陳媽愛、辛習觀、明利號、吳開元、辛竭觀、梁水觀、康文柿、張高陸、歐康觀、藏興號、陳月德、和元號、鄭福全，以上各捐銀貳員。
14. 周杭觀、許略觀、同興號、張舉觀、鄭海觀、勝隆號、李

聰明，以上各捐銀壹員。

15.溝仔墘劉頭家喜助岑石三片。

16.許臨觀捐銀參拾員。

此段碑文須解讀析論者有：

1.董事有新竹鄭用錫，且掛首名，捐獻名字排在黃、溫二將
 之後，列名第三，自可想見彼其時社會地位，而且捐銀三
 十元，亦可知貲產之富有及熱心同鄉之公益。其他如楊淵
 老、歐陽建、蔡榮宗等列名董事卻未見捐輸，頗為可怪，
 不合常理。但不知碑文中之「楊淵觀」、「歐陽進」、「歐
 康觀」是否與彼等有關，抑或即其另一名號。另，其他董
 事或捐銀三十元或十三元，也不能算少了，亦可想見道光
 年間鹿港街民之富饒及熱心。

2.廩生洪清渠不過捐區區陸元，卻排名在前，一則或可見其
 人之社會地位與聲望，二則亦凸顯擁有科舉功名士紳之在
 鄉梓的地位聲望。

3.士紳商戶大體所捐單筆金額，高於水師諸將官，反映商人
 階層之較有錢，與其時鹿港商戶居民之饒有家產。

4.郭恆利、羅德春為新竹之郊商，新竹郊商頗多同安金門
 人，此次捐助或許是因同鄉之誼，但更重要的，也許可反
 映新竹與鹿港行郊有生意貿易之往來，因此熱心參與襄助
 地方公益。

捐題碑末尚有一小段碑文：「一買杉木磚硵瓦岑土木工及油

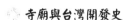

漆，計共用銀貳仟陸佰員……對除題用外，尚不及銀壹仟捌佰陸拾員。」此段碑文有助於了解道光年間鹿港之建築用材（岑石即砱石，指台基收邊石。其他建材尚有杉木、磚、瓦，「砳」字經筆者查諸字書並無是字，經詢問閻亞寧、林正雄二友均謂有可能是指泉州白，但查其他契字文書，有作「砳」字者，則也有可能是指舊石。凡此皆有待進一步查考研究）及匠師有土、木、油漆工之屬，對清代建築史研究能提供若干助益，最重要的是確定此次重建用銀二千六百元，可謂大手筆，惜未記載其規模形制，不免是一遺憾！再，此役工程缺款一千八百六十元，結果是由劉光彩全數義助，劉光彩在碑文提及「而余則傾囊以濟」，確是實言，而不敢居功，謙稱「然余非敢謂有功於浯人也」，則未免過份謙虛，有所矯情了。

　　總的說來，道光十四年金門館的重建意義與內涵（其實嚴格定義說應該是新建），反映了其時的班兵抽調防戍制度與清中葉鹿港水師守備的強化，此其一。其二，嘉道年間正是鹿港鼎盛時期，俗諺「一府二鹿三艋舺」，正是其最佳寫照，從碑文中諸多舖號船戶的大力捐獻正可作為佐證。其三，正因捐獻者有不少普通之居民，是否能反映或說明金門館之性質已漸漸從班兵伙館（或水師會館）轉向一般地緣性角頭的廟宇呢？其四，金門館位於龍山寺的南側，原為水師汛與理番同知署等官兵居住區，以金門館為中心，形成街廓型聚落，四周通路鹿港人俗稱金門巷，和其四周的單元沒有淵源存在，此種聚落頗類似光復後台灣之「眷村」、「營區」型態❶。

四、咸同年間的重修及反映的諸多問題

除了道光十四年之重建外，清代尚有咸豐五年（1855年）、同治四年（1865年）的兩次重修。咸豐五年的重修留下了一方捐題碑，碑文中亦是眾多捐題人名、頭銜及金額，茲為省篇幅，不再一一錄出，而其中某些武職人員及地方士紳之出身履歷，有心者儘可查閱鄭喜夫《官師志》及眾志書的相關列傳，也不再予以詳細註釋介紹，本段只就與金門館有關者，及反映其時鹿港歷史發展與社經背景者予以解讀析論如後：

捐獻人可分成軍民兩大類，其中軍職人員高級將領有：(1)福建台協水師協鎮府吳朝良。(2)台協水師中營副總府鄭世勛。(3)護（理）台協水師中營副總府蔡朝陽。(4)護台協水師左營鹿港副總府陳光福。(5)護台協水師左營鹿港副總府潘高陞。(6)護台協水師左營鹿港副總府祝延齡。(7)護台協水師右營都府曾傍蘋。(8)台協水師中軍府劉文珍。(9)署（理）台協水師左營中軍府吳朝宗。(10)署台協水師右營中軍府陳致昌。(11)安平協轄巡捕廳林茂生。(12)台協滬尾水師副府陳沂清。(13)台協水師右營守府吳朝臣。(14)台協水師右營守府葉得茂。(15)台協水師左營鹿港崬防廳李振輝。(16)台協水師左營把總蕭永發。(17)台協水師中營外委沈春暉。(18)台協水師左營外委劉士淵。(19)管帶金門右營三起班兵班政廳蔡登超。(20)管帶金門左右營滬尾四起班兵班政廳林章榮。

另，屬於吏員或聘用之佐理人員，有：(1)安平候補分州林芝田。(2)艋舺水陸武口許邦忠。(3)金門效用洪肇元。(4)金門營用洪得貴。(5)閩安營用林飄香。

屬於兵丁者，有：(1)台協水師左營鹿港金門館眾目兵丁伍拾名。(2)艋滬烽火眾目兵丁頭起貳拾玖名、貳起伍拾柒名、參起肆拾玖名、肆起陸拾陸名。(3)艋舺金門館眾目兵丁。(4)安平左營戰目兵柒拾玖名、守目兵陸拾柒名。

這其中有許多職銜須做一疏解，才會明瞭他們肯捐輸之原因或背景：

1.清代商船出入掛驗，須經海防同知稽查舵工水手之年貌、箕斗（即指紋）、籍貫，旅客之姓名，及貨物種類。此中又有文口、武口之分。所謂文口，是文職海防人員，專司查驗船籍、船員、搭客及載貨等，初設台江之西定坊，後移安平口。所謂武口，乃武職之水師汛弁，專於船隻出入之時，臨時抽驗，設於台江口外之鹿耳門❺。嗣後隨著諸口岸陸續開放為正口，也分設文武口，由駐地水師專責查驗。久之，產生掛驗陋規。船戶怕被留難，須先交掛號錢六百；另有驗船之「規禮」，公然收之，文口例銀五元，武口例銀三元，號稱以資巡哨、紙張、飯食等辦公費，稱為「口費」或「口稅」；更有地方官私收口費，充作津貼，納入私囊，與官府公事無涉。據此碑文，知咸豐五年（1855年）前已在艋舺設有武口，既稱「水陸武口」，即指水汛與陸汛，查驗對象，恐怕除查驗水上船隻外，也稽查陸上行旅出入與行商之載貨等事項。

2.「署」指署理，「護」指護理，也就是「暫代」。清制，通常因本官接受差遣或生病等事故，以及當事官調遣別地，

替代官還未任命，須臨時委託別的官員進行署理或護理的
❶。據此，知咸豐初年台協水師眾官員調遣頻繁，暫代者眾
多，譬如駐鹿港之水師遊擊前後就有陳光福、潘高陞、祝
延齡，且皆是暫代之護理，但不知這是否與咸豐初年眾多
內憂（如漳泉械鬥、李石、林恭、黃位之變等等）外患
（如美國有意侵佔或收買台灣等等）有關❶？

3. 捐獻人等中又有「艋舺金門館眾目兵丁」及「安平左營戰
   目兵、守目兵」等稱呼，是知咸豐五年（1855年）已有艋
   舺金門館，坊間一般書籍、雜文率稱艋舺金門館創建於咸
   豐七年，顯然大謬，亟應改正。按清林焜熿《涸洲見聞錄》
   記：「康熙十九年間……於是設中、左、右三營。每營戰
   守兵各五百名。二十三年，每營抽出戰守兵各五十名，撥
   歸澎湖……二十七年裁去中營，所遺兵勻歸左右兩營，每
   營戰兵各六百名……（乾隆）五十四年各裁戰守兵五十
   名，撥戍台灣……（嘉慶）十六年，各裁戰兵十一名、守
   兵十三名，撥戍台灣之艋舺。兩營共存戰守兵一千七百三
   十八名，內弓箭兵……鳥槍兵……籐牌兵……大砲兵……
   舵工……字識……」❶。據此知水師營內有戰兵守兵之分，
   下又細分為弓箭兵、鳥槍兵、籐牌兵、大砲兵、舵工（即
   水手）、字識（指文書、文案），前碑所述之「戰餉」、「守
   餉」，顯然即指戰兵與守兵之糧餉薪俸。

4. 「安平協轄巡捕廳」一銜，亦充分說明了其時的水師也介
   入協助維持地方治安保防之工作，亦反映道咸年間鹿港地
   方治安之複雜。

5. 與前碑比較，此次修建之台協水師將領遍及左、中、右三營，且人數眾多。戍地有安平、鹿港、艋舺、滬尾等，少了澎湖。兵丁來地多了閩安，少了銅山，而且每起兵丁人數多於道光十四年，這不知該說清廷在咸豐年間更加重視台灣的「守備」呢？還是為因應台灣一連串的內憂外患而加強「戰備」呢？

總之，根據以上捐輸諸官兵之職銜，及駐防地區，又再度佐證了金門館非單純的金門會館，且出現了「金門館眾目兵丁」，亦佐證了金門館實具班兵伙館的內涵與功能。

士紳階層捐輸者主要有：(1)欽加四品銜禮部副郎鄭用錫。(2)頭前蒙庄生員陳嘉章。(3)竹塹貢生鄭用鈺。(4)監生鄭用謨。(5)貢生洪清渠。(6)生員許涵觀。(7)生員陳丕祺，另又有新竹郊商羅德春等人。據此可知新竹之金門人與鹿港金門館（或金門人）平時往來之密切，其中固有同鄉之誼，更重要的是商貿生意之往來。且比前碑還出現許多有功名之士紳，似可反映道咸年間新竹、鹿港文風之盛、科名之隆。但可怪者，前碑中僅鄭用錫首列董事，此次修建捐獻，增加三員家族，這其中關係，不知是否能解讀推測為：(1)新竹鄭家往來鹿港，常利用鹿港金門館作為住宿、休憩、辦公、商談之場所，故熱心捐獻！(2)抑或金門館蘇府王爺曾顯靈庇佑過鄭家之原因？

其他尚有眾多民人與商舖，但較引人注目者，有標明地區的「郡城、鹿溪、草港、吳厝庄、澎湖厝、冲栖港、沙轆」等，這說明此次捐輸除鹿港街民外，尚有新竹、台南、台中、沙轆等地居

民，而「冲栖港」之出現更反映鹿港港口之變遷滄桑。按，鹿港居台灣南北之中，上與艋舺，下與府城，共扼台灣北中南三個出入口脈，其地理位置正對峙福建泉州之蚶江，腹地囊括大肚、西螺二溪之間大小城鎮市場。故自乾隆四十九年（1784年）正式開港以後，即成為台灣中路要津，舟車輻輳，郊商雲集，貿遷發達，乾嘉年間盛極一時。鹿港在清領初期原為一天然良港，可泊巨艦。惟因屬一河港，砂汕遷徙靡定，且未加以疏濬築港，易受河川流砂影響，時為良港，時為砂壅，港道深淺變化無常。因此至康熙末年已為砂壅，港口淺狹。而雍正年間，雖因潮漲大船可至內線，但已不能抵港，外線水退則去口四十餘里，不知港道出入，不敢進出。乾隆中葉至嘉慶年間，則港門寬大，水復深廣，帆檣麕集。至嘉慶末道光初，鹿港口門又被沙淤，下有暗礁，港路淺狹迂曲，復無停泊之所，是以商船仍改由王功（亦作王宮）港出入。道光以後，王功港又淤，商船改由番仔挖（即三林港）出入，於是王功港成為鹿港之內口，而番仔挖成為外口。咸豐同治年間，濁水溪氾濫，支流流向鹿港港口，流沙淤塞，大船不能出入，遂在港西二里處，新設一港，名為「冲西港」，然水口沙淺，沙痕盤曲，港外沙積，實非良港，故巨舟難攏，商船漸少。光緒二十一年（1895年），日人據台，復因濁水溪氾濫，水門日淺，港口乃移至冲西港，而鹿港之廈郊、糖郊於日據初期先後倒閉，與此有莫大之關係。明治三十一年（1898年）又因大洪水，使得冲西港壅塞，乃在距鹿港街西北六公里處之洋子厝溪下游溪口，設一新港，名為福隆港。至日治末期，則沙洲貫連，低潮時為一片泥沙，小型船舶亦無法碇泊，遂成廢港，鹿港繁華從此走

入記憶[19]！

　　捐輸人尚有「職員楊啓泰」，加上碑末落款之「總理職員楊啓泰／董事陳清福、陳深江、許成金、許進法」下有董事兩印，惜印文模糊不清，無法辨讀，卻可見其處事慎重，蓋印昭信之用意。亦知陳許兩姓對金門館的影響力。比對前碑，多了總理及「值年爐主」（見後）二職，亦可見金門館之組織及管理，愈益完備。只是不知彼等是筶選？推選？還是指派而產生的？（按清代習俗，廟內眞正掌權管理者爲總理，董事平時不管事，僅負責推選總理，或在修建廟宇時才會積極介入。）

　　此次捐款合計「共捐收銀伍佰參拾肆大員」，比之前次「合共捐銀肆佰柒拾員」（劉光彩之捐款不算），多了六十四銀元，亦可見諸將弁兵丁及衆善信商舖熱忱，虔信不減，或可反映至咸豐五年（1855）鹿港之經濟仍未衰退，尚能維持盛況。

　　此碑最重要者爲碑末之花費事項紀錄，對整個金門館之規劃營建可以深入清楚的了解，茲先迻錄如下：

一、買杉木磚瓦□□及油漆土木大小工□連邊旁□□□計共開用銀□佰貳拾肆大員（□爲字跡不明者，一□代表一字，以下同）

一、館邊劉公光彩□□□□□□□□□□□□經鳩資□□□起□□計共開用銀□佰貳拾大員

一、訂金公議重修起□瓦店出□（租？稅？）在新興街頭計共開用銀玖拾大員／計合共開□用銀伍佰參肆大員

一、輪訂新興街頭公店每月稅錢貳仟文每月抽出稅錢捌佰文

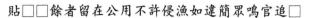

　　貼□□餘者留在公用不許侵漁如違簡眾鳴官追□
一、訂館邊公店出稅每年收稅留爲劉協台捌月二十二日華誕
　　之費用不許派用開費
一、訂重起館邊旁室參間原以接用往來官員不許擅自私稅違
　　者公議
一、訂地藏王廟口瓦店及灰窰□所每年稅銀貳拾肆大員七月
　　十二日公付銀貳大員買銀紙應用餘者存四月十二日王爺
　　聖誕應付值年爐主收用
以上連買公業數處合應開明□□□□□□遵行不許混用

透過以上碑文，可以讓人了解到：

1.咸豐五年（1855年）之金門館公業大約有：(1)新興街頭有
　瓦蓋公店，按月收稅二千文，此公店之前已有，此次只是
　「重修」，用銀九十元。(2)金門館邊也有公店，按年收稅，
　此稅金收入專門用在慶祝劉光彩華誕之用，不許他用。(3)
　地藏王廟口有瓦蓋公店及灰窰若干所，每年稅銀二十四
　元。此項收入專供祭祀費用。另，據此可以統計分析出咸
　豐初年時鹿港店舖之租金，姑且不管是否熱鬧地段，平均
　每月二元，正表示其時鹿港之繁華，店舖租金並不便宜。
2.祭祀部份可知者有：(1)四月十二日蘇府王爺聖誕。(2)參與
　普渡，每年七月十二日舉行增普。按鹿港之普渡每年從七
　月一日起至月底止。這一個月間，或在自家或在廟宇的神
　像前供祭品，而在供奉靈鬼的大廟中，則豬、羊、果品等
　堆積如山。於選定之日，擁有田園之地主，或命其佃人供

奉米穀，於祭拜結束後，再分與佃人拿回家中。而七月十二日有街民之「增普」（全體居民共同參與普渡之意）和放水燈，甚為熱鬧。今鹿港尚流傳七月普渡歌，其中有「**十二輪來龍山寺，寺內主普附近隨；寺口金門（按指金門館）當然是，場所廣闊難比擬**」之語，正是其寫照。透過此碑文，知此習俗早在距今二百多年前之清代咸豐年間已流行，此碑文之珍貴可想而知。(3)八月二十二日劉協台華誕，據此知劉光彩此時仍活著，故用「華誕」一詞，並且由遊擊（從三品）升為副將（從二品）。而且此役在金門館邊鳩資新建一室或一祠（碑文不清）紀念劉光彩，館邊公店之租稅收入還專門指定為紀念劉公華誕之用，不許他用，在在均凸顯金門人與鹿港人之飲水思源，有情有義，紀念劉光彩之功德。另，綜括上述，知此時金門館人事組織有董事、總理、爐主三職，董事負責決策或修建，稽查帳目，總理總管事務，爐主專門祭祀，彼此分工合作，經營管理。

3.坊間一般著作謂道光十四年重建之役，金門館增闢拜亭、左右廂房，此說不知何所據？但至少根據咸豐五年（1855年）四月之碑文，知其前館邊有公店若干間，及三間旁室專供接待往來官員，並新建紀念劉光彩祠宇。因此可知道光十四年之修建之所以花費二千多元，除了修建金門館本身外，還包括旁邊之店舖及三間房室，另也含括購買新興街、地藏王廟口之店舖及灰窯等公業之費用。再據「金門館眾目兵丁五十名」：則可推論其時金門館內至少要提供

五十人之住宿休息，其規模形制殆不算小。

4.此次工程之收支，花費項目除了支付建築材料費、油漆、土木工資外，並新建紀念劉光彩祠宇、重修新興街頭瓦店，及重起館邊三間旁室，計用銀五三四元，收支剛好相抵，與上次修建花費二千六百元，僅及其五分之一，實不能相比。而開銷項目中並無金門館建物自身修繕或新購公業等項，可知此次工程修建不是金門館本身，而是旁邊之祠室四間及新興街頭之公店。再，碑文立於咸豐五年（1855年）四月，則此次工程之動工，不外乎始於四年年底或五年年初吧！

本段末了，個人想進一步申論金門館的建築形制與格局所反映出來的一些問題，一些建築學者專家誤會金門館為「金門會館」之偏差觀念，不明其歷史背景，遂以會館為核心觀念論述探討，致產生許多誤解❷。昔年筆者前往澎湖做伙館及施公祠調查研究，曾撰文寫道：「撥戍台澎班兵以地緣關係各分氣類，他們抵達澎湖之後，以祀神為名，建立伙館，一則做為調差之時落腳暫棲之地，一則充為在澎駐防期間聯誼社交之所。為擴大伙館功能，維持長久，往往購買房屋店業，以其租賃收入作為祀神香資，及其他事務工作之開支。這些清代班兵伙館，除了主要館舍建築是『中祀神明，廊棲戍兵』外，又陸續增建許多附加建築，或提供兵丁眷屬居住，或出租與居民居住。這些建築以廟館為中心，往往四周擴展，形成各營兵丁以廟館為中心的『角頭』。（下略）」❷以此例彼，透過金門館兩次修建的碑文的解讀與析論，吾

人很顯然的可以發現，金門館的發展過程，完完全全與澎湖的班兵伙館一樣。明白了金門館的創建背景與歷史淵源，才會明白金門館的若干特色：

1.位在鹿港邊陲，自成生活圈域：鹿港眾多廟宇坐向多朝向昔年的河口位置，有官式建築坐北朝南之特徵，宣示象徵機能超過廟宇祭祀功能。金門館位於昔日板店街末段，龍山寺南側，屬清末鹿港街鎮邊陲，自昔為清代水師官兵活動及住宅區，為與民眾區隔，自成「金門館生活圈域」（或可逕稱清代海軍眷村或營區），此生活圈域以金門館為中心，形成街廓型的聚落，與四周生活圈域單元無血緣淵源的存在，有如個人上文所言：頗似今之所謂「眷村」，祭祀圈大致以周邊住戶為主，約今龍山街、金門街、文朗街之間[22]。

2.祭祀與活動空間小，內閉性空間多：金門館之平面格局，基本上為三開間兩進兩護室之「街屋型」廟宇，即前進為三川殿，中庭左右配以兩廊，拜殿與正殿組成後進，整座建築由兩牆相夾而成縱深式廟宇，這是台灣常見清中葉時中型的廟宇形式。但金門館獨特之處在於房室不設於次要位置，而是設在三川殿與正殿兩側各有房間一對，因此三川殿與正殿的祭祀空間相對縮小，整座廟宇內，拜亭成為最開闊的空間。而且三川殿之中路，在於後三架楹下方，原設有屏門，平常僅由兩側通行。此種形式不見於一般台灣舊廟宇格局，由於此一區隔，愈發顯現該空間之內閉

性。蓋因金門館為班兵伙館，除提供水師官兵祭祀外，主
要是作為班兵調差時落腳暫棲之地，或駐防期間聯誼社交
之地，因此館內會有兵弁歇腳、臥躺等休憩住宿之行為，
為免不雅形露，須有內外隔絕之空間，另一方面也不可能
允許民人閒雜人等隨意進出，更須有一隔絕內外之內閉性
空間。至於正殿兩側房間應該是供中階軍官休息住宿場
所，三川殿兩側房間則應是供低階軍官使用，至於中庭兩
側的廂廊設有屏門封閉，顯然是供一般兵丁休息打地舖
用。

3.沒有樂樓、耳樓或戲台：論者質疑為何金門館內部格局沒
有一般會館所用以演戲觀戲之樂樓及耳樓，提供娛樂空
間，而僅有住居空間，實非理想之同鄉會館。此乃論者不
知金門館非一般會館，彼是班兵伙館，彼之所以稱「浯江
館」或「金門館」乃是因為崇奉的是金門蘇府王爺，捐宅
創建的許樂三是金門人，住宿使用者主要是金門兵（而非
以金門兵為限）。

除了上述個人考證、論斷諸點外，最重要的是，在本次建築
物的調查測繪中，發現了正殿次間各房室之閣樓外側為方桁之作
法，經建築學者徐裕健、林正雄等人研判，為配合夾層樓梯之施
作而採用方桁，上方原來應有板材形成夾層，昔日應為班兵住宿
之通舖。而且三川殿及正殿之穿斗式作法，類似大戶民宅之門廳
及正廳作法。另，金門館無一般廟宇常見的石鼓、石獅及石門枕
之作法，或因是班兵伙館而無須講求廟制，此部分亦顯示其形制

之特殊性，同理，亦是證明其為班兵伙館之有力旁證。類此建物之實證，正可作為個人考證論斷之堅實證據。至此，既有文獻之諸多考證，又有實物之印證，當可斷定鹿港金門館前身為清代之班兵伙館，而非一般誤傳之金門會館，應無疑義了。

　　咸豐五年（1855年）之後，金門館在同治四年（1865年）又有修建之舉。論者認為此說沒有直接證物可為確證，懷疑同治四年距咸豐五年（1855年）之間僅隔十年，若非受人為之破壞，實無須如此頻施土木之事，並推論可能受到同治元年（1862年）戴潮春亂破壞之影響。

　　懷疑有理，推論錯誤。蓋戴潮春之亂並未攻下鹿港，清廷援軍反而是由鹿港登陸，並由鹿港進軍陸續收復彰化失地。而且咸豐五年（1855年）之修建，前文已稽考清楚，只是修建館邊房室及街肆瓦店，無關金門館本身建物，因此嚴格地說，應該是從道光十四年（1834年）至同治四年（1865年）相距三十一年才再次修建，完全符合台灣廟宇三十至四十年之重修週期。

　　復次，此次重修雖無直接證物如匾、聯、碑文等，但也非信口開河，大正年間調查之《寺廟台帳》登錄金門館的「創立緣起及改築再興事情」內容有：道光十四年四月現管理人（按指郭壽松）祖先創立小祠奉祀，後中國金門移民來者日多，信仰者愈多。同治四年郭祈盛發起募捐改築，爾來有部份之修繕，明治四十一年（光緒三十四年，1908年）管理人郭文獻倡修，募集四百餘金，其中郭文獻出金最多，其他人為金門移民，進行大修繕，直至今日❸。是可知早在日治時期便已有此說法，但問題在於這種口述頗有可能是郭姓管理人自我吹噓其祖先之功勞，而且個人

懷疑的第二個原因是因日治初明治三十年（光緒二十三年，1897年）十二月底止，也有一次日人調查之寺廟紀錄：金門館建物佔地八十二坪，廟地三〇七坪，附屬財產之「家屋」有21.66坪，「金穀」年收入二十四圓。「建立年度」登記「建立不詳，同治十三年（1874年）重修」❷。可見清末日治初期，金門館建地變化不大，但廟地頗廣，遠超過今日所見，且附近應仍有附屬之小房間，大約十坪二間，或一間二十坪左右，頗有可能即咸豐五年（1855年）碑文所記錄的「邊室」或「公店」。但這次調查紀錄中登記同治十三年重修與前項調查紀錄有矛盾，問題在於前述同治四年既曾修過，相距不過九年，同治十三年再次重修，實不合常情，而其間鹿港並未發生若何重大之兵燹或動亂而受波及，其中或有一誤，在沒有史料、史實進一步考實下，為穩當起見，宜說同治年間有過重修較好。

這次調查，另有一項值得吾人注意的地方，即是廟名登記為「金門館」，也即是說在清末（光緒年）日治初期，該廟已不稱「浯江館」而名「金門館」，那麼是何時改名呢？如上述在道光年間仍稱「浯江館」，不過在鹿港流傳百年的普渡歌中有「寺口金門當然是」之句，而一般言民謠諺語內容變化不大，尤其是一些舊地名、舊建物、舊廟宇的名稱，鹿港中元普渡之習俗，如前所考證，可追溯到咸豐初年，則吾人有理由相信，在咸豐初年「浯江館」已有稱呼「金門館」之可能。

清末日治初期的金門館情況，在陳其南所譯的〈清末的鹿港〉一文中尚略略涉及，如鹿港十二座廟宇中有：「六、蘇大王廟：北頭、牛墟頭及金門館三處均有。四月十二日前後十數日之間為

開廟之日,是鹿港諸廟中最熱鬧者之一。爲漁民所崇信之廟宇,有各方寄贈之花火和演戲,其中又以北頭和牛墟頭者最盛。」❷可見鹿港地區蘇王爺信仰之盛,反之,金門館祭祀圈仍限於附近街區居民,祭祀活動之熱鬧,遠不如北頭和牛墟頭。

　　金門館現存清代古文物,除上述道光十四年劉光彩親撰的「重建浯江館碑記」及兩方捐題副碑,與咸豐五年(1855年)的捐題碑等外,另有據說是許樂三親署的「浯江館」匾額(上下款爲「嘉慶乙丑年春月吉旦/浯人許樂三敬立」,許氏前已考證在嘉慶十年已逝,則此匾若不是僞造,即是生前早已題好之遺筆),與劉光彩親題的「過化存神」匾(上下款是「道光歲次甲午年梅月穀旦/敕授武翼都尉台協水師左營鹿港遊擊劉光彩敬立」),物雖不多,卻件件珍貴。

第三節　日治以來之遞嬗

　　清末日治初期,金門館之概況,已略如前引寺廟調查紀錄及〈清末的鹿港〉一文所悉,此明治末年之情形也。日治以來,今中央圖書館分館留存一些所謂的〈施政紀要〉、〈管內概況報告書〉、〈街庄要覽〉等志乘,或缺鹿港一地;或有之,也幾無有金門館片字隻語;而且鹿港地區播誦流傳之傳奇掌故,亦無有涉及金門館者,現所知所存只剩前述大正年間調查的《寺廟台帳》之紀錄而己!

　　《寺廟台帳》之紀錄,除前已述及之「創立緣起及改築再興事

情」，尚有他項諸欄，茲簡化撮敘如下：

第一，信仰部份：主神蘇王爺（木像三體）、從祀將軍（紙像四體）、配祀太子爺（木像）、南斗天神（木像）。信徒數約百五十人，祭祀圈是鹿港支廳鹿港區鹿港街一部份（居民）。「靈顯、信仰及祭儀變遷」記：創立當時以治病靈驗，信仰者多，較特殊者金門籍移住者，信仰深厚，近移出者多，靈顯事蹟少，信徒日益減少，信仰亦下降，目下僅有附近居民進香投筶等。

可知蘇府王爺以祈福治病靈蹟著稱，大正年間隨著附近街民遷出，人口漸稀，信徒漸少，香火有漸趨下降之勢。祭祀之神明神像當時仍有蘇府大王爺、二王爺、三王爺，並配祀諸府將軍、太子爺、南斗天神，與今日金門館供奉諸神明已略有出入，最大的差異，今三王爺已移奉附近之景靈宮。例祭日部份，今館內左側壁掛有紙匾，詳記諸神聖駕聖誕千秋日，茲轉錄之，以供參考：蘇府大千歲／四月十二日、蘇府二千歲／十月初十日、蘇府三千歲四月十二日、邱府二千歲／八月初二日、梁府三千歲／十月初十日、秦府四千歲／三月十四日、蔡府五千歲／七月十六日、六姓府千歲／三月十九日、呂山法主／十二月十五日。中壇元帥／四月初九日、天上聖母／三月廿三日、關聖帝君／六月廿四日、蚶江五府千歲／四月廿六日、三軍爺鎮符／四月十六日。兩相對比，顯然光復後金門館之祭祀供奉諸神明已與台灣其他諸廟一樣日趨普島化（指台灣島本地）、雜祀化，原本蘇府王爺之鄉土神、水神、戰神之信仰特色已渺乎難尋。

第二，經費管理部份：在管理組織方面，《寺廟台帳》記：數年前由附近信徒輪香來廟灑掃燒香，另設有董事及管理人兩

職，管理人原爲「郭壽松」，住在鹿港區鹿港街土名新興百五十五番地，後因死亡，畫線損掉，改成「陳康祺」，住在「鹿港街鹿港字新興四四五番地」則管理人前後可知者已有楊啓泰、郭文獻、郭春松、陳康祺、卓神保等人。在創修興建沿革部份，如前所敘：記載現管理人（指郭壽松）之祖先在道光十四年創建小祠，同治四年郭新盛發起改築，明治四十一年（1908年）管理人郭文獻發起大修繕，是大約可知清末直至大正初年，金門館一直是由郭氏族人傳承管理，其後要不是郭氏家族遷徙離開鹿港，或是無後倒房，才會轉由陳康祺管理。

　　至於廟之經費收支，如同一般廟宇，收入主要是靠出租廟產之租息收益及信徒平日之香油錢喜捨，有修繕祭祀之大活動時，才由附近住民分擔釀金。

　　第三，建物大小部份：此時之建物坪數縮小，只有「七十七坪七合」，與前比較，少了近五坪；整個「境內地坪數」爲「三百三十五坪六合」，幾無變化，可見明治四十一年之修繕改建，顯然規模形制有內縮變小之舉。惜此次改建未留下任何更多之文獻資料或紀事碑文，可以讓後人做更進一步的考證了解。

　　綜合上述，簡單地說，日治時期金門內館信奉之諸神明大體依舊，但香火日漸沒落，明治四十一年之修繕改建形制規模縮小約五坪。

　　光復後，金門館信徒局限在龍山寺附近三十多戶人家，廟地不知何故，也縮減至200.06坪，因此香火不盛，勉強維持，廟貌也漸趨頹舊。民國六十一年（1972年）曾有一度重修，情形不詳，時金門縣長郝成璞曾贈匾「宏揚先緒」，前面落款題「民國壬

子春月穀旦／鹿港金門館重修紀念」可資證明，而且頗有可能即
從年底（六十年）動工，翌年（六十一年）春季完成，金門縣長
才會捐匾敬賀，此亦可想見其時金門館已和金門祖廟有所往來
矣！民國六十四年（1975年）管理人卓神保再度發起重修，陸續
修復正殿、廟房、前殿等。民國七十二年（1983年）七月台灣省
文獻委員會委託東海大學歷史系張勝彥教授進行調查研究，事後
由賴明當主稿撰文〈鹿港古蹟調查研究──金門館與民宅之部〉，
發表在《台灣文獻》三十七卷一期，作爲重建整修之依據。民國
八十三年（1994年）由漢光建築師事務所規劃設計，慶仁營造廠
進行修護工程，重修後的金門館，組成奠安香火隊，回到金門濱
海的新頭社浯德宮尋祖祭拜，民國八十八年仲秋舉行安座大典。
民國八十九年九月一日，彰化縣政府將鹿港金門館列爲縣定古
蹟。

第四節　結語

　　行文至此，本文所佔篇幅已不少，宜做一收束終結，兼且歸
納與強調。在此先將興修大事做一簡略年表（表1-1），以清眉
目。

　　接著，要強調的一點是，鹿港金門館不是一般的廟宇，也不
僅僅是金門會館，更確切眞實地說：它是清代流傳下來的「班兵
伙館」。但是如此說，是否會減低它的古蹟價值與特色？不會，反
而更增加它的價值與特色。

表1-1　鹿港金門館興修大事紀錄年表

時間	創修大事沿革
康熙四十三年 （1704年）	鹿港金門館蘇府王爺之信仰與供奉大體可追溯至此年。更確切年代應該在乾隆五十二至五十三年（1787-1788）左右。
乾隆五十一年 （1786年）	金門館之前身為金門人許樂三之居宅，此時已存在。
嘉慶十年 （1805年）	許樂三遺命其子捐宅改建整修，初名「浯江館」，道光年間仍稱浯江館，何時改名「金門館」不詳，至遲清末已稱呼「金門館」。
道光十四年 （1834年）	時日既久，棟宇摧殘，垣墻傾圮。道光十一年，鹿港水師遊擊溫兆鳳有意重修，未成。嗣後在續任之劉光彩主導下，從道光十二年二月至十四年四月重建完成，工程期二年有奇；另購置附近街肆之店舖與灰窯，作為公業，耗費二千六百餘銀元，形制規模不詳。此役留下劉光彩「過化存神」匾及「重建浯江館碑記」三方。此年以嚴格定義言，為今日金門館廟貌創建完工之始，不應視為「重建」。
咸豐五年 （1855年）	金門館本體並未修建，主要花費在修繕舊有之店舖與廟旁邊室，另新建紀念劉光彩祠堂，計花費五百餘銀元，留下一捐題碑。
同治年間	同治四年（1865年）或同治十三年（1874年）有一次之修建，年代不出二者，但無法確定是那一年代，修建情形不詳。
明治四十一年 （1908年）	進行大修繕，建物內縮，比前小五坪，花費約四百日元，香火漸趨沒落。
民國六十一年 （1972年）	進行重修，情形不詳，可能在六十年底即已動工。
民國六十四年 （1975年）	由管理人卓神保發起重建，陸續修復正殿、廟房、前殿等。
民國七十二年 （1983年）	是年七月東海大學張勝彥教授受託進行調查研究，測繪原館尺寸圖樣，作為未來重建整修之依據。
民國八十三年 （1994年）	由漢光建築師事務所規劃設計，六月由慶仁營造廠標得進行修護工程，因變更工程而延期完工。八十八年金門館組成香火隊，前往金門新頭社浯德宮尋祖進香，仲秋舉行安座大典。
民國八十九年 （2000年）	是年九月一日，彰化縣政府將金門館列為縣定古蹟。

資料來源：卓克華整理製表。

　　因為台澎地區目前所知曉的清代班兵伙館有安平五館（金門、閩安、提標、海山、烽火五館）、澎湖五館（海壇、提標、銅山、南澳、烽火五館）及艋舺金門館，經過本文的考證，可確切的說多了一座：鹿港金門館。而且其他諸館不是消失或大半殘損，即是遷建，也就是說台澎地區目前僅存一座未遷建仍在原址，形制規模完整，建貌完整未殘缺者——碩果僅存的只有鹿港金門館，此其一。

　　其次，金門館位於板店街末段，即龍山寺左邊巷道南側，也即是位於清代水師營區及理番官兵住宅區，其周邊住戶與外部環境在今鹿港街區仍保存自成一區的生活圈域，也就是說，今龍山街、金門街、文朗街之間，形成街廓型的聚落，與四周生活圈域單元並無極深的血緣淵源關係，仍大體保留清代水師營區的風貌，吾人不妨也可以說是仍保留清代海軍眷村的風貌。

　　其三，金門館之創建修繕，歷來率由清代之水師將弁兵丁、郊商、浯籍居民與仕紳等等相助，廟宇身分介乎官廟與私廟之間，可說是半官方的民廟。日治以來，「伙館」功能消失，但因金門館附近為長年水師官兵的居住區，因地緣及業緣關係，結合了兵丁、眷屬、金門人居住在同一角頭內，而金門館所奉祀之蘇府王爺，遂由在地水師官兵及浯籍後裔所共同奉祀，漸由兵建廟宇轉成角頭廟性質。雖然日後隨著金門水師的撤離，浯籍居民之遷散，與別籍人群的移入，目前此區域居民以陳、林二姓為多，金門館之支持者仍居住於同一角頭內，祭祀圈大致以周邊住戶為主（雖然此地居民已非全為浯人後裔），而且昔日的廟埕為水師之活動場域，今日則為金門里生活圈域的活動中心，可以確定為角

頭廟的性質。這種廟宇的祭祀圈不變、場域不變，性質卻有所改變了，這在台灣可以說是極少見的一個案例。

　　其四，廟內留存的四方古石碑，不僅是清代台灣班兵制度的重要見證與重要文獻史料。而咸豐五年（1855年）的捐題碑，更可印證鹿港中元普渡習俗，至少已流傳二百年以上，這也是研究風俗史的重要文獻史料。

　　光此四點價值與特色，將鹿港金門館僅列為縣定古蹟，已有委屈之嫌，而近年的修繕，在彩繪部份有潘岳雄之門神彩繪，陳壽彝之壁堵彩繪、陳穎派之垛頭彩繪，此三人皆為中南部有名之匠師，為近代名家，此次彩繪，誠高手盡出，名家比藝，三人之彩繪拚比，可謂各擅勝場。假以時日，若干年後，三人之彩繪作品也進入歷史，不僅成了金門館古蹟要素之一，也融入積澱成為歷史文化，更成為台灣民間藝術史之代表作，寄語廟方執事務必妥善保存保護，是所企盼馨禱！

　　最後再針對金門館創建歷史做一綜述：金門館之創建可分成三個面向來談：(1)信仰部分：金門館之蘇府王爺信仰固然可追溯至康熙四十三年（1704年），但其信仰大盛，普為水師諸軍所信，應在平林爽文之亂以後，尤其是在乾隆五十三年（1788年）分調安平水師左營遊擊移駐鹿港，帶來眾多金門營水師兵丁之後。(2)廟名部分：金門館前身為許樂三之宅第，因許為金門人，所奉祀之蘇府王爺神像又是自金門後浦東門內校場之觀德堂分香而來，故初名「浯江館」，直到道光年間仍沿舊名，但到咸豐年間已有可能改稱「金門館」，至清末光緒年間在官方文書上已確切登錄為「金門館」之名。(3)建物部分：金門館之前身為許樂三之宅第所捐

獻改修而成，因此其歷史不妨可從乾隆五十一年（1786年）談起，不必拘泥嘉慶十年（1805年）之說。而且此宅第頗有可能是當年平林爽文之亂時，福康安曾駐紮調度指揮大軍之辦公場所，深富民間傳說與奇聞軼事之掌故。但今廟宇建築則只能追溯到道光十四年（1834年），此年實為今廟貌的創建始年，其後歷經修建，演變成今貌。

註釋

❶ 李怡來，《增修金門縣志》，卷三〈人民志〉四篇〈宗教〉三章「民間信仰」（金門：金門縣政府，民國八十三年），頁493、頁495。

❷ 李怡來，《增修金門縣志》，頁488-489。

❸ 李怡來，《增修金門縣志》，卷十二〈人物志〉，頁1506。

❹ 許漢卿，〈鹿港鎮龍山寺一對石獅由來〉，《鹿港傳奇》（彰化：左羊出版社，民國八十六年），頁92-95。

❺ 李汝和，《清代駐台班兵考》，一章〈班兵之設置〉（台灣：台灣省文獻會，1971），頁1-2。另，以下諸引文述要，皆出自此書，若非必要，茲不再一一詳註，特此申明，一則不敢掠美，二則謹表敬意！

另有關班兵與移民籍貫分佈情形，可參見余光弘，《清代的班兵與移民──澎湖的個案研究》（台北縣：稻鄉出版社，民國八十七年）；諸般整體之研究可參見許雪姬，《清代台灣的綠營》（台北：中研院近史所，民國七十六年）。由於本文主旨不在探討研究班兵史及其制度，有興趣讀者或學者可自行參閱二書，此處不多加徵引。

❻ 周璽，《彰化縣志》，卷七〈兵防志〉（台北：台灣銀行經濟研究室，民國五十一年），頁189-203。

❼ 鄭喜夫，《台灣地理及歷史》，卷九〈官師志〉第二冊「武職表」（南投：台灣省文獻會，民國六十九年），頁115。

❽ 周璽，《彰化縣志》，頁189-203。

❾ 張子文等，《台灣歷史人物小傳──明清時期》（台北：國家圖書館，民國九十年），「鄭用錫」條，頁327-328。按，該書之人物小傳，採納近年學者研究成果，予以融會改寫，且經過學者審查定稿，此為個人採用之原

因。讀者若有興趣可自行參考陳培桂《淡水廳志》卷九列傳二〈先正〉的「鄭用錫」則。近年出版的足校本陳朝龍《新竹縣采訪冊》卷十鄉賢「鄭用錫」有較詳細記載，茲轉錄於下，謹供參考：「鄭用錫，字在中，號祉亭，崇和子。少穎異，淹通經史百家，尤精於易。好吟詠，先後主明志書院講席八年，汲引後進。淡自開闢，志乘無書，乃纂輯藏之。嘉慶戊寅，舉於鄉，道光癸末，成進士。開台北百餘年，通籍自用錫始。丁亥，督建廳城，功加同知銜，復捐京職，籤分兵部武選司，補授禮部鑄印局員外郎。在官三載，精勤稱職，旋因母老乞養，時母年八旬，置田租三千餘石，為戚屬無後者立嗣，並資養贍，以祝大年。壬寅甲寅，在籍與台南進士施瓊芳等協辦團練，勸捐津米，給二品封典。咸豐三年，南北漳泉粵人各莊互鬥，用錫躬詣各城村竭誠開導，並手書勸和論，遍貼各莊，人皆悅服，其變遂止，全活甚多，皆用錫養望素隆有以感化之也。凡倡修學宮、橋渡及賑饑恤寒，悉力為之。治家最嚴，所編家規，子孫猶恪守之。晚築北郭園以自娛，著述日富，有《北郭園全集》，文鈔一卷、詩鈔五卷、制藝二卷、試帖二卷，已刊行。咸豐八年二月初七日卒，年七十一。子三：長如松，道光丁酉優貢，丙午舉人，賞戴藍翎，員外郎銜候補主事。次如梁，賞戴花翎候選道。孫六：景南，廩生。義南，六品翎頂。北南，附生。同治九年，請祀鄉賢祠。十一年，福建巡撫王凱泰具題，十二月十六日，禮部奏准。」

❿卓克華，《澎湖施公祠及萬軍井之研究與修護計畫》，一章〈施公祠、萬軍井的歷史研究〉（澎湖：澎湖縣政府，民國八十二年），頁9-11。

⓫卓克華，《澎湖施公祠及萬軍井之研究與修護計畫》，頁9-11。

⓬李汝和，《清代駐台班兵考》，三章四節〈班兵之賞恤〉，頁24-39。

⓭姚瑩，《東槎紀略》，卷一〈改配台北班兵〉（台北：台灣銀行經濟研究室，民國四十六年），頁11-18。另，此時期班兵諸問題可參看同書卷四〈台灣班兵議〉（上、下），頁93-102。

⓮林會承，《清末鹿港街鎮結構》（台北：境與象出版社，民國七十四年），頁82。

⓯卓克華，《清代台灣的商戰集團》（台北：台原出版社，民國八十八年），頁119-120。

⓰郭松義等，《清朝典制》（吉林：吉林文史出版社，一九三九年），頁266。

⓱《台灣省通誌》，卷首下〈大事記〉，卷九三章二節〈兵制〉（南投：台灣省文獻會，民國五十七年），頁87-88。

⓲李怡來，《增修金門縣志》，頁1225。

⓳卓克華，《清代台灣的商戰集團》，頁207-208。

⓴如賴明當，〈鹿港古蹟及史蹟調查研究──金門館與民宅之部〉，《台灣文獻》，三十七卷一期，頁93-127。即是，讀者可自行去查閱，此處不一一列出。

㉑卓克華，《澎湖施公祠及萬軍井之研究與修護計畫》，頁10。

㉒此參考賴明當前引文改寫修正成，以下同，茲不贅註。

㉓該《寺廟台帳》影本，承蒙彰化縣文化局諸同仁協助，或聯繫、或影印、或郵寄，隆情厚誼，敬表謝忱！

㉔溫國良編譯，《台灣總督府公文類纂宗教史料彙編》第一輯（南投：台灣省文獻會，民國八十八年），頁329。

㉕陳其南，〈清末的鹿港〉，《台灣的傳統中國社會》（台北：允晨文化公司，民國八十二年），頁251。

第二章

鹿港鳳山寺

——牧童化成神，信仰遍台閩

第一節　詩山祖廟鳳山寺概況

　　在台灣，主祭廣澤尊王的寺廟，取名「鳳山」的，據今人陳梅卿的調查，全台大略彙整如**表2-1**所示。

　　據其統計分析，全台主祀廣澤尊王廟宇最多地區為台南市、縣，再次是台中縣、屏東縣。台南市內即有三廟，近郊又有一廟，為全台信仰最密集地區。台中縣則集中在以清水、沙鹿為中心及其鄰近之大雅、大安鄉 ❶。這些地區多是泉籍移民較多之處，說明了寺廟之取名或分香或紀念祖廟，與原鄉泉州南安縣詩山鎮的「鳳山寺」有極深的淵源，鹿港鎮鳳山寺亦不例外。

表2-1　全台主祀廣澤尊王取名「鳳山」的寺廟彙整表

編號	廟　名	地　址	創建年代
1	鳳山寺	台北縣板橋市仁化街一八一號	1945
2	鳳山廟	宜蘭縣頭城鎮合興路六六號	清末
3	鳳山寺	彰化縣鹿港鎮德興街二六號	1780
4	鳳山寺	雲林縣土庫鎮中山路二二五號	1635
5	鳳山宮	嘉義縣義竹鄉溪州村二十之一號	1677
6	鳳山宮	台南市公園路五九五之二七號	不詳
7	竹頭崎鳳山寺	台南縣南化鄉玉山村六九之二號	1873
8	鳳山寺	台南縣南化鄉小崙村五五號	1906
9	鳳山寺	高雄市旗津二路二五七號	1984
10	鳳山寺	高雄縣大樹鄉橋腳村實踐街十四號	1890
11	鳳山寺	屏東縣萬丹鄉加興村五九之三九號	1846

資料出處：陳梅卿（2000），《說聖王‧道信仰》，頁24-28。

　　在戴鳳儀纂修《郭山廟志》（清光緒丁酉二十三年，西元1897年刊）卷八〈雜志‧尊王分廟紀聞〉中記載：「考王之分廟，始于龍山宮及安溪威鎮廟，一爲發祥建，一爲瞻塋建，關係匪輕，故詳著于〈廟宇〉。其餘諸廟雖非若二廟之重，然香火所萃，即靈應所徵，不可無以紀之，因就所聞，謹錄如左……」其中分香台灣者，「一在台南府西門外，廟亦名鳳山寺；一在台北府城內；一在漳（原文如此，應是彰字之誤）化鹿港。」❷此「彰化鹿港」者應就是今鹿港「鳳山寺」，可知廟之淵源。

　　在閩南地區，南安郭聖王、惠安青山王與漳州開漳聖王陳元光是信仰極盛，很有影響力的三大神靈❸。廣澤尊王又稱郭聖王，其祖廟鳳山寺坐落在南安市詩山鎮西北兩里處的鳳山之上。鳳山因山勢似飛鳳而得名，又因郭聖王在此坐化升天又名郭山。詩山鎮在溪美鎮西北二十七公里，由於唐代進士歐陽詹曾在此地高蓋山「白雲書室」讀書，並題〈哀母詩〉流傳後世，至宋代朱熹來泉州任同安主簿時，一日與陳和柔登山覽遺跡，見歐陽題詩，嘆曰：「此詩山也」，從此得名。詩山又俗名山頭城，1984年置鎮，鎮區呈帶狀，面積才約一平方公里，人口七千多人，爲著名僑鄉。名勝古蹟有五代後晉所建鳳山寺與宋代婆羅白塔❹。

　　郭山廟，敕封威鎮廟，俗稱鳳山寺。郭山廟又號將軍廟，由於郭山走脈有鳳翔千仞之氣概，加以「僧家別奉諸佛于西夾室，名之曰寺」，是故世俗遂從而通稱郭山廟爲「鳳山寺」。鳳山寺據說始建於後晉天福三年（938年），距今已有千年歷史，是蜚聲海內外的閩南古刹，但較確切建造紀錄，起於南宋乾道年間（1165-1173年），至明毀於倭亂。萬曆年間（1573-1619年）再建。清道

光年間與光緒初有兩次重修。不料1969年夏季文革期間被夷為丘
墟，至1979年在台灣及海外華僑大力捐資之下重建，成立「鳳山
寺、詩山公園籌建委員會」，歷二十寒暑之營建，大體恢復舊觀，
並在1982年冬，鳳山寺被列為重點遊覽區。南宋時的鳳山寺（時
稱郭山廟）建築規模及形制，據宋解元惠州教授王胄〈郭山廟碑
記〉載：

> 歲在癸未（按即南宋寧宗嘉定十六年，西元1223年），鄉之彥
> 倡始其謀，鄉之士協力以贊。有財不怯其費，有力不憚其
> 勞，有石有木皆爭輸之，鼎新廟宇，翼以兩廊。後立寢殿可
> 以燕息，前辟門庭可以趨蹌。由階而升，八十有層。巍其高
> 也，煥其麗也。

可知宋時廟宇規制寬宏，有山門、大殿、後殿及兩廂，再前
有廟埕，自山下沿著石階上登八十層始達山門。近年的重建，並
進而將整個郭山山頭納入寺廟範圍，不僅有專用的柏油公路直抵
寺前，又在沿途增建涼亭，供遊人休息攬勝。入山門拾級而上，
有鐘樓、鼓樓分在前殿兩側，成前、中、後三殿三進式規模，兩
旁則為左右偏殿與左右禪房。

鳳山寺所在的詩山，原是當地方圓十里內唯一之高地，寺在
山頂，背負文章山，宋朱熹到此遊覽，見山川形勝，鍾靈毓秀，
稱讚為「文章十八士」。廟坐西北朝東南，高蓋山揖其前（山上有
歐陽詹墳墓），龜山、育鍾聳於左，魁躔、天柱峙於右，水環山
秀，地靈人傑。明何喬遠有〈游郭山〉七律詩一首，云：「佳節
登臨興欲飛，虛台獨上遠巍巍。陰沉林氣幽人語，蒼翠山光逼客

衣。楓葉嵐晴還不動，蕌苗秋晚正應肥。主人愛客清尊滿，十月留連歸未歸。」形容秋日登遊郭山，以致流連忘歸，以側寫手法描述郭山景色。明嘉靖四十一年（1562年）陳學伊〈題郭山廟〉詩云：「突兀來峰勢若騫，石梯百仞到山門。原疇一望平流水，煙火相連遠近村。棟宇半成栖佛像，藤夢遺迹說將軍。欲尋舊記今無考，指點群山笑白雲。」詩以寫廟爲主，說明嘉靖年間曾有修建，反映廟況的變遷。至萬曆二十三年（1595年）戴廷詔〈游郭山廟〉中有句云：「當年遺迹藤夢杳，此日明神帳殿深。」說明舊時古蹟難尋，而寺廟已建好有年矣！

　　有清一代名士官宦登覽留下詩題者更多，其中如吳種德、翰林侯官人郭柏蔭、南安縣令萬福來、舉人徐光華、泉州知府鄭秉成、舉人傅炳煌等皆是，可詳見《郭山廟志》卷六卷七之〈藝文志〉，茲舉晉江人陳棨仁（翰林院庶吉士，刑部主事）〈郭山進香祠〉爲例：「蕉荔紛陳間酒漿，聲聲徽號頌尊王。桂旗十里搖秋日，小字烏絲繡進香。」再舉郭柏蔭〈謁郭山廟〉七絕二首中一首爲例，餘不贅。其一云：「汾陽門第舊簪纓，富貴神仙兩有聲。八百年來溯閩派，名山風雨訂宗盟。」按唐汾陽王郭子儀裔孫郭嵩入閩，再傳爲郭耀居長樂縣，郭華遷泉州居塗門，郭姓遂分南北二支，而廣澤尊王姓郭，遂爲閩南郭姓尊爲祖佛，更加深其信仰與傳播。泉州南安旅居台灣、東南亞華僑甚多，因此廣澤尊王之信仰及「鳳山寺」之名遂風行台灣、東南亞。尤其新加坡南安會館所建的鳳山寺，規制完全仿自詩山祖廟的鳳山寺。移民到廟拈香祭祀，目睹耳聽廟制與廟名，如睹故鄉風情一斑。

　　這是鹿港鳳山寺所以取名「鳳山寺」之由來，亦是祖廟之概

況與沿革。

第二節　廣澤尊王信仰之歷史考察

　　在台灣，開漳聖王是漳州人的鄉土保護神，廣澤尊王原是南安縣百姓信奉的一尊神明，也可以概括說是泉州人的鄉土保護神。廣澤尊王全號為「威鎮忠應孚惠威武英烈保安廣澤尊王」，俗稱保安尊王、郭聖王、郭府聖王、郭王公、郭姓王、聖王公、王公祖、王公、相公、聖公等，俗說神確有其人，生於五代時（約十世紀），原名郭忠福，南安縣郭山人（一說安溪縣清溪人或金谷鎮人）。其生前僅是一位有姓無名的牧童，但歷經元明清三朝的演化，事蹟愈加豐富，他的家庭、姓名、經歷皆被神化，據刊於光緒年間的楊浚《鳳山寺志略》記其傳略，云❺：

> 神姓郭，名忠福，閩之南安人，先世周文王季弟封于虢為虢叔，或曰郭公，因氏焉。歷六十餘傳，為唐汾陽王，數傳至嵩公，始遷閩；再傳華公，分派泉州，居清溪，代有令德。神父性孝友，無崖岸，常逍遙清泉白石間，神母感異夢而娠，後唐同光中二月二十二日，生于清溪故里。生即神異，氣象豪偉，以純孝聞，父薨，母攜之居南安十二都郭山，山因神名。後晉天福初，當在丁酉戊戌間（按指後晉天福二年至三年，西元937-938年），神年十歲，忽攜酒牽牛，登絕頂古藤上蛻化。時為八月二十二日，里人異之。偽閩通文中，

見夢于鄉，為立廟，曰將軍廟。

戴鳳儀《郭山廟志》卷二〈保安廣澤尊王傳〉亦云：

王，閩之南安人。郭其姓，忠福其名。唐汾陽王，其遠祖
也，由汾陽傳至嵩，入閩，再傳至華，遷于泉。王世居泉之
南邑十二都郭山下，山以姓得名。祖、父多隱德，母感異夢
而娠，誕王于後唐同光初，二月二十二日。王生有孝德，氣
度異人，嘗牧于清溪楊家長者家，晨昏之思忽起，馳歸侍
奉，依依如也。父薨，艱于葬地，王懷心忡忡，雖就牧，猶
潸然淚下。一形家鑒其孝，指長者山而告曰：窆此大吉。王
然之，稽顙謝。吁求長者而塋之，竣，乃歸郭山下而奉母以
終身焉。後晉天福間，王年十六，忽牽牛登山，翌日，坐古
藤上而逝。母至，攀其左足，塑像者因塑其左足下垂。迨母
薨，里人感王至孝，為祔于清溪故塋，其得魯人合祔之禮
與！

初，王甫著靈响，里人建廟祀之，號郭山廟，亦號將軍廟，
蓋偽閩時也。宋建炎四年，湯寇勍逼近境，民欲遁，卜于
王，弗許。一日，大雨溪漲，寇不能渡，王衣白衣乘白馬，
誘之淺涉，黠者多溺死，邑賴以全。紹興間，里人吳德奉王
香火入京，值宋宮火，王麾以白旗，火遽熄，故有侯爵廟額
之錫。慶元、開慶間，復增封王爵，自是，王之聲轟烈震聾
天地間矣！明嘉靖之季，島倭寇詩山，鄉人築堡廟北，賊困
之，不利，意以為神，縱火焚廟，碑敕俱毀。忽大雨驟至，
賊之攻堡藥亦燼于火，遂懼而遁，四境獲安，僉曰：非王之

力不及此。國朝（按指清朝），王靈益震，凡保國安民事難縷述。如剿×（按點校本因忌諱，以×字代替，以下皆同），遏×逆，殲×匪，沛甘雨，祛瘟疫，尤其彰彰者也。迄今薄海蒙庥，每當仲秋，展墓薦馨者，猶不遠數千里而來云。❻

以上傳略已相當完整地對郭聖王之世系、姓名、誕生日、升天日及神蹟都有記載，但只能說是後來地、附會地彙整歷來記載。我們回顧檢視前後諸多志書的記載，可以發現其間增添、附會的演化之跡。由於郭聖王只是五代時期一位地方小人物，正史自然不會將其事蹟記錄。目前個人所知較早的紀錄是纂修於康熙初期的《南安縣志》卷二〈疆域志〉之「郭山」條，記❼：

在縣北十里，屬十二都，山有威鎮廟。神姓郭，世居山下，生而神異，意氣豪偉，年十歲時，忽取甕酒，牽牛登山，明日坐絕頂古藤上，垂足而逝。酒盡於器，牛存其骨。已見夢，鄉人因為立廟，號將軍廟，此偽閩通文中事，宋建炎四年（1130年），寇湯某勦逼近境，民欲遁走，卜神不許。一日大雨溪漲不能渡，有白衣乘白馬者，誘之淺涉，攻具漂流，黠者多溺死，蓋神所為也。其後累加威鎮忠應孚惠廣澤八字。王冑為記。

據上引文獻對比可略知：(1)康熙初之紀錄，神僅有姓，名字不知。(2)年十歲蛻化而逝，非如後世傳說的十六歲，且誕生日、蛻化日期不詳。(3)建廟緣由為託夢於鄉人而立廟，廟名初為「將軍廟」。(4)康熙之前已經累加敕封「威鎮忠應孚惠廣澤」八字尊

稱。(5)神蹟主要是誘寇渡溪溺死。至乾隆中刊行之《泉州府志》紀錄，突然豐富起來，也反映其信仰日盛，《泉州府志》卷七〈山川二〉「郭山」條載❽：

> 郭山在十二都，明何喬遠詩：佳節登臨興欲飛，虛台獨上遠巍巍，陰沉林氣幽人語，蒼翠山光逼客衣，楓葉嵐晴還不動，藥苗秋晚正應肥，主人愛客清尊滿，十日留連歸未歸。山有威鎮廟，神姓郭，世居是山之下。

同書卷十六〈壇廟寺觀〉「威鎮廟」條❾：

> 威鎮廟俗呼郭廟，在縣治北郭山中，偽閩通文中建。閩書神姓郭名忠福，世居山下，生而神異，意氣豪偉，年十六歲時，忽取甕酒，牽牛登山，明日坐絕頂古藤上，垂足而逝。酒盡於器，牛存其骨，已見夢，鄉人為立廟，號將軍廟。宋建炎四年，寇湯勍逼近境。民欲遁，卜神不許。翌日大雨，溪漲寇不能渡，有白衣乘白馬者，誘之，由他路去，攻具漂流，黠者多溺死，邑賴以全，其後累加威鎮忠應孚惠廣澤侯，王胄為記。

　　按，記載到此，可知兩志輾轉抄襲，而且源出何喬遠之《閩書》。何喬遠（1557-1631年）字稚孝，號匪莪，人稱鏡山先生，室名自誓齋、天聽閣，福建晉江人，明神宗萬曆十四年（1586年）進士，歷官刑部主事、禮部郎中、光祿寺少卿、太僕寺少卿、左通政、太僕卿、南京工部右侍郎。他畢生勤於著述，傳世有三部大書：《閩書》、《名山藏》、《皇明文徵》；《閩書》是一部著

名的明代福建省志,也是現存福建最早完整的省志。《閩書》卷
之九〈方域志〉「泉州府南安縣二」「郭山」則記❿:

> 郭山:山有威鎮廟,神姓郭,世居山下,生而神異,意氣豪
> 偉。年十歲時,忽取甕酒,牽牛登山,明日坐絕頂古藤上,
> 垂足而逝,酒盡於器,牛存其骨。已見夢,鄉人因為立廟,
> 號將軍廟,偽閩通文中也。宋建炎四年(1130年),寇湯勍逼
> 近境,民欲遁走;卜神不許。一日大雨溪漲,寇不能渡,有
> 白衣乘白馬者,誘之淺涉,攻具漂流,黠者多溺死,蓋神為
> 也矣。其後累加「威鎮忠應孚惠廣澤」八字,王冑為記。

參照上引志書諸文獻,可以發現彼此抄襲雷同,泛填習套的
老毛病,但一經對照,顯然可以明顯看出郭聖王之卒年,已從十
歲變成十六歲。上引《泉州府志》續載:

> 出南安縣治之北八十餘里為詩山,詩山十二都之巨村為社山
> 村之北,可二里許為郭山,山有廟,廟有神,郭其姓,名忠
> 福,居山下,以十六歲蛻化於山之古藤上,里人異之,又以
> 其屢有靈應,因建廟祀之,蓋偽閩時也。其後著靈于紹興慶
> 元之間,侯其秩,廓大其廟,敕凡三,珍藏于大姓黃家。蓋
> 四百餘年,廟門再拓。
> 宋有撫幹陳君說教授王公冑為之記。王之記,則樞密曾公從
> 龍為之書兩碑,並樹廟門外,亦已四百餘年。嘉靖辛壬之季
> (按明世宗嘉靖年間,無辛壬干支,只有辛卯1531年、辛丑
> 1541年、辛亥1551年、辛酉1561年,恐是誤記),島倭不靖,

鴟張於詩山，永春呂寇復起，詩山人復應之，鄉大姓築堡廟之北，與里人三四百輩避其中。堡中乏水，賊更番困之，鄰堡率鄉兵三百，以半夜枚救直趨廟門外，逐賊去，堡中因得取水，而死賊者十餘人，賊意為神也，詰朝縱火焚廟宇殆盡，仍更番困之。堡中炊米而餐幾不支，是夜天大雨，而賊所用攻堡藥亦驟燼於火，遂終以為神，遽之他方。當是時廟中二記俱燬，而黃家所藏諸敕亦為賊裂棄無餘。其後賊平，里人稍稍復居，因以次漸葺神廟完麗，金碧雖未得，遽如昔時規制宏敞，則大都不失其舊；蓋余再遊時視初遊既有閒，三遊時則視再遊時，又峨然改觀矣。

余嘗讀八閩通志南安祠宇，僅載五六城隍廟之後，遂繼以此誠重之。詢之里人又云敕之端，有宋人記述。里人有吳德者素事神，一日以椽往京邸，舉香火偕往。宋帝宮火，神麾以白旗，火遂止，是以有紹興侯爵之封，其詳在敕，通志亦頗言及之。果爾則異矣！然神能滅火於數千里外帝王之邃宮，而不能止賊火於咫尺自樓之所。志中又載宋時賊將入境，神引之他往，里得無患，乃不能遏。嘉靖辛壬之賊，使之猖狂得所欲而去。又不能預阻里人邪心，使之計謀呂賊以重污里名，則何以稱哉？豈污隆盛衰，天實為之，神固不能為邪。要以降一夕之雨，焚囊中之火藥，出三四百人之命，亦不可不歸之于神。呂賊猖亂，里人誤附，竟不終朝而撲滅，又安知其非神所為邪？語云聰明正直為神，蓋郭將軍之謂邪！

至同治年刊行的《福建通志》，因是全省性志書，要編撰搜納

之資料太多轉而記錄簡略，其書卷八〈山川志〉「南安縣」條記
⓫：

又去城七十里，曰郭山，其神郭姓，故名。

同書卷二十二續記：

威鎮廟在縣北十二都郭山，閩王氏時建。清朝嘉慶二十三年
僧玉環募邑人重建。

綜括上引文獻，可知：

1.鳳山寺先後有將軍廟、郭山廟、威鎮廟之異稱。
2.郭聖王從一位牧童演化成為神明過程，其間的靈異神蹟大
　約是：蛻化→託夢→誘寇溺水→驅寇保鄉→滅帝宮火。歷
　觀救火、蕩寇、蘇旱、祛瘟諸神蹟，功在國家鄉梓，於是
　乎郭聖王就有許多封號，在南宋紹興（1131-1162年）敕封
　為「威鎮廣澤侯」，賜廟額「威鎮廟」；慶元間（1195-
　1200年）加封為「威鎮忠應孚惠威武英烈廣澤尊王」，清同
　治九年，又加封「保安王」，封爵全稱為「威鎮忠應孚惠威
　武英烈保安廣澤尊王」⓬。

　　總之，明清兩代一再出現郭聖王的靈異神蹟，才造成信仰大
盛，在閩南南安等地民間傳說中，郭聖王顯靈事蹟特多，其中多
半在楊浚《鳳山寺志略》與戴鳳儀《郭山廟志》中有採擷記錄，
其中以平寇保鄉神蹟最多，茲據兩書摘舉幾則於下：

1.「明嘉靖辛壬之歲，島倭擾及詩山，相去二里許，永春寇呂尙四復起，多應之。鄉大姓築堡廟北，與里中三四百輩避居焉。堡乏水，幸鄰人率鄉兵三百，夜半直趨廟門，斃賊十餘人。逸去，因得汲。及朝更番困之，火其廟，糧幾絕，夜忽大雨，賊中火藥驟燼，驚爲神，乃遁。」

2.「咸豐三年，土匪林俊由德化竄陷永春州城，蔓延南安，脅從日眾，甚猖獗，俊詣鳳山寺，禱神助，珓弗許，詢其成敗，示以籤，有『樹倒花殘勢自傾』句。至興化果中弩死。先是，俊攻州城，正危急時，忽城北大鵬山上，甲兵森立，見『郭』字旗號，士卒乘勢，斬馘無數，俊奔竄南永交界，鄉團協力堵禦，神復顯靈助戰，奪獲器械、馬匹。」

3.同治六年，官兵圍剿土匪謝險，指揮官「詣寺虔禱，隱卜方略次第，授計營員，購獲凶黨數輩，移兵直搗巢穴，平之。後謝險潛蹤于省城南台，復捕正典刑，皆神庇也。」

4.「同廈會匪黃得美等滋事，李勛伯廷鈺統兵進剿，有從逆武舉變姓名投軍，時軍中奉神香火，忽顯靈示夢，搜獲從逆，確證，誅之。」

除此外，降甘霖、驅瘟疫、治沉疴、尋失物等等神蹟，亦所在多有，如：

1.「同治三年，泉永大旱，田禾盡槁，章太守倬標憂之，偕邑侯禱于廟，未回軍而甘霖立沛，太守書『雲霓慰望』四字匾額，以答神庥。」

2.「同治間，溫陵瘟疫，多死者，僉迓神至開元寺焚香頂
　禮，各家荐馨，神箕示禳疫文。不數日而時氣平，闔郡士
　庶瓣香，不忍離左右，更塑像于開元寺奉之。」

3.「同治二年，惠安莊姓，到寺進香，沿途蛇行，三步一
　叩，或問之曰：老母病三年，百藥罔效，號泣不已，願以
　身代，夜夢神持藥二丸，令其母吞之，頓癒。」

在如此眾多神蹟傳播下，信仰自然愈盛，流佈愈廣；明清時
期，郭聖王的信仰與影響已超出南安縣，遍及閩南，《郭山廟志》
載：「**清末南安縣僅十一都、十二都、十三都三地就至少有十三
座廣澤尊王廟，俗稱『十三行祠』。**」又有泉州府的城隍廟、承天
寺、開元寺、天后宮等寺廟也同祀供奉廣澤尊王神像。晉江陳
埭、安海、深滬、惠安洛陽橋北、同安縣城外、永春縣西門外、
廈門、漳州、興化、福州、福安、寧德、建寧、汀州、龍溪、龍
岩、漳平等地也有廣澤尊王廟，或有他廟同祀、祭祀神像；要
之，隨著海外移民，郭聖王信仰也傳佈到台灣及新加坡、馬來西
亞等東南亞國家。

廣澤尊王信仰傳入台灣始於清初，據台南市西羅殿刊行之
《西羅殿志》記載：「康熙元年（1662年），泉州府南安縣郭氏六
房祖先，恭奉郭聖王分身東渡來台，至昔時台南府五條港渡頭一
帶，以當碼頭工為生。郭氏一族特別團結，剽悍勇武，成為渡頭
的碼頭老大，控制該碼頭地盤」。而供奉郭聖王的場所，也由簡陋
的「聖公館」，發展成日後的「西羅殿」，巍峨壯麗，故總統蔣經
國先生也曾親自蒞廟行香祭拜，並賜匾「保安天下」。尤其台南市

有「做十六歲」的成人禮習俗，便是從這群南安郭姓族人傳開
的。由於做碼頭苦力所得有限，郭家男孩從小就必須在碼頭打零
工貼補家用，等到滿十六歲才可以正式入行工作，久之所以每當
孩子滿十六歲時，父母便會酬謝神明，歡宴親朋，形成了台南
「做十六歲」之習俗。不過，再想想郭聖王也是十六歲時蛻化成
神，則「做十六歲」習俗是否隱隱中也帶有紀念郭聖王之內涵意
義，這是值得我們深思的隱性文化意涵吧！

　　台灣的廣澤尊王廟，大都認南安縣鳳山寺爲祖廟，不少廟的
廟名稱「鳳山寺」，即使西羅殿之廟額也高懸「鳳山古地」巨匾，
以示根源。日治初，台灣信徒每三年都要組團到祖廟進香朝拜，
後因太平洋戰爭爆發而中斷。近年又恢復進香朝拜活動，據1990
年統計，僅簽名留念的就有台南、台北、新竹、高雄等十多個縣
市計五十七個進香團，人數約二千名，此後只有增多並無減少[13]。

　　郭聖王之傳說，除見諸志書外，在台閩地區民間傳說更多，
而且愈傳愈奇，愈傳愈神，愈見龐雜紛亂，茲就個人所知，分類
整理如下，以供同道參考[14]：

　　首先說明廣澤尊王蛻化成神的經過。

　　廣澤尊王相傳是郭子儀之後，清代泉州南安縣人，姓郭名洪
福（按這是民間傳說的名字，一般志書皆名爲忠福）。他幼年喪雙
親，交由叔父撫養，家境十分清苦。少年時爲同鄉陳姓（按一說
楊姓）富豪放羊，以助家計。洪福忠厚誠實，吃苦耐勞，而陳姓
富豪卻是爲富不仁、小氣吝嗇之人。有一日，一位地理師爲陳家
尋覓風水寶地以安祖墳，指出羊舍爲吉地，陳氏不信，又捨不得
好食好酒招待地理師，甚且將一隻溺死糞坑的死羊燒煮給地理師

吃。地理師從洪福得知實情，十分氣憤，他經過數日觀察，知洪福是個心地善良、忠厚乖巧的孩子，有意助他，便問其父母葬於何處？洪福回答因家貧尚未好好安葬。地理師於是告知羊舍吉地，要他速將父母遺骸移葬此處。不過此處是個黑蜂巢穴，將會有大批黑蜂飛出螫人致死，地理師要洪福迅速逃離此地，路上若是遇見戴銅斗笠者、牛騎人、魚上樹等現象時，即刻打坐在地，就可升天成神。

果然，洪福下葬父母靈骨不久，便見穴中飛出成群黑蜂，洪福拔腿便跑，奔跑到一處，見正舉行葬禮，時正下大雨，一名和尚居然將銅鈸戴上遮雨，一名牧童躺在牛腹之下躲雨，一漁夫攜魚竿爬上樹避雨，魚竿上的魚兒在枝葉間活蹦亂跳，正符合地理師所說情景（按另一說法為「流紅水」，即當時正在下大雨，山上洪水直沖紅土而下，成土石流之現象）。洪福不由得不信，當下找到一塊磐石，盤腿打坐，誠心坐禪。他叔父聞知，也迅速趕來，慌忙中要將他拖下石，不讓他死亡離去，不料只拉下一條腿，洪福早已升天為神。鄉人聞訊，便在該地建立一座小祠來祭拜他。由於十分靈驗，日後改建成大廟，此即鳳山寺之由來。

其次說明廣澤尊王神像造型的由來。

郭聖王金身是一臉童稚面貌，兩眼圓睜，右腿打坐，左腳下垂，這種只有一腳打坐姿勢的由來傳說，其一即上述在坐化時被他叔父拉下一腳所致。

另一說是當年他坐化前，其母親怕他閉上眼睛而真的作化升天，呼他眼睛要睜大望遠，又爬上樹拉下他一腳搖晃，想搖醒他而形成。關於此說，《鳳山寺志略》亦有類似記載：

神十歲時將蛻化，請其母持一匏一書來，盤坐以待，母誤匏為牛，書為豬，牽而至。為伸左足垂地，神目仰天，搓令直視，故遠人禱尤靈。

不僅「遠人」禱告尤靈，民間傳說，郭聖王最喜愛庇護流寓之人，故得移民及流民之虔誠奉祀。因此對郭聖王的祭祀以祭墓塋最為隆重，這一祭禮凡三年一次，《鳳山寺志略》記：「凡謁塋之歲，近如浙粵，遠如蜀楚，即至外洋，白叟黃童，扶攜跋涉，不憚千里。附寺百餘里村庄，遇來客，即非素識，必遮道邀款，掃榻以迎，不敢計值，途不拾遺，偶饎膳宿無可托足，行李紛置中道，但書『鳳山寺進香』五字，不煩防守。次日，各負載，無敢錯亂。有竊取者，必自呼于路，歸其物于失者，而盜者始安。俗多牽羊以獻，問筊，應宰即殺，應放，即置之廟，不羈維，入人家，爭伺之，塗人得之，仍還于廟，稱曰聖王公之羊云。」

甚至誇張到，農曆八月二十二日聖王公蛻化升天之日，「凡閩、浙、吳、粵及南洋群島到廟瓣香者，以億萬計」，且據鄉老云，先前交通不便，省外香客步行至南安鳳山寺進香，出門時把雛雞放在籃子裡，沿途餵養，到鳳山寺時雞已長大，可為供品云云，諸如此類皆是，信仰之盛，可見一斑。

再次說明廣澤尊王配祀神譜的由來。

寺廟之主神，歲遠年久，往往會出現一群「同祀」、「從祀」、「寄祀」、「配祀」、「挾祀」、「分身」、「隸祀」等神明譜系。這種現象人類學者認為是，世俗官僚體制與社會關係的翻

版,其意涵非宗教信仰的俗化,而是社會生活的神化,聖王公信仰亦不例外。聖王公在年幼時蛻化成神,本無妻子,但在民間傳說中,居然還會主動求聘妻室,《鳳山寺志略》記載:

> 相傳神蛻化後,有龍溪黃氏女浣衣,見金釧回旋,不離左右,母令取之。一日,乘輿過神廟,大風,忽失所在,或言入廟坐化。宋時已加封曰:妙應懿德黃氏仙妃。

民間傳說更豐富,情節熱鬧有趣,傳說聖王公看上一位安溪司公女兒,想娶之為妻。一日利用該女前來溪邊浣衣之時,便將鏡、釵、簪、耳環等物放置一木匣中,順流漂下,浣衣女不知此是訂情之物,雖拾起拆視,但隨即擱下,未曾收下攜回。後司公作主將女兒許配給某一富翁。出嫁那天,經過鳳山寺,突然狂風大作,飛沙走石,花轎被捲進寺中。司公既驚且怒,屈指一算,知聖王公欲娶妻強奪其女,大怒之下,彼此鬥法。司公喚來洪水,欲沖走鳳山寺,聖王公則化身一陶瓷販子,挑著一擔陶器走進廟裡,只見此時的大水已淹至神桌之下,他安然坐在桌上,不慌不忙,隨手拋下一只只碗碟,說也奇怪,每拋下一只碗碟,水便退下一分,最後水被完全逼退。司公大敗,不得不接受娶女之事實。但心中終是不甘不服。臨終之際,還命其妻在其棺中四角落放下四火種,欲火燒鳳山寺。聖王公知情,化身一老太婆,到司公家弔問,並勸司公妻不可如此,司公妻以其為其夫臨終之命,不可違背,後幾番折衷婉勸,司公妻同意只在棺中一角放火種,司公終究未能如願火燒鳳山寺,但因只置一火種,卻也燒毀鳳山寺一角。嗣後每逢鳳山寺改建,不久必有一角落失火燒毀,

即是此段恩怨情仇原因。

　　尊王的妻子，台灣民間俗稱「聖王媽」，同受崇拜。又據說住在鳳山寺附近居民，若夜半聽到廟中傳出小孩哭聲，即是聖王媽產子，聽到哭聲的信徒，日後家中土地必會上漲，大賺一筆，受益者要送一尊泥塑太保入廟供奉，這樣不斷增加，太保也人滿為患了。另一說是聽到哭聲，翌日，信徒會在廟中發現一堆新黃土，必須將這黃土泥塑成神像。這些神像共有十三尊，人稱「十三太保」或「十三太子」（按另一說法是大太保為聖王之子，其餘太保為聖王之徒兒），信徒爭著將這些「太子神」請回家供奉祭祀。十三太保尊稱如下：大太保玉敕代天巡狩，二代欽差；二太保金闕順天尊王、三太保五常（營？）軍東方武士、四太保南北巡總指揮、五太保代天行醫、六太保雙忠尊王、七太保東天王、八太保武燕王、九太保五常軍元帥、十太保查巡天下、十一太保金封秀士、十二太保童月王、十三太保天下總代巡。十三太保的職司神能據上引尊稱及民間說法，可歸納如下：大太保代父巡狩，行監督之職；二太保管上界下界諸事，兼守聖王墳墓；三太保為武將，專司驅邪犯陰之事；四太保負責聯絡協調；五太保行醫救人；六太保秉持公道，調解民間糾紛；七太保職司同六太保；八太保負責督導諸太保，不許彼偷懶；九太保負責平日訓練五營兵馬；十太保巡察天下不平事；十一太保是文士，處理文案筆墨；十二太保亦是巡狩雲遊天下；十三太保配有尚方寶劍，總管三界❶。十三太保名稱鹿港鳳山寺則另有一說：坤保、龍保、艮保、坎保、離保、巽保、貴保、兌保、震保、顯保（似為乾保之誤）、星保、祖保、威保，與眾說不同，姑記於此，以供他日民

俗學家研究、追索。

　　更有趣的是，在台灣流傳十三太保在大陸各鎮守一宮廟：大太保守詩山龍山宮、二太保清溪威鎮廟、三太保廈門鰲峰宮、四太保溪頭溪頭宮、五太保殿坂鄉景福社、六太保大廷壽山宮、七太保宮下兜銘境宮、八太保溪東溪東宮、九太保山兜銘境宮、十太保坑柄坑柄宮、十一太保羅埔駐龍宮、十二太保古宅行祠宮、十三太保仙境永安宮。據聞各宮廟離詩山鳳山寺不遠，皆在周遭之十三個村落中，一村落一宮廟，以鳳山寺為核心，形成一個信仰圈。不僅如此，目前在台灣供奉郭聖王諸神壇中，十三太保雖非主神，卻是最為活躍，大顯神通，降壇附身，救苦救難，其中尤以五太保、七太保、十三太保等三尊稱雄，這或許是受李哪吒太子爺信仰之影響吧！

　　除了妙應仙妃、十三太保等眷屬神外，郭聖王還有一百零七將的屬下，亦通醫道，各有神通，能驅邪治妖，醫治百病，因此每逢神之誕辰或蛻化升天日，附近百姓皆會設宴祈福，如遇有疾瘟病災，必大舉出巡，歷時二日，儀式極為隆重。

　　郭聖王之助手，除一般廟中常見之劍童、印童外，尚有陳欽差、黃太尉兩部將，及崇德尊侯、顯佑尊侯兩位。黃太尉相傳神蹟是：有一道士學得法術，欲奪郭聖王廟，遂施展法術，引來大水淹沒廟宇，黃太尉將一只碗擲出，大水立退十丈，所以在民間，黃太尉又被稱為「碗公」。此說顯然與上述郭聖王鬥法安溪司公的故事雷同，但不知誰早誰晚，誰抄襲誰？崇德、顯佑兩神，傳說生前是宋朝的頒敕使者，他們在廟中坐化，被神招去。陳、黃二神台南西羅殿也有相似之說法，黃太尉據說是宋名將，偶至

福建，在郭山廟與道士鬥法，助聖王一臂之力，事後得道成眞，立於郭聖王旁。陳欽差則是宋朝皇帝遣他至泉州敕封郭聖王，敕封後，陳欽差也得道升天，成爲郭聖王身旁大將。

　　以上傳說外，尙有治好清雍正帝天花病而受封保安廣澤尊王等等傳說，茲不贅。此處謹再摘錄與台灣有關之傳說，以供治台灣史者參考。《郭山廟志》卷八〈雜志・尊王近事紀聞〉記：「光緒十年甲申，法夷滋擾，台北軍門孫開華守滬尾，血戰迭勝。自晨至午，敵人開花炮子如雨，無一中傷者。居民咸見郭聖王與清水祖師陰兵助順，漫天煙霧中，隱隱有神旗森列云。」❶另外，順便將祖廟中所有之匾額與台灣有關者，亦一併記錄於後，以供參酌：(1)「知幾其神」（福建陸路提督孫開華題）。(2)「惠我遠人」（欽加五品銜，署台灣台北府經歷錢清蔭題）。(3)「知遠知近」（台北左協翁曦題）。(4)「神而明之」（台灣千總張朝升題）。(5)「孝德覃敷」（彰化施大觀題）❼。據此亦可知郭聖王信仰之盛，在清代已遍及閩台！

　　根據以上各種文獻及種種民間傳說所做的歷史考察，總的道來，我們大致可以得到如下的結論：郭聖王前身是五代時的一位牧童，家貧但孝順長上，因蛻化而成神，爲鄉民建祠紀念。宋代起開始顯神蹟，至明清大顯神通，愈傳愈奇，愈傳愈神，信仰大盛，遂由南安擴及整個閩南及福建，再隨移民潮傳入東南亞及台灣。尤其神本姓郭，風傳爲唐代大將郭子儀之後，更爲福建郭姓奉爲祖佛，在郭姓人家，信仰更盛更爲虔誠。而在諸多民間傳說中，我們亦可發現從最初原始的、素樸的、單一的窮苦少年蛻化而亡的故事，歷經宋元明清演化成神，神蹟故事愈見豐富多彩，

而神亦從單身主神，不斷附會累積出現妻室、子女、部將等龐大的神明譜系。

第三節　鹿港鳳山寺之創建及沿革

一、創建年代之商榷

　　明白有關廣澤尊王成神由來及種種神蹟傳說經過，方可知曉大正十五年（民國十五年，西元1926年，按該年亦是昭和元年）三月，今鹿港鳳山寺中所立木質「重修鳳山寺碑記」之前言部分所敘之典故：「尸解之異，古人誌之甚詳。髮脫形飛，目光不落，有逝而復甦者、有未斂而失其屍者、有體輕如剩空衣者、有白日升天者。何鍊丹之術絕響不傳？王喬、葛洪輩亦太詭祕歟？顧羽化登仙之事，昔賢不以為虛誕，恆見諸簡冊。闢佛如韓文公所詠寒女，謝自然學道飛昇，尚且徵其故。實天樂異香，恍如聞見。是故郭聖王當時遺世之情狀，後人無庸置疑義矣！」及立於道光十年（1830年）二月「鹿溪新建鳳山寺碑記」前言之：「昔聖王之制祀也，法施於民則祀之，以死勤事則祀之，以勞定國則祀之，能禦大災、捍大患則祀之。是必有豐功偉烈，上護國而下庇民，而後得以立廟崇祀，血食百世者也。南安之有郭聖王，自閩通文中始也。溯其生而神異，十歲時蛻化於郭山；其後滅湯賊、逐島倭、驅呂寇、救火皇宮，著靈於有宋。是以朝廷敕建『威鎮廟』，累封『廣澤尊王』，殆所謂能禦災、捍患則祀之者

乎！」

　　種種故實即是上文所考述者。碑文接著敘述分香東渡，傳播鹿港之由來：「夫聖德之誕敷，無遠弗屆；神光廣被，歷久彌新。由是奉香火以東渡，塑神像於鹿溪，降乩治病，起死回生。凡善信之士，禱無弗應，信乎功德之及人深也。」

　　以上分香由來說法與坊間一般說法：「鳳山寺乃是由福建省泉州府南安縣移民，自大陸廣澤尊王祖廟鳳山寺恭請香火到鹿港祭祀的」，並無太大出入。不過鳳山寺之創建年代與坊間說法則出入甚大，自從卓神保《鹿港寺廟大全》記鳳山寺創建年代為「清乾隆四十五年（1780年）」❸，嗣後一堆著作不稽考詳實，承訛踵謬，輾轉抄襲，誤導至今。

　　按前引「重修鳳山寺碑記」載：

溯聖王蛻化後，神靈赫赫；護國救民諸功績以及立廟源委，已見於前道光十年廖淡如廣文新建碑記，故不待余之贅述。蓋自建寺至今，既一百有三年矣！

　　大正十五年（丙寅年，1926年）往上溯一百又三年，為道光四年（1824年）。前引之「鹿溪新建鳳山寺碑記」亦載：

道光二年，梁君獻瑞倡為醵金建廟之謀；甘君武略等，出而總理其事。一時捐貲樂助，踴躍爭先。卜地於鹿溪官倉之左，壬午九月經始，甲申十月告成。計捐圍銀一千五百二十九元有奇，開費適如其數，榜曰「鳳山寺」，溯其原也。丹楹刻桷，鳥革翬飛，聖像莊嚴，式金式玉。登斯堂也，有不肅

然起敬者歟！我聖朝德威達播，百神效靈，從此時和年豐，
人康物阜。知神之在天默佑者，無非體聖天子愛育群生之
意，廣德澤於無窮也。時因總理諸君之請，不揣固陋，謹書
其事於石。選拔進士廖春波薰沐撰，增生董步雲監手書。倡
建梁獻瑞，總理黃志騰、郭佳俊、洪德修、馬崗智、柯榮
水。董事廖春波、洪際雲、陳汝霖、楊文賢、洪敬剡、蔡照
紅、林思舉、呂士企、梁得意、陳金鑾、阮亦彬、吳錦順、
洪敬曹、林光井、林天福、地主盧西池等仝立石。道光拾年
歲次庚寅花月穀旦。

此碑文值得注意及解讀者，有下列數端：

1.鳳山寺之創建，由梁獻瑞在道光二年（1822年）捐金首
　倡，繼由甘武略等二十二人經理，地主盧西池獻地，於道
　光二年九月動工，四年（1824年）十月完成，計工程期二
　年有餘，花費銀元一千五百二十九元。

2.該廟之創建，碑文明白記載是「卜地於鹿溪官倉之左」，顯
　然是新建，而非改建或增建。按《彰化縣志》記：「郭聖
　王廟，在鹿港粟倉邊。」而倉廒「一在鹿仔港米市街西
　畔，計一十六間，雍正年間建，門首有匾曰『天庾正供』」
　❶。兩相比較，正合符節。而鳳山寺創建之前早已「奉香火
　以東渡，塑神像於鹿溪，降乩治病，起死回生」等，綜合
　上引資料，似可推論：廣澤尊王香火之東渡始於雍正年
　間，初未建廟，雖云塑神像，可能奉祀於民宅，或臨時設
　壇祭拜。再，信奉之徒，極有可能是在米市街從事搬運之

苦力階層等人士；其後神光廣被，聖德誕敷，廣為信仰，遂決定正式建廟。

3.此役倡建，經理、董事、撰書等諸人，合計二十四人，與他廟創建改建等人物名單比較，顯見陣容龐大。亦見信仰之虔誠與信徒之普及。而建廟工程始終二年，花費一千五百多銀元，碑文中有「登斯堂也」之語，自可想見廟之規模形制至少為二進式，壯麗寬敞。

4.鳳山寺創建於道光二年九月，完工於四年十月，至十年二月才立碑紀念，似可推論：完工之後，歷經安座、建醮、圓醮、慶成等過程，才在道光十年整個完成，方才立碑紀念。

5.鳳山寺之創建，經理人士二十四人中，以洪姓、林姓較多，亦可想見此時鹿港兩姓氏族之分佈較多。而郭姓僅有一位，正符合鹿港之奉祀情況。按鹿港街內共有三座供奉郭聖王寺廟：保安宮、鳳山寺、聖神廟。聖神廟是車圍的角頭廟，以施姓為主，鳳山寺為角頭廟，唯有保安宮是郭姓專有，另外在街鎮外之洋厝里郭厝，尚有郭姓專祀之郭聖王廟，名長安宮。保安宮相傳創建於雍正三年（1725年），則其時郭姓已有保安宮之奉祀祖佛郭聖王，對於鳳山寺於道光年間之創建，自不會那麼熱心。

碑文中提及諸多人物，茲查索志書，所得不多，可惜不能分析眾人之身份階層，進而了解其時之信仰圈，茲先就所知略為介紹其生平以供參考。如廖春波：彰化鹿港人。道光五年（1825年）

拔貢，高鴻飛以翰林知彰化縣事，聘廖春波主講白沙書院，時以詩、古文辭課士，一時風氣所靡，彰人士競為吟詠。曾分纂《彰化縣志》❹。在此，要順帶提出一問題，按周璽《彰化縣志》卷十二〈藝文志〉雖有收錄諸碑文，其中固然有「鹿港新建鳳山寺碑記」，但與今存鹿港清代諸碑文數量做一比較，所收實在嫌少，顯然不成比例，其間必有過一番篩選，其取捨標準不知為何？碑文作者廖春波曾分纂《彰化縣志》，恐怕不免有私心予以輯入，不過能選入仍有一定的代表性與重要性，易言之，一方面固然反映廖春波之文才與地位，另一方面從另一角度看，不知是否也能反映其時郭聖王信仰之盛，所以須收入一篇以為紀實。

二、清領時期之沿革與古文物

鳳山寺落成於道光四年，此時期留下之古文物，尚存者有道光十年之前引石碑，及道光三年之木籤及木籤筒，每支木籤背後墨書兩句籤詩，恐為全台首見，亟應好好保存，不要輕易使用，另有五件錫製燭座、香爐，確為古物，惜不知確切年代。

嗣後至咸豐六年（1856年）有一次大修，距道光四年也有三十餘年，符合重修週期，此次重修留下若干古物可為佐證，如三川門壁上嵌有交趾陶壁飾落款年代為「咸豐丙辰年（六年，1856年）」；正殿有二匾，一為「忠孝義」匾，上款「咸豐丙辰陽月（農曆十月）」重修，下款「欽加二品銜安平協水師左營游府熊／欽加同品銜北路理番廳鹿港海防鄭／暨闔港紳商全立」；二為「威武英烈」匾，上款「咸豐丙辰陽月重修」，下款「闔港紳士泉廈八郊船商鋪戶全立」。另三川殿門口之獅座落款分別為「廈郊船

戶新福來」、「葉天賜觀敬奉」，應該也是此次重修時古物。其他
尚有一木製籤筒，上橫寫「鳳山寺」，中為「保嬰神方」，左右落
款為「咸豐丁巳年（即七年，1857年）」、「仲夏（即五月）吉
置」，現由附近某居民廖炯奇所收藏，當然也是此時期古物，也同
時說明此時郭聖王以保嬰神能聞名，兼具醫神職能，更為附近信
徒所信奉。

　　清代時期第二次重修為光緒三年（1877年），距上次咸豐六
年，又已二十一年。日治初，明治三十年（1897年）十二月曾做
一寺廟調查，當時鳳山寺之紀錄為：建物佔地48.39坪，廟地60.5
坪，家屋、田園、金穀收入均無紀錄，想必此時沒有其他廟產，
而建立年代及修建為「建立不詳，光緒三年重修」，所在地為德興
街㉑。

　　清末日治初期之鳳山寺，除上述調查資料外，在〈清末的鹿
港〉調查文中亦有若干資料，茲轉錄於下：「十二、鳳山寺：位
於竹篾街，祀廣澤尊王，二月、八月兩次例祭。右邊有興化宮、
三山國王廟等小廟，此略。」㉒雖是短短約四十字，名列眾寺廟
之最後，卻彌足可貴，至少讓我們知道，在鹿港眾多寺廟中，鳳
山寺算是排得上榜，尚有其些微份量與香火之維持。

三、日治時期之變遷

　　日治時期之鳳山寺情況，今所知不多，茲據大正初年所調查
的《寺廟台帳》紀錄，摘要如下：廟地六十五坪一合三勺，寺廟
建築地五十坪一合，創立年代約二百餘年前，信徒約八千人（原
寫約三千人，後塗刪，改成一萬人，再塗刪改為八千人，可見信

仰之盛），祭祀圈爲鹿港支廳鹿港區鹿港街（可知確爲閤港廟，但信仰圈仍大體限鹿港一地）。住職僧道爲信徒協議任免「顧廟施選（俗人）」，並且施選家族住在左廂房，爐主管理人原爲「蘇振」，後因死亡，刪掉改成「陳質芬」。祭祀神明有：主神廣澤尊王（木像五尊），從祀印童（紙像）、劍童（紙像）、馬（紙像）、馬夫（木像），配祀有廣澤尊王夫人（木像）、太子爺（木像）、西秦王爺（木像）、蘇王爺（木像）。例祭日：一月二十三日（廣澤尊王夫人）、二月二十二日（廣澤尊王）、六月二十四日（西秦王爺）、八月二十二日（廣澤尊王）。按，鳳山寺今正殿主祀廣澤尊王，配祀夫人媽（妙應仙妃）、將軍爺及太子爺，其他另有蘇府大王、玄天上帝、濟公活佛、呂山法主，左側奉祀西秦王爺，可謂神明依舊，變化不大，只不過日趨雜祀化，這也是全台寺廟常見普遍現象，而建物佔地約五十坪，形制爲兩進式，左有廂房，亦變化不大。

這些資料中，其中管理人陳質芬，新修《鹿港鎮志人物篇》有傳，茲引錄於後，作爲補充[23]：

陳質芬，字織雲。曾祖克勸，開創慶昌商號，聞名全台。祖父植柳為克勸長子，父秋鴻。質芬有兄弟五人，排行第三。質芬幼而崎嶷，秀外慧中，為人溫純謹直，好學不倦，先輩咸期許為青雲之器，不意滄桑變起，異族入主。明治三十五年（1902年）八月，台灣總督府授以紳章；同年，被任命為鹿港公學校學務委員，出任許厝埔區長，後改稱頂埔區長，共連任十八年。勤勉奉公，為社會公益，忘身奔走，著有佳

績。質芬另盡力金融界，明治三十八年（1905年），擔任彰化
銀行監察役。明治四十二年（1909年），當選鹿港製鹽公司取
締役（今董事），歷任重役多年。曾與辜顯榮計劃於鹿港街架
設電燈。其資產約二萬圓。

　　陳質芬在日治時期既然擔任如此多之重要職位，家境富裕，
自可明白其社會地位。同理，在蘇振逝世後，聘請他擔任鳳山寺
管理人之職位，亦可想見鳳山寺其時之份量矣！

　　《寺廟台帳》之登錄記載，尚有「創立緣起及改築再興」事
項，內容略謂：本廟約二百餘年前由中國南安縣移民某氏自該地
鳳山寺分香而來，初創立小祠，以後信者增加；道光十年春，廖
春波發起募集，鹿港街民釀金改築，改稱「鳳山寺」，爾來有部分
修復至今等。記載之種種錯誤已在前文有所駁正，此處不贅。
「祭事費用」之支出約三十元，「財產管理」則記載由信徒捐獻，
委由董事及管理人處理建物，修繕什物。「祈願信仰內容」及「靈
顯并信仰變遷」則指出，在婚姻與疾病事項為信徒祈願主要內容，
以便治療疾病、增進幸福，求得好配偶，又尋找失物特別靈驗等，
與前文之分析與傳說，正相符合。最後在「所屬財產土地」部分，
記其地目為「祠廟」，甲數「0.0222」，業主即「廣澤尊王廟」，管
理人為「蘇振」，在「摘要」又記蘇振「管理人死亡」等[24]。

　　以上種種記載，較為有用可信者為管理人、例祭日與所祀諸
神、靈驗事項等，其他則有待考證之後才可採信。

　　鳳山寺在日治時期之重修是在大正十五年（民國十五年，西
元1926年），目前資料所知也僅有一次。此次修建留下「重修鳳山

寺碑記」詳記始末，對於修建原因、倡建諸人都有詳細紀錄，文
引如下：

（上略）物換星移，江山易主；廟貌雖無甚損壞而風雨飄搖、
丹臒剝落，稍失舊觀。有志之人每議修茲寺，謂今之世界思
想一變，凡百趨新，談及神佛，便斥為迷信，以是，議者躊
躇。今歲春夏之交，幸近寺諸善信不顧毀譽，倡首重修。有
廖君天顯、周君綿炮、陳君揀、陳君培、施君賞、林君勵
玉、赤（按即指林勵赤）各董其事，或請官廳允准，或掌會
計，或督雕塑像，或監理工程。而一般信心者，亦爭獻貲錢
助成美舉。不閱月，梁棟楹桷，金碧輝煌，豈僅聖神得以安
棲，而為地方保存古蹟，使我先民刱建功力不至湮沒，亦可
風世已！昭和新紀元丙寅（即元年）嘉平之月（即三月）穀
旦，陳懷澄敬撰並書。

陳懷澄，《鹿港鎮志人物篇》亦有傳，引如後[25]：

陳懷澄，字愧庭、水心，號沁園，光緒二年（1876年）六月
十四日生於鹿港。祖父克勤係開發台灣中部之巨賈，父為廩
生宗華，兄弟四人，懷澄居末。懷澄自幼失怙，皆賴母吳氏
撫養成人，其賦性聰慧，喜讀書，精詩詞，工小楷，曉音
律，對於攝影亦頗有興趣，可謂多才多藝。弱冠交遊江湖名
士及海內外諸大家，明治三十五年（1902年），懷澄與台中士
紳詩友組織櫟社，以琴詩自娛，被社中推為巨擘。同時為鹿
苑吟社、鹿江詩會、大治吟社主要社員，騷壇皆稱健將，有

民族詩人之稱。平時於育才頗為盡力，且深研陽明學，於學界著有勞績。大正八年（1919年）九月，繼莊士哲之後，被任命為鹿港區長。翌年十月，轉任鹿港街長，旋又出任台中州協議會會員，先後主持街政十二年。任內頗多建樹，不但對維護漢學、校勘文字、解決乞丐問題、改良婚喪風習等不遺餘力，更集資二十餘萬圓籌建公會堂，及創辦學校、開產業道路、計畫「市區改正」等，對地方建設付出極大心力。然而為了建公會堂而拆除萬春宮，為了「市區改正」而拆毀三山國王廟，實造成鹿港歷史文物難以彌補之損失。昭和七年（1932年）九月，街長任期屆滿退職，不料三年後因宿疾復發，藥石罔效，遂於昭和十五年（1940年）七月十九日去世，享年六十四歲。其作品集有《沁園詩草》（1940年）、《媼解集》（1934年）（下略）。

陳懷澄為第一任鹿港街長，以後街長皆為日人。鹿港街長為鹿港街之最高行政長官，統轄街內一切政務，任期四年，由台中州知事任命，可見陳懷澄在地方所具有之聲望與地位，被日人看重與借重。前述大正年間鳳山寺管理人為陳質芬，彼又為頂埔區長，明治四十二年（1909年）十月修正地方組織，將原先二十廳廢合成十二廳，廳下設支廳，支廳下設區，以為管理街庄社之行政事務。時鹿港支廳署設於馬芝堡鹿港街，下轄鹿港街、頂厝、頂婆番、洪堀寮、番社、西湖、埔鹽等七區。

不僅如此，時鳳山寺壁上之大字草書、兩對聯文出自陳宗潢手筆，寫於大正八年（己未年，1919年）四月，宗潢博學多才，

善書畫，風流瀟灑，名著一時。道光二十六年（1946年）丙午科舉人，授內閣中書，為例貢生陳克勤次子。宗潢、質芬、懷澄三人皆為陳姓，又同為克勤子孫，克勤於嘉慶年間卜居鹿港，開創慶昌號，專營廈郊貿易，經營有道，遂成巨富，執廈郊行號之牛耳。克勤稟性慷慨，熱心地方公益。道光中葉，有見王宮年久失修，乃邀廈郊諸行商集資修葺，廟貌大新，易名萬春宮。隨又捐米作為住持香火費，廈郊諸商以其捐資最多，出力最大，允推為萬春宮董事，子孫相承未替❷。

　　明白以上淵源，自會明瞭陳氏家族與萬春宮、鳳山寺之密切關係，也才會明白為何陳懷澄敢力主拆掉萬春宮，又何以萬春宮拆掉後，將神像與諸多文物寄祀在鳳山寺之原因。按萬春宮原在大有口，乾隆三十四年（1769年）創建，主祀蘇府王爺，為廈郊行商祭祀會館，廈郊解散後，香火漸衰，廟宇頹敗，明治二十九年（1896年）被日方強佔改為郵局暨辦事人員宿舍，損壞更甚。昭和七年（1932年）由陳懷澄街長發起，將廟宇改建為鹿港公會堂用地，後又改為老人會館。主祀神像則遷至鳳山寺寄祀。民國七十一年（1982年）鳳山寺重修並重建左廂，蘇王爺與西秦王爺奉祀在左廂，今廟尚存萬春宮當年巨大花崗石製香爐、神像、石獅等。又左廂房為昔年鹿港北管樂社「玉如意」之館址，如今已風流雲散，所留兩幅巨大手縫織繡旗幟，上繡「玉如意票房」，為民國四十七年（1958年）織品，現被鹿港民俗文物館收藏❷。日治時期鳳山寺所留存文物，尚有附近居民廖炯奇所收藏的「大正十五年歲次丙寅梅月置／市場內飲食團林方、黃先、施盛叩謝」的旗幡四幅，餘不詳。

　　日治時期有關鳳山寺之民俗或宗教活動記載，資料極少，茲檢索《台南新報》，於大正十五年（1926年）八月八日六版得一則「演戲謝罪」，文記：

> 日前鹿港街有春火者，春塗之弟也。將出巡田，見有童子五人，在春塗之園嬉遊。火誤該童踏損其田菁，立拉兩童而擲之，竟落溝中，兩童哭歸。訴於父，各憤其暴，擬訴諸分室。嗣由該地保正李某，作魯仲連，出為排解，乃令春火演戲一台，以作謝罪，遂寢其事。聞于該月四日，已在聖王公廟前開演矣。❷❽

　　據此報導可知從清代在台灣之「罰戲」賠罪習俗，至日治時期仍然普遍，並未消失。而且吾人有理由相信日治時期的鹿港鳳山寺於民俗節慶或神誕日，應有在廟前演野台戲之民俗活動。不僅如此，演戲賠罪之所以挑在鳳山寺，俱可見郭聖王信仰之受重視，及鳳山寺在鹿港諸廟中之份量矣！

四、光復以來之近況

　　光復以來，鳳山寺又幾經滄桑。民國四十七年（1958年）七月因中脊樑墜落而有一次修復正殿，七十年曾略為修補損壞之構件，並請名匠王錫河重新彩繪，翌年始做較徹底之整修，並重建左廂房安置原萬春宮之諸神明，此次大整修據說一些構件與大木料之取得，是由鹿港龍山寺興工中剩餘材料所提供，大整修後之鳳山寺仍保持兩進街屋式廟宇空間，顯得幽雅深邃。此次興修留下眾多賀匾，舉隅如下：

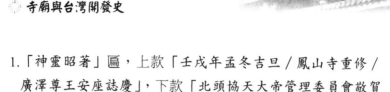

1. 「神靈昭著」匾，上款「壬戌年孟冬吉旦／鳳山寺重修／廣澤尊王安座誌慶」，下款「北頭協天大帝管理委員會敬賀／歐陽錦華書」。

2. 「神光普照」匾，上款「壬戌年仲冬吉旦／鳳山寺重修紀念」，下款「沙鹿鎮護安宮管理會敬贈」。

3. 「廣霑聖澤」匾，上款「歲次壬戌年孟冬吉旦／鹿港鳳山寺重修／廣澤尊王安座誌慶」，下款「北頭保安宮廣澤尊王諸爐下一同敬獻／歐陽錦華書」。

4. 「過化存神」匾，上款「壬戌年陽月（即十月）吉旦／鹿港鳳山寺廣澤尊王安座大吉」，下款「車圍聖神廟眾爐主一同敬獻」。

5. 「德佑蒼生」匾，上款「壬戌年陽月吉旦／鹿港鳳山寺廣澤尊王安座誌慶」，下款「大雅鄉六寶村廣澤宮管理委員會敬獻／歐陽錦華書」。

　　再者，據廟中以上諸匾，可以考察得知鳳山寺來往之「交陪廟」，茲略為整理如下：鹿港北頭協天大帝廟、沙鹿鎮護安宮、北頭保安宮、車圍聖神廟、大雅鄉廣澤宮、屏東枋寮鄉廣澤府五龍寺、東港鎮廣惠宮、梧棲鎮益順宮等。

　　不料到民國七十九年因實施都市計畫，拓寬德興街，逐將前後殿中之天井拆除，三川殿向後移，破壞原有格局，殊為可惜！八十八年又逢九二一大地震，造成交接處牆體傾斜受損，有待進行整體性之修護。

第四節　結語

　　鳳山寺香火鼎盛，主祀廣澤尊王，配祀夫人媽、將軍爺，素以祈求治病、姻緣、尋找失物靈驗而稱奇。祖廟爲昔泉州府南安縣鳳山寺，並分香至基隆市、台南縣市、台中縣、鳳山市、三重市、北市萬華區、北縣鶯歌鎮、屏東縣枋寮鄉，信仰之盛可見一斑。

　　鳳山寺創建於道光二年（1822年）九月，竣工於四年（1824年）十月，迄今已一百八十年，可謂歷史悠久，期間的創修興工紀錄，茲簡單條列如下：

1. 鳳山寺創建於道光二年九月，完成於四年十月，施工期兩年，花費一千五百餘銀元，並正式定名爲「鳳山寺」。
2. 咸豐六年（1856年）大修。
3. 光緒三年（1877年）第二次重修。
4. 大正十五年（1926年）第三次重修。
5. 民國四十七年（1958年）第四次修復，整修正殿。
6. 民國七十年（1981年）第五次修繕。
7. 民國七十一年（1982年）第六次大整修。
8. 民國七十九年（1990年）第七次整修，因拓寬道路，將前殿向內移，成今貌。八十八年（1999年）九二一大地震受損至今。

　　有一百八十年悠久歷史的鳳山寺，留存了諸多古文物，蘊涵了豐富的歷史人文，其中最值得吾人注意者有如下數項：

1.木籤及籤筒形制特別，年代久遠爲全台所稀見。

2.木質碑記亦爲全台所少見。

3.多次整修，與當時首長有深切之關聯。如清咸豐六年的修復，賜匾者爲當時鹿港地區文武職之最高長官。大正十五年重修，主持者爲鹿港街長陳懷澄。

4.長久以來，一直以祈求治病、良緣、尋找失物等神蹟靈驗，因此香火興盛不斷，尤其附近街民更是虔誠奉祀。

5.與鹿港陳克勸家族關係深遠，產生所謂「文化權力網絡」（cultural nexus of power）之互動現象。

6.日治時期鳳山寺廟前常有野台戲之演出，而且鹿港居民若有衝突爭執，常有理虧一方選擇在鳳山寺前演戲賠罪，充份展現民俗人情之一面。

　　總之，鳳山寺在歷史部份可述者少，其價值與精華集中在信仰、建築與文物者多。目前鳳山寺之信徒，根據廟方所提供的「信徒名冊」所知，僅有九十七位，其住居地大體分佈在鹿港鎮、福興鄉、彰化市、和美鎮，偶見線西鄉、芳苑鄉、台南市、台北市、北縣三峽鎮等地，暫代管理人爲粘秀蘭，尚無組織嚴密完整之管理委員會。所以，很顯然的，今後的鳳山寺有待改善加強的目標有二：一爲早日整體規劃修復，一爲人事組織管理的籌組，這些有待信徒們的努力了。

註釋

❶陳梅卿，《說聖王‧道信仰——透視台灣廣澤尊王》（台灣建築與文化資產出版社，民國八十九年），頁28-29。

❷戴鳳儀，《郭山廟志》（清光緒丁酉年刊本，中國文聯出版社，一九九九年排版點校本），卷八〈雜志‧尊王分廟紀聞〉，頁182-185。

❸徐曉望，《福建民間信仰源流》（福建教育出版社，一九九三年），頁373。

❹本節有關詩山鳳山寺祖廟之概況，主要是參考下列諸書：（1）陳建才，《八閩掌故大全——地名篇》（福建教育出版社，一九九四年）；（2）沈王水，《泉州掌故錄粹》（泉南文化雜誌社，二〇〇〇年）；（3）傅祖德，《中華人民共和國地名詞典——福建省》（商務印書館，一九九五年）；（4）陳曉亮等，《尋根攬勝話泉州》（華藝出版社，一九九一年）；（5）莊炳章，《泉州訪古攬勝》（鷺江出版社，一九九三年）；改寫而成，若非必要，茲不一一註出，以免文贅，兼省篇幅。

❺轉引自徐曉望前引書，頁374。

❻戴鳳儀前引書，頁50-51。

❼轉引自陳梅卿前引書，頁10。

❽同註❼。

❾同註❼。

❿何喬遠，《閩書》（福建人民出版社，一九九四年），卷九〈方域志〉，頁204。

⓫同註❼。

⓬戴鳳儀前引書，卷三〈封爵〉，頁55-57。

⓭參見(1)林國平，《閩台民間信仰源流》（幼獅文化事業公司，民國八十五

年），頁104-105。(2)陳曉亮前引書，頁193-194。

❹有關郭聖王民間傳說，除綜合採擷上引諸書，尚有鈴木清一郎著，馮作民譯，《增訂台灣舊慣習俗信仰》（眾文圖書公司，民國七十九年），及其他諸多廟宇刊行之簡冊，若非必要，茲不一一註出，以省篇幅。

❺十三太保名稱，鹿港鳳山寺則另有一說：坤保、龍保、艮保、坎保、離保、巽保、貴保、兌保、震保、顯保（似為乾保之誤）、星保、祖保、威保，與眾說不同，姑記於此，以供他日民俗學家研究追索。

❻戴鳳儀前引書，卷八〈雜志〉，頁178。

❼戴鳳儀前引書，卷七〈雜志〉，頁166-169。

❽見卓神保，《鹿港寺廟大全》（財團法人鹿港文教基金會，民國七十三年），頁163。

❾周璽，《彰化縣志》，台灣文叢第一五六種，頁39。

⓴張子文等，《台灣歷史人物小傳──明清時期》（國家圖書館，民國九十年），「廖春波」條，頁295。

㉑見溫國良編譯，《台灣總督府公文類纂宗教史料彙編》第一輯（台灣省文獻會，民國八十八年），頁329。

㉒陳其南，〈清末的鹿港〉，《台灣的傳統中國社會》，（允晨文化出版公司，民國七十七年），頁252。

㉓吳文星，《鹿港鎮志人物篇》（鹿港鎮公所，民國八十九年），頁4。

㉔《寺廟台帳》影本為彰化縣文化局諸同仁協助影印寄給筆者，特此說明，敬表謝忱。

㉕同吳文星前引書，頁55-56。

㉖同吳文星前引書，頁39。

㉗卓神保前引書，頁164-165。

㉘詳見徐亞湘編，《台灣日日新報與台南新報戲曲資料選編》（宇宙出版社，民國九十年），頁299。

第三章

鹿港三山國王廟

——見證客家人的滄桑

第一節　彰化地區的三山國王廟

　　台灣漢人，來自閩粵，早年閩之漳泉人，粵之潮州人，來台拓殖，他們基於血緣、地緣之鄉土觀念，各以同姓、同鄉而結合，守望相助、出入相友、疾病相持。本此團結互助之精神，建立鄉土氏族關係與社會關係，以謀共同生活之永續發展。基於宗教信仰，以祈佑賜福，多奉其祖籍所共同供奉之鄉土神來台為守護之福神。如漳州人奉開漳聖王，泉州人奉廣澤尊王、保生大帝，潮州人奉三山國王為守護神等等均是。

　　所謂三山國王，為廣東省揭陽縣阿婆墟之明山、獨山、巾山（或稱中山、福山）等三山之山神總稱。因揭陽縣於明清兩代時隸屬潮州府，以致台灣地區清代志書大都謂三山在粵之潮州。三山國王，粵東民眾信之虔誠，早於巾山之麓建廟祀之，潮屬之饒平、惠來、大埔、澄海、普寧、揭陽、潮陽、豐順、海陽九縣皆立祠奉祀。粵東民眾渡台，多奉香火同渡，祈佑平安，於粵莊奉為守護福神，建廟供拜。有稱三山國王廟，有稱國王廟，有稱三山明貺國王廟，蓋因巾山原廟有賜額「明貺」二字。且有明朝禮部尚書盛端明撰〈三山明貺廟記〉之故也。三山國王廟亦有分別奉祀者，據日人鈴木清一郎謂今彰化縣田尾鄉之沛霖宮供奉獨山國王，埔心鄉之霖興宮供奉巾山國王，同莊羅厝霖鳳宮供奉明山國王等等均是 ❶。嗣後閩粵雜處，時有語言、風習之隔閡，及拓墾之爭，遂產生一連串之閩粵械鬥，粵籍居民集體遷移者頗多，遂

留下廟宇，閩人不察或是有意，將三「山」國王改爲三「仙」國王，變更爲桃園三結義之劉關張，亦照祀如儀，迄今不衰。

　　台灣奉祀三山國王之處，據民國四十九年（1960年）劉枝萬先生所做調查，三山國王廟分佈較密地區是今天的宜蘭、屏東、彰化、新竹四縣，其次是台中、高雄、嘉義、雲林等四縣❷。此資料已稍嫌老舊，茲據台灣省民政廳民國七十六年十一月編印之《台灣省各縣市寺廟名冊》，及內政部於民國九十三年十一月再版刊印之《全國寺廟名冊》（寺廟登記時間爲九十年四月一日至九十一年九月三十日，是目前最新資料）。列表統計如下表（表3-1）。

　　其中彰化縣之三山國王廟，民國八十六年個人做田調時蒐集資料整理如表3-2。茲再據《全國寺廟名冊》整理如表3-3。

　　以表3-2與劉枝萬先生所做調查對照，幾乎沒有什麼變更，其中三山國王廟多集中在永靖鄉（四座）、竹塘鄉（三座），而彰化市、員林鎮、埔鹽鄉、埔心鄉各有二座。再根據最新的資料對照，可發現三山國王廟最多者爲永靖鄉（七座），次埔心鄉（三座），其他爲員林鎮、社頭鄉、田尾鄉、竹塘鄉（二座），殿尾者爲彰化市、埔鹽鄉、溪州鄉（一座），永靖鄉仍高居第一。可怪者，當年許多的老寺廟居然消失，反而冒出許多新寺廟，而且除埔鹽鄉順天宮外，其他新寺廟都登記在「補辦登記」欄內，所謂補辦登記指的是寺廟違規使用（如土地未完成變更編定，建築物未取得合法使用執照）。

　　不同祖籍人群大都供奉其特有之神明，並以其廟宇爲團結之象徵，故人群之分類每與神明會或祭祀圈有不可分之關係。根據彰化地區三山國王廟之分佈，與日據時期台灣總督府官房調查課

表3-1　台灣省各縣市三山國王廟個數統計表

廟名 縣市名	三山國王		三仙國王		說明
基隆市	1	3	0	0	1.此表依台灣省民政廳七
新竹市	0	0	0	0	十六年十一月所編印的
台中市	0	0	0	0	《台灣省各縣市寺廟名
嘉義市	1	2	0	0	冊》統計。
台南市	1	1	0	0	2.台北市及高雄市並未列
台北縣	2	0	0	0	入統計。
宜蘭縣	34	40	1	1	3.「三仙國王」多是把原
桃園縣	0	0	0	0	「三山國王」移走後改祭
新竹縣	12	13	0	0	劉、關、張而成為「三
苗栗縣	4	4	0	0	仙國王」，故併入統計。
台中縣	12	11	0	0	4.第二排數字是根據內政
彰化縣	18	21	2	0	部九十三年《全國寺廟
南投縣	4	11	0	0	名冊》統計。
雲林縣	10	11	0	0	
嘉義縣	9	9	1	0	
台南縣	0	1	1	1	
高雄縣	9	11	1	1	
屏東縣	27	24	1	1	
花蓮縣	1	0	0	0	
台東縣	0	0	0	0	
澎湖縣	0	0	0	0	
合計	145	162	7	4	

的《台灣在籍漢民族鄉貫別調查》（昭和元年，1926年調查，昭和
三年，1928年出版），在彰化地區所做調查資料做一比較，可以發
現彰化平原的人口祖籍分佈，集中趨勢相當顯著，靠海岸地區幾
乎全為泉州人，而靠近八卦山麓地帶則為漳州人或潮州人。漳州
人和潮州人本身在這一地區也並不完全呈混居現象，而有就祖籍

表3-2　彰化縣市三山國王廟一覽表

編號	廟名	地址
1	廣安宮	員林鎮中山里光明街四一號
2	廣寧宮	員林鎮光明里中正路三六〇號
3	三山國王廟	埔鹽鄉埔南村埔菜路四七號
4	大安宮	埔鹽鄉打廉村埔打路二號
5	永安宮	永靖鄉永東村永靖街七五號
6	甘霖宮	永靖鄉永北村永福路一段八號
7	永興宮	永靖鄉東寧村永興路二段一六二號
8	參天宮	永靖鄉獨鰲村獨鰲路一段一三九巷一號
9	鎮安宮	社頭鄉橋頭村員集路三段四一三號
10	德福宮	竹塘鄉田頭村光明路溪北巷八號
11	廣萬宮	竹塘鄉新廣村光明路新庄巷二九號
12	廣靈宮	竹塘鄉內新村洛陽巷十之一號
13	三山國王廟	溪州鄉三圳村莊內巷四七號
14	沛霖宮	田尾鄉海豐村中正路三段二七一號
15	三山國王廟	鹿港鎮順興里中山路二七六號
16	霖興宮	埔心鄉舊館村員鹿路四段二二六號
17	霖鳳宮	埔心鄉芎蕉村員鹿路五段二三四號
18	鎮安宮	彰化市永生里民族路四四四號
19	福安宮	彰化市東興里東民街四四巷十號
20	三山國王廟	花壇鄉三春村溪埔巷三之二號
21	霖肇宮	溪湖鎮中山里大溪路一段六四二號

之縣或鄉集居傾向。也即是說，來自同一祖籍鄉村之移民，往往集中分佈某一範圍。其中有關客家人分佈及所佔比率：員林鎮佔22%，埔心鄉佔74%，永靖鄉佔13%，田尾鄉佔22%，竹塘鄉佔31%[❸]，雖與前述三山國王廟分佈地區稍有出入，這與族群後來遷徙自有很大關係，但至少印證了當年客家人曾在彰化平原努力拓墾的遺跡和史實。

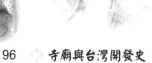

表3-3　彰化縣市三山國王廟一覽表

編號	廟名	地址
1	廣寧宮	員林鎮光明里中正路三六〇號
2	明聖宮	員林鎮林厝里山腳路一段坡姜巷二四六弄一一〇號
3	順天宮	埔鹽鄉埔鹽村中正路五五號
4	永安宮	永靖鄉永東村永靖街七五號
5	甘霖宮	永靖鄉永北村永福路一段八號
6	永興宮	永靖鄉東寧村永興路二段一六二號
7	參天宮	永靖鄉獨鰲村獨鰲路一段一三九巷一號
8	舜天宮	永靖鄉獨鰲村獨鰲路一段一三九巷一號（三媽宮）
9	廣霖宮	永靖鄉同安宅段
10	同霖宮	永靖鄉同安宅段
11	霖濟宮	永靖鄉竹子村竹中巷臨四一號
12	鎮安宮	社頭鄉橋頭村員集路三段四一三號
13	三山國王祀	社頭鄉社頭村員集路二段二五二號
14	德福宮	竹塘鄉田頭村光明路溪北巷八號
15	三清宮	竹塘鄉竹塘村仁愛街六五之一號
16	三山國王廟	溪州鄉三圳村莊內巷四七號
17	沛霖宮	田尾鄉海豐村中正路三段二七一號
18	鎮安宮	田尾鄉北鎮村平生巷一號
19	三山國王廟	鹿港鎮順興里中山路二七六號
20	霖興宮	埔心鄉舊館村員鹿路四段二二六號
21	霖鳳宮	埔心鄉苦蕉村員鹿路五段二三四號
22	霖震宮	埔心鄉羅厝路三段二〇五號
23	福安宮	彰化市東興里東民街四四巷十號
24	三山國王廟	花壇鄉三春村溪埔巷三之二號
25	霖肇宮	溪湖鎮中山里大溪路一段六四二號

第二節　客家人入墾彰化地區

　　客家人渡台拓墾的確切年代，今已不可考，據推測在明鄭時代，即有客家人跟隨鄭氏部隊渡台。蓋當時鄭氏曾在汕頭口外之南澳島駐有軍隊，作爲抗清基地之一，而且鄭氏部將如劉國軒爲汀州府長汀縣人，邱輝爲潮州府潮陽縣人，因此鄭氏東征台灣時，除了泉、漳兵、北兵之外，應當有相當多的粵東潮州等地和閩西客家人隨軍來台。這批人後來在鄭氏敗降後，被清廷遣散回籍，且人數不多，究竟不能視爲正式的移民。

　　台灣隸清版圖後，因施琅的成見，嚴禁粵地人民渡台，黃叔璥《台海使槎錄》記：「終將軍施琅之世，嚴禁粵中惠、潮之民，不許渡台。蓋惡惠、潮之地素爲海盜淵藪，而積習未忘也。琅歿，漸弛其禁，惠、潮民乃得越渡。」❹因此，在康熙三十五年（1696年）施琅去世前，客家人除少數偷渡來台者外，能聚居成莊者，可以說是幾乎沒有。施琅既卒，禁令稍弛，客家人遂得以大量移民渡台，在康熙末葉，帶動一股洪潮。如康熙五十年三月，當時台灣知府周元文曾云：「閩、廣之梯船日眾，綜稽簿籍，每歲以十數萬計。」❺每年有十多萬人移民台灣，其數目實在可觀。是時，台灣南部，尤其是今台南市附近，早爲漳、泉人所墾殖，客家人除了在府城東郊，建立後壁厝（今仁德鄉後壁村）客家聚落，種菜維生外，或混居於漳、泉人的莊社中，爲漳泉人的傭工佃丁；或開墾草萊，聚類而居❻。不過，在康熙年間所修

志書中，對「客子」、「客莊」的習性，多有微詞指責，或許正為
這些原因，加上府城附近已開墾殆盡，客家人在漳泉人排擠下，
轉而往下淡水溪以東（今高屏地區）及諸羅地區（今嘉南一帶）
拓墾。陳夢林《諸羅縣志》卷七〈兵防志〉「總論」有一概略性說
明其時拓墾情形❼。

> 當設縣之始，縣治草萊，文武各官僑居佳里興，流移開墾之
> 眾，極遠不過斗六門（約今雲林縣斗六鎮）。北路防汛至半線
> （今彰化）、牛罵（今台中縣清水鎮）而止……於是四十三年
> ……而當是時，流移開墾之眾，已漸過斗六門以北矣。自四
> 十九年……蓋數年間而流移開墾之眾，又漸過半線、大肚溪
> 以北矣。此後流移日多，乃至南日、後壠、竹塹、南崁，所
> 在而有。

同書卷八〈風俗志〉「漢俗」記❽：

> 佃田者，多內地依山之獷悍無賴下貧，觸法亡命，潮人尤
> 多，厥名曰客，多者千人，少亦數百，號曰客莊……及客莊
> 盛，盜亦茲。莊主多僑居郡治，借客之力以共其狙，猝有
> 事，皆左袒……自下加冬（今台南縣後壁鄉）至斗六門，客
> 莊、漳泉人各半，稍失之野，然近縣故畏法。斗六以北，客
> 莊愈多，雜諸番而各自為俗，風景亦殊鄙以下矣。

姑且不論「客仔」之功過是非，純就其開拓之功業而論，假
設在台灣開墾初期，人口比例若暫視之為勞動力之比例，則前引
史料如「潮人尤多」、「斗六以北客莊愈多」、「凡流寓客莊最

多」、「各莊佃丁，山客十居七、八」，似乎可以說明了客家人對
嘉南平原開墾的貢獻，其功績可以《諸羅縣志》卷十二〈雜記志〉
「外紀」一句話來形容：

> 三十年來附縣開墾者眾，鹿場悉為田，斗六門以下，鹿獐鮮
> 矣！❾

接著，客家人移民拓墾方向轉向今彰化、台中等中部地區。

彰化昔稱半線，乃因巴布薩（babuza）平埔族之半線社譯音
得名，雍正元年（1723年）設縣，取「彰聖天子丕昌海隅之化」
字句，改稱為彰化。在漢人入墾之前，本區已有布農族、泰雅族
散居丘陵山地，西部平原有巴布薩、洪安雅（Hoanya）平埔族分
佈其間。明末永曆年間，鄭經以右武衛劉國軒鎮守半線，其地區
從今彰化市周緣地區之舊地名中，以「營盤」命名者，或可窺知
一二，如和美鎮之營盤埔（今和北里部分），營盤埔大竹圍（今彰
化市大竹里），以及國姓井（今彰化市國聖里）等皆是，國軒為汀
州之客家人，此或開啓客家人入墾彰化地區之先聲。然全面性之
拓墾，實始自入清之後，漢族移民或從鹿港登陸，或蜂擁越過西
螺溪北上拓荒。康熙中業，在大墾首施世榜❿、楊志申、吳洛、
黃仕卿等人先後開鑿八堡圳、十五莊圳、福馬圳，招募閩客佃民
入墾，大約在雍正末年，彰化平原已大致完成開拓工作。其中與
客家人有關者，如：

1.武西堡（包括今埔心鄉、永靖鄉、田尾鄉，位在彰化平原
中央偏東南位置）：從康熙末葉起，此一帶之拓墾，以客

籍墾戶為主，至嘉慶年間有客籍士紳徐鳴崗等人倡議，創建今永靖街，道光年間已成為堡內交易中心。

2. 東螺東堡（今二水鄉、田中鎮一帶）：康熙六十年（1721年），客籍大墾首黃仕卿，引濁水溪水，築十五莊圳，其灌溉區域達十五個村莊。

3. 東螺西堡（今埤頭鄉、北斗鎮一帶，位居彰化平原正南）：先是康熙五十四年（1715年），客籍大墾戶黃利英，率同籍佃戶入墾此地。然至雍正、乾隆年間，大批閩籍漳、泉移民，陸續來墾後，或被逐出，或售讓與閩籍富戶，形成閩人優越局面，至嘉慶初葉，此一帶幾無客籍之影蹤[11]。

除此之外，周璽《彰化縣志》書中散見若干史料，足以佐證，如卷八〈人物志〉「義民」記十八義民傳[12]：

> 十八義民者，能知親上死長之民，而舍生以取義也。雍正十年（1732年）春，大甲西社番林武力等聚為亂……淡水同知張宏章，適帶鄉勇巡莊，路經阿東社（約今和美鎮之番社），逆番突出圍之……時阿東近社村落，皆粵人耕佃所居，方負耒出，遽聞官長被圍，即呼莊眾，冒矢衝鋒，殺退逆番……是時戰陣亡者……共一十八人，鄉人憫其死，為負屍葬諸縣城西門外，題其塚曰十八義民之墓。

可知康雍年間，入墾彰化地區之粵籍日多，客莊普遍設立，我們從《彰化縣志》〈卷二〉「規制志」中所列之保、街、庄、厝

名稱，也可以得到佐證，如有：海豐堡、海豐港街、饒平厝、鎮平厝、惠來厝、大埔厝、永定厝、香山厝、鎮平莊、廣興莊、客莊莊、梅州莊、潮洋莊、海豐寮、海豐崙……等等，不勝枚舉，足可窺見其一斑❸。

關於客家人入墾彰化地區的另一佐證，爲各地三山國王廟的建立。《彰化縣志》卷五〈祀典志〉「祠廟」云❹：

> 三山國王廟：一在縣治南街（即今彰化市），乾隆年間，粵人公建。一在鹿港街（今鹿港鎮）；一在員林仔街，皆粵人公建。按三山爲巾山、明山、獨山之神。三山在揭陽縣界，原廟在巾山之麓，賜額明貺。凡潮人來台者，皆祀焉。其在潮州尤盛。

由三山國王廟的建立及「皆粵人公建」一語，亦可窺見客家人入墾彰化地區的大概年代，及其開發的中心地帶。其中在「鹿港街」之三山國王廟，正是本章所要探討的主題。

第三節　三山國王廟的創建與沿革

一、創建由來

坊間一般介紹鹿港古蹟、寺廟之類書籍或文章，以及廟方提供之簡介，均謂鹿港三山國王廟創建於乾隆二年（1737年），其所依據乃是廟中一方古匾：「海東霖田」，落款年代是「乾隆貳年歲

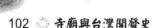

次丁巳桂月豐潮弟子獻」。不過，個人倒以為此說有待商榷，三山國王廟之創建年代應該還可往上追溯，而且恐怕原始位置不在今址，因個人論點之證據及史料稍嫌薄弱，茲置於附註中詳述，以避免爭議❶。

三山國王廟創建興修沿革的詳確史料留存不多，除乾隆二年古匾「海東霖田」外，周璽《彰化縣志》中有一則與敬義園有關之紀錄。

乾隆四十二年（1777年）七月，王坦任鹿仔港巡檢。坦在任三年，積有餘貲，憫寄籍鹿港者死無葬也，遂自捐金購買旱園數段，置為義塚，聽人安葬。《彰化縣志》卷二〈規制志〉「義塚」記其地在：「一在鹿港街後街尾，前巡檢王坦捐俸置。一在鹿港三山國王廟後，前巡檢王坦捐置。」❶同書記〈敬義園〉❶：

> 敬義園：在鹿仔港街。乾隆四十二年，浙（江）紹（興）魏子鳴同巡檢王坦首捐倡，率紳士林振嵩及郊商等捐貲建置旱園，充為義塚。仍以盈餘捐項，置買店屋租業，擇泉、廈二郊老成之人，為董事辦埋。

所置店屋、租業，同書「敬義園租稅」續記中有「一鹿港大街三山國王廟右畔瓦店一座，年收稅銀四十元」等❶。綜合上引史料，可知三山國王廟後原是旱園，改置義塚，廟後為荒涼之墓塚，可見其所在位置並非熱鬧繁榮之精華地段的街衢，似乎說明了其時鹿港五福街才剛形成，三山國王廟位在街之尾端，但也不是荒郊野外之地段，因廟的右畔有一瓦店商舖，因此從廟所在位置，似可窺知客籍居民在鹿港非強勢族群，才會將廟建在街肆的

邊緣地段。

二、清代文物稽考

廟中現存古文物還有一乾隆五十五年（1790年）之古碑，乃粵籍監生徐道□、廖霖、監生徐英和、邱子標等人呈請台灣兵備道立「奉憲示禁」碑，嚴禁對由鹿仔港回籍之粵民藉端留難，加索照費。碑文如下：

> 欽命福建提刑按察使司管台灣兵備道兼提督學政○○○帶，加二級、紀錄四次萬為呈懇示禁等事。
>
> 據彰化縣粵籍監生徐道○○○徐○○廖霖監生徐英和、邱子標等呈稱：攘往熙來，開津有符節之典；柔遠寧邇，仁政無疆界之○。○○離府，寫遠郡南，府城較近。緣四十八年鹿港開設口岸，原議船隻商客往來章程○○鹿○○○，例無異○。南路粵民回籍，由鹿耳門出海，經郡城舖民鍾國文、職監賴九隆等，上年十一月間，呈蒙　撫憲徐嗣曾○仁憲給示，諭飭各口書，依照舊例，止得紙張銅錢二百文，不得多索，勒石郡治在案。而鹿港口書以該處未曾勒石示禁，粵民給照回籍，每名索銀六七○○○○○，北路粵民回籍重費，情景○慘，難○○○○○○○請鹿港開口，原為利商便民起見，是以一切章程，悉照鹿耳門舊例，○○○○○○○○○○循持守，敢于重索照費，殊非大憲奉○開口本意，理合抄粘郡治鑴石告示，瀝情稟○○○，○念南北粵民均屬一體，恩○示禁，以○鹿港勒石，永垂遺愛，感戴不朽等情。

○○○查乾隆五十三年十一月初三日奉　巡撫○○○○○監
賴九隆、舖民鍾國文等呈請：粵民由鹿耳門回籍，○○掛
驗，乞准示禁口書加索照費等情，○○○道給示永禁等因。
業經出示嚴禁，并准其勒石永禁在案。茲據該生等具呈前
情，除○准照鹿耳門一體勒石示禁外，合行出示勒石○○。
為此，示仰鹿港廳口胥船舖人等知悉：嗣後凡閩粵民由鹿仔
港回籍，謄給○○，遵照鹿耳門舊例，無論士庶搭配，一概
不許藉端留難，捐索規費。倘有不法口胥，敢於示禁之後，
復萌故智，○索○民，一經察出，或被告發，立即嚴刑掌究
按法重治，決不寬貸。各宜凜遵，毋違，特示。
乾隆五十五年二月初　日給台府總理職員賴九隆、邱子標
等。

此一碑文乃大有關昔年客家人出入渡台之情況，實宜做一深
入之析論。此碑文中之「福建提刑按察使司管台灣兵備道……
萬」，經查鄭喜夫《台灣地理及歷史》卷九〈官師志〉「文職表」，
知是：萬鐘傑，字汝興，號荔村，雲南昆明人。乾隆三十年乙酉
拔貢。乾隆五十三年五月十六日，由興泉永道調任，未到任，陞
福建按察使，仍命赴任，九月二十六日到任：乾隆五十六年五月
初十日以憂卸。「撫憲徐○○」，經查《福建通志》，知是徐嗣
曾，本姓楊，海寧人，乾隆進士，累擢福建巡撫，五十年任，適
逢台灣林爽文之亂，徐嗣曾赴台灣辦理善後，悉臻妥協，後入京
祝嘏，回任道卒。另外「台府總理職員」亦須做一說明：清代里
堡內設有自治鄉之總理、董事，總理即總董街庄事務，協助總理

者為董事，街庄則設街庄正、副。其名稱因地而異，有稱「頭
人」、「大總理」、「大庄總理」。其轄境亦廣狹不一，有一街庄一
總理，或某數庄一總理。總理及地保係鄉治上最重要職位，總理
本為地方自治團體之首席，其職務賅括全面，故名「總理」。總理
職務大概有二：

1. 自治職務：約束庄民，維持秩序，調處、巡防及興修公共
   設施（建廟、築路、造橋）等。
2. 官治職務：編造保甲及戶口，捕犯解案，命盜重案之稟
   報，設隘防番、清庄聯甲、團練壯丁及清賦等❿。明白此，
   就可以了解何以台府總理職員賴九隆、邱子標要稟請官府
   禁止鹿港廳口胥、口書重索照費。

　　其次須解釋的是碑文提及之「口書」、「口胥」。清初官方為
確保台灣之安定，嚴行控制人民之渡台，全台開放鹿耳門一個正
口，凡台灣與大陸往來進出，俱須由正口出入，其他沿海口岸一
概禁絕。其後陸續在乾隆四十九年（1784年）開放鹿港，五十三
年開放北部的八里坌港，道光六年（1826年）再開放噶瑪蘭廳烏
石港與嘉義縣海豐港，至此五正口開放。正口進出船隻多，又是
重要口岸，遂委由文武官員負責稽查，俗稱文武口。所謂文口或
稱文館，是文職海防人員，專司查驗船籍、船員、船客及載貨，
並徵收規金。武口或稱武館，乃武職之水師汛弁，專於船隻出入
時查驗，並嚴緝匪船混入及犯法私漏等事，也徵收規金。一文一
武，一收一放，互相稽核，庶無淆混。至於對船隻徵收規金，不
但可以作為地方官之津貼或衙門公費，而且可以避免守港兵汛之

偷漏需索，苦累船戶，以安商民。

文口人員配置因地而異，一般言之，設有委員或司事一人，下轄有巡丁（又稱口丁、口差）、口書（又稱口胥）、澳甲。如清末的鹿港設司事一人、稽查海面並船隻失風遭盜之澳甲一人，與報船隻出入口之口差一人。並鑑於鹿港港口之重要與口費抽收豐厚，鹿港文口司事乃由縣令派員，並由縣署支薪❷。今根據此碑文可知早在乾隆年間鹿港已設有口書。

一個文口通常配置口書與澳甲各一人。口書是文口最重要人物，其職責有三：一是稽查船隻有無夾帶禁物；二是查驗丈量船隻所載貨物，再按照欑頭公費收繳口費；三是將船戶牌照呈繳縣署，再放行船隻。澳甲職責與口書大體相同，負有海防查緝之責，但以稽查船隻為主，在未正式開放的口岸，尚未設有口書之前，往往先設澳甲以稽查船隻，防止偷漏。承充口書與澳甲者，及保結者，大致上是以舖戶、業戶與監生為主。其中以在港口從事生理有年，口務熟識的舖戶最多❷。明乎此，也就明白碑文中提及「監生賴九隆、舖民鍾國文」出面呈請官衙示諭各口書之背景與職責。

至於所謂「口費」又分為文口費、武口費，這兩種海口陋規由來已久，號稱貼補巡哨、紙張、飯食等辦公費用，成為定例之「規禮」，公然收之。如藍鼎元《平台紀略》之〈與吳觀察論治台灣事宜書〉有云❷：

> 船出入台灣，俱有掛驗陋規，此弊宜剔除之。在府，則同知家人書辦掛號，例錢六百；在鹿耳門，則巡檢掛號，例錢六

百。而驗船之禮，不在此數。若舟中載有禁物，則需索數十
金不等。查六百錢之弊，屢經上憲禁革，陽奉陰違。蓋船戶
畏其留難，不敢不從故也。重洋駕駛，全乘天時，若霽靜不
行，恐越日即不可行，或半途遭風，至於失事；差之毫釐，
謬以千里，敢愛六百錢乎？六百雖微，而六百非止一處。船
戶履險涉遠，以性命易錙銖，似宜加之體恤。台船每歲入數
千，統而計之，金以數千兩矣。一念留心，為民間舒省數千
兩，非小事也。

　　這種非正式的陋規至乾隆三十一年（1766年），由閩浙總督蘇
昌奏准：同知衙門每船收取番銀三員，武弁收銅錢三十文至百
文，以為辦公飯食用。從此化暗為明，成為正式向出口船隻徵收
之規費，即稱口費或口稅。乾隆五十三年，因物價上漲，「食物
昂貴，實不敷用」，調整成文口每船徵收番銀五元，武口每船三
元。但久之，又變相增添各種課徵名目，如光緒八年增添有：口
胥銀、澳甲銀、小哨銀、轎價銀、釐金清賦銀、巡司費，以及文
武衙門與釐金清賦兩局新春新任「私禮銀」[23]。總之，吏役需
索，橫征朘削，弊端叢生，陋規百出，我們從此碑文可知鹿港這
一批口書（口胥），藉端訛索，一張銅錢二百文的照費，居然強索
到「銀六七□□」（餘額不詳，見碑文）。

　　碑文中又提及南路粵民回籍，由鹿耳門出海經郡城，北路粵
民回籍則由鹿仔港。按，清代早期來台客家人，渡台所走的路
線，若是照官府規定之官道，大致上是從嘉潮兩州原籍地，沿韓
江而下，到達汕頭附近港口。再乘船到廈門等待查驗。通過後，

放洋後到達澎湖的媽宮候風，再由媽宮向東南行駛，進入鹿耳門查驗，由安平登岸到達府城。若是偷渡來台，則由原籍的沿海小港口，搭乘偷渡帆船，趁初夏西南風盛發時，直接放洋駛向本省西南部的沿海港口，如新港、蚊港、猴樹港、笨港、海豐港、三林港、鹿仔港、水裏港等，由小船接運登陸，再徒步到達目的地。不論是正當或偷渡，其中充滿了種種心酸，《淡蘭古文書》（台灣事宜十二則）中記載❷：

> ……（粵人）其渡台也，經本縣給領路單，年貌籍貫，十指箕斗，據實填清。由水路經平和縣，抵漳州府，奸徒藉稽查名色，搶去路單，勒銀贖回；至廈門，胥役憑驗箕斗，聲實不符，得遂其欲，了無一事。總之，給單驗單，動費銀兩，此有路單渡台之難也。其無力給單者，俟引帶人到地邀齊出門，謂之「攬客」。由旱路至泉州府，道經十餘日，途有奸宄，動稱偷渡，勒銀買脫，攬客從中分肥，謂之「食銅」。如此情形，至三、四遭而後已。至泉州府安放一處，不即搭船，日算飯錢百餘文，偵知盤費已空，將客交過船戶，謂之「賣客」，船戶又謂之「買客」。已抵台港，交店收領，謂之「領客」，有親屬者，船長交清，帶出歸莊，無親屬及路途遠者，仍在店中守候，竟有經年不能出店者。逕渡重洋，音信不通，哭望天崖，此無路單之難也。

客家人渡台有著如上種種困難，因此三番兩次呈請官憲，在廣東沿海口岸設置義渡，直通台灣，免去經由福建之困擾，卻屢被駁回。直到乾隆五十三年（1788年）平定林爽文之變，此次亂

事得以平定，其間客人「義民」效力甚多，客家人把握此機會，以嘉應州義民監生古吉龍爲首，向福康安建議「請于潮州府之澄海縣菴埠設義渡十隻，以通往來」，其好處是「現有通判一員，歸其稽查，計程一水之便，隨舟登岸，太平則爲粵民義渡，有事則爲粵東兵船」。翌年，福康安鑑於偷渡問題日趨嚴重，奏准朝廷設一由官主持之官渡，同時增設八里坌海口與淡水之八尺門、中港、後壠、大安等港，彰化之海豐、三林、水裏等港，嘉義之笨港、蚊港、虎尾、八掌、猴樹、鹽水、含西等港，鳳山之東港、竹仔、打鼓等港爲出入口，五十五年官渡正式設立❷⁵。

　　然而問題並不如此便單純解決，先是，乾隆四十八年，福建將軍永德奏請設鹿港正口，並依照廈門與鹿耳門通商之例，設立專員，管轄稽查，聽民自便。翌年，清廷昭許福建泉州府晉江縣蚶江口與臺灣府彰化縣鹿仔港正式設口開渡。並以北路理番同知兼海防，就近往來稽查，並督促鹿仔港巡檢。五十四年十二月，閩浙總督伍拉納等奏請設立官渡章程，內地客民領照赴臺，有關官員應即給照驗收。如有給照遲延，驗收留難等事，嚴行參處。人照不符，照私渡例治罪。今根據鹿港三山國王廟此一古碑「奉憲示禁」，正可知道在鹿港這一批「口書」、「口胥」藉端訛索，任意侵漁，一張照費原本不過「銅錢兩百文」，竟然強橫勒索「銀六七□□」，眞是無法無天，所謂按法重治，絕不寬縱，徒成具文。從此一古碑文，正凸顯了昔日客民渡臺之悲歌。再則，我們從三山國王廟立碑示禁，周曉眔知之作法，也可以推知鹿港三山國王廟必定是粵人熙來攘往之廟，充分發揮作爲粵人會館之功能。同理因鹿港爲彰化地區之出入港，爲粵籍回籍或渡臺停歇之

所，再加上前引史料之「潮州街」、「客仔厝」等地名，聯想在一起，似乎說明了在泉州人充斥的鹿港，客家人也應為數不少，當有其一定勢力與本事，方能在鹿港存留和發展。道光十四年（1834年），重建浯江館（金門館），水師左營游擊劉光彩撰「重建浯江館碑記」敘：「彰之西有鹿溪市焉，其地背山環海，泉廈之郊，閩粵之旅，車塵馬跡，不絕於道。」其中之「閩粵之旅」一語，正是對這景況的最佳描述。

廟中古文物另有一署名「清嘉慶四年（1799年）梅月（四月）弟子王合成叩謝」之巨大石香爐❷，其他還有一對花崗石柱，上鐫刻：「潮郡著神靈三山宛崎、鹿溪崇祀廟百代如新」，落款為「道光甲辰年（1844年）桐月（三月）」、「沐恩信士黃萬春號叩謝」，一般言，信徒還願多半是獻匾獻爐敬謝，而立柱是寺廟有所重建和整修，這說明三山國王廟應曾在道光二十四年有所整建。

道光二十四年，上距乾隆初年有一百多年，依古建築壽命推敲，這期間應當有二至三次之整建，且這期間依《彰化縣志》所記有幾次地震，如：一、乾隆五十七年（1792年）六月，地大震，民房倒塌，有死傷。二、乾隆六十年冬十月戊子地大震，己丑復大震。三、嘉慶十一年（1806年）春二月、冬十月均有地震。四、嘉慶十四年春三月，地大震。五、道光十二年（1832年）冬十月地震。六、道光二十年冬十月，地震，民房倒壞。又有兩次兵燹，如乾隆五十一年林爽文之變，曾一度侵擾鹿港；乾隆六十年陳周全之變，攻陷鹿港。這頻頻的兵燹、地震，不知三山國王廟是否有遭受波及損毀而修建，可惜相關資料闕如，無法進一步推論考證。

　　廟中另有光緒戊寅四年（1878年）所立「國王古廟」匾，上
距道光二十四年，已有三十四年，也到了須修建時候，此匾或是該
年整建遺存。光緒九年（1883年）十一月，復經商人莊出海向居
住在員林及東勢角之潮州人發起募捐，重新大修繕，氣勢恢宏[27]。

三、日治以來變遷

　　到了日治時期，昭和四年（1929年），日人強制市區改正重
劃，鹿港從民權路開始，三山國王廟因位於計畫道路上而全部拆
除，後將拆除下之舊木、磚瓦等在今現址重建（原址在五福街，
約今中山路與民權路交叉處），架構仍是宏偉[28]。今廟中存有「己
巳年（昭和四年）荔月（六月）吉旦」所立之柱聯「三山顯化功
延宋室垂青史；國土重光藻薦玉宮獻赤誠」可為證。昭和九年
（1934年），賡續市區改正，把原先五福街之不見天的街道遮蓋頂
拆除，且拆掉兩側民房前進，並將土地宮至土城口之道路拓寬，
由約七米寬道路拓寬為十五米，成為貫穿全區之幹道。於是沿街
居民重新整建屋宇，其立面改為帶有亭仔腳之昭和型街屋立面，
同時街道舖面與下水道設施也改變。而三山國王廟於此次工程復
遭浩劫，山門、拜殿全遭拆除，只餘今日七坪多之正殿，金爐移
到廟後埕，一些如石柱、石珠等舊建材，棄置在正殿後庭院[29]，
氣勢不復當年，侷促一旁。據大正四年（1915年）之《寺廟台帳》
所記，其建制為三進式，佔地約一百零六坪，前有大門，續有拜
殿、正殿、後堂。其時香火已經寥落，祭祀圈只剩潮州人八戶約
三十人祭祀信奉，主神三山國王神像九尊，配祀三山國王夫人本
像三尊，農曆二月二十五日為三山國王祭日，三月十六日為三山

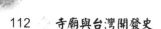

國王夫人祭日。後堂原祀有天上聖母，嗣後因香火衰微，神像竟然紛紛遺失，後堂遂改租民家。此外大正初年之管理人前後有郭祥、曾媽兜兩人❸。從創建時因治病靈顯，能夠保平安，達願望而香火鼎盛之盛況，一變為日治時期只剩信徒三十人之落沒，再對照今日寂靜之廟宇，不禁令人感慨係之。

　　光復後，民國五十八年（1969年），修繕內部門面，在正立面增建牌樓，以三連圓弧狀表面洗石子之板塊建造，象徵三座祖山：巾山、明山、獨山。今廟中猶存己酉年（五十八年）季夏之彩繪「秋菊有佳色，黃花晚節香」。七十六年在鎮民楊張筍、許黃罔招倡捐下，集資擴建，包括正殿及兩側碑牆，同時將神龕移到正殿，正殿後方加建廁所及鐵棚架。在當年十月完成，並舉行重修安座儀式，今廟中留有大量之匾、柱可資證明。近年（民國八十三年）重修，將民國五十八年所修牌樓拆掉重建門面，於四月完竣。並在八月首創轎班會以備抬轎巡境❸。

第四節　結語

　　台灣漢人，多來自閩粵，也多奉其祖籍所共同供奉之鄉土神來台，為所居新鄉土之守護福神，如漳州人之奉開漳聖王、泉州人之奉廣澤尊王、保生大帝，客家人之奉三山國王等等均是。

　　所謂三山國王，指的是廣東省揭陽縣阿婆墟之明山、獨山、巾山等三座山之山神總稱，素為粵東民眾虔誠信奉，早在明代即已建廟祀之。清代時隨著客家移民入墾彰化地區，也帶進了三山

國王的信仰，位在鹿港的三山國王廟便是在如此背景下建立。

　　鹿港三山國王廟，一般都說創建於乾隆二年（1737年），其實不盡然，其創建年代還可往前推測到康雍年代，而且其前身可能是「霖肇宮」，位在鹿港市街最早形成的「客仔厝」地區。後來因地勢狹隘低濕，才遷建到「鹿港街」（即約今中山路一帶），也有可能是因遭受到乾隆五十一年（1786年）林爽文之亂的破壞，才遷建到鹿港大街的後街一帶，此一帶為旱園，為義塚，顯非熱鬧精華地段，亦反映了客家人在鹿港已非強勢族群，才會將廟宇建在街肆的尾端邊緣地段，也即是說客家人在鹿港地區有被邊緣化的趨向，在以泉州人為主的鹿港，此廟的存在更凸顯出難能可貴。

　　歲月滄桑，在清時，三山國王廟的修建紀錄，較有證據者，為道光二十四年（1844年），餘不詳，直到清末光緒九年（1883年），才由住居在員林、東勢的潮州人募捐，重新大整修，這也再度說明位居在鹿港的客家族群的不振。

　　到了日治時期，昭和四年（1929年），市區改正重劃，三山國王廟恰因位在計畫道路上，被迫拆除遷建在五福街（約今中山路與民權路交叉處），三山國山廟再度流浪遷徙。昭和九年（1934年）賡續市區改正，三山國王廟三度遭劫，山門、拜殿全被拆掉，只剩七坪多的正殿，金爐且移到廟後埕，一些舊建材也棄置在正殿後庭院，不僅氣勢不復當年，香火日漸寥落。甚且日後因香火衰歇，供奉神像竟然紛紛遺失。

　　光復後的三山國王廟雖有數次整建，但風華不再，成為街屋式廟宇，行人匆匆走過，稍不注意，還不知剛經過一座廟宇。走

進廟內，清淨、莊嚴、肅穆，似乎與俗世隔絕，了無塵意。整座廟，香火不盛，呈現幽幽的、靜靜的光影。只有廟中那方乾隆五十五年（1790年）的「奉憲示禁」古碑，似乎低微的泣訴一首首客家人的渡台悲歌，碑淚垂下，漫漶模糊了碑文，看不清碑文，也數不盡前塵往事。

註釋

❶見鈴木清一郎著，馮作民譯，《增訂台灣舊慣習俗信仰》（衆文圖書公司，民國七十九年十一月），頁492。

❷詳見劉枝萬，〈台灣省寺廟教堂名稱主神地址調查表〉，《台灣文獻》，十一卷二期，民國四十九年六月。

❸陳其南，《台灣的傳統中國社會》（允晨文化公司，民國七十六年三月），第五章〈祖籍與姓氏分佈〉，頁134。

❹黃叔璥，《台海使槎錄》（台銀文叢第四種），卷四〈赤嵌筆談〉，頁92。

❺周元文，《重修台灣府志》（台銀文叢第六六種），卷十〈藝文志〉「申請嚴禁偷販米穀詳稿」，頁122。

❻石萬壽，〈乾隆以前台灣南部客家人的墾殖〉，《台灣文獻》，三十七卷四期，民國七十五年十二月，頁71。

❼陳夢林，《諸羅縣志》（台銀文叢第一四一種），卷七〈兵防志〉「總論」，頁110-111。

❽同上註前引書，卷八〈風俗志〉「漢俗」，頁136-137。

❾同上註前引書，卷十二〈雜記志〉「外紀」，頁298。

❿大墾首施世榜向官方申請的業戶名為施長齡。

⓫周璽，《彰化縣志》（台銀文叢第一五六種），卷八〈人物志〉「行誼」，頁247-248。

⓬同上註前引書，頁263-264。

⓭同上註前引書，頁40-51。

⓮同上註前引書，頁157。

⓯個人認為鹿港三山國王廟創建年代應該還可以往上追溯原因，說明如下：

一、「海東霖田」古匾乃乾隆二年八月所立，僅能說明此年已有該廟，並不是說創建於該年。前文已論及彰化地區客家人入墾早在康熙末葉，至雍正年間，彰化平原已大體開拓完成，鹿港為彰化地區客家人之出入港、吞吐港，則鹿港三山國王廟的創建，以常理論，應該早在康雍年間已有之，此其一。其二，檢視周遭鄉鎮客家聚落之三山國王廟創建年代做一比較，就可明白，如以員林鎮為例，康熙末年有廣東鎮平縣人詹志道、劉延魁、吳三霖；廣東潮州府饒平縣人黃可久、黃實賢、盧剛直、張應和、張文敞、張剛直；廣東惠州府陸豐縣梁文開、梁文舉兄弟等人來墾員林。至雍正年間，又有客籍墾民饒平縣朱天壽、朱天海兄弟、張儒林、劉寧廳等人陸續來墾，所以雍正八年（1730年）左右，員林便形成一村莊，名曰員仔莊、東山莊。因此康熙五十年創建（一說雍正十二年）三山國王廟「廣寧宮」，雍正四年蒲月（一說雍正十三年）始完竣；另一「廣安宮」更相傳創建於明永曆年間。以此例彼，則鹿港三山國王廟應該同時期就有可能興建。其三，前引道光年間《彰化縣志》記載：彰化市之三山國王廟建於乾隆年間，反而對於鹿港、員林之三山國王廟不敢寫明，若此二廟真是乾隆初年所建，應該一併寫明紀實，正因其年代早於乾隆，無法確切肯定，所以一筆帶過，不肯明確寫出。

二、日治時期大正四年，所調查編訂之鹿港《寺廟台帳》曾記錄直接由原廟分香或分身者有鹿港鎮埔崙里之「霖肇宮」等廟，而「霖肇宮」更是埔心霖興、霖鳳宮之祖廟，兩廟創建於乾隆年間，則祖廟「霖肇宮」創建年代當更早。「霖肇宮」之取名，想是原鄉祖廟「霖田廟」分身（或分香）到台肇基建宮，因而如此命名。問題是，今鹿港埔崙里有乾清宮、天師宮、鎮天宮、鳳凰壇等廟，獨無霖肇宮。查埔崙里有「客仔厝」舊地名，此地據昭和五年鹿港第二公學校所編《鹿港鄉土誌》介紹：為舊鹿港所在，因卑濕狹隘，交通不便，遷街於今鹿港，碼頭移今市場附近。而卓神保先生亦說明：客仔厝本是鹿港市街最早形成的地區。位於鹿港東北方，

後因地勢狹隘低濕，不敷使用，才逐漸遷移至今日以中山路為主的鹿港街。此地曾在其附近農田中，出土一塊刻有獸紋、頗為考究的「泰山石敢當」石碑，體積頗大，可以想見此地街市發展必定已有相當規模（見卓神保，《鹿港寺廟大全》，民國七十三年，頁32-33）。而顧名思義，「客仔厝」即是潮惠一帶客家人所聚居之地，此地既然是舊鹿港之所在，也是鹿港市街最早形成地區，則鹿港地方俗傳：最早移墾鹿港者為興化人，次為泉、漳人，最後到達者為潮州諸邑人之說，恐有待商榷。另一方面，粵人在「客仔厝」建三山國王廟祭祀，自是理所當然之事，此廟極有可能即是「霖肇宮」，「海東霖田」古匾亦有可能即是該廟古物。其後或因該地卑濕狹隘，或因乾隆五十一年（1786年）林爽文之亂，該廟遭到焚燬，才遷移至鹿港大街。

簡言之，筆者懷疑原「霖肇宮」為今三山國王廟之前身，而且三山國王廟創建年代不應只追溯到乾隆二年（1737年），還可往前追溯至康雍年間，此說是否得當，尚請鹿港鄉耆、學者專家多加指正。

⓰周璽，前引書，頁64。

⓱同上註，頁63。

⓲同上註。

⓳詳見戴炎輝，《清代台灣之鄉治》（聯經出版公司，民國六十八年七月初版），〈鄉治組織及其運用〉，頁20。

⓴參見(1)〈清末的鹿港〉手抄本，收於陳其南前引書，頁191-193。(2)《安平縣雜記》（台銀文叢第五二種），頁50-52。

㉑以上詳見林玉茹，〈清末新竹縣文口的經營──一個港口管理活動中人際脈絡的探討〉，《台灣風物》，四十五卷一期，民國八十四年三月，頁63-117。

㉒藍鼎元，《平台紀略》（台銀文叢第一四種），附錄〈與吳觀察論治台灣事宜書〉，頁51。

㉓同註㉑。

㉔轉引自林文龍,〈客家移民與龍潭地區的開發〉,《史聯雜誌》,十八期,民國八十年六月,頁137-138。

㉕唐羽,〈清代台灣移民史之研究〉,《台灣文獻》,三十八卷一期,民國七十六年三月,頁20。

㉖卓神保,前引書,〈三山國王廟〉,頁54-56。

㉗同上註。另見《寺廟台帳》影本。

㉘同上註。

㉙同上註。

㉚同上註。

㉛據廟方提供資料。

第四章

彰化南瑤宮

——信仰遍中部的寺廟

第一節　彰化地區的開發

　　彰化縣市位於台灣西部地域之中部，適介乎台灣南北氣候、人文景觀漸移之地，清代曾以鹿港與大陸沿岸貿易往返，對大陸文化之傳播，移民之入墾影響至鉅。就地形而言：東界八卦山脈，西臨台灣海峽，南毗雲嘉平原，北臨大肚溪接台中縣，境內由西向東，依次為海岸平原（南半部在麥嶼溪以南至西螺溪間，概屬濁水溪沖積扇平原）、台地區（包括大肚台地、八卦台地）、盆地區，以及丘陵山地區，自成一地理區域，區內的大肚溪，把本區分割成南北兩區。

　　在漢人入墾台灣之前，本區已有布農族與泰雅族散居於丘陵山地，西部平原有平埔族分佈其間，據李亦園先生研究，可分為下列諸族（詳見表4-1）❶：

表4-1　台灣西部平原平埔族族名、分佈區及部落名稱

族　名	分　佈　區	文獻上提及的部落名
巴則海族（Pazeh）	以豐原、東勢一帶為中心，北至大安溪，南達大肚溪。	岸裏社、烏牛欄社、樸仔離社。
巴布拉族（Papora）	大甲溪以南、大肚溪以北一帶海岸區域。	沙轆社、牛罵社、大肚社。
貓霧捒族（Babuza）	大肚溪以南、濁水溪以北海岸區域。	貓霧捒社、半線社、東螺社、西螺社。
洪安雅族（Hoanya）	嘉義、南投。	南北投社、他里霧社、斗六門社、打貓社、諸羅山社。
水沙連族（San）	南投日月潭附近地區。	水沙連番。

　　其時平埔族經濟生活以狩獵（捕鹿）為主，兼有簡單的遊耕農業及捕魚，因此對土地利用有其限度，開拓不廣，加上平埔族過的是集團性的生活，因此「室無居積，秋多之儲，春夏罄之」，平日生活「寒然後求衣，飢然後求食，不預計也……無市肆貿易，有金錢無所用，故不知蓄積……計終歲所食，有餘，則盡付麴蘗，來年新禾即植，又盡以所餘釀酒」❷，致使他們無預計觀念，無儲蓄想法，過的是共產共享的集團部落性生活，難以和漢人競爭。兼以平埔族屬母系社會，以女子繼承家產，男子則入贅女家，隨妻安居，為妻家服勞役，所以「故生女謂之有賺，則喜；生男出贅，謂之無賺」❸，致使日後漢人藉婚姻以取得土地。

　　簡言之，平埔族部落在荷鄭之前是個孤立、閉塞、自足、樂天的社會。自十七世紀荷蘭人來到，部落透過交易，與外界有所接觸，社會逐漸開放。平埔族與外界的交易，是在包稅的贌社制度下進行。經荷人授權的漢人，被稱為社商或頭家，在繳納一定稅額取得與部落貿易的特權，此外，社商亦特准入山捕鹿❹。贌社制度始自荷人，沿襲至清初，由於他們對外界貨品需求漸增，依賴貿易程度日深，對原有經濟生活影響甚大。除贌社外，荷人為加強控制，由各部落推派代表，經其認可，設置土官自治管理❺。明鄭清初均曾沿襲，其後另設通事，以溝通土著與漢人，兼辦土著課餉事宜，影響更大。而明鄭寓兵於農，實施屯田兵制，永曆二十年（1666年）劉國軒率師駐半線（今彰化），平北部諸番，並行屯田。廿二年，林圮屯兵於水沙連（今竹山），奠定漢人開發濁水溪之基礎。

　　中部地區漢人社會的形成與發展，肇基於清代。雖然中部地區明鄭時代已見漢人足跡，而大規模的開拓工作，則始於康熙中葉以後。康熙四十年（1701年）後，渡台禁令漸弛，而閩粵地區受人口壓力影響，生計困難，加以農產內銷大陸，有利可圖，因此閩粵地區人民接踵而至，開墾日盛。《諸羅縣志》記：

> （康熙）四十三年……而當是時，流移開墾之眾，已漸過斗六門（今斗六市）以北矣。自四十九年……蓋數年間而流移開墾之眾，又漸過半線（今彰化）大肚溪以北矣。❻

　　移民潮陸續抵台，或由西岸港口登陸（如笨港、二林、王宮、鹿港、五汉、大安等），或越大肚溪自彰化平原入墾，也即是說，移墾路線，海路主由鹿港上陸，陸路由南北進，以彰化為策源地，尤其雍正年間以來，移民或越大肚溪北上，或溯大甲溪而南進，在大墾戶有計畫且大規模的開渠灌田，開墾範圍大展且迅速，並且在墾首制度下，本區土地逐漸開墾，漢人以生產水稻為主，然稻米的種植與水源關係密切，開發水源成為墾植重要課題。在大型水圳築成之前，陂潭為主要水源出處，康熙五十六年（1717年）以前，本區主要陂潭見表4-2。

　　這些陂潭多在大肚台地與八卦台地西麓斷層一帶，泉源較豐，因而成為早期移民選墾之地。惟陂潭蓄水有限，必築水圳，墾務才能有所突破。清代初期，本區所築水圳中，以八堡圳及貓霧抹圳最重要，茲將彰化平原地區水圳修築情形，列表如表4-3 ❼。

　　根據《台灣府志》等早期方志資料，康熙四十九年（1710年）至雍正十三年（1735年），二十五年之間，台島耕地面積增加了二

表4-2　主要陂潭表

陂潭名稱	修築年代	修築灌溉情形
鹿場陂	康熙五十三年（1714年）	在虎尾溪墘。知縣周鍾瑄捐穀五十石，助莊民合築。
西螺引引莊陂	康熙五十三年（1714年）	在西螺社。知縣捐銀二十兩助民番合築。
打馬辰陂	康熙五十四年（1715年）	在貓霧捒。潭有泉源；合內山之支流，長二十餘里。陂流四注。大旱不涸，所灌田甚廣。知縣周鍾瑄捐穀二百石助莊民合築。
打廉莊陂	康熙五十五年（1716年）	在東螺社西北，知縣捐粟五十石，助莊民合築。
燕霧莊陂	康熙五十五年（1716年）	在半線社南，知縣捐穀五十石助莊民合築。
馬龍潭陂	康熙五十六年（1717年）	在西螺社東。知縣周鍾瑄捐穀四十石助莊民合築。

資料出處：周璽《彰化縣志》，卷二〈規制志·水利〉。

表4-3　彰化平原地區水圳修築情形

地區	水圳名稱	修築年代	灌溉情形
彰化平原	施厝圳	康熙五十八年（1719年）	灌溉八堡，五十餘里之田。
	十五莊圳	康熙六十年（1721年）	
	二八水圳	康熙五十八年—六十年（1715-1721年）	在施厝圳與十五莊圳間。
	埔鹽陂	（不詳）	利用施厝圳尾之水，築埤灌田數百餘甲。
	福馬圳	（不詳）	從大肚溪合二八圳，灌溉李厝莊等處，共田千餘甲。
	快官圳	（不詳）	灌田千餘甲。
	二八圳	（不詳）	灌田千餘甲。與快官圳同源。
	福口厝圳	（不詳）	水從快官圳、施厝圳二支合流，築陂灌田百餘甲。
	貓兒高圳	（不詳）	灌田十餘甲。

資料出處：周璽《彰化縣志》，卷二〈規制志·水利〉。

萬餘甲，其中彰化縣增加約一萬一千餘甲，高居一半以上，由此可知，雍正末年彰化平原已大致完成開拓工作，其中自然以康熙五十八年施世榜築成八堡圳深具關鍵因素。八堡圳又稱施厝圳，開墾人為施世榜。施世榜為泉州人。拔貢生，曾任兵馬司副指揮。清初與其父施鹿門自福建晉江來台，居台南從事販糖而致富，並為半線地方墾首，施世榜繼承父業，為一官紳商型墾首，從康熙四十八年著手籌引濁水溪水源灌溉，歷經多次皆失敗，後依某自稱林先生者指引，終於五十八年始成，歷經十年，投資九十五萬兩銀，工程浩大，耗貲頗鉅。該圳圳頭在今彰化縣二水鄉鼻仔頭，灌溉當時彰化十三堡中的八個堡，故稱八堡圳。圳成，施世榜以施長齡墾戶之名，在彰化平原招佃墾殖❽。

　　大致言，台中彰化地區若以大肚丘陵一線為分水嶺，以西海岸平原屬於零散無組織的個別墾殖，以東的台中盆地及山區地帶，開墾較具規模，山區地帶並須具備防衛力量，因而多有「隘制」組織，以保護移民安全。基本上，彰化市即是在此開發背景下興起。

第二節　彰化市的開拓

　　彰化市位於彰化縣之東北，以大肚溪與台中縣烏日、大肚兩鄉為界。境內東南部地勢較高，乃八卦台地之北端；西麓為隆起之海岸平原；北側則為大肚溪南岸河階地。彰化市域原為巴布薩平埔族半線社、阿束社棲居之地。明鄭時期左武衛劉國軒為駐半

線鎮將，在此屯田。至康熙中葉以降，有泉人施長齡、楊志申、吳洛、張振萬等墾戶，大量招徠閩粵人民，從事鑿圳築埤，以今彰化市為中心，向四周開墾荒埔。

本市在明鄭時期，隸屬東都承天府天興州所轄半線社。清初隸台灣府諸羅縣半線社，在漢人未入墾前，今昇平、順正、鎮南、福安等里，可能即是半線社平埔族人舊居，居民至今慣稱諸地為「番社」。漢人入墾後，在此形成街肆，稱半線街。據族譜資料記載，康熙中葉有同安縣王正焰、楊國揚，末葉有同安縣王乾，饒平縣賴正直；雍正年間有安溪縣張文鳳、漳浦縣李侃直、南安縣許儀、平和縣許奇遠等人陸續來墾。至乾隆年間來墾者激增，有晉江人吳洛入居彰化東門街，招募佃人開墾內山荒埔。另有漳州府龍溪縣王日、馮德深、林樸，晉江縣林揚團、林世蘊、林世閣等人，南安縣吳元增、吳垂裕、許振哲、朱心代、朱心地等人，詔安縣呂發合、吳夢連，南靖縣賴應富、柳阿瑞、吳茶，惠安縣莊媽力，安溪縣吳旺，漳浦縣李頂碩，及客籍饒平縣沈宅、永定縣魏德寬等接踵來墾。嘉慶年間再有永定縣游盛彩、龍溪縣吳添保。道光年間有南靖縣莊福、莊高瞻，永定縣胡才，漳浦縣康舜忠，咸豐年間又有同安縣馬成等人入墾❾。不過，半線地方之漢人村街究竟形成於何時，缺乏明確紀錄，蔣毓英之《台灣府志》僅提及半線大肚社，但高拱乾之《台灣府志》已出現「半線莊」，至《諸羅縣志》已有「半線莊」、「半線街」之記載。至道光年間更是「闐闐囂塵，居處叢雜，人煙稠密，屋宇縱橫」，在彰化縣城內街道有「東門街、南街、大西門街、小西門街、暗街仔、總爺街、打鐵街、新店街、北門街」，巷弄則有「賜福巷、

文書巷、鎖匙巷、城隍廟巷，天公壇巷、暗巷」，在城廂外有「北門口街、市仔尾街、南門口街」❿。

康熙六十年（1721年）朱一貴起事，事平之後，爲鞏固統治，於雍正元年（1723年）從諸羅縣分出彰化縣及淡水廳，添置軍隊，以鎮南北，也確立彰化縣行政地位。彰化縣治就選定在半線地方（今彰化市）。彰化縣初轄十三保半，至道光年間增爲十六保，其中半線保主要包括今彰化市、和美鎮、伸港鄉、線西鄉等。總之，經康熙、雍正年間的開拓，半線已形成街肆。街市的興起象徵土地開發的完成（按並非指拓墾活動就此停止），及人口繁盛，社會趨於複雜化。這是南瑤宮初建時的時代背景。

第三節　南瑤宮之創建與若干疑問

南瑤宮所在位置乃昔年縣城南門口街，而南門（宣平門）以南至番社一帶，原是半線社域，雍正十二年（1734年）植竹爲城時，尚未形成街區，之後此一帶成爲南門的附廓村莊，因此統稱「南廓」。此地因位居往南赴員林地方的出入要地，至道光年間已發展成街肆，俗稱「南門口街」。這一帶漢人之入墾，初似在今順正、福安二里，及南瑤、成功二里等半線街的邊緣位置。南瑤初作南窯，意即在瓦窯莊之南方村莊，而今成功里昔稱瓦磘莊，據云乾隆初有劉旺英者在大池塘旁，築窯燒瓦而得名❶。

南瑤宮之建廟緣起，傳聞在雍正元年（1723年）彰化設縣後，有窯工楊謙自諸羅縣笨港南街應募工事而來，遂隨身攜帶媽

祖之香火袋，藉為庇身保佑之用。做工或洗沐時將香火掛在工寮內，每入夜輒見五彩毫光，附近居民咸認為是神明顯靈，於是由當時士紳集資雕塑媽祖神像乙尊，暫奉祀隔鄰土地公廟內，自此香火日盛，居民禱告頻驗。至乾隆三年（1738年）瓦磘莊民陳氏捐獻土地建立草茅小祠奉祀，時稱「媽祖宮」，此為南瑤宮建廟之濫觴。同年十一月，總理吳佳聲、黃景祺、林君、賴武等發起募資興建殿宇，並雕塑五尊神像，取南門之「南」，及瓦磘之諧音雅字「瑤」，正式定名為「南瑤宮」❷。

　　漢氏與周氏二調查報告書說法略有三點出入：(1)楊謙應募而來之「工事」，《周氏報告書》指明為彰化建城時自四方招募工人前來，掘土燒磚，疊成城牆。(2)《周氏報告書》書中的香火袋指明從笨港天后宮分香得來。(3)《周氏報告書》中記載：初塑神像奉祀土地公廟內之「士紳」，指明為當時彰化總理林揚及李、賴、蔡各姓士紳❸。而《宮志》本身亦進一步指明，最初發現香火袋發出彩光者為住在今南瑤宮南邊附近之石姓先人，其後建廟過程石姓家人亦多方參與，因此日後每次進香時，護衛香擔職責率委由石姓子孫負責，直到近年才改變，不一定由石姓子孫負責❹。

　　楊謙應募而來之「工事」絕不是建城之事。按，彰化在雍正元年設縣後，初無城池，直到雍正十二年（1734年），才由知縣秦士望在街巷之外遍植莿竹為城並分四門。後林爽文、陳周全二役，或砍伐殆盡，或毀於戰火。嘉慶二年（1797年）知縣胡應魁再植，又於四門增建城樓，故彰化素有「竹城」或「竹邑」之雅稱，即因此而來。經十餘年，城樓半就傾圯，直到嘉慶十四年，士紳請准興建土城，縣令楊桂森捐俸倡建，王松等人議易以磚

城，十六年起工，二十年告竣，城樓四座，東曰樂耕門、西曰慶
豐門、南曰宣平門、北曰拱辰門 ❶。可知建磚城之事是嘉慶年
間，而非雍正年間，試問楊謙怎可能為應徵建城城工而來？若謂
楊謙此事傳聞乃屬無稽傳說不可信，倒也未必盡然，否則南瑤宮
焉有流傳至今的「換龍袍」儀式 ❶，因此較妥當之說法應是楊謙
應募（或是自身主動）至瓦磘莊做工燒瓦而來，而絕不是應徵建
城城工而來。因此建廟緣起傳聞不可盡信，近人林文龍亦採訪記
錄一則傳聞：相傳清朝雍正年間，有笨港南街的居民楊謙受雇至
彰化南門外瓦窯工作，隨身攜帶有笨港天后宮的香火袋，以祈求
旅途平安；事畢楊謙返笨港，將香火袋遺留工寮內。某日，忽有女
人直立在瓦窯邊大聲疾呼：「瓦窯將陷，趕緊逃命！」大家聞聲，
競相逃出。正驚奇間，瓦窯崩落，而女人不知去向，大家共同認定
是神靈顯聖救難，在清理工寮時，赫然發現楊謙所留下之香火袋，
眾人咸認為係笨港天后宮媽祖有意分靈彰化，因此香火袋暫奉土地
廟，後顯靈事蹟傳遍遐邇，終於在乾隆初年建廟以祀。

　　南瑤宮既從笨港分靈，按照台灣民間習俗，分靈的廟宇，例
有向本廟「謁祖進香」的習慣，南瑤宮當然也不例外，不過南瑤
宮除謁祖進香之外，為紀念楊謙的援引，尚有探望笨港楊謙祖家
與子孫的行事。清代南瑤宮的笨港進香活動，循例都是在每年農
曆三月十八日上午過笨港溪，進入笨港街市，先去探望楊謙的祖
家與子孫，然後遊街，當夜駐駕天后宮。第二天上午，再遊街一
番，下午入廟，午夜（即二十日凌晨子時）行謁祖禮，交香刈
火，起程回彰化。後來楊家子孫認為媽祖是神，而他們是人，擔
當不起媽祖探望之大禮，因此特請南瑤宮方面雕贈一尊媽祖給他

們奉祀，並作爲紀念，從此探望楊謙祖家之禮，就有兩尊媽祖同在，然而楊家這尊媽祖係私人奉祀，財力較差，幾年後神袍顯得老舊不堪，於是將南瑤宮媽祖新神袍，換給這尊楊家媽祖。後來楊謙子孫絕嗣，楊家媽祖遷祀笨南港水仙宮，自民國五十一年（1962年）起，換袍禮也改在水仙宮舉行❼。

　　另一疑點則是南瑤宮之創建廟宇年代，諸書均謂創建於乾隆三年（1738年），而修於乾隆五年（1740年）（刊於乾隆七年）劉良璧《重修台灣府志》卷九〈典禮〉記彰化縣「天后廟，在北門內」❽僅此乙座之紀錄。但修於道光年間的《彰化縣志》卷五〈祀典志‧寺廟〉卻記載；「天后聖母廟；一在鹿港海墘，乾隆五十五年，大將軍福康安倡建……一在邑治北門內協鎮署後，乾隆三年北路副將靳光瀚建……一在邑治東門內城隍廟邊，乾隆十三年邑令陸廣霖倡建。一在鹿港北頭，乾隆初士民公建……一在邑治南門外尾窯，乾隆中士民公建，歲往笨港進香，男女塞道，屢著靈應。一在王宮，嘉慶十七年邑令楊桂森倡建。一在沙連林圮埔，乾隆初，里人公建……」❾。

　　可知在官方志書中，乾隆初年尚無南瑤宮之紀錄，有之乃是「乾隆中士民公建」才有，此其一。而且創建廟宇有功之「陳氏、吳佳聲、黃景祺、林君、賴武」等人，在南瑤宮正殿右護龍內紀念對南瑤宮興建有功勳者的祿位祠十七方「長生祿位」中竟無一牌位，豈不可怪！此其二❿。其三，位於三川殿前左側日治時期昭和十一年（1936年）的改築紀念碑，碑文明確寫出：「……彰化置縣始於建城池，至乾隆十二年終告成功。建城時……有招募外來窯工以從事，中間有工人楊姓者自笨港應募而來……遂共祀

之於鄰福德廟內，禱告輒靈。自茲以後，香煙日盛，越二年，庄民議建廟，然初建基，不滿十坪，湫隘難堪……」此碑文不僅將香火發光傳聞，年代降至乾隆年間，並點明初建廟年代為乾隆十四年（1749年），且又符合官方志書所記。因此南瑤宮創建廟宇始於乾隆三年之說，頗成疑問，較可信說法應是乾隆十四年左右。至於香火發光傳聞之事應有其事，年代是雍正年間或是乾隆初年間，事遠難稽，也就不必深入追考了！

第四節　南瑤宮修建沿革

一、清代

　　南瑤宮自建廟以來，屢著靈驗，香火日盛，因此乾隆年間有幾次擴建、重建，《宮志》說法如下[21]：

1. 乾隆十四年（1749年）三月，士紳王君揚發起募捐增建後殿。

2. 乾隆二十九年（1764年）五月，又增建左廊廡及祿位祠，祿位祠奉祀對南瑤宮建廟有功之吳佳聲、黃景祺等十三人之祿位[22]，藉以旌表祝福。

3. 嘉慶七年（1802年），地方信徒再倡重建，廟址擴大五倍。

　　按，今廟中並無存留相關年代之柱聯，只有若干匾額、長生祿位，茲逐錄如後：

1.匾額：
  (1)凌霄殿之二匾，一爲「乾隆參拾九年甲午立／民國七十
     三年丙寅重修／彰化縣郭姓宗親會謝」之「廣敷四海」
     匾。一爲「乾隆參拾九年甲午立／闔境眾子弟敬獻」之
     「澤被東寧」匾。
  (2)觀音殿之「嘉慶丙子年（按二十一年，1816年）穀旦／
     特調福建台灣北路等處地方副總兵加一級紀錄八次明祥
     敬立／（昭和）庚午年桂月吉置／老二奶會員重修」之
     「慈航普濟」匾。

2.長生祿位：
  (1)大施主杏娘曾大母黃老安人
  (2)大施主鄉飲賓林府老槌先生
  (3)大施主勉勞前改築會會長林海木先生
  (4)大施主勉勞前改築會會長林金柱先生
  (5)大檀越芝山職員吳奎星先生
  (6)大檀越龍溪總理黃繳天先生
  (7)大施主前朝職員林仕樞先生
  (8)大施主勉勞前改築會事務理事林泉州先生
  (9)大施主勉勞鄭府仁君之長生祿位
  (10)大施主勉勞劉府陽君之長生祿位
  (11)大施主陳府大笠長生祿位
  (12)大施主勉勞改築會長林府昌君長生祿位
  (13)大施主勉勞陳府慶根君長生祿位
  (14)大施主林府新鋒君長生祿位

(15)大施主林陳氏隨長生祿位

(16)大施主林府福君之長生祿位

(17)大施主鄉飲賓張玖先生[23]

對照前引《宮志》說法，出入頗大，無一可以印證，頗為遺憾，個人有如下若干的懷疑與推論：

1.增建過程不合常規，若謂乾隆三年始建，乾隆十四年增建後殿，成兩進式殿亭，形成「二」字形建築，乾隆二十九年再增建左廊廡與祿位祠，成「ㄈ」或「ㄅ」字形建築，（祿位祠位置不詳，可能即附祀在左廊廡），嘉慶七年重建擴增，至道光十九年才增建右廊及本殿左右榱墀，其演進過程是頗為奇怪。按一般寺廟建築之增建擴建過程是先建主殿，依次兩廂房，再加前殿，其形制即「一」→「ㄇ」→「口」之演進。

2.對於創廟有功之黃景祺、吳佳聲等人祿位今無一存留，也是件頗為奇怪的現象。

3.乾隆二十九年增建之說，是否為乾隆三十九年匾額之誤解？因乾隆三十九年（1774年）三月南部適有大地震，因而受到部份損毀而有增建修繕之舉？

4.昭和十一年改築碑文中並未提及乾隆年間有任何增建修繕之役，僅明確記載：「自茲以後，香煙日盛，越二年，庄民議建廟，然初建基，不滿十坪，湫隘難堪，迨嘉慶七年，彰化紳董聯絡縣下信者，再倡重建，基雖擴五倍，而香客與年繁盛，每春夏間，進香士女摩肩擊轂，有遠自三

貂葛瑪蘭山後等處而來踵接於途，旂鈴不絕，而聖母正駕
每年亦恆往發源地之笨港進香，隨駕香丁，常擁十餘萬，
往復步行。時彰化縣下各部落民遂倡首組織鸞班會、興前
會以護衛聖駕，輪辦進香供奉之人員，即今之媽祖會是
也。」說明了嘉慶七年的重建，是因為廟基不滿十坪，湫
隘難堪，則與前述乾隆年間的幾次增建說法大有矛盾。

5.嘉慶丙子二十一年之匾額，雖是昭和庚午五年（1930年）
老二奶會仿製重修，但經查鄭喜夫《台灣地理及歷史》卷
九〈官師志第二冊武職表〉，確有明祥其人，為蒙古正紅旗
人，嘉慶十六年四月任台灣北路協標中營的副將[24]。可見南
瑤宮信仰其時遠播北台。

　　乾隆年間二次興建雖有以上若干疑問，但在未有進一步史料
印證或辯駁之下，仍應以尊重廟方說法為宜。

　　嘉慶七年不僅重建擴大南瑤宮，而且也出現「進香」的儀
式。由於「香火」在神明的祭祀儀式中，被視為具有象徵作用，
香火與神明可謂一體兩面，香火之權威，代表各廟之間的位階關
係，並可象徵神明的顯赫與聲威，因此廟方以透過神明香火的
「來源」或「開台最早」的歷史地位，乃至各種靈驗神蹟來建構該
廟的香火權威，也無形中有地方群體意識與情感認同，不僅有結
合超地域群體的功能與超祖籍群的信仰與祭祀，形成台灣地方性
的特殊信仰文化，也就是說，各廟主事者企圖運用各種論述、文
化資源及儀式活動來突出彰顯該廟的神威，成為信仰重鎮或香火
中心。《彰化縣志》記「歲往笨港進香，男女塞道，屢著靈應」，

即是反映此一事實與企圖。因此嘉慶七年才會有擴大重建為原廟基五倍之舉，也才會有於嘉慶二十一年三月正式立公約，成立「老大媽會」的組織，成員人數高達四十二人之舉。

《宮志》又記道光十九年（1839年）南門口庄總理汪安舒發起募資，增建右廊及本殿左右門廊。同治十一年（1872年）十一月，士紳世振治等聯名捐資，在本殿左側增設「洗面台」供香客淨手之用，並修飾圓柱棟樑，完成全廟建築，遂於同治十二年三月舉行落成祭典㉕。

按該宮正殿有一「道光丁亥年（七年，1827年）」勒名銘刻「南瑤宮」的石香爐；及其他諸匾：

1. 「道光九年仲秋月吉日穀旦/署噶瑪蘭通判羅道敬立／昭和庚午桂月吉日／老二媽會會員重修」之「福蔭海山」匾。
2. 「欽加巴圖魯鎮守福建台澎水陸等處地方掛印總兵官曾玉明立／咸豐己未（九年，1859年）署」之「國泰民安」匾（位於右護龍）。
3. 「光緒拾貳年（1886年）歲次丙戌孟秋月上浣吉立」／「后德配天」匾（懸於三川殿）。

其中立「福蔭海山」匾之羅道為安徽歙縣人，監生出身，道光元年九月初一以斗六門縣丞護理噶瑪蘭廳之海防糧捕通判，至二年二月初六改由吳秉綸（湖北東湖人）署理。至道光二年十一月初五，再由羅道以斗六門縣丞署理。有疑問者，道光九年噶瑪蘭廳通判是李愼彝（四川威遠人，嘉慶十三年戊辰進士）擔任，至九年十二月初八改由彰化知縣李廷璧（雲南晉寧州人，嘉慶五

年庚申舉人）調署❷，可見道光九年噶瑪蘭廳通判非羅道其人，此匾真實性大成疑問。此匾雖是後來仿製，諒不至於偽製，可能是年遠燻黑，後人誤將年代部份之「元」年判讀錯誤成「九」年而導致如此。此匾若真，改築碑文中所稱「遠自三貂、葛瑪蘭山後等處而來，踵接於途，旅鈴不絕」雖不免有誇大膨風之口氣，亦不至於是純然虛語偽說。

獻「國泰民安」匾之曾玉明，字藍田，福建晉江人，行伍出身，於同治元年十二月二十一日由福建建寧總兵調任台灣鎮總兵官，至同治五年五月初九開缺進京引見，繼因伊子曾雲登、曾雲書鄉試作弊中式而革職❷。曾玉明調任之時，正是台灣爆發戴萬生亂事，清廷分從金門、廈門、銅山等地調軍鎮壓，至四年才平定，或許因此才有「國泰民安」之祈頌匾文，但與「福蔭海山」匾一樣，年代亦是錯誤，令人不得不產生偽造匾額之懷疑。光緒十二年之「后德配天」匾可能是中法戰爭平息後，頗多的廟宇神明獲頒御匾，此匾或即是其中之一。

以上諸文物年代不但有誤，也未能證實該宮在道同年間有所修建之說，而且嘉慶七年既已擴大重建，道光十九年增建右廊，同治十一年增設日式配置及用語之「洗面台」建物，實有突兀之感，反不如改築碑中所記「但道光間曾大繕一次，添建附屬殿廊，光緒間亦修葺一次」來得平實可信。

除以上修建沿革外，南瑤宮自古以來香火鼎盛，為彰化市一帶的信仰中心，其建物也是南門外最大者，因此流傳許多掌故與傳說，舉凡如日月鐘地理風水之說、火燒鄭秀才宅第、施九緞民變指揮所、戴萬生之役南瑤宮媽祖對抗白沙坑福德神、林文明因

南瑤宮媽祖往笨港進香事而血濺公堂……等等眾多傳聞[28]，至今猶播誦鄉民之口，頗具參考價值，未必盡是虛妄野語。如光緒十四年因清丈不公，激起施九緞之亂，圍彰化縣城，索焚丈單。吳德功《施案紀略》記：「（九月）初一日，施九緞身立神輿後，如迎神乩童，率楊中成……等……以索焚丈單爲名，旗書『官激民變』……駐紮南瑤宮至日晡，不期而臨城下者數千人。登城一望，漫山遍野，草木皆兵。」時管領武毅右營提督軍門朱煥明，在嘉義縣聞變，回援彰化，「時，施九緞紮住南瑤宮，即擁眾迎殺」，朱煥明力戰死之[29]。此次民變之是非功過，非本文主旨，在此略而不論，個人所要強調者，民軍駐紮南瑤宮，發號施令，指揮群眾力抗官軍，在在可見其時南瑤宮在中部地區之信仰地位及影響視聽之關鍵。而且「彰化媽蔭外方」，各地信徒香客前來膜拜者絡繹不絕，同時媽祖聖駕亦每年前往笨港進香，爲護衛聖駕，彰化各地信徒乃提倡組織鑾班會、輿前會，輪流辦理進香事宜，此爲南瑤宮媽祖會組織之由來。

　　各媽祖會都有自己的媽祖分尊，故其組織稱爲「會媽會」，南瑤宮目前有十個會媽會，即老大媽會、新大媽會、老二媽會、興二媽會、聖三媽會、新三媽會、老四媽會、聖四媽會、老五媽會，及老六媽會，會員數高達四萬多人，成立年代都在清代，分布範圍含括今日的台中縣市、彰化縣、南投縣等地，也就是大約相當清代彰化縣行政區域，亦反映昔年的祭祀圈的境域。關於各媽祖會成立年代與組織概況，見表4-4[30]。

表4-4　南瑤宮各媽祖會組織、活動概況一覽表

名稱	成立時間	角頭數	會員人數（年度別）	主要分佈鄉鎮數	轄前曲館	作會日期（農曆）	過爐日期（農曆）	有無吃會
老大媽會	嘉慶十九年（1814年）	9	2,377（民國八十五年）	6	梨春園	三月二十四日	四月	有
新大媽會	嘉慶二十五年(1820年)	6	150（民國八十五年）	3	金龍大鼓陣、神虎大鼓陣	三月二十二日	四月	有
老二媽會	道光十年（1830年）	12	7,700（民國八十五年）	9	集樂軒	三月二十五日	八月	有
興二媽會	咸豐二年（1852年）	10	3,485（民國八十三年）	7	興祿軒	三月二十五日	四月中旬前	有
聖三媽會	同治八年（1869年）	12	1,520（民國八十二年）	6	繹如齋	三月二十六日	八月	有
新三媽會	光緒五年（1879年）	6	1,781（民國六十九年）	1	鳳聲園、鳳鳴園、鳳儀園、協樂軒、同樂軒	三月二十七日	三月二十七日	無（但有全庄性宴客）
老四媽會	光緒九年（1883年）	12	8,085（民國八十二年）	16	玉梨園	三月二十八日	四月	有
聖四媽會	光緒九年（1883年）	7	3,597（民國七十九年）	4		三月二十八日	四月	無
老五媽會	光緒五年（1879年）	11	7,000（民國八十四年）	11	永樂軒	三月二十九日	四月	有
老六媽會	光緒二十年（1894年）	12	5,200（民國八十五年）	8	景華軒	三月二十九日之次一日	四月	有
合計	10	97	40,895	71				

資料來源：國立彰化師範大學地理學系編纂，《彰化南瑤宮志》（彰化市公所印行，1997年9月），頁319～321。

二、日治時期

到了日治時期，「終感湫隘為不便」，說明了香火日盛，信徒日多，在嘉慶七年擴建五倍大的廟宇空間已嫌狹窄，不能容納眾多香客、信徒，於是地方士紳積極倡議改築，商之地方官彰化支廳長中川清氏，獲得贊成 ❸，成立南瑤宮改築會，公舉吳汝祥、楊吉臣、吳德功、林烈堂、李崇禮諸人分董其事，募金籌資，閱五年於大正五年（1916年）完成，耗資六萬日元，為一混合中國、西洋、日本形式的廟宇，不論在平面格局，或是外部形式、構架方式都與一般傳統手法不同，也留下一「大正四年五月上浣立／台中廳長正五位勳四等枝德二」所立「靈鐘海國」匾，此匾至少在表面上反映日本官方認同媽祖的信仰。不過這次的改築正殿，「但因信徒排斥這種非台灣傳統寺廟式樣，致香火日衰，乃於其前方另建今之正殿，而將本殿改奉觀音」❸。乃藉口「填基不實、砌造不牢、地坪陷塌，兼之白蟻為害，勢難耐久」之詞 ❸，遂在大正九年（1920年）由各媽會會員重倡改建，公舉老二媽會大總理林金柱、副總理林泉州兩人為首，劉陽、鄭仁、賴天送、林潛諸人為副，著手推行，提出申請，蒙台灣總督田健治郎同意，並寄附（捐獻）九萬三千九百六十日元樂助。惟期間遭一次大戰後不景氣之打擊，與主事者先後逝世，募捐工作並不順遂。其後再推舉老五媽會大總理林海木、聖四媽會副總理陳慶根繼承其事，然工程尚未完成，林海木也告辭世。昭和七年（1932年）再公舉老二媽會前總理林金柱後裔林昌續董其事，諸人勇進精為，不屈不撓，前後經歷十七年的艱辛，終在昭和十一年（1936年）

完成前後各殿及兩廊等一切工程，廟貌一新，成中州名所之一，並由改築會員一同敬立「沿革碑」於三川殿前左側，碑文由吳士茂撰寫，石碑則由廈門泉興石廠監造雕刻，字體優美，也詳實舖述南瑤宮的歷史與沿革，深具歷史與藝術價值。廟中也留下眾多此一時期的香爐、匾額、柱聯，處處可見，茲不一一列舉。

　　日治時期兩次改建，據聞首次改築觀音殿時，是聘請板橋名匠師陳應彬主持，其高徒廖石成亦參加❸❹。第二次改建前殿與正殿時，聘請泉州惠安溪底派匠師王益順之侄王樹發（負責修三川殿）與吳海桐（負責修大殿）主持，搭配木匠郭塔，泥水匠石中取、剪黏匠永靖人陸國土。完成後之規模，面寬九開間約27.5公尺，進身三進，長約八十六公尺，總基地面積為0.647公頃，可以「四落三殿，一埕二院」說明之。溪底司傅所建的各地名廟，不僅規模大，經費耗資也大，不論在石雕水準，木構造技巧上，極具藝術價值。或許由於是唐山司傅之淵源，他們所用的石材皆從廈門的泉興石廠蔣馨購置，南瑤宮三川殿前左側所立的石碑，即是最好的例證之一❸❺。

　　另外，南瑤宮之管理，清代時是由值年爐主輪流負責當年一切廟務、財務與祭祀事宜。至日治時期大正二年（1913年）因改建之事，經日本政府許可成立「南瑤宮改築會」後，南瑤宮一切廟務、財務始由該委員會設詳細帳簿掌理，每年輪值爐主僅負責祭祀工作，惟至昭和十一年（1936年）彰化市會議員以彰化市財政拮据為由，遂與警察當局商議，設立「彰化市寺廟整理委員會」，管理市內眾多廟宇之財產，明定以其收入充為興辦慈善、教育事業之用，藉以彌補彰化市財政之歲出，南瑤宮亦被納入掌

控。其後該委員會在昭和十六年（1941年）改稱「彰化市信仰淨化委員會」，直迄終戰❸❻。

三、光復以來

　　台灣光復後，該信仰淨化委員會奉省府令改稱「寺廟興辦公益慈善事業委員會」，民國三十七年（1948年），旋又奉內政部函示予以廢止，彰化市政府另設「彰化市寺廟整理委員會」管理。旋又奉省府另委由地方自治團體管理後，於民國四十年彰化市公所成立，翌年訂定「彰化市寺廟管理辦法」呈請省政府核備施行。不過事實上，南瑤宮在光復初期，一度由地方人士所組成之「南瑤宮委員會」掌管，直到民國四十四年經彰化縣政府及相關治安機關公權力強力介入之下，始將南瑤宮交由彰化市公所接收，並由彰化縣政府指定彰化市長為管理人，直迄今日。期間南瑤宮部份信徒代表頗有意見，欲將該宮交還信徒組織管理，惟彰化市市民代表會基於管理組織健全，財產確保完整，兼為防弊端叢生，消弭派系紛爭，仍由市公所管理迄今。民國四十一年彰化市公所成立「寺廟室」，接管原「彰化市寺廟管理委員會」工作，成為全台各鄉鎮市公所中特別獨有之單位。寺廟室之組織編制，設有寺廟主任一人，承市長兼管理人之命辦理廟務，下設有寺廟佐理員三人，辦公專員七人，工友一人。其中南瑤宮員額，正式職員五人，工友一人，合計六人。每年農曆正月至三月，南瑤宮香火鼎盛旺期，另加派人手支援。

　　此外，市公所為徵詢各媽會對南瑤宮廟務發展意見，在每年農曆正月十五及八月十六日召開「南瑤宮會媽總理會議」，邀請出

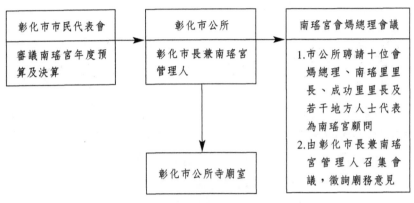

圖4-1　南瑤宮管理組織系統圖

席對象除十位會媽會總理之外，尚有成功里南瑤里兩里長，及若干地方賢達，並由市公所聘為南瑤宮顧問。而該宮每年度預算之審議、通過，則由市民代表會負責[37]。茲將南瑤宮此時管理組織系統，製圖如圖4-1。

　　另一方面，光復以來，南瑤宮也迭有修建葺繕。民國四十五、四十六年兩年翻修三川門，四十九年、五十年進行三川門與本殿神龕之油漆與鑲金。六十年，市公所撥二五○萬元建凌霄寶殿（又稱大雄寶殿或天公殿），於六十二年落成，樓高三層，巍峨壯觀。六十三年新建八角寶塔型三層金爐。六十五年為提供香客住宿，興建後面北側香客大樓，於六十七年完成，繼再於七十年興建南側香客大樓，於七十一年落成啟用。七十四年指定為第三級古蹟，七十七年秋建置木造四柱三門之牌樓，七十九年六月開始修護觀音殿，至八十二年一月竣工。同年二月動工修護正殿剪黏等零星工程，六月完竣[38]。

第五節　結語

　　古人有云：禮神莫先立廟，彰化南瑤宮，由來久矣！稽其所崇祀之神明聖母媽祖，凡民間疾苦皆禱之，威靈實有難以縷述者。至於創始何人？肇基何日？且弗深考。惟細察其歷史文物，有頗多不可信者，經本文之稽考鉤玄，大體可知：其創建年或在乾隆十四年（1749年）。創建因緣之窯工楊謙，其人其事可信，其年代則不可信。南瑤宮自建廟以來，屢著靈驗，香火日盛，乾隆年間或有增建，然隨信徒日多，香客進香日眾，終覺廟基湫隘難堪，遂於嘉慶七年（1802年）再倡重建，基址擴增五倍，廟宇堂皇，壯厥巨觀，所以尊神靈以昭誠敬，內瑩外宣，昭茲寶相，經之營之，信仰遍及全台，有遠自後山宜蘭等處來者，旅鈴不絕。而聖母正駕亦恆往笨港進香，隨駕香丁，常擁十餘萬，往復步行，盛況一時。時彰化縣下各村落有倡首組織鑾班會，即今之媽祖會是也，演變至今共有十個會媽會，遍及今日台中縣市、彰化縣市、南投縣市，所屬綿亙昔清代彰化縣域，會員數高達四萬有奇，信徒則未能悉數。

　　清領時期，乾嘉道光皆有修建，惜未能注意保管古物，今茲所存留楹匾，率多仿製，滋疑者多，可信者少，不免有所瑕疵，令人遺憾！乙未割台，日人統治，至大正年間有二次修建紀錄，先是五年（1916年）之修，形式趨新，非復古典，信徒訾議，九年（1920年）再興改建，普獲讚嘆。迨及光復，組織人事諸管

理，變動不居，嗣後重組才稱穩定，而光復以來，南瑤宮迭有修建葺繕，輝煌依舊，廟貌俱美，信仰更勝昔日。

南瑤宮位在彰化市南瑤里南瑤路四十三號，不僅入口緊臨交通繁忙、人聲喧譁的中山路，三川殿也面臨熱鬧的南瑤路，為一狹長型之都市廟宇。由於歷史可追溯至雍正年間，始建紀錄亦遠及乾隆三年（1738年），加上廟中典藏豐富的古文物，因此在民國七十四年（1985年）四月二十五日由內政部公告指定為第三級古蹟，為廟史增添一頁輝煌紀錄。而漢光建築事務所有幸參與該廟整修工作，自須先做一規劃調查研究，委由本人負責歷史部分之調查研究，不過該廟已有(1)彰化師範大學地理系編纂《彰化南瑤宮志》（彰化市公所印行，1997年9月。以下引文簡稱《宮志》）；(2)漢寶德《彰化市傳統建築南瑤宮觀音殿調查研究》（1983年上半年調查研究，缺出版單位與年月。以下引文簡稱《漢氏調查書》；(3)周宗賢《第三級古蹟彰化市南瑤宮整體整修規劃研究》（力園工程顧問有限公司，1994年6月。以下引文簡稱《周氏報告書》）。三本煌煌巨著，於媽祖信仰淵源與傳佈、南瑤宮之歷史、建築、神祇、祭典、文物、組織、祭祀圈、公益等等，均已有深入詳實的探討，固然方便本文之撰寫，本文也不免有抄襲引用之無奈，展佈研究空間實小，因此本章之撰寫須做一說明：(1)本文之作，定位於古蹟史之探討，而非南瑤宮寺廟之全誌，因而著重廟史與文物之探討稽考，其他一概不涉及，讀者欲窺全貌，自可參考《彰化南瑤宮志》一書。(2)撰寫過程，本諸「略人之所詳，詳人之所略」原則，以免輾轉抄寫，徒增篇幅，而有災梨禍棗之譏！

註釋

❶詳見李亦園，〈從文獻資料看台灣平埔族〉，《大陸雜誌》，十卷九期，頁20。

❷郁永河，《稗海紀遊》（台銀文叢第四四種），頁6。

❸周璽，《彰化縣志》（台銀文叢第一五六種），卷九〈風俗志〉，頁309。

❹周璽，前引書，頁308。

❺同前註。

❻周鐘瑄，《諸羅縣志》（台銀文叢第一四一種），卷七〈兵防志〉，頁110。

❼周璽，前引書，卷二〈規制志‧水利〉，頁55-57。

❽溫振華，〈清代台灣漢人的企業精神〉，《師大歷史學報》，9，頁11。

❾洪敏麟，《台灣舊地名之沿革》第二冊（下）（台灣省文獻委員會，1984年6月），第四編第四章第一節〈彰化市〉，頁226-227。

❿周璽前引書，卷二〈規制志‧街市〉，頁39。

⓫洪敏麟，前引書，頁230。

⓬詳見《宮志》，頁21-22。

⓭分見《漢氏調查書》，頁3，與《周氏報告書》，頁13。

⓮見《宮志》，頁100。

⓯周璽，前引書，頁35-36。

⓰見《宮志》，頁100-101。

⓱林文龍，《台灣掌故與傳說》（台原出版社，民國八十一年七月），〈美人照鏡香火盛〉，頁149-150。

⓲周璽，前引書，頁154。

⓳劉良璧，《重修台灣府志》（台灣省文獻會，民國六十六年二月），頁

337。

⓴按諸書均謂乾隆二十九年五月增建左廊廡、祿位祠，奉祀對建廟有功之吳
　佳聲等十三人之牌位，今日卻已不見，惟詢問廟中之執事，究竟是原來就
　有，後遺失不知去向？抑或原本就無？亦不甚了了！

㉑《宮志》，頁22。

㉒《漢氏調查書》特別寫出指明是吳佳聲等「十三人」牌位，與他書含混其
　詞不同，見頁4。

㉓按《宮志》，頁69僅列出十六位且有誤，茲據實際調查改正，並補列乙
　位。

㉔鄭喜夫，《台灣地理及歷史》卷九〈官師志〉（以下簡稱《官師志》，台灣
　省文獻會，1980年8月），第二冊「武職表」，頁238。

㉕《宮志》，頁22。

㉖鄭喜夫，《官師志》，第一冊「文職表」，頁98。

㉗同註㉔，鄭喜夫，前引書，頁25。

㉘詳見林文龍，前引書，〈美人照鏡香火盛〉，頁148-154。〈恩恩怨怨問媽
　祖〉，頁156-163。

㉙詳見吳德功，《戴施兩案紀略》（台銀文叢第四七種），頁98-99。

㉚詳見《宮志》，第七章〈媽祖會與活動〉，頁279-321。另本表據《宮志》
　二表合併而成，謹此說明。

㉛諸書均將「中川清」名字錯寫成「中川清大」，任職年代也弄錯，應是明
　治四十三、四十四年在任，至明治四十五年後，由鳳山支廳長河東田義一
　郎調任彰化支廳長。見鄭喜夫，前引書，頁400-401。

㉜見《宮志》，頁48。

㉝見《宮志》，頁22。

㉞見《宮志》，頁26。不過據李乾朗《廟宇建築》（北屋出版公司，民國七十
　二年四月）中的〈台灣的廟宇建築及匠師流派之研究〉（頁22-53）與〈廟

宇設計名師廖石成〉（頁195-199），兩篇文章，均未提及此役兩人有所參與興建，此說有待進一步證實。

㉟見李乾朗，前引書，〈台灣的廟宇建築及匠師流派之研究〉，頁46-48。

㊱詳見《宮志》，第八章〈管理組織〉，頁347-352。

㊲同前註。

㊳見《宮志》，頁23-24。

第五章

梧棲眞武宮

——從武當山到台灣的香火

第一節　玄武信仰之由來

　　台中縣梧棲鎮真武宮主祀玄天上帝，玄天上帝或稱真武大帝、北極大帝、北方黑帝、北極真武元天上帝、北極佑聖真君、上帝公、上帝爺、帝爺、北帝等等。此神之最初來歷及其形象如何，說來話長，也非本文主旨所在，在此僅能略微勾畫一個大概。

　　上古時期，我們祖先就將天上星宿按其出沒方位，歸類分等，到了漢初，已基本完成定型，即「二十八宿」之說。其說是：圍繞天上北極之星宿，可分為紫微、太微、天帝三星垣，從外面圍繞這三垣的許多星，都在三垣南面，分成二十八宿。二十八宿的位置，相當於太陽在天上行經的黃道帶與赤道帶兩側，彼此連接，繞天一圈。由於地球繞太陽運行和自轉的原因，這二十八宿不能在地球上同時看到，它們或出或沒，或升或降，於是古人將二十八宿分為四方，四方各有七宿，可成一形，各以一種動物作為標識，稱為「四象」：東方蒼龍、西方白虎、南方朱雀、北方玄武。玄武包括斗、牛、女、虛、危、室、壁等七宿。

　　龍、虎、雀三種形象明確，獨獨「玄武」是什麼動物或飛禽，卻是個糾纏不清的問題。根據歷來文獻資料分析，我們大體上可以分成四個說法：

　　1.龜蛇說：《楚辭・遠遊》：「召玄武而奔屬。」明洪興祖

補註：「玄武謂龜蛇。位在北方，故曰玄，身有鱗甲，故曰武。」

2.烏龜說：《禮記·曲禮》：「行，前朱鳥而後玄武。」孔穎達疏：「玄武，龜也。」

3.龜蛇交尾說：張衡〈思玄賦〉：「玄武宿於殼中兮，螣蛇蜿而自糾。」李善註：「龜與蛇交，曰玄武。」

4.龜蛇合體說：《後漢書·王梁傳》：「玄武，水神之名。」李賢註：「玄武，北方之神，龜蛇合體。」

這四種說法大同小異，正因其差別不大，反而糾纏不清，朱熹倒是一針見血的予以剖析明白：「玄武即是烏龜之異名。龜，水族也，水屬北，其色黑，故曰玄；龜有甲能捍衛，故曰武。其實只即為烏龜一物耳。北方七宿如龜形，其下有螣蛇星，蛇，水屬也，借此以喻身中水火相交，遂繪為龜蛇蟠虬之狀，世俗不知其故，乃以玄武為龜蛇二物。」❶

要之，玄武信仰起源頗早，戰國時之秦國已有崇祀二十八宿，南方之楚國也以玄武為天神。到了西漢，又與「五帝」信仰結合在一起，黑帝治北方，亦即北帝；玄武在北方，北方屬水，水尚黑；玄武和黑帝顓頊（一說神名葉光紀），由此發生關係。等道教流行以後，玄武又與「三官」信仰結合在一起。三官即道教的三元大帝，即：上元一品九氣天官紫薇大帝、中元二品七氣地官清虛大帝、下元三品五氣水官洞陰大帝。三官中的水官演化成北方的水神，與玄武結合，又與黑帝結合，即有玄武之名，復享天帝地位，為最高主宰之一，從此五帝信仰只有這位北帝最為煊

赫，其餘四帝便在民間信仰中逐漸黯淡下來[2]。

也約在漢代，玄武逐漸被人神化時，出現了較具體的形象，漢代讖緯《河圖》記載：「北方黑帝，體爲玄武，其人夾面兌頭，深目厚耳。」龜蛇反成其腳下所踩之物。嗣後愈加明顯，約到南宋，其形象才算確立，成了披髮跣足，金甲黑袍，腳踩龜蛇，手執寶劍，皀纛玄旗，統領丁甲的造型。從此一位獸形星辰之神的形象，改變成一位修行得道的大仙。另一方面，北宋初年崇奉道教，民間信仰大量爲道教吸收利用，玄武信仰興盛，也出現了有關玄武來源的新說，愈說愈奇，且佛道雜混[3]。以後爲避諱宋眞宗「玄休」、「玄侃」之名字，也更名「眞武」。

眞武之名號也在宋代屢屢賜封，如宋太宗太平興國六年（981年）封「翊聖將軍」。宋眞宗受元符封泰山後，在大中祥符七年（1014年）下詔加號「翊聖保德眞君」。後以詔加眞武，號曰：「眞武靈應眞君」。宋欽宗靖康元年（1126年）加號：「佑聖助順眞武靈應眞君」。到元成宗大德七年（1303年），加封爲「元聖仁威玄天上帝」，是爲「玄天上帝」名號之由來。

元朝以來，玄武神蹟愈傳愈多，而神格隨著歷代皇帝加封升高；到了明成祖時，因有開國與靖難陰助之功，明成祖特賜封號「北極鎮天眞武玄天上帝」。而且崇奉玄天上帝的武當道士，也在靖難之役立下大功；明成祖加意崇奉，將武當山更名爲「太岳太和山」，重建廟宇道觀，歲時朔望遣官致祭，遂奠下明朝皇室崇信之基礎，上帝廟遍佈國土。終明之世，歷經二百多年，奉祀不衰，玄天上帝成了明朝政權之輔國守護神；神格之高，幾乎成爲僅次於三清、玉皇的神祇了。

　　另外，民間以南斗星君乃源自玄武七宿之第一宿——斗宿。與俗稱「南斗註生，北斗註死」產生附會聯想，而成為幼兒的守護神。再加上航海家、漁民素依玄武星宿推測氣象，有云「日逢室宿多風雨，箕斗相逢天欲雨，女斗微微雨沾身，一到虛危大風起，直到三更見月星，春行冬令不虛名」，故閩南民間信仰，又一變為海神。南明鄭氏既以海上稱雄，又身為明朝大將奉明正朔，故信奉玄天上帝其來有自❹。

　　玄天上帝不僅是明室輔國守護之神，在閩南民間信仰上，更是航海守護神。明白玄天上帝在官方及民間信仰之地位後，始能解釋鄭成功在台灣廣建真武廟之背景；當時鄭氏建造之真武廟計有：東安坊之大上帝廟、鎮北坊之小上帝廟，及洲仔尾網寮、下洲仔甲、廣儲東里、仁和里下灣、崇德里、大目降莊等處的真武廟。蓋從精神上言，玄天上帝為明朝官方最重要之祀典，祀奉之，即有明朝正朔賡續不替之意。從實質上言，玄天上帝既為閩南沿海百姓所奉祀之航海神，明鄭軍隊以水師為主，子弟多為閩南人，祀奉玄天上帝更可予這些子弟兵精神上莫大慰藉鼓舞。因此，清佔領台灣後，官方大力提倡媽祖、關帝信仰，以漸取代玄天上帝信仰，並編造屠宰業之神話故事，以降低其神格，玄天上帝信仰終致衰落，停滯不前。其信仰圈恰與台灣開發進程一樣，南部地區開發較早，歷史久，祠廟多；中部漸少，至北部則罕見其祠廟。到如今，信徒不僅不知道其來歷，更不知玄天上帝在明代曾有一段輝煌顯赫的歷史❺。

　　總之，玄武大帝信仰，起源於原始方位與星辰信仰，嗣後其形象、名稱、來歷、神階、神職、神能，在各朝各代屢有變異，

神蹟傳說不斷地被創造，愈來愈豐富，彼既是古代神話中的靈獸，又是星辰崇拜及方位信仰的神明，也是通俗小說的神祇，且是小兒的守護神，同時是卜卦算命、屠宰業的職業神，又廣爲閩台乩童所崇奉，常降壇附身，伏魔驅邪，指點迷津，渡化世人，明清時代更成爲閩台沿海的航海保護神；其諸多事蹟在戲曲、傳說、小說、笑話、傀儡戲、現代電影、電視劇等等不同文本載體中，一直不斷被改寫、重組及層累添加，不僅是道教與民間俗信混染現象的典型事例，更是中國歷代眾多神明中最富幻想與創作的代表，而原始的龜蛇玄武信仰，改變弱化成爲一種圖騰意味、一種裝飾圖案；從龜蛇玄武到人形玄武，漸喪失巫術功能，轉成文化功能。二千年信仰的演化，每次形象傳說的變化，都是一次神話力量的發揮，不過，也是原有意義的脫落與遺忘。其演化過程，符合人類學、歷史學理論中的「神話變形」、「帝王造神」、「歷史累積」、「傳說衍生」等等途徑兼而有之，多采多姿，千變萬奇。充份說明了「神」是人們創造出來的，神的概念是隨著人在歷史的變遷而形構的，只要人們願意，神是不會死的，每一代的人都會創造適合他們自己的神明意象、形象與神能❻。

第二節　眞武宮之創建與時代背景

一、創建年代及意義

　　眞武宮位於台中縣梧棲鎮西建路一〇四號，主祀玄天上帝，

故名眞武宮。該宮之創建年代，說法紛歧，或云道光十年（1830年），或說道光二十六年（1846年），或是道光二十八年（1848年），也有道光二十九年（1849年）之說，今可資考證之資料有三：

1. 宮中有一梁籤，上書「民前六十三年歲次己酉，新建眞武行宮，總理集順號正董事蔡大聘、虎班，副董事蔡金鈔、（金）轕暨外二人同建，民國四十二年仲秋月重修」（標點符號爲個人所加），解讀此內文，可以得知該宮創建年代爲道光二十九己酉年，創建者爲當時郊商集順號之蔡大聘與蔡虎班、蔡金鈔、蔡金轕及其他不知名號二人，合計六人；時廟名爲「眞武行宮」，且已有正、副董事之分職組織。不過此籤文乃是民國四十二年（1953年）重修時所寫，上距道光二十九年創建已有一百零五年，不知是據原物仿製？或是後人追記？其可信度仍宜保留。

2. 日治初期，明治三十年（光緒二十三年，1897年）十二月底所做寺廟調查，登記創建年代爲道光二十五年（1845年）❼。

3. 大正初期日人所做《寺廟台帳》之調查，「創立年月日」欄登記爲道光二十六年❽。

歲月既久，後人追記，難免郭公夏五、牴牾互出、疑信相參，不過歸納起來，仍以道光二十五、二十六、二十九三年較爲可信，其中因明治年間之記載，距古較近，可信度較高，個人偏向採信道光二十五年之說。台灣寺廟創建年代一向諸說紛紜，其

原因不外乎：歲遠難稽，若文獻無記載，且無文物可稽考，遂有信口開河者、膨風者，此其一。其二，廟宇之創建非短期可成，常有跨年度之工期，而且所謂創建年代，究竟指的是動工年代？竣工年代？抑或完醮年代？易起紛爭與困擾。何況台灣寺廟常有修建、擴增之舉，屆時究竟是完成何項廟宇建築物主體算是完工，仍大有爭議。總之，眞武宮之創建年代諸說均在道光年間，出入不大，查道光宣宗皇帝在位三十年，因此說眞武宮創建年代在道光晚期、十九世紀中葉，允執厥中，應該不以爲過！然此一創建年代，單獨就一座廟宇來看，並無任何特殊意義，就整個梧棲鎮老廟創建年代來看，就凸顯反映梧棲鎮的開拓發展史的重大意義。

按前引明治三十年之寺廟調查紀錄，其中除朝元宮（創建年代同治五年，1866年）、順安宮（光緒十三年，1887年）、富美宮（咸豐二年，1852年）、斗美宮（同治三年，1864年）、浩天宮（咸豐六年，1856年）外，其他老廟都是道光年間創建，如：萬興宮（道光二十九年，1849年）、達尊宮（道光二十九年，1849年）、土地宮（道光二十八年，1848年）、有應廟（道光二十六年，1846年）❾。換言之，梧棲鎮大多數可考的廟宇，均創建於道光年間，何以如是？

二、梧棲港興衰變遷

梧棲鎮位於台中縣西側沿海地帶，爲台灣西部海岸線的中點，土地面積狹小呈一長方形。其東臨沙鹿鎮，北接清水鎮，南界龍井鄉，西面則是台灣海峽。梧棲一帶土地早期是屬於平埔族

沙轆社、水裡社之社域。從康熙末年起就陸續有漢人來到此地開
墾。由於梧棲臨海，土地多爲潮汐灘地，加上有「九降風」之稱
的東北季風，風速快烈挾帶鹽分，對農業發展不利，「靠海吃
海」，形成早期居民以「討海」維生。僅有南簡、大庄、鴨母寮等
聚落（約今南簡、福德、大庄、大村、興農、永寧、永安等七個
里）居民以務農爲主。又因梧棲臨海有港口之便，開啓了對台灣
沿海口岸與大陸福建對岸商船貿易行業，故也形成以商店街屋延
伸而成的梧棲街區聚落。是可知影響梧棲之興衰，繫於港口的發
展。

　　梧棲雖然在乾隆中期就有與福建貿易通航的行爲，當時港口
位置大約是在今福德、大庄、大村等三里一帶，到乾隆末年，梧
棲已發展出港街的規模❿。但這並不代表梧棲港屬於重要的港
口。清代俚語「一府二鹿三艋舺」，剛好代表台灣南、中、北三個
出入口岸，其中鹿港在乾隆四十九年（1784年）正式開港以後，
即成爲台灣中部要津，舟車輻輳，郊商雲集，貿易發達，乾隆年
間盛極一時，也象徵中部地區（尤其是彰化地區）的開發已完
成，步入高峰，成爲台灣重要生產中心之一。同理，鹿港開放爲
正式口岸，當然也帶動附近港口的繁榮。清代台灣西部港口之繁
榮與否，先視其泊船環境，凡是泊船條件較佳的港口，在地區開
拓之初始便作爲移民登陸入墾的門戶，繼之船隻往來，出現商
貿。若該港位居要衝，可與島外及腹地聯絡，人口更會聚集，貿
遷興盛，形成街肆。後來清廷基於海防安全之考慮，因應時勢，
即在港口建置營汛稽查管理。港肆繼續發展之後，或做沿岸貿易
港，或開爲正口，與大陸直接對渡，並設置行政機構管理。簡單

地說，一個港口的發展模式與機能，是由登陸機能——→商業機能——→軍事機能——→行政機能，逐步演變擴大而成，此時的小港成大港，機能一應俱全，規模日大，成為中心集散市場與軍政中心❶。港口愈發達，地方財富日增，愈有能力興建寺廟以答報神恩。明乎此，自會理解何以乾隆年間梧棲眾多寺廟還未大量興建，因為此時的梧棲港仍然只是一個小港、轉運站，甚至可說是鹿港的外口、替代港，一切的光環榮耀集中在鹿港而不是梧棲港。我們可以引用二條資料以為說明，例如道光年間姚瑩《東槎紀略》曾論及台灣港口❷：

台之門戶，南路為鹿耳門、北路為鹿港、為八里坌，此正口也。其私口則鳳有東港、打鼓港，嘉有笨港，彰有五條港，淡水有大甲、中港、吞霄、後龍、竹塹、大安，噶瑪蘭有烏石港，皆商船絡繹。

文中並未提及梧棲港，可見在清吏心中尚未位居要港。到清末唐贊袞《台陽見聞錄》記有❸：

鹿港沿海一帶，港道分歧，南則王功、番挖、西港、麥寮、五條港、下湖等澳，北則草港、福安港、水裡港、梧棲、高密等澳，綿延百餘里，輕貨重偶，皆由鹿港配運。

可見直到清末，鹿港雖有衰退之象，但仍然是中部商業要津，中部地區對大陸內地的輸出入貨物，還是大都經由鹿港出入。清代鹿港位居南北之中，其地理位置正對峙福建泉州的蚶江，腹地囊括大肚、西螺二溪之間大小城鎮市場，甚至遠及大甲

溪、北港溪一帶，與這地區的港口聯結緊密，組成一個港口系統，彼此依存互補。但是梧棲港則不然，其種種條件均不如鹿港。台灣早期方志之圖文並未有梧棲紀錄，直到道光年間出版的《彰化縣志》的山川圖才出現「五汊港」，同書〈封域志‧山川篇〉記：「五汊港；海汊，在沙轆庄北。」同卷〈海道篇〉又記：「彰化港口，以鹿港為正口，然沙汕時常淤塞……近日草港、大肚尾、五汊港等澳小船遇風亦嘗寄泊，惟配運大船則不能入耳。」❹大船不能出入一語，已充份反映出梧棲港的港口條件，由於梧棲港位於大甲溪、大肚溪兩溪口之間，漂沙嚴重，再加上海口荒埔的大量拓墾，以及地殼板塊隆起上升的原因，時為良港，時為砂壅，港道深淺變化極大，到咸豐年間，往來船隻轉到南方的塗葛堀（約今龍井鄉麗水村，位在大肚溪口）。在同治年間纂修的《台灣府輿圖纂要》〈彰化縣圖〉內註明：「五汊港即梧棲港，大潮深三、四尺，近年新開竹筏港，可泊米船三、四十號。」❺黃海泉在〈梧棲沿革誌〉記：「當時塭堀西北始初之港地，為河流淘浪南遷，距街之對面約百步，日竹筏頭。繼則南遷稱翻身港。后又遷向西南日大港，由是出入必經斯港，即最興盛之港。經十餘年間曾幾次為波臣侵襲，舟遷移於南日新港（安良港之對面）。後復遷舊港，繼又南遷塗葛堀之西，距梧棲一里許。然塗葛堀係偏僻鄉村，居民稀少，商肆寥寥，梧棲商人因設行棧於此，出入船舶但須來梧棲報關。」❻即是明證，也因此才會出現梧棲港有數次興衰更迭的變遷歷史。

　　總之，梧棲港對清代台灣本島而言，其地位不過是沿岸航運的中繼站，及海岸至近山地區的物產出入港，乃至移民的登陸口

岸，因此梧棲雖然在乾隆末年已發展出港口街肆，但港口功能之
發揮與市面之繁榮，要到道光時代爲盛。明白此一時代背景，才
能明白何以梧棲眾多老廟均是創建於道光年間，而不是乾隆年
間；創建者率多是行郊的商人階級，而不是農、工的勞動階級。
換言之，眞武宮與其他諸多老廟之存在，見證了梧棲港口的發展
史，也印證了梧棲第一次繁榮期——清代道光時代（十九世紀中
葉），此爲眞武宮古蹟價值之一。

三、眞武宮選址原因

　　本節擬繼續探討者是眞武宮創建的地點，即選址落地問題。
前言梧棲早期僅有南簡、大庄、鴨母寮等舊聚落從事農耕。從事
商貿者多以今中正里、中和里、文化里居民爲之，而今頂寮、下
寮、文化、安仁、草湳等地居民則以近海漁撈及養殖爲主。

　　頂、下寮是梧棲街的發源地，先是有移民在此一帶之海岸砂
丘居住、捕魚、曬網，故有網罟寮、頂魚寮、下魚寮之地名出
現。繼而有紀姓擬在下寮建屋住居，爲李姓所拒，乃隔下湳溝建
屋居住，日久，形成李塭堀、紀塭堀兩住地。由於住民聚集日
眾，家屋延伸形成頂橫街，續往南發展，拓建下街（今梧棲路），
其主要範圍爲頂、下寮、頂和、中正、中和等里，因此梧棲街
區、南簡、大庄、鴨母寮成爲梧棲港附近的主要聚落[17]。據說道
光初年有福建來台的船戶曾培世，遇風急入港避難，意外發現頂
寮之西北有一塭仔寮海口更適合船舶出入，發現此一新航道、新
港路，嗣後大小船隻往來更多，遂有商戶築寮設棧，市況殷賑
[18]。道光十二年（1832年）受漂沙南移舊有航道淤淺，商棧隨之

南遷，商店街鋪日增，商民有來自清水、沙轆、鹿寮、加投，甚至大甲溪以北、大肚溪以南者，梧棲港成爲清水海岸平原地區出入之要津。

眞武宮坐北朝南，正符合當年梧棲街廓的發展方向。其前空地爲昔日的「車埕」，正是港口搬運、進出貨物的交通工具——牛車停放的所在，同時我們也可想像此地是貨物進出的集散地，昔年應該會有許多貯存貨物的倉庫——行棧及郊行的辦公室，甚至廟門口、三川殿也應該是碼頭搬運工的休憩聯絡所在。當時的盛況，據前引黃海泉〈梧棲沿革誌〉所載[19]：

> 在（地）廟乃真武宮、蘇王廟、朝元宮、地藏廟歷史最久。本鎮極盛時乃遜清道光戊申（二十八年，1848年）起，至辛巳年（按指光緒七年，1881年，共計興盛三十四年）大小行棧有五黃十八蔡之多，其他雜姓共四十六店，楊姓富冠一方。有泉郊、廈郊二郊；廈郊則與鷺江（按即廈門）、漳邑通商，泉郊則與泉邑、汕頭等處往來，商旅日約千計，民戶八十餘，業商者達三分之一，住民大半賴斯港以維生，港灣桅檣如林、貨積如山，竹筏四十餘隻、陸運之牛車四十餘輛、溪船十餘隻、鞍邊船十餘隻，船舶往來每年均超過六百餘次。

海泉老人追憶幼時情景，不免會有失眞誇大之誤，但應離事實不遠。那種人來人往、喧鬧浮華、帆檣如林、貨積如山的印象，想必深深刻印在幼小心靈的腦海中。總之，眞武宮所在即昔年熱鬧的碼頭區，黃海泉在〈梧棲沿革誌〉一文又回憶道：「海

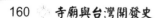

岸一帶多拓稻田、魚塭,海潮漸離漸遠,昔日最滿潮時,可至上帝公廟前,可謂滄桑轉變,大異舊觀。」上帝公廟即真武宮之俗稱,據此文可爲明證。廟宇選擇建在此地即是因此,何況真武大帝又是保佑航海平安的海上神,基於以上原因,我們有理由相信當時的真武宮或朝元宮,兩廟必有其一,即是當年梧棲水郊金萬順的會所,可惜並未留有直接史料可以佐證。

四、創建因由與創建人

本節第三項要探討之問題爲真武宮創建之因由與創建人。

真武宮創建因由,坊間說法及廟方所提供資料,大體持如下之說:梧棲真武宮主祀神明爲玄天上帝,創建於清道光二十九年(按台中縣《寺廟台帳》則記載爲道光二十六年),是移民自大陸福建省泉州府晉江縣南門外二十一都蓮塘鄉(現今福建省泉州市轄石獅市蚶江鎮蓮塘村)的蔡姓族人,由大陸原鄉的玄天上帝廟分靈來台奉祀。蔡姓族人爲感念原鄉守護神玄天上帝護衛移民平安渡台,且威靈顯赫庇佑族人在此地拓墾有成,安居樂業,在創建之初,即刻意仿照原鄉的玄天上帝祖廟之格局與樣式來興建真武宮[20]。此說恐有未洽,大正年間的《寺廟台帳》對於創廟緣起便有清楚的記載:真武宮主神乃玄天上帝,是從武當山祖廟分香而來,緣於當初創立者有一回赴武當山進香迎回。同書又記載廟的創立者爲道光二十六年水郊「蔡金权」者因祈求航海平安商業繁昌,募捐五千元建築。其中的「蔡金权」名字因用毛筆字潦草寫下,近代某位學者誤讀,將簡寫的「权」看成「杯」字,甚至粗心將「金」字讀成「水」字,遂變成「蔡水杯」之姓名,以訛

傳訛至今，亟待修正，以免誤導下去。

　　可見真武宮主神玄天上帝是從原鄉泉州晉江蓮塘縣上帝廟分靈而來的說法是有疑義的，事實上是直接從湖北武當山祖廟分香而來的。按武當山，古稱磏上山、太和山、大岳山，又名仙寶山，乃道教名山重鎮，七十二福地之一，在湖北省均縣境內。北通秦嶺，南接巴山，方圓四百公里，有七十二峰、三十六岩、二十四澗、十一洞、三潭、九泉、十池、九井、十石、九台等風景名勝。主峰為天柱峰，海拔一六一二公尺，峰奇谷險，洞室幽邃。道書相傳真武在此修鍊四十二年，以後功成升天，因此敬奉玄天真武大帝，並謂「非真武不足以當之」，故名武當山、武當派。事實上歷代道教名士，如周代尹喜、東漢陰長生、晉代謝允、唐代呂洞賓、五代宋初之陳摶、宋寂然子、元張守清、明初張三丰都曾在此修鍊棲隱。尤其是張三丰在此結廬修道時，創造了錦段與長拳兩套動功，發展成動靜陰陽結合的太極十三式。到了明弘治年間，武當山紫霄宮第八代宗師張守性更將之發展成武當太乙五行擒撲二十二式，因純用內功，故稱內家拳，為武當道士世代相傳，名揚宇內。據《大岳太和山志》記載，唐貞觀年間均州守姚簡首建五龍祠，為山中最早道觀。宋元多次增建開拓，惜元末多燬於兵火。元成宗曾封此地為「武當福地」，明成祖時加封「大岳太和山」，並於永樂十一年（1413年）詔令侍郎郭璡、隆平侯張信、駙馬都尉沐昕，大興土木，役使三十多萬軍工民匠，耗時七年許，建成淨樂、迎恩、遇真、玉虛、紫霄、五龍、南岩、太和等八宮；元和、復真二觀、三十六庵堂、七十二岩廟、三十九橋、十二亭，以及七十公里的石道，計有三十三個大建築

群、殿宇二萬多間，其中位在天柱峰金殿的眞武神像，全係銅鑄，外鎏赤金，最爲著名，一直是明清以來，中國最著名的道教勝地❹。明白此一層淵源，自會明白何以在楹籤上內文記載此廟名稱初爲「眞武行宮」，蓋標榜說明是從武當山祖廟分香而來的。不僅如此，梧棲眞武宮玄天上帝神像造型溫容淡泊、恩威並濟，一派文官打扮，不同於台灣其他諸廟造型，皆是披頭散髮、威嚴凶猛，一派武將打扮，也是一個佐證。

楹籤中記載當初創廟者有六人，卻只記下：蔡大聘、虎班、金鈔、金輟等四人，今據《寺廟台帳》記載又得蔡金權一人，尙有一人未知是誰。按，黃海泉〈梧棲風土記〉提及❷：

> 咸豐己酉（按咸豐無己酉干支，為道光己酉二十九年之誤）建造地藏廟於海岸之處。考係當時海上溺死者多，葬埋於海灘岸，乃建此以鎮之。故廟後有埋骨一所，有存碑之可據。同年蔡牲倡建真武宮，奉祀玄天上帝。

此文因是用毛筆手寫，頗嫌潦草，又有塗註，「牲」字又像「姓」字，因此若筆者個人判讀是「牲」字無誤，果眞是「蔡牲」其人，並非指眞武宮是「蔡姓」族人倡建，至此，當初創建眞武宮之六人均已查考得知，即：蔡大聘、虎班、金鈔、金輟、金權、牲等六人，其中前五人爲郊商，蔡牲亦頗有可能是，則眞武宮之創建確爲蔡姓郊商六人倡建。創建因緣是因昔年赴武當山進香朝拜，攜回香火，加之神爲航海守護神，爲祈求保佑航運平安，經商順利，大發利市，六人遂共同募捐五千元倡建。如是，放眼全台上帝公廟，是直接從武當山分香而來的，殆寥寥無幾，

則梧棲真武宮之古蹟價值又增一項矣！

第三節　真武宮之沿革與廟中文物稽考

一、清代時期

　　真武宮由蔡大聘、蔡金權等六名水郊郊商於道光二十五年創建，據說其形制係仿照原鄉上帝廟興建，建材也是取自福建的福杉、泉石，以當時船運的方便，此種說法其真實性不必過於懷疑，並且也引進原鄉的祭典活動。

　　早年在大陸原鄉二十一都，由境內村庄劃分為十八香，大村庄獨自為一香，小村庄聯合為一香，每年農曆七月由十八香輪流舉行盛大普渡法會，因為十八年完成一輪，故稱為「十八年普」。蓮塘蔡姓移民到梧棲，亦承襲延續此一傳統習俗，每十八年舉辦一次普渡法會，十八年普也成為地方上重要且名聞遐邇的祭典法會，吸引遠近居民參與。然而，有些較清苦的家庭，為了舉辦此一十八年才有一次的大拜拜，甚至不得不賣掉子女，以湊足費用，故「十八年普」也有稱為「賣囝普」㉓。

　　真武宮自清道光二十五年創建後，直迄乙未割台，近五十年間，未曾聽聞有修繕、改建、擴建之紀錄。其原因並非是香火寥落、信徒日減，無力修建，其主因固然可說建材實在，工法堅固（日治昭和十年的中部大地震，真武宮只是構材傾斜，並未有大損毀，即是一最佳證明），但真正原因應該是扼於地理環境。

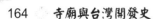

今真武宮佔地約一百八十四坪，左側為約二米的巷道，右側為約六米的西建路，廟後預留約二米寬道路與鄰房相對，廟前約為四十坪的小空地，整個建築基地狹小，所以一開始只能建築二進的工字殿形式，而不能建成三進的格局。此外為避開沿海強烈的東北季風，整個建築高度偏低，較一般常見的傳統廟宇建築顯得低矮，形成一特別的風格與形式。也因此真武宮日後的歷次修建無法大肆增擴，只能往右側增建，無可奈何不得不多保留原貌，成為梧棲老街上少數仍保留傳統格局的古廟，此亦其古蹟價值之三。

(一)清代文物稽考

真武宮變動不大，留下的清代文物，如山門的鋪面石條，左右二側的石壁裙堵、正殿的石砛，及諸多石柱的柱珠等皆是。另有一匾「威昭瀛嶼」，最稱珍貴。此匾上下落款為「同治元年陸月，統帶淡勇防甲，進攻梧棲海埔厝等庄，二年十一月隨同丁觀察克復漳城，皆叨」、「神佑，同治三年三月吉日，信官王楨，鄭榮全叩謝」（標點符號為個人所加），落款中的丁觀察即丁曰健，有傳㉔：

> 丁曰健，字述安，安徽懷寧人，寄籍順天。以舉人揀發福建。咸豐四年，任淡水同知。時閩粵械鬥後，地方凋散，曰健出而撫字，其姦猾者即以法繩之。即而小刀會黃位竄台灣，陷雞籠。曰健集紳民，籌戰守。以彰化林文察率鄉勇二百攻之，位敗走。調署嘉義縣，加知府銜。嗣以軍功賞道銜，歷署福建糧道及布政使。同治元年春，彰化戴潮春起

事，全台俱擾。二年秋，詔命福建陸路提督林文察視師台
灣，而巡撫徐宗幹亦奏簡曰健為台灣兵備道，加按察使銜，
會辦軍務。九月，至艋舺，募舊部，謀規復。紳士林占梅豫
練鄉勇二千名，保衛地方，及是隨行。進兵牛罵頭，數戰皆
捷，遂克彰城。文察亦自麥寮登岸，定嘉義，復斗六，駐兵
阿罩霧。初，曰健以汀州軍務與文察有怨，至是同平台灣。
文察所部就地籌餉，又以辦理清莊，地方復擾。曰健止之，
不聽。及福建上游告急，詔命文察內渡。文察未行，曰健劾
之，略謂「內山揀東、貓霧等處，前經署陸提臣林文察入山
搜捕。於正月破林巢後，安住家園五十餘日，頓兵不出，以
致眾議沸騰，欲圖報復，餘匪藉此復肆攻撲。非先事豫防，
聯莊得力，竟有難解之憂。」詔命福建總督左宗棠查辦。曰
健又致書宗棠，歷詆文察不法。已而文察赴閩，殉於漳州之
役。弟文明以副將家居。越二年，賴、洪各姓訟其霸田。曰
健委知縣凌定國至彰會審，即就大堂殺之。文察之母控之
省，復籲之京。案懸不決，而曰健以病奏免。

　　另，王楨官銜時為「花翎補用同知候補知縣」，坊間及若干學
人著作誤以為他是當時的彰化知縣，亟待修正。鄭榮為「花翎都
司銜候補水師守備」，字子開，亦是當時署淡水同知鄭元杰之弟。
戴潮春之亂平定後，丁曰健上摺將攻剿出力之文武員弁、紳團人
等擇優保獎，清單中「鄭榮、王楨」等人「該員等率帶精勇佔紮
要隘，力搗賊巢，斬獲甚多。且各該員前曾隨同規復彰化、生擒
戴逆，或又攻克山海逆莊各處。今復戰功懋建，洵屬始終奮勉，

尤為出力之員，應予併案獎敘。鄭榮擬請以遊擊留閩儘先補用，
該員裹創力戰，勇敢有為，並請賞加勇號。王楨擬請以同知留閩
遇缺即補，仍俟補缺後以知府補用，先換頂戴」㉕。丁氏本人亦
在事後賞加二品頂戴，再賞加布政使銜。

(二)戴亂始末

　　「威昭瀛嶼」區與戴潮春之亂有關，頗有一番掌故可稽考。戴
亂起於同治元年，前後歷時三年才得平定，與朱一貴、林爽文事
件，是清代台灣有名的三大民變，其時大陸東南正逢太平天國動
亂，烽火遍及十六省，從而使台地亦人心惶惶，也因此亂起時，
清廷一時無法調大軍渡台征剿，加上此事件牽扯彰泉粵分類、漳
嘉二邑豪族恩怨，遂一發不可收拾。北至大甲，南至嘉義，地方
盜賊蜂起，直到日後官軍南、北、中三路進剿，始克蕩平。此一
事件影響區域主要為當時的彰化、嘉義二縣（即今之台中縣市、
彰化縣、雲林縣、嘉義縣等），波及地區則有土庫街（今嘉義土
庫）、水港（今台南縣鹽水鎮）、鳳山縣岡山（今高雄縣岡山鎮）、
淡水新莊街（即今台北縣新莊市）、大甲等地，則有零星的倡亂與
攻防戰役。因為牽扯人物時地紛繁多起，當年林豪撰寫《東瀛紀
事》時已有「且戴逆踞城久，黨羽甚眾，調兵十餘起，頭緒尤
繁。況同一時也，而鹿港、淡水、嘉義分頭攻戰，吳帥、曾鎮、
張守同時用兵。林鎮進軍之時，正林方伯拒戰之候。大甲被圍者
四、嘉義圍攻者三。似難一氣貫穿，故必分類編次，始有條不紊
也」㉖。昔人已有「無此筆力」之嘆，況本文主旨非是探討戴案一
事，以下僅就與此區有關之人、事、時、地等等做一解讀，餘不

贅。

　　匾中落款有「同治元年陸月統帶淡勇防甲進攻梧棲海埔厝等莊」一語，須先做一史實解說：

　　同治元年（1862年）三月十七日，淡水同知秋日覲奉台灣道孔昭茲命，前往彰化剿辦會黨，兵敗於東大墩（今台中市）被殺，亂起。同日戴潮春率領會眾攻下彰化縣城，各官皆被拘。潮春分封起事諸人，以陳在爲鎮港將軍佔領梧棲港，但該港因有通商之利，運輸之便，戴黨基於自身利益，所以梧棲港並未遭受太太多的破壞。林豪記「梧棲海口爲逆黨接濟洋煙鉛葯之所，而泉人何守爲股首，潛通聲息，故城外泉莊皆遭殘毀。惟梧棲港、牛罵頭（今台中縣清水鎮）生理獲利數倍」[27]，這情形正如同官軍與鹿港紳民商戶全力守住鹿港的道理一樣，林豪記「時二十四莊以鹿港爲生路，接濟鉛葯，而馬鳴山四莊賊黨阻截要害」，林豪並發議論曰：「鹿港無城，大曾鎮坐守而無虞者，良以鹿港商艘所聚，抽其貨可以集餉，簽其民可以爲兵，民苟有官可倚，則爭起而拒賊耳」[28]，以此例彼，鹿港因此原因而獲保全，梧棲港之獲保全原因也是如此。所以竹塹林占梅「以梧棲一隅尤爲平賊要隘，於是多方購線，招該地郊戶楊至器（即楊璉，至器其字）從官拒賊」。到了同治二年二月遊擊陳捷元、勇首蔡宇，克復牛罵頭、梧棲等處，陳在敗走。林豪記：「二月初四日，蔡宇進攻梧棲街，僞鎮港將軍陳在屯街尾（今文化、安仁里一帶）拒戰，擊走之。初六日，在糾眾來爭，蔡宇、楊至器當先奮擊，紳士楊清珠（牛罵頭人）從間道夾攻，大破之。宇遂以降將林尙爲嚮導，進屯三塊厝山腳莊（今龍井鄉三德村、山腳村）。」[29]關於此役，

吳德功《戴案紀略》亦記：「牛罵頭、梧棲街，諸賊不敢毀焚，以其通海可以接濟貨物也。六月（按，應是二月之誤）初一日，官軍進攻牛罵頭，紳士蔡懷斌（字時超，鰲頭人）應之，遂於是日克復。初四日，攻梧棲，郊戶楊玉器（按應是至器之誤）引官軍入街，偽鎮港將軍陳在擁兵拒戰，紳士楊清珠（字誨我）率鄉兵夾擊之，陳在敗走，梧棲復。」❸

是知梧棲港從同治元年三月被佔，至二年二月收復，前後淪陷近一年歲月，幸好因有通海貿易接濟之考慮，並未受到毀焚破壞，但其周遭村莊並無如此的幸運了，匾文落款之「進攻梧棲海埔厝等莊」即是紀實。同治二年九月九日丁日健到滬尾（今台北縣淡水鎮）登岸，初十馳至艋舺，迅即調集舊部閩、粵精勇，並調各莊練丁，大兵雲集。且接見屬吏、紳士、耆民，詢查各路軍情，知悉：「所有彰、淡交界之水陸兩路，如梧棲港、岸裏社等處，則有候補道區天民所派之補用同知知縣王楨、都司銜儘先守備鄭榮……等軍分紮，迭次殺賊，力保淡水、大甲門戶。限於經費，尚稽前進。」並上奏朝廷，分析局勢：「覆查台灣為七省門戶，安危大局攸關。現在用兵道路，彰化斗六為賊久據，自台郡嘉義北剿，匪莊林立，未免賊逸師勞……惟現欲沿海以攻彰，自梧棲港以下、葭投莊（今龍井鄉茄投村）、水裏港（今龍井鄉麗水村）一帶均有悍匪麕聚。欲由山路以攻彰，自岸裏社以往，則犁頭店（今台中市南屯區）、四塊厝（今霧峰鄉四德村）等處，亦為各逆據巢。嘉、鹿各營，兵勇雖多，藉口積欠，竟有譁潰……至駐紮彰、淡交界之張世英、王楨等兩營，防剿日久，撤去饑疲，留用精壯，其力亦單。」因此決定的戰略為：「自淡水、大甲南

攻，地處險峻，可以居高臨下」，遂兵分數路，除添募兵勇前赴竹
塹聽候排遣調用，派員弁咨會彰嘉各營由西螺、虎尾溪一帶而
上，另派員弁督率精銳，協助在岸裏社張世英所部，直搗賊巢。
其間飛飭台灣府陳懋烈移催參將關鎮國「率駕紅單炮船，駛赴梧
棲港口，會同王楨所帶勇丁，合攻葭投莊等處，疏通鹿港後路」。
他本人則「親督大隊，擬由牛罵頭直剿竹坑，收復大肚溪，先克
彰城，次取斗六」❸。

　　嗣後依計行事，水陸並舉，果眞連日大捷，斷賊糧道。但仍
有變數，非盡是一帆風順，其中大甲一役「上年曾招致戴萬生、
林晟等逆，攻陷淡屬大甲土城。雖經前署淡水同知通判張世英，
補用同知知縣王楨等趕緊克復。彼時該逆……因而不復再擾。然
風謠時起，人心浮動。此時若另生事端，則大甲復失，棃近彰界
之梧棲港、岸裏社水陸兩營官軍，後路俱斷，致臣援彰之日無
期，計殊狡毒」❸，並隨派二軍趕赴大甲，一方暗中彈壓，一方
準備策應。大甲人心既定，十月初八即拔營進棃彰化所屬之鰲頭
（即牛罵頭），十月十四日「臣是日率主事周懋琦等至梧棲港一帶
登高察看，熟揣形勢」，了解到「彰化城北，以大肚溪爲險要，大
肚溪以葭投莊爲屏蔽……該莊……其形如船，東有飯店、水師寮
等莊，如船之椗。而水裏港則接濟葭投糧藥之處，且係由梧棲港
以至鹿港之門道……由水裏港迆西一帶福州厝等處數十匪莊，又
葭投之藩籬也。欲攻葭投，必先撤其藩籬，絕其糧道，然後截斷
其椗，庶易得手。」然後調兵遣將，進攻福州厝、海埔厝、水裏
港等莊，展開一場慘烈血戰❸：

十五日黎明，派范義庭……等乘潮未來之前，率帶閩粵各勇練丁共三千餘名，往攻水裏港。派王楨、都司銜守備陳捷元、鄭榮、義首楊至器等分攻田中央（今龍井鄉田中村）、海陂厝（即海埔厝，今龍井鄉龍津村部分）等處……自辰至午（即上午七時至下午一時，計血戰六小時），各莊踞匪抵死抗拒，官軍奮力猛攻，鎗砲齊施，賊勢不支。陳捷元破田中央賊莊，殲斃匪黨三十餘名……餘匪悉竄入海陂厝，併力死抗。王楨親放大砲，轟塌銃樓五座；鄭榮持刀手刃紅衣賊目一名，刺死踞銃樓悍賊多名。各匪退守竹圍，暗施鎗砲。正在相持，范義庭……等猛攻水裏港莊，踹平莊外賊營四座，並焚燒賊舟百餘隻，潮水適至，抽回勇丁，合攻海陂厝，立將該莊砍破竹圍，爭先突入，斃匪五十餘名……十六日夜半，派范義庭……攻水裏港……王楨、鄭榮等軍分攻福州厝一帶……臣亦親至陣前督戰，各賊莊首尾均自顧不暇。水裏港之賊因無援至，棄莊突圍，沿海而逃，無船可覓，官軍四面兜擒，逼入海中，淹斃無算，隨潮漂沒。時方午刻，風力愈猛，臣飭各軍趕運柴草，並調回范義庭等所部勇丁分頭助焚，煙燄騰天，喊聲震地。所有福州厝、蘊（即塭）仔底、塗爾窟（即塗葛堀）、羊厝莊、新莊仔、頭湖莊、南海埔仔、外海埔仔，右頭崙、八角亭，十餘賊莊，並無名小莊十餘所，同時燬為平地。匪眾焦頭爛額，死於灰燼瓦礫之場者，不計其數；其沖煙冒火而出者，經官軍陣斬百餘名，餘匪竄入葭投老巢。十七日，整隊徑攻葭投……官軍又獲勝仗……此臣進紮彰境督辦各軍，水陸同舉，痛剿賊巢三日，連獲大

捷，焚燬各莊，斷賊糧道之情形也……連日臣飭各軍攻破水
裏港後。該處至鹿港道路已通，鎮臣（指曾玉明）軍營後患
亦絕；葭投附近各莊周迴二十餘里一律剿燬，賊膽已塞。
（下略）

　　由上引史料，可以知道因梧棲港之收復，官兵駐紮於此，成
為前進指揮站，丁曰健並親自前來督戰，出動水陸兩軍弁兵勇
及紳民人等，三日之內連破田中央、海陂厝、水裏港、福州厝各
莊，並將塭仔底等十餘莊及無名小莊十餘所同時平燬，復將葭投
尾莊外戴營三座及八張犁、何厝莊戴營七座焚燬，戰況慘烈，官
民犧牲無數，此即匾文中「進攻梧棲海埔厝等庄」諸語的背後慘
烈史實。不過匾文中的年代日期，似乎與史實有所出入，攻毀海
埔厝是在同治二年十月十五、十六、十七三日，則匾文「同治元
年陸月統帶淡勇防甲」一句似應在此做一斷句，或許是指王楨、
鄭榮兩人在同治元年六月起，便被候補道區天民遣派率領淡勇防
甲，在攻克大甲後，續率軍駐守梧棲港算起吧！

　　茲再對下文「二年十一月隨同／丁觀察克復彰城」做一解
讀：

　　自從官軍攻克水裏港、福州厝、海埔厝後，在北路的戴黨勢
力日漸窮蹙，「隨於二十一日派補用同知候補知縣王楨、都司儘
先守備鄭榮率同縣丞張國楷等，帶勇五百名，進紮海陂厝」，而戴
黨因水裏港被攻破，截斷海道接濟，也是於二十五日傾巢而出，
全力反攻，結果還是不敵，被鄭榮等人各率所部包抄兜剿，銃斃
三百餘人，餘黨退回葭投老巢，官軍乘勝追擊，直抵葭投莊外。

從二十六日起，展開猛攻，槍砲齊施，直到三十日黎明，竹塹林占梅所派各勇，進攻葭投東南，「砲聲甫發，鄭榮等揮軍由北搶入葭投」，眾軍齊攻，於是日巳時（上午九時至十一時），立將葭投克復，焚燬老巢七座，殺戴黨頭目小卒近四百人，「被脅難民千餘人，押令歸莊，各安本業。」大肚溪以南被脅各莊，望風歸順，而且自彰化鰲頭地方，以至大肚溪以北各莊，四十餘里一律肅清。

　　葭投攻克後，下一步進軍彰化城。十一月初二日「知縣王楨、守備鄭榮等帶勇五百名，從大肚溪下渡而東，與范義庭等軍會合剿擊」。大軍會剿之下，「臣曾玉明督同曾雲峰等首先從西門而入，臣丁曰健同時督軍從北門而入，城內匪徒狂奔東門而逸」，遂於翌日十一月初三日克復彰化縣城，丁曰健迅即將佳音馳奏朝廷，並請獎敍出力之人員，其中有「補用同知藍翎福建候補知縣王楨，擬請免補知縣本班，以同知補用，並賞換花翎」，同治二年十二月二十四日，內閣奉上諭著照所議辦理，其中「知縣王楨，著免補本班，以同知補用，並賞換花翎」[34]。按，清代職官服飾，翎子分花翎、藍翎、染藍翎三種，以花翎最貴。花翎即孔雀翎，又有單眼、雙眼、三眼之分，以三眼為貴。雙眼、三眼翎就是拿兩個、三個孔雀尾羽後梢的彩色翎斑垂直重疊連接而成。藍翎是用鶡羽製成，藍色無翎斑，故名藍翎。染藍翎是用靛藍染天鵝毛而成。花翎原有例戴、賜戴之分，例戴多為宗室親郡王及中央大臣，賜戴則有大功始蒙賜戴，傳為恩榮。至清末因財政枯竭，捐輸七千兩銀子便可賜戴，衍成捐翎之風，戴花翎遂由榮譽象徵變成商品交易了[35]。

　　彰化縣城既下，戴黨大勢已去，剩下的只是肅清善後之尾聲。爲省篇幅，餘情不述，茲僅將與王、鄭兩人有關者摘敍於后：丁日健克復彰化、斗六城堡，嗣又擒首腦戴萬生，明正典刑，部下林戇晟、陳啞狗弄等人，以次剷除。惟洪欉一犯，生性狡悍，族類尤多，且所居之地北勢湳莊（今南投縣草屯鎮北勢里）接壤番界，既爲逋逃淵藪，又可做竄匿入番之路，聚黨甚夥，疊抗官軍。洪氏於十一月十九日「乘我軍戰勝收軍，復率大股悍賊來撲我營，經守備鄭榮率隊出擊，腿受銃傷，猶能帶傷奮擊；而同知王楨……等，亦各率勇出援，合力擊退，斃匪多名」。後洪欉傳聞被官軍炮轟震斃，其兄洪璠自立爲首，抗拒如前，守禦益密，丁氏再率大軍數路進攻，「又令鄭榮、王楨……等各帶精勇，專攻牛峙崎賊隘……而牛峙崎下一帶賊營銃櫃，經鄭榮裹創力戰，同王楨等一律攻燬……又據鄭榮巡獲洪璠遣赴舊社、石頭埔、番仔田等莊糾匪豎旗，以及招黨團攻縣城之匪黨吳首等三名，先後解營，乃由該縣訊明正法……一面催令鄭榮等迅攻牛峙崎頂賊隘，即於十二月二十日亦經鄭榮等攻拔……而鄭榮、王楨……等已由牛峙崎率帶勇丁，首先斬關躍濠而入。（下略）」❸❻

　　此次戰役經過，吳德功所記與之互有詳略：「冬月，丁道率知縣王楨、遊擊鄭榮，並林文明鄉勇往攻北勢湳……鄭榮以林錫爵爲嚮導，堀地道丈許，紆迴近繞其宅，軍士伏行其間，人不能見，相其要害，安大砲攻之。厝墙傾塌，始不能支。」❸❼於是各軍奮勇猛進截殺，餘黨皆逃往深林密菁之中，莫可窮追。但爲徹底肅清餘匪，乘勝剿捕，「當經派令鄭榮、王楨……等，率勇赴萬斗六舊社、石頭埔、番仔田等莊共二十八處，會集各該處紳

團，先後燬巢，搜獲股逆洪贛古……等三十一名，解營訊明斬決。」十二月二十七日丁曰健上摺奏捷，並擇優保獎。維時丁氏仍嚴督各軍，分路淨殲餘黨。「即據同知王楨……守備鄭榮……等率同貢生吳聯輝……各帶勇團，分赴水沙連、溪州、北投、火盆山及深入龜仔頭迫近番界之旱園一帶，燬巢搜獲著名股首莊明德……等多名，先後解營……當即分別正法。第查洪族之中……而臨陣拒敵，凶悍異常，則以在逃之偽元帥洪花夫婦為最……隨飭王楨、鄭榮等率勇約會紳團馳往圍拏……並據王楨、鄭榮稟報，洪花潛匿在坪林山頂竹圍之內，經該員等會合在籍都司林廷棟……等疊次圍捕，該逆竟率死黨抗拒。迨經我軍施放火箭焚燒逆屋，該逆奔出，被我軍用鎗刺斃，割取首級。其妻李氏逃赴萬斗六山後，併經我軍追獲，亦因身受銃傷甚重，梟取首級。（下略）」[38]嗣後，丁氏續又分兵搜拏逸匪，歷時五月之久，「其餘星散逃逆，亦已力盡勢窮，無復黨與，四處逃匿，並無定向。以目前情形而論，未便屯兵待捕，糜費餉需。」到同治四年二月二十九日奉上諭，同意辦理，從優議敘，王、鄭兩人之獎勵已見上文，茲不贅。至此，歷時三年之戴潮春亂事可以說完全結束告一段落。

　　末了順帶一筆。竊佔梧棲港的鎮港將軍陳在的最後下場，吳德功說他「陳在之反覆偷生」，林豪記他「偽鎮港將軍陳在等屢攻大甲，諸人至今尚存，家巨富」[39]。漏網池魚，居然優游歲月，其行徑終不足掛人齒頰。何況林豪又批評「又如貴介掛名勳籍，學習應酬，得巴圖魯名號；貲郎例貢，安坐家中，而得保訓導者五六人」[40]。有這樣的官府無功坐擁勳貴，當然就會有如此的民

人反覆夤緣。此次亂事，無辜百姓街莊焚毀、蕩析離居，死者山積，甚至直到同治六年林豪撰寫《東瀛紀事》戴案始末時，仍喟嘆道：「中間薄游郡垣，往復者再，所過之城郭、川原，昔日被兵之處，舊壘遺墟，蕭條在目，慨然者久之。輒與其賢士大夫、田間野老縱談當日兵燹流離之故，因即見聞所可及者，隨筆箚記。近又博採旁搜，實事求是，得戴逆所以倡亂者，原委犂然矣！」[41] 短短數語道盡了此役之慘烈與慘痛，哀哉！

匾文落款最後是「同治三年三月吉旦信官王楨、鄭榮叩謝」，可見此匾是在會攻北勢湳之前敬立的，亦有兼求神明繼續保佑攻伐順利，殲此匪寇，安全歸來之心意。類似的匾額在台中縣、苗栗縣共有七方之多，除了梧棲真武宮的「威昭瀛嶼」匾外，尚有大庄浩天宮的「德保生民」匾、萬興宮的「護國佑民」匾、大甲鎮瀾宮的「慈芘兵戎」、「德保生民」二匾、清水紫雲巖的「慈芘兵戎」匾，與通霄鎮慈雲寺的「慈芘兵戎」匾。七方匾額題詞不盡相同，上下落款則完全一樣[42]，可知王、鄭兩人同為戰友，出生入死，並肩作戰，所以乃一致行動參拜神明，一則祈求庇佑生民，再則祈求剿撫順利，其所敬拜的神明計有：觀世音菩薩、天上聖母、真武大帝、蘇府王爺等四尊，立匾地區正與當年他們兩人率勇駐守，攻伐剿滅戴黨的地方完全符合，不僅印證文獻史料，補其不足，更說明了戴亂戰役的殘酷與慘烈。

而真武宮的題詞獨不同他匾，極有可能是在進攻福州厝、海埔厝等十數庄的前夕，時官軍駐紮梧棲，兩人不敢確保這場大戰的生死成敗，誠心入廟禱告具有戰神神能的真武大帝，之後三日大戰，果真殺賊無算，焚燬各莊，大獲全勝，故獻詞「威昭瀛

嶼」，而不是「慈芘兵戎」或「護國佑民」、「德保生民」了。尤其值得進一步析論者：七方匾額，梧棲地區獨佔其三，幾近半數，不僅凸顯梧棲港在昔年戴案亂事中的重要地位，另一面也反映了眞武宮、浩天宮、萬興宮諸廟宇神明的威靈赫昭，神蹟久著人心。而就王、鄭兩人如此叩拜行爲而論，不可只視之爲迷信舉動，彼兩人內心深處的無助與惶恐、害怕，可說是完全顯露出來，戰爭兵燹之可怕，百姓人民流離之動蕩，社會經濟之蕭條，都在這些匾額落款記錄下來。一方匾額文字的背後居然有這麼一段慘烈的往事，不禁令人感慨無已！

　　不但如此，眞武宮在大正初年的《寺廟台帳》調查中的「靈顯、信仰及祭儀變遷」一欄中也記載著：距今約五十一年前戴萬生之亂起，官兵討伐，因爲有人獲救，入廟祈求，容易擊退（亂賊），現廟內所立「威昭瀛嶼」匾額，即是祝頌此事。前往參詣者多演劇酬神，一年達百回以上，近來則衰退。是知當年拜神祈求，大敗戴黨之事，享譽遐邇，香火大盛，參拜者眾多，而演戲酬神，一年高達百回，平均每三日即演戲一齣，可見其盛況與神蹟昭著，撼動著人心。

　　不過香火雖然如此鼎盛，但本宮似乎並未因此有所擴建增改之舉，前引明治三十年之寺廟調查紀錄，記眞武宮建物佔地一百零一坪，擁地一百八十四坪，與日治時期、光復以來比較，變化不大，可見扼於建地面積，擴增不易，除非另找他地遷建一途了！

二、日治時期

(一) 日治初期

　　日治時期，眞武宮曾一度爲「台中州水產會社牡蠣殼販賣梧棲斡旋所」借用辦公，但是香火大體仍能維持。

　　按，割台前後，梧棲港早因港口條件欠佳，船隻移往塗葛堀停靠。塗葛堀亦早在乾隆末年出現港口聚落，在咸豐年間漸次興起，成爲大肚山以東的西屯、北屯、南屯、大雅、潭子等聚落中心，和沙鹿以南沿山坡至龍井各村落的貨物集散地，故有不少行郊的行號及行棧設在此地。但因此港主要供船舶停靠、起卸貨物，市況仍不如梧棲，亦即梧棲商貿鋪戶仍盛，並不影響繁榮。等到割台之後，日人實施關稅法、外國旅券規則等等，貿易出入更限制於原先的淡水、基隆、安平、打狗四個通商條約港，台灣各港與大陸華南沿海地區各港貿易航運必須先到四個港口報關驗稅，再回到本港起卸貨物，造成相當不便。故在明治二十九年（光緒二十二年，1896年）十二月七日大肚堡三郊船商所長張錦上、中堡梧棲港街郊商金萬順、下堡塗角（葛）堀港街郊商金協順、下堡汴仔頭街郊商金和興、下堡總理陳世光、總理趙璧，聯合郊下其他商號百餘家，向台中縣知事村上義雄請求開港，就地開關驗稅之希望。日本總督府因應各港商民之共同需求，乃做一修正，在明治三十二年（光緒二十五年，1899年）依府令第八十七號第一條規定，指定：舊港、後壟、塗葛堀（梧棲）、鹿港、北港溪（下湖口）、東石港、東港、媽宮爲從來開港以外之港口，暫

限定中國型船隻進出，並自明治三十二年八月四日起施行。從此梧棲、塗葛堀兩口開放列爲特別輸出入港，時（明治二十九年，1896年）在塗葛堀街設「淡水關稅梧棲出張所」，三十五年改稱「淡水關稅塗葛堀支署梧棲派出所」，四十二年（1909年），更名爲總督府稅關支署。梧棲雖指定爲特別輸出入港，但因港口條件不佳，加上日府全力建設基隆、高雄二港，內（日本）台貿易擴增，梧棲對大陸貿易量相對日減，直到昭和七年（1932年）撤銷特別輸出入港[43]。

梧棲行郊以船運、貿易致富，成爲一方之資產家，其中又以楊、蔡、黃三姓爲鉅，他們或主動熱心或應衆人推舉，參與地方公共事務，其中以宗教事務最具代表，今所確知如朝元宮、眞武宮等即是由梧棲之泉郊、水郊蔡姓人士所創建。割台之後，梧棲商況雖曾一度稍衰，但在1905年（明治三十八年）以前均爲出超，1906年至1932年（明治三十九年至昭和七年）間除了1918年（大正七年）、1925年（大正十四年）兩年之外，全爲入超。但若以1896年至1937年的四十年間的船舶數來衡量港口地位重要性，梧棲港佔全台總數的6.19％，次於鹿港、媽宮，居特別輸出入諸港的第三位，仍佔有一定份量。人口數從1899年（明治三十二年）三千餘人，不斷緩慢增長，自1920年（大正九年）街庄改制，併入大庄、南簡、鴨母寮，總人口數超過一萬人，此所以爲日後新高建港與新高市計畫建設（即計畫將大甲、清水、梧棲、沙鹿、龍井五鄉鎮合併爲新高市）的契機。更何況塗葛堀因兩次颱風，大水沖毀港岸，反之，1921年（大正十年）梧棲海岸西南出現新泊地可停靠，經整理港路並特別減低入港關稅，於是帆檣復振，

商業復趨活躍❹。

　　總的說來，梧棲在日治時期仍然可以維持一定的商況，因此從清代的郊商直到日治時期的商賈，仍然有財力可以維持眞武宮的香火，尤其是有一群基本的善信——蔡姓族人。前言梧棲蓮塘蔡姓族人每隔十八年的農曆七月十三日，都會舉行一次普渡大拜拜活動，都在眞武宮外廟埕陳列供桌祭品，連沙鹿西勢寮、公館蔡姓都來贊助，此慣習直到今日亦未曾有多大改變，即是明證。日治時期行郊之參與宗教祭典活動，於此可再舉一例以爲說明，黃海泉〈梧棲風土記〉記梧棲行郊舉辦七月普渡活動，文載❺：

> 至七月十五中元節地官大帝誕辰，赦罪幽冥，張設盂蘭盆會，超度（孤）鬼魂。昔日請道士誦經，有糊紙觀音山、三界亭、山神、土地等，邇來請佛教即廢止。由七月初一日起，謂開鬼門關，每戶外皆懸燈曁小燈篙，廟前即豎大燈篙三座，以普照陰光，晨夕焚香，連續一個月，今亦已廢止。廿三日放小燈，爐主各行郊備有水燈排，約十餘架，打馬火千灼至海岸，邀請陰光。是年為金中和爐主，兼製一架水燈排，高兩丈餘，懸燈三十多灼，最為特色。廿四日普施之日，分金頂和、金中和、金合興爐主屬大公（至朝元宮也），各廟各部落有公普、私普。行郊俱有經壇，係上下車埕，更加出色。壇內佈置陸燈，雜放古董、滿漢宴桌，造肉山米籃飯粿粽什物，如楊家有佃人贊普，米籃粿飯，排疊如山，滿街滿巷。廟口演大小戲，約十四、五檯，鬧契（氣？）勝過他地方。

昔日普度時日不同，故祭品送來送去，有感麻煩，今各地統
一祭典，祭品之相送，由此而廢，甚覺理想。廿九日普，地
藏廟屬小普，行事略同，回牽狀甚多，俗例為產婦死亡者引
出血池。普渡後以傀儡戲跳鍾馗以祭煞，如人戲用人裝辦
（扮？），甚覺兇猛，時人不敢立足觀看，今俱已廢。地藏廟
內昔日乞丐常住，席草滿地，右室置枯骨數具，草木拱拱，
有見錦蛇出入，香煙稀少，故中元或生辰演戲，日間演後，
夜戲轉在媽祖廟，今則不同，近處住有人家香煙亦盛，至八
月初一日關鬼門，而後了事。

（二）日治時期匾額故實

　　日治時期的真武宮尚存有一「慈世文琴」古匾，對古匾須做
一鈎沉稽玄，才會知道在日治初期，真武宮為鄉人遺忘的一段往
事。

　　該匾無上下落款，幾乎無法得知該匾來歷。古匾中央上方有
一篆體官章，經請教台北市點石齋治印專家張渭隆先生辨讀，知
為「漢壽亭侯之印」六字，此印章為明代官印風格，印邊框厚、
印形為方，刻工精良，印文簡潔勻稱，線條流利，頗似「九疊文」
（即印文每字橫向共九畫），必出自名家之手。如是，此古匾捐獻
者何人？立匾何時？何事敬獻？而「慈世文琴」一語出自何典？
做何解釋？經查《中文大辭典》、《漢語大辭典》等等均無該條
目，更增此古匾之神秘色彩。幸黃海泉〈梧棲風土記〉有提及
道，可供探幽發微，考鏡源流：「真武宮昔日有唐山關帝靈神蒞
宮降乩（用桃枝指示），為人解煙癖。當時曾紅毛先生，亦被解

去，靈驗頗著，有『慈世文琴』一匾，以闡揚謝意，尚有存蹟。」
❹是可知此匾爲曾紅毛先生所敬獻，而此事則有關日治初期台灣
降筆會與戒煙運動。

　　清代台灣民間吸食鴉片煙之風俗甚盛，尤其是咸豐八年
（1858年）台灣開港之後，鴉片以洋煙之名大量進口，吸食者更
多。據統計，在割台前後，鴉片癮者人數約有十七萬餘，佔全台
總人數兩百六十萬之6.54%❹。因此日人據台之初，曾對台灣民間
之鴉片問題，應如何處理，有廣泛之討論，先是採嚴禁政策，頒
發嚴禁告諭及刑罰令，吸食者處死刑。繼採漸禁方案，規定一切
鴉片由日府發賣，限經日府指定之醫師診斷有癮者給予執照，特
准其購買及吸食，自明治三十年（1897年）四月一日起先從台北
市街施行，至十二月一日始施行全台❹。但約在同時期（明治三十
一與三十四年），全台卻揭起興盛一時的降筆會戒煙運動。

　　降筆會原是鸞堂，鸞堂或稱乩堂、鸞生堂、善堂、感化堂、
仙壇、仙堂、勸善堂、飛鸞降筆會不等，日人則公私習慣稱降筆
會。扶鸞又名扶乩，是中國古老的一種占法，據林文龍考據，清
初康熙年間，台灣已有此種活動，道咸年間也有鸞務，時有文人
恭奉神明，設置沙盤，桃枝木筆，請神降乩指示❹。台灣鸞堂當初
只宣講勸善，或扶鸞降筆藥方以治療病人。台灣鸞堂之創設以澎
湖爲最早，係由閩傳入澎湖，再傳入台灣本島宜蘭，台灣才漸有
鸞堂之設。到光緒末期，復從廣東陸豐傳入扶鸞祈禱戒煙之方法
後，全台除台東外，到處盛行創設鸞堂，扶鸞祈禱降筆投藥方戒
洋煙、治病、卜事，及宣講勸善等，但也因此引起了日方之注
意，一方面降筆戒煙運動，違反日本鴉片政策及廣大收入，再則

又疑忌鸞堂為一種祕密結社，恐與抗日活動有勾結，復又擔心奸雄之徒會利用迷信的信徒騷擾起事。故展開嚴密偵查監視與取締，繼則召集各管內街庄長、保甲局長、保正、甲長及地方重要頭人等開會勸導，或逕向堂主、信徒曉諭威嚇，到明治三十四年（1901年）底全台鸞堂幾乎被強迫關閉或解散。

而台中縣一些鸞堂也被懷疑與抗日活動有關，例如明治三十四年七月三日台北縣警察部長西美波召集縣下各辦務署第二課長會議，訓示對鸞堂應注意事項，其中第二項即明確提及：據說台中縣內極具隆盛，且漸次南進，信徒激增，而且往往有鼓吹排日主義者。徵之台灣歷史，奸雄之徒利用迷信者騷擾起事不乏其例，不趁嫩芽割除終須用斧，希先用下列方法嚴密加以周全之注意：

1. 利用了解事理之地方有力者（基督教徒及青年知識分子等），列舉事實教訓愚民。
2. 鸞主、鸞生應列為第二種需要監視人，不斷偵察其行動。
3. 對鸞堂之說教及神筆，應暗中不斷採取極秘密的方法偵探。
4. 對民心之反映應加以最高度的注意。
5. 關於降筆會之狀況及鸞生、鸞主之行動，暫時應每周報告一次。

並於七月六日，以高秘第八一五號函，通飭各辦務署長及支署長遵辦。甚至鸞堂降筆會之戒煙運動傳入台中縣後，台中縣知事一方面在七月二十日頒發告喻，略謂：飲用所謂神水戒煙，純

屬迷信，忽然禁煙將導致身體衰弱，甚或隕命，呼籲大家不應為迷信異說所誤。另一方面彰化辦務署以捏造謠言罪名，逮捕在武東堡內灣庄開設鸞堂之彰化西門街人書房教師黃拱振，而依刑法第四二七條第十一項予以處分。台中辦務署也逮捕貓霧堡霧峰庄林文南、揀東下堡麻滋埔庄劉炎、江坤等三人，依照同法條處予拘留三日，以資儆戒[50]。

據此區可推知清末日治初期，真武宮應設有鸞堂，奉祀唐山傳來的關恩主，也從事扶乩降筆指示戒煙藥方之活動，甚至不排除與抗日活動也有關聯，可惜有關真武宮之鸞堂其組織、堂規、經費、人物、鸞書均不得其詳。在此時代氛圍下，曾紅毛雖能戒煙成功，立匾感恩，當然不方便落款具名暴露身份，一方面吸食鴉片者雖眾，但終究是不名譽事，見不得光，再則日方懷疑鸞堂活動與抗日活動有關，時真武宮所設鸞堂其奉祀之神像又是從大陸（唐山）傳來，種種不利因素考慮下，題名落款，豈不自尋伊戚，自找麻煩；在此情形下，遂出現了一方不落款的匾額。此匾之獻立時代應在明治三十四年七月左右，蓋此時氛圍最為肅殺緊張。若然，此匾廟方應好好保存，一方面此匾存在，見證了當年真武宮曾設有鸞堂之事實，二方面反映了日治初期降筆戒煙之活動，三則不落款具名也說明了當年日府迫害宗教活動之肅殺氛圍，四則說不定真武宮真的與昔年抗日活動有關，五則此匾之印章印文經治印專家張渭隆先生鑑定出自名家之手，篆刻流暢精鍊，深具藝術之美。凡此種種，皆顯示此古匾同時有歷史與藝術價值，不可因其年代不久遠，且具名不詳而輕忽之。

(三)日治末期

　　大正初年所修之《寺廟台帳》，雖記載疏略，到底為真武宮留下一些紀錄，茲摘述整理如后：

　　明治末大正初年真武宮之管理人原為蔡秋波，往生後由林嘉與續任，但「手續未了」（不知是指未辦理移轉登記？還是交接未清？）。林嘉與祖籍福建省安溪縣龍門鄉人，生於清咸豐二年（1852年），號六一郎，書香傳家，為梧棲望族。父林舜臣，弱冠與弟江濱一同渡台拓墾，擁地成大地主，道光初年入居梧棲，設帳授徒，後經營林美利號成鉅富。母陳李氏生子四：四美、嘉燠、嘉惠，嘉與為其四子，自幼聰穎，品學俱佳。日明治三十年（1897年）被任為第一區庄長，深獲日人肯定，明治三十八年（1905年）再任區街長，兼學務委員，賜佩紳章，平日熱心公益，造福鄉里，建樹頗多，經商理政，皆有成就，於大正四年（1915年），以連續十五年勤奮服務精神，拜授「木杯」地方最高榮譽獎，為梧棲鎮有名士紳賢達，今廟中猶懸有一面「大正癸亥年（1923年）仲冬穀旦」、「梧棲街長林嘉與敬立」之「北極樞機」匾❺。

　　另，其時顧廟人為蔡配，與其家人住在右廂房內。所在地地址是梧棲街梧棲字梧棲六百十六番地，境內擁地一百五十六坪九合六勺九厘，建物面積七十坪七合三勺，其中包括本堂（二十五點三坪）、迴廊（二坪）、門亭（十四點四坪）、拜亭（四點四四坪）、右廂（二十四點九三坪）。創立年代為道光二十六年，祭祀圈為梧棲街部份，其組織有管理人、爐主、顧廟及信徒，信徒數有五百人。爐主選舉採用擲筊法，於每年十月信徒在廟內神前以

擲聖筶多少決定，任期一年，每年十月三日交接，皆是義務職。經費由來，多由在地之蔡姓信徒義捐，其金額每年共約四、五千日元。不過捐獻對象年齡，一欄記二歲至五十歲，一欄卻是記二十歲至五十歲，其中必有一筆誤，但若眞是二歲，但不知此一捐緣錢寄附辦法是否與「囝仔普」之說法有關？

　　例祭日爲每年三月三日（爲上帝公聖誕日），十月初三（上帝公升天日，按民間另一說法爲九月九日），供品多爲果子（糕餅），而信徒祈願及信仰內容爲：航海業者祈求航海平安，病者祈求病癒，一般人則祈求冥福。至於前文已提到的參詣者多演劇酬神，一年達百回以上，近年來有衰退之象，黃海泉〈梧棲風土記〉記此事：「三月初三日上帝生，廟前開演南管新老戲，及唐山布袋戲，極具喜怒哀樂情節，其藝術大異，令人看之不厭，此戲皆已絕跡。」並記「左都之雅趣，由對岸廈門泉州傳來南樂兩種，天子文生，御前清曲，時常聞唐山船員集團合奏，後並有請莊瑞協先生指導南樂，館名玉簫軒。頂寮新錦華半南樂（九甲子），萬興宮之室仔曾設館鈞樂軒，北館一團，其後有楊子培街長與街紳士雅趣者二十餘人，組織天籟社，聘許嘉鼎教導京曲，老少同樂，頗有所趣，余亦來往聽之。」❷而梧棲永安里一帶，昔年因曾設有南管之曲館大班，故有「大班」之舊地名俗稱，凡此皆可見梧棲鎮昔年之藝文戲曲之活動與雅趣，至今父老猶有「拚館」之軼事津津樂談。

　　此時眞武宮奉祀之神明有：主神玄天上帝，塑像有三，木像三尊。配祀諸神明有：武安王（塑像二尊）、大使公（塑像一尊）、元帥爺（塑像二尊）、田相公（木像一尊）、六大巡爺（紙像

一尊)。從祀神有:水仙王(塑像一尊)、馬少爺(塑像一尊)、土
地公(塑像一尊)、註生娘娘(塑像一尊)、夫人媽(木像一尊)、
觀音(木像一尊)、王爺(木像三尊、塑像九尊)。《寺廟台帳》
亦續記:

> 主神為玄天上帝,是道光二十六年有水郊名蔡金權者,為祈
> 求航海平安及商業繁昌,募捐五千元興建,其後有改築施
> 工。
> 武安王乃領台後從對岸某詩人處請來,為航海業奉祀。
> 大使公為中國稱「許范」地方者請來,為航海協力者奉祀。
> 六大巡爺乃大正四年(1915年)六月二十四日從中國泉州石
> 獅城隍廟分香請來紙像,是水郊在對岸從事商業交易時取
> 得。

> 再,諸神之祈願信仰內容為:

> 水仙王為海上安全及免於水難祈求之。
> 馬少爺為發生腫瘤者及嬰兒夜泣之事祈求之,特別靈顯。

綜上所引可見古今奉祀諸神明變化不大,日治初期設鸞堂時
所奉祀之關聖帝君此時已不見,今之照牆下奉祀之五營兵馬尚未
出現,戲曲業所奉祀之田都元帥(田相公,即唐明皇)在光復後
亦消失。另主神玄天上帝之塑像據說在日治時期曾重塑過,是一
約二十歲年輕小夥子,蒙帝託夢指示從新竹來到梧棲重塑金身安
座。

除此之外,有關神明傳奇事蹟採訪二則,茲亦一併附及:

　　之一，地方耆老口述約在七十年前，日治末期時，當廟方聘請匠師要塑造馬少爺公神像，正苦於不知如何下手造型時，有一住在陳厝庄（今福德里）的牧童經過，便隨性擺了個執鞭牽牛的模樣，於是泥塑師傅果真照其姿態形塑。該牧童不久隨即病故，民間傳說該牧童羽化成馬少爺公，保護幼童特別靈異。由於該牧童生前最喜歡吃「米粉芋」及「花生糖」，因此鄉民祭拜時，供品一定要準備這兩樣食物，以承其歡，求其靈。

　　之二，約八十年前，草湳地方出現蛇精附身人體作怪，使地方不寧，狗不吠、雞不啼，瘴癘肆虐、五穀不登，居民痛苦不堪，於是至真武宮求助上帝公平妖除害。上帝公搭乘神轎前往除妖（一說先指示七王爺為先鋒前往收妖），在到達達天宮土地公廟附近民宅時，一時風雨大作，草木皆兵，突見神轎由民宅圍牆的院門衝進，一陣廝殺，院內由嘈雜歸於平靜。據說蛇精敗去，不再入庄行害。事平，神轎要退出宅門時，竟發現宅門寬度比神轎還窄，則當初如何進入，眾人大惑不解，最後只有由圍牆上方抬出收兵，眾信至今傳為神蹟，嘖嘖稱奇❸。

　　日治時期之真武宮未聞也未見有所改築修建，只有在昭和十年（乙亥年，1935年）發生中部大地震時（亦稱墩仔腳大地震、清水大地震），震源為大安溪中流，台中州之東勢、豐原、大甲各郡釀成巨災，合新竹、台中兩州統計，死亡三千二百七十九人，傷一萬一千九百七十五人，房屋倒壞，財物損失不計其數。梧棲街上建物約有六成全毀，而真武宮幸免於難，僅有部分建體傾斜，災後委請興建梧棲港口的某位鹿港技師前來協助，加以扶正修復。關於此次地震梧棲受災情形，黃海泉〈梧棲風土記〉亦有

記載,在地人之記載最稱真實,有切膚之痛[54]:

> 昭和乙亥三月十九日早晨中部大地災,屯子腳壓死最多,清
> 水震死亦多,約百餘人,梧棲死者五六人,對面楊家高樓受
> 壓五人,左鄰現死三人,右鄰急掘,兩人還生,其後餘震頻
> 來,令人膽寒。故街民臨時外宿,搭寮於外。余與從兄兩家
> 築寮牆外花園中,約月餘,始可安心入室安枕。全街住家遭
> 壞甚巨。因此乘機市容改觀,亦開有新道路。余家人均平
> 安,但家屋壁牆崎斜,全部改建,連市店面一新。而朝元宮
> 亦遭震壞,幸神如立時,草創以避風雨,逢日政正廳改善廢
> 止家庭祀神,廟寺廢修二十餘年,至光復後,余發起倡修新
> 廟,後殿本是街役場改建,乃觀音殿,繼組佛教團團員三、
> 四十人。民國六十一年農曆十一月初十日,與沙鹿天公廟全
> 時舉行慶成清醮,梧棲推為諸神壇在下寮里,裝飾電動人
> 物,電光五色,結戲台敬果,分里別在是,慶典非常熱鬧,
> 後三年再舉圓通,醮尾亦屬隆重祭典。

三、光復以來

以上大致為日治時期真武宮概略,日治末期日府推動寺廟整
理運動,迫於政治情勢,真武宮即使想修建,事實上也不可能。
直到民國三十四年(1945年)光復以來,才有機會數度增修改
建。

先是,日治末期,總督府鑒於梧棲西瀕台灣海峽,與對岸廈
門相望,有利於作為西進之據點,復背擁中部廣闊富庶腹地及大

甲溪流域豐沛水力資源，具備工業化條件，逐有開港計畫。昭和十三年（1938年），總督府發佈築港計畫，翌年新港定名爲「新高港」，並舉行開工典禮。越年合併大甲、清水、沙鹿、龍井四鄉鎮，稱「新高市」，並訂定「新高港大工業都市計畫」，著手進行臨時鐵、公路專線等築港相關工程。後因戰事影響，逐於昭和十九年八月受阻停工❺。

民國三十四年（1945年）八月，日本戰敗，宣佈無條件投降，台灣脫離日本殖民統治，國府接收之後，梧棲與對岸貿易又告復甦，日趨頻繁。民國三十四年到三十八年間在梧棲開業之船頭行迅即出現有四十餘家，透過機帆船，梧棲港與大陸之福州、廈門、泉州、崇武、湄州島、莆田、汕頭等地進行貿易通航，時每日進出船舶多達百餘艘，行棧再興，市況殷賑。爲方便資金之借貸流通，台灣銀行與彰化銀行迅在梧棲設立分行，攤販雲集騎樓，茶室、酒店、旅舍應運而生，而梧棲第一家戲院也在此時開幕，可以想像其時風光繁華❻，黃海泉在〈梧棲沿革誌〉回憶道：「民國三十四年乙酉八月十五日（農曆七月初八日），台灣光復歸祖國懷抱之後，省民無不歡欣重見天日，而各保及縣名一切改稱，乃以新高港易名台中港。自茲船舶復趨頻繁，港中帆檣如林，多至百三十餘艘，百貨雲集，市況茂盛，行棧如雨後春筍，竟至三十餘家，商旅往來亦盛極一時，逐設有台灣銀行、彰化銀行兩分行。及至乙丑歲，我政府移遷來台，海防慕嚴，港口予以封鎖，自此舟船復禁止出入，因之商場立見衰頹，商店亦多收閉，至於港口政府雖未能繼續興築，然國難未消，終難完成，殊感遺憾。」❼正是好景不長，迅興速落，梧棲風光只維持了四年。

　　雖是地運常變，歲月無情，但此風光四年，究竟為梧棲累積了一筆財富，藏富於民，此下遂有真武宮數次的修建。民國四十二年癸巳（1953年），真武宮歷年既久，遂有重修之役，此次重修為鎮長楊忠言發起，始於年初，至六月安金完工，建體主要在四垂亭（拜亭），今樑籤、柱聯之落款猶在，可以為證。

　　民國五十三年甲辰山川殿應有一小型修繕，今存龍柱聯可證。

　　六十三年甲寅續有重修，將部份遭白蟻蛀蝕樑柱截除下半部之柱珠，改以洗石子和磨石子作法補強，始於歲首，竣於十月，今留有「權握天樞」匾及諸柱聯，可資佐證。

　　六十五年丙辰組重修委員會，有蔣水金、陳王碧霞、蔡周蔭、施蔡不治、蔡金山、紀添水、蔡振鵬、蔡再傳、謝夏吟、陳森雄等諸委員善信，展開一連串小型修繕工程，主要為髹漆彩繪與建置金亭，亦留有大量之神桌、柱聯、匾額、香爐、彩繪、石獅等等落款可供引證。不過廟方提供資料謂此彩繪曾聘名匠陳穎派前來施作，作品有山門之「棄子扶侄」、「鄭家詩婢」、「蕭何月下追韓信」等，但經查原作，落款者或題「丙辰年瓜月重修蔡天送髹漆」或「丙辰年瓜月以寫」，或「丙辰年季夏之月以作」等等。並未見到陳穎派名字，此說待進一步查證。

　　六十六年丁巳，廟前之民宅據說與廟門相對沖煞，人宅不安，廟方為安撫民情，乃在廟前興建照壁乙座阻擋隔絕，於農曆五月落成，捐獻者有黃海泉、林雲、黃佩瓊、黃佩珊、黃菊芬五人，有可能於此時在照牆下安置五營兵馬陪祀。同年元月施萬來、黃氏福川堂敬獻置放籤詩箱櫃乙座，另真武宮猶存有道光年

木刻籤詩板兩塊，是重要鎮廟之寶。

七十一年壬戌春再施彩繪，聘阿炎師繪山門之「風塵三俠」圖，與李錫民繪正殿之「轅門射戟」、「姜伯約歸降孔明」圖及龍虎堵上面水車堵位置之彩繪，題詞分別為「春風吹來堪顧影／文禽五彩見秋毫／壬戌年季春重修李作」、「沙白棲眠隱／蘆青得食饒／壬戌年季春重修李作」，文字不俗，寄託遙深。

七十二年癸亥以RC建材重建右廂房，古意全失。

八十九年庚辰十月曾贊助台中縣運動會選手之夜經費。同年因九二一大地震之影響導致屋頂嚴重漏水，遂有改建之議，消息傳出後受到各界關注，在王立任等地方文史工作者之努力溝通協調下，終於得到廟方與信眾之同意，遂向台中縣政府提出指定為古蹟之申請，縣府文化局依法勘察審核，終於通過評定為縣定古蹟，在九十二年三月二十八日正式公告，成為梧棲鎮與全台中縣的第一座縣定寺廟古蹟，再添光輝歷史之一頁。而真武宮在民國六十、七十年代數次的修建，正反映此時台灣經濟起飛、社會繁榮的一面。

第四節　結語

結語不擬將本文之追溯源委，發覆抉微的發現，重複做一述要，只想針對一些學者及廟方對本廟相關歷史之誤解處、輕忽處再次強調：

1. 真武宮創建歷史可推溯到道光二十五年（1845年）。道光年間是梧棲港歷經乾隆、嘉慶兩朝開拓階段，而達到最繁華最興盛的年代，不獨真武宮，其他如萬興宮、達尊宮、土地宮、有應廟等等老廟，也都是在道光年間創建。此時之梧棲舟車輻輳、郊商雲集，帆檣如林、商旅往來，貨物如山、貿易發達，盛極一時，出現了「一府二鹿三艋舺四梧棲」之俚語，也象徵台灣中部地區的開發已完成，步入高峰，成為台灣重要生產中心之一。

2. 真武宮所在位置應即是昔年安良港口附近，該廟與朝元宮必有一廟為當年梧棲水郊金萬順之會所。

3. 真武宮主神是直接從湖北省武當山分香而來，而其建築風格則是仿自原鄉福建省泉州府晉江南門外二十一都蓮塘鄉之上帝廟。創建真武宮者為水郊郊商：蔡大聘、蔡虎班、蔡金鈔、蔡金輟、蔡金權、蔡牲等六人，並無「蔡水杯」其人。

4. 真武宮有鎮廟三寶，一是道光年間的木刻籤詩板兩塊，一是有關同治初年戴潮春亂事的「威昭瀛嶼」匾，一是日治初期在宮內設鸞堂，扶乩降筆，治吸煙、戒毒癮的「慈世文琴」匾，此匾的印章更是一絕，有明代官章風格。

5. 戴案發生時，王楨不是其時的彰化知縣；「候補知縣」云云，只是他的虛銜資格，不是他的官職實銜。

　　總之，透過梧棲真武宮之歷史研究，印證了台灣民間信仰的歷史與台灣移民史、開發史是同步發展、平行前進的，不僅帶有

移民社會的腳步烙印紀錄，同時也含有原鄉母體文化的影響。總的來說，真武宮的歷史研究，凸顯出幾方面的意義與特色：

第一，有關商人參與民俗信仰活動的記載，在乾隆末年以後，在全台廟宇的修建碑文紀錄中大量出現，尤其是在市鎮、港口等商業發達的地區，商人更具有主導地位，真武宮即是一例。

第二，台灣寺廟的創建興修，在城鄉的富戶或捐金錢或獻田園，以供收租祭祀；商人的捐助則以金錢為主，並且數目較大。

第三，台灣商人的信仰神明，與其商業活動具有較高的關聯性，由於行郊、通商貿易，主要靠舟楫帆船，海上航行的安全備受重視，因此職司海神的玄天上帝、媽祖、水仙尊王等成為他們主要信仰神明，梧棲真武宮與朝元宮創建背景均是如此，更說明了鄉土神明等原籍地域色彩較明顯的神明，在台灣商人所捐建的寺廟，所參與的信仰活動中並不居於重要地位，與以農業為主的村落居民信仰比較起來，呈現出相對的落差。也即是說，商人階層所參與的宗教信仰活動，相對而言，大都是地域色彩較淡薄的神明（或可說是超地域的神明），且多是與商業利益有關的神明[58]。

此外，真武宮的建築風貌獨特，一方面低矮，反映沿海多風地區的風格形式；二方面猶存道光年間二進的官式工字殿風格形式；三方面因面積不大，擴增不易，不因香火旺盛，動輒改建，成為梧棲老街上少數仍保留傳統風貌的古廟，彌足珍貴。

註釋

❶文中所引諸條資料均引據呂宗力、欒保群編，《中華民間諸神》（台北：
台灣學生書局，1991年10月），乙編〈玄武〉，頁73-95，另參看劉逸生，
《神魔國探奇》（台北：遠流出版社，民國七十八年六月），〈由怪爬蟲變
成的北帝〉，頁11-22。

❷同註❶。

❸同註❶。

❹范勝雄，《府城的寺廟信仰》（台南市政府印行，民國八十四年六月），府
城神佛聖歷〈玄天上帝〉，頁28。

❺蔡相輝，《台灣的祠祀與宗教》（台北：台原出版社，民國七十八年九月
第一版），第二篇第三節〈真武玄天上帝〉，頁107。

❻詳見陳器文，《玄武神話──傳說與信仰》（高雄：麗文文化事業有限公
司），民國九十年九月初版。

❼詳見溫國良編譯，《台灣總督府公文類纂宗教史料彙編之一》（南投：台
灣省文獻委員會，民國八十八年六月），頁309。

❽《寺廟台帳》之影本為王立任先生所提供。再，此次真武宮調查工作及諸
多資料得王先生大力協助，特此說明，謹申謝忱。

❾溫國良，前引書，頁308-309。

❿參見(1)天岩旭等，《中部築港と台中州》（台中州：中部築港起工祝賀
會，昭和十四年，一九三九年），頁1。
(2)陳翠黛譯，《梧棲鄉土讀本》（原昭和七年梧棲公學校印行，台
中，台中縣梧棲鎮公所，民國九十一年第三版），頁35。
(3)安倍明義，《台灣地名研究》（台北：武陵出版公司，民國九十年

六月三版六刷），頁152-153。

⓫有關清代台灣港口的發展與變遷，可參考林玉茹大著，《清代台灣港口的空間結構》（台北：知書房出版社，民國八十五年十二月初版）。

⓬姚瑩，〈答李信齋論台灣治事書〉，《東槎紀略》（台銀文叢第七種），頁111。

⓭唐贊袞，《台陽見聞錄》（台銀文叢第三〇種），頁5。

⓮周璽，《彰化縣志》（台銀文叢第一五六種），頁2、3、16。

⓯《台灣府輿圖纂要》（台銀文叢第一八一種），頁208-209。

⓰黃海泉，〈梧棲沿革誌〉手稿本，收於董倫岳編撰，《梧棲古文書史料專輯》（台中：台中縣梧棲鎮公所，民國八十九年），頁65-69。

⓱同註⓰。

⓲同註⓰。

⓳同註⓰。

⓴例如王立任等，《走進真武宮》（台中：台中縣梧棲鎮藝術文化協會，民國九十年十一月），頁6，即是如此說法。

㉑參見張志哲主編，《道教文化辭典》（江蘇古籍出版社，一九九四年六月一版），〈武當山〉條，頁1092。

㉒黃海泉，〈梧棲風土記〉，收於董倫岳，前引書，頁58-65。

㉓王立任，《走進真武宮》，頁3-4。

㉔鄭喜夫，《台灣地理及歷史》卷九〈官師志〉（台中：台灣省文獻委員會，民國六十九年八月），第三冊「文武職列傳」，丁曰健傳，頁90-91。並見連橫，《台灣通史》卷三十三。

㉕丁曰健，《治台必告錄》（台銀文叢第十七種），第四冊卷七〈親赴彰化內山督軍剿滅全股踞逆摺〉「隨摺保獎清單」，頁485-486。

㉖林豪，《東瀛紀事》（台銀文叢第八種），〈東瀛紀事例言〉，頁5。

㉗林豪，前引書，頁18。

㉘林豪，前引書，頁14、16。

㉙同註㉗。

㉚吳德功，《戴施兩案紀略》（台銀文叢第四七種），頁35。

㉛丁曰健，前引書，〈由省對渡添調丁勇迅籌剿辦摺〉，頁426-427。

㉜丁曰健，前引書，〈彰境開仗連日大捷並南路各營獲勝摺〉，頁429。

㉝同前註，頁430-433。

㉞丁曰健，前引書，〈全師克復彰化暨貓霧地方並各要隘摺〉，頁440-443。

㉟詳見黃能馥等，《中國服飾史》（上海人民出版社，二○○四年九月一版），第十章〈清代的服飾文化〉，頁534-535。

㊱丁曰健，前引書，〈親赴彰化內山督軍剿滅全股踞逆摺〉，頁478-490。

㊲吳德功，前引書，頁53。

㊳丁曰健，前引書，〈乘勝嚴督各軍分路搜挈並查辦善後事宜暨凱旋妥籌防海情形摺〉，頁491-494。

㊴分見吳德功，前引書，頁56。與林豪，前引書，頁51。

㊵同註㉖。

㊶林豪，前引書，〈自序〉，頁1。

㊷王立任，《走進真武宮》，頁50。亦見同作者，《歷史建築大庄浩天宮調查研究計畫》（台中：梧棲鎮藝術文化協會，民國九十一年十月），頁146-147。

㊸詳見戴寶村編，《台中港開發史》（台中：台中縣文化中心，民國七十六年五月），頁43、48-54。

㊹戴寶村，前引書，頁54-55。

㊺黃海泉，〈梧棲風土記〉，頁60-61。

㊻同註㊺。

㊼見台灣省行政長官公署統計室，《台灣省五十一年來統計提要》（出版單位同上，民國三十五年），頁1374。

❹詳見王世慶，〈日據初期台灣降筆會與戒煙運動〉，《台灣文獻》，三十七卷四期，頁111-112。

❹林文龍，〈清代台灣鸞務史略〉及〈台灣最早的鸞堂小考〉，收於氏著，《台灣史蹟叢論》上冊〈信仰篇〉（台中：國彰出版社，民國七十六年九月），頁283-291。

❺詳見王世慶，前引文。

❺詳見王世慶，前引文，頁131-132。

❺見王錦賜編纂，新修，《梧棲鎮志‧人物篇》（未刊稿）第二章〈昔人典範〉，頁3。

❺黃海泉，前引文，頁59-60、62。

❺筆者實地採訪，亦見王立任，《走進真武宮》，頁52-53。

❺黃海泉，前引文，頁62-63。

❺洪敏麟，《五汉港鄉土文化》（台中縣梧棲鎮農會，民國八十三年四月），頁18-19。並見戴寶村，前引書，頁58-60。

❺詳見王立任編，《梧棲鎮文化採集成果專輯》（台中縣梧棲鎮農會，民國七十七年），頁18-20。

❺有關台灣商人信仰的論述，可參考陳小沖，《台灣民間信仰》（廈門：鷺江出版社，一九九三年十二月），頁16-20。

第六章

澎湖媽宮城隍廟

——一座官廟的變遷史

第一節　一地兩座城隍廟

　　澎湖城隍廟有二，皆在馬公市，一在暗澳（即文澳，今西文里），一在重慶里光明路，澎湖一地有兩所官設城隍廟，是頗為奇怪之事。按，城隍之祀，由來已久，古者，山川坊庸，皆有祀焉，典秩漸隆，旨在報功。而中國祭祀城隍之禮，自古已有，《禮記》載天子大蜡八，其中水庸居七，庸是城，水是隍，也即是說天子有感於城池之堅固保護居民而祭之，城隍一變為城池守護神。至唐代，祭祀城隍成日常習俗，吾人可從今存唐人文集中，散見祭城隍文以為佐證。比至宋代，城隍祠遍及天下，朝廷昭重其祀。迨至明初，明太祖敕封京師城隍為帝號，各府城隍為「威靈公」，各州為「綏靖侯」，各縣為「顯佑伯」；二十年，改建城隍廟如官署，設座判事如官吏狀，列入祀典。

　　及至清代，朝廷尤尊崇城隍，各省、府、廳、縣必建有城隍廟，列入祀典，凡守土官入境，必先祭城隍而後履任，每月初一、十五兩日，必齋戒進香。是以明清兩代城隍廟之興建發展過程必與官方行政組織發展過程一致，且位在衙署左近。然而澎湖居然有二座城隍廟，其為可怪者一❶；其二，位在文澳之舊城隍廟，何時建築志書竟然無考，以一官方所建之祠廟，竟無記載，是可怪者二。

　　澎湖入清版圖，原設巡檢司於暗澳，經四十餘年，至雍正五年（1727年），撤巡檢另設台灣府海防同知駐澎湖，六年又改設為

海防糧捕廳，置通判，廳治仍設於暗澳，沿用巡檢舊署爲通判衙門。由以上推斷，文澳城隍廟之創建，早則於康熙二十三年（1684年）設巡檢司後，晚則亦應於雍正六年設廳置通判之後，甚至可能上溯至天啓四年（1624年），天啓城興築的同時，一併興建，以備守土官履任告祭之用[2]。此爲澎湖第一座官設城隍廟之濫觴，創建至今也有兩百多年之久的歷史，其間也經過數次修葺，但改變不大，猶存古貌。今廟中懸有一清光緒帝御匾「功在捍衛」，中爲印，篆體，印文是「光緒御筆之寶」，神龕兩懸有木質對聯一副，其文曰：「爲善必昌，爲善不昌，祖有餘殃，殃盡必昌。爲惡必滅，爲惡不滅，祖宗有餘德，德盡必滅」，儆惕世人，含義深遠。

　　總之，澎湖一地有兩座城隍廟，皆在馬公市，是台灣少見之特例。其中重慶里的城隍廟規模較大，爲闔澎信徒所崇拜者，澎民通稱「澎湖城隍廟」。西文里的城隍廟則以歷史悠久取勝，但可嘆香火不盛，僅是附近數里居民所崇拜，俗稱「文澳城隍廟」。

第二節　澎湖城隍廟的創建與興修

　　澎湖第一座城隍廟建置之後，其後或因「今澎湖城隍廟在廳署之東，規模狹隘，不足以展敬，實限於地也」[3]。另或許媽宮是碼頭渡口所在，爲對外交通之樞紐，亦是衝要之區，各武職衙門均設於此，爲方便祭典而移建於新址，林豪《澎湖廳志》卷二載[4]：

……文澳則退處偏隅，居民稀少，較為僻陋。且文武號同
城，官乃相去四、五里而遙，未免暌隔。茲移治媽宮，有數
便焉；賈舶所聚，便於稽查也；官倉所在，便於防範也；兵
民雜處，便於彈壓也；朔望宣講，文武會商公事，便於往來
也……今澎之紳商多萃媽宮，以廳治移此，則腹地之勢常
重，官紳之跡常親，耳目切近，下情亦可時達矣！有賢吏
出，宣上德、達下情，與父言慈，與子言孝，講學課士，務
農通商，使疾苦得以時聞，情偽無由遁飾，眾心有所依附，
而政於是乎成。

以上雖是光緒十五年（1889年）移文澳廳署於媽宮城內副將
舊公署之理由，亦何嘗不是遷建城隍廟之理由。所以，「歲丁酉
（指乾隆四十二年，1777年），介堂謝公分駐澎湖，勤民恤商，賢
聲四達。初至，即謀改置城隍神祠，知所利民，則其所留意也。」
❺因此清乾隆四十二年，謝維祺履任澎湖通判，以城隍燮理陰
陽，擬捐俸改建城隍廟。翌年，台灣府知府蔣元樞捐俸助緣，澎
湖人士亦隨喜捐助。海澄縣監生郭志達擔任監視工程及董事，得
以成事。是役，興工於乾隆四十三年十月，落成於四十四年二
月，謝氏因勒石紀事，碑仍存，曰「澎湖改建城隍廟碑記」，嵌於
正殿左壁，文曰❻：

皇帝建元四十有二年，祺分守澎湖。故有城隍神廟，偏署之
東，痺陋湫隘而囂塵。祺抵任之始，心擬捐俸改建而新之。
戊戌夏（按即乾隆四十三年，1778年），郡伯蔣公有聞焉，首
捐清俸三百圓，以為之助釀金；澎人士各隨其心之願，而力

之稱。爰卜吉于媽宮之陽，宇重者三，高基者為奉神之殿，寬其中為整儀之庭，兩寮列舍以居香火之司，門廠（按碑文如此，應是廠字之誤）其前，墻周其外，塗之、墍之、翬之、飛之，制有恢於前飾，毋侈于後。享祀允宜，妥侑畢備。噫嘻！明有禮樂，幽有鬼神，有陽以治明，即有陰以治幽。是人情固鮮克有終，實亦難慮於始。維澎湖自入版圖以來，衹以僻居海島，而於城隍神廟因陋就簡，廢焉不舉，于祀典為缺。祺也忝守斯土，不憚仔肩而經營之，刻日而成之，當亦幽明所共愜已！興事于戊戌十月，落成于己亥（按即乾隆四十四年，1779年）二月。其捐資以集事者，姓名臚具於匾以懸諸軒。大清乾隆四十有四年，歲次己亥十月吉旦，通判台灣府澎湖事會稽謝維祺立。督視工程海澄縣監生郭志達。

　　根據此碑文，知其時城隍廟為三進式建築（宇重者三），有中庭、有兩廂、有圍牆，體制已備，也代表樹立官方的威權與統治的象徵空間。惜捐輸者之匾額佚失；尤可惜者，正殿右壁有一乾隆庚子年（四十五年）桂月（八月）之石碑，整個碑文已風化漫漶，難以辨讀，志書又未曾採錄碑文，無法引用此一資料，徒呼奈何。今所能略知後事者，時西嶼塔院燈火及其前天后宮，是由城隍廟僧分司其事，蔣元樞「捐建澎湖西嶼浮圖圖說」載：「又于浮圖之前，建天后宮，另設旁屋數椽，召募妥僧住持兼司燈火，使風雨晦明，永遠普照」❼。謝維祺「建修西嶼塔院落成碑記」復載：「澎湖自來無僧，今既建城隍廟，延僧主持，而西嶼

塔院又不可以士民職掌，遂屬僧人分司其事」❽，惜嗣後廟宇傾
圮，照管乏人，以致玻璃損壞，塔燈興廢不時，有名無實❾，亦
可見城隍廟僧之失職誤事也，而且屬於道教的城隍廟，竟然是由
佛教僧侶住持管理，可知其時在官方的宗教管理亦是佛道不分，
雜祀一體。

　　澎湖城隍廟於乾隆四十四年二月，經通判謝維祺擇址新建，
而原文澳城隍廟並未因此廢棄。只是「廢焉不舉，于祀典爲缺」。
其後在咸豐元年（1851年），由廳署典吏呂純孝捐款重修，但仍是
規模狹隘，不足以展敬。不料至乾隆五十五年夏六月初六夜，大
風雨，水暴溢，廬舍多陷。風挾火行竟夜，滿天盡赤。是日，岸
上小舟及車輪被風飄至五里外，壞廟宇民居無算❿，澎湖媽宮城
隍廟遭逢此劫，廟宇亦損壞，越數年，二易通判，或不予重視，
或無力修復，至五十七年四月蔣曾年接篆，捐俸倡修，並及商民
之力，且添建後殿五間。嘉慶二年（1797年）八月風災，三年，
通判韓蜚聲續勸商賈重修。二十二年（1817年）十一月，通判潘
觀光以「黃研」其人之罰項番銀五十二元半生息之款，召匠修葺
⓫。按，清代澎湖有澳社組織，爲維持澳社秩序治安，訂有澳社
公約之自治規章，詳訂禁止項目。犯者除罰銀兩外，尚有板責、
罰跪、抬枷、遊街等。罰款輕者自二錢起，重者至十五、六元，
罰款多充作神祠佛廟油香等費用。上文中所謂「罰項」殆即指
此，但不知黃研何許人也，更不知所犯何事，罰項竟高達五十二
元半。

　　道光四年（1824年），中殿前楹塌壞，通判蔣鏞籌款重修。甲
辰年（道光二十四年，1844年）十月，左營遊擊蘇斐然、監生張

騰賮，捐款重新修建。至光緒十一年（1885年）中法戰爭起，波及澎湖，二月，法夷犯澎，城隍廟神傳出靈異神蹟，林豪《澎湖廳志》卷十一舊事「軼事」詳載其事❷：

> 光緒十一年二月，法夷犯澎。十三日，媽宮百姓扶老攜幼，北走頂山，皆口呼城隍神保佑。時夷砲沿途雨下，顆顆墜地即止，無一炸裂傷人者，亦足異也。及事平，廳主程公據實請大憲奏明加封，號為靈應侯。御賜「功存捍衛」匾額。程公重新廟宇，為文記之。

這之前，澎湖城隍神已屢傳神蹟，如嘉慶年間海寇蔡牽欲圖侵犯媽宮，當時兵民詣廟虔誠禱告，據說：「賊見雲端旌旗蔽空，隱有神人往來，金龜、蛇頭二山，忽然合抱，故爾駭遁，全島賴以敉平」。不但如此，光緒十一年三月，澎湖疫癘流行，死亡相藉，於是老百姓安設神牌，竭誠供奉，不久災氛頓止。繼又雨澤愆期，禾苗將枯槁，也是向城隍神祈禱，隨之普降甘霖，收成有穫。因此代理澎湖通判的程邦基，據當地紳士舉人郭鶚翔、廩生陳維錄等數十人聯名稟稱：為報功崇德，以答神貺，請查例奏請賜頒封號，並賜匾額，而順輿情。劉銘傳乃與閩浙總督楊昌濬據情會摺上奏，奏摺全文如次❸：

> 奏為澎湖城隍神靈昭著，懇恩加給封號，並請賜頒匾額，以答神庥，恭摺仰祈聖鑒事。竊據代理澎湖通判程邦基詳據該處紳士舉人郭鶚翔、廩生陳維錄等數十人聯名稟稱：澎湖城隍神崇祀二百餘年，聲靈丕顯，嘉慶年間海寇蔡牽欲圖撲

犯，兵民詣廟虔禱，賊竟避去。詢據沿海漁民，僉云：賊見雲端旌旗蔽空，隱有神人往來，金龜、蛇頭二山，忽然合抱，故爾駭遁，全島賴以敉平。本年三月，疫癘流行，死亡相藉，民間各設神牌，竭誠供奉，未幾，災氣頓止。繼以雨澤愆期，禾苗將槁，向神祈禱，隨沛甘霖，雜糧以蘇，收成有穫。兵燹之後，饑饉無憂，凡茲靈應實異尋常，闔島徧氓，咸深感戴。查例載廟祀正神，如能禦災捍患，有功德於民者，均准請加封號。他邑城隍，如威靈公、顯佑伯等尊號，胥荷崇封，永昭盛典。城隍自隸車書以來，城隍神歷祀既久，靈爽頻彰，護國庇民，允沐神庥之默佑，報功崇德，宜邀寵命以褒榮，詳請奏懇敕加封號並賜頒匾額，以答神貺，而順輿情等情前來。臣等覆查無異，合無仰懇天恩，准將澎湖城隍神敕加封號，並賜頒匾額，以答神庥，出自鴻慈，謹會同閩浙督臣楊昌濬恭摺具陳，伏乞皇太后、皇上聖鑒，謹奏。

翌年正月二十七日，奉旨加封號為靈應侯，並賜頒「功存捍衛」匾額，此匾今存後殿。按中法之戰，澎湖天后宮之媽祖、觀音亭之觀音菩薩、暨城隍廟之城隍神均有顯靈庇佑澎民兵勇之神蹟，事後天后宮及城隍廟均獲得清帝賜匾尊崇，獨獨觀音亭沒有。法夷亂後，通判程邦基飭紳士黃濟時、蔡玉成、徐癸山等捐資重修，並勒石紀之，今存正殿左壁，碑曰：「重修城隍廟碑記」：

乙酉秋（光緒十一年，1885年），基蒞任籌善後，城隍為祀典

正神，四民祈福。廟燬於兵，商之諸紳，以閣澎十三澳公捐
錢二千貫有奇，十月既望興工，重塑像，增前楹，製廟器，
餘資建照牆。外市屋一所，取賃充廟費，舉紳輪值。丙戌
（光緒十二年）春落成，具詳奏請封號頒匾額，以答神庥。廟
西觀音亭為砲圯，並建之。董事者舉人郭鶚翔，生員黃濟
時、徐癸山、蔡玉成、許晉纓、許廷芳。所需工料，各澳捐
戶，別榜廟堂，以示不朽，是為記。光緒十二年夏月，署通
判事江夏程邦基立。

　　據此碑文，可知此役動員閣澎十三澳捐銀，重塑像、增前
楹、製廟器、建照牆，並有餘資買市屋一所，出租取賃，暨修建
觀音亭。參與者率皆地方名紳，並輪流充當董事管理，其中多人
志書有傳，凡此種種，說明此役規模頗大。今廟中除程氏所撰碑
文外，尚有，光緒十二年春月，程邦基敬立之「你來了」、「悔者
遲」二匾，及續任澎湖通判兼理兵戎陳猷於同年仲夏敬立之「全
澎保障」匾。另有一「敕封靈應侯」匾，光緒帝御賜之寶「功存
捍衛」匾，均為此時期存留文物，足以佐證史事，彌足珍貴。

第三節　日治時期以來的變遷

　　日治後，無奈日久年湮，經風雨之剝蝕，其棟宇又傾圮矣！
澎地人士觸目傷心，感慨係之，於是由鍾紅樟、許合發、謝得、
陳溫而、陳彬、吳寶額、張純卿、劉石龍、陳息、黃火壽、郭騰

芳、林吉木、顏留、林裕等人發起，向澎湖廳長大竹勇申請改
建，幸蒙允准，遂踴躍樂捐，於昭和六年（民國二十年，1931年）
四月興工改築，至八年四月完竣，計費金貳萬貳千餘日圓，今廟
中置有城隍廟改建諸董事捐題碑記，文中除上述諸發起人外，尚
有下列正副總董、董事諸人：正總董鍾紅樟、副總董許合發、謝
得，正董黃格、陳溫而、陳彬、吳寶額、何清安、劉石龍、黃火
壽、藍合、黃文西、江助、林古木、鄭北、顏留、林君黨等十四
人，董事許志、張純卿、陳息、公善樓、郭玉純、郭生和、郭應
時、張再興、藍木、義發、廖波、高喜、黃朝爵、許良、方勇、
合昌、劉德一、陳江成、高軒、薛號、金義德、郭孟裕、黃根
棟、洪榜、黃歐貴、黃建甫、盛興、趙大甲、新興記、吳益發、
呂會、陳哲、張氏釣、呂應等等諸人行號，堪稱組織龐大，聲勢
驚人。此碑立於昭和辛未（六年）孟夏之月，另有一立於正殿左
壁癸酉年（昭和八年）季夏之「澎湖城隍廟改建碑記」，敘述此役
始末：

> 蓋聞天地之治化，有陽以治明，必有陰以治幽，故自神道
> 興，時而天下各行省莫不有城隍廟祀，蓋以城隍為燮理陰陽
> 之神，虔而祀之，則可以冀其靖四境而安萬民也。我澎自前
> 清時，司民牧者即營建此廟於文澳廳署之東，雖香火甚盛，
> 而湫隘囂塵，似非敬神之所。迨乾隆戊戌，謝公維祺任澎，
> 乃商於人士，鳩工庀材，卜築於媽宮城內，即今之廳署東
> 畔。由是而殿宇之宏敞，乃大可觀。洎光緒乙酉，經法人之
> 兵燹，其牆宇均被毀拆，後值通判程公邦基來宰是地，復提

倡募捐，重葺而新之。奈日久年湮，經風雨之剝蝕，其棟宇
又傾圯矣！當地人士觸目傷心，感慨系之，爰是邀集同志，
申請廳憲，幸蒙允准，各隨量輸將。喜哉！諸人士踴躍樂
捐，共成美舉。遂於昭和六年四月興工改築，仍照舊址，就
中擴之充之，較前時之廟貌更為堂皇，迨至八年四月完竣，
計費金貳萬貳千餘圓，所有樂捐諸人士另題名勒石，以示不
朽，是為記。另在廟後建置西洋式家屋一座二間，為本廟公
業，以充油香之費，昭和八年歲次癸酉季夏之月吉旦，改建
諸董事立。

廟中今存樂捐之眾街庄諸人士之捐題碑頗多，計有：「諸善
信寄附金」、「德善堂諸善信寄附金」、「誘善堂諸信女寄附金」、
「慈善堂暨街庄諸善信寄附金」、「四十二社暨諸善信寄附金」、
「西嶼諸善信寄附金」、「馬公宣講社社員寄附金」等七方碑記，
人名洋洋灑灑，不一而足，遍及澎地諸社衢，盛況空前。其中馬
公宣講社碑中另有「記事」（即「馬公宣講社記事」碑，嵌於正殿
右壁），茲引錄於次：

竊謂凡謀有可取，事有足錄者，類皆可記。原夫城隍廟為燮
理陰陽之處，彰善罰惡之區，地位幽森，堂庭陰鬱。在八、
九年前，除香火寥寥以外，足臨是地者頗寡。蓋惑於談怪者
之言，曰時見燐燐鬼火，鬼語啾啾。噫！香火之不盛，良有
以也。我同人有鑑乎此，謀欲破此惑眾之言，以振興香火。
故自乙丑年（按大正十四年，民國十四年，1925年），陳君朝
熙受吳先生學波、康先生吟邵之指導，招集同志到此設宣講

社，以勸善化惡；繼設誘善堂，次分設德善堂，互相勸化，所得善信男女甚篤。恰逢鍾君紅樟等欲改築此廟，重新廟宇，我宣講社及兩堂諸善信，慾思樂捐，計鳩集金六千二百餘圓，以為援助建築之費，其事可謂盛矣！嗚乎！木有本，水有源，我等宣講社及兩善堂之振興於此者，首謀幸有陳君，故能得今日香火之盛。而獲巨資以助建築之費者，全賴眾善信協力同心，樂善不疲，方能成此美事也。謂之謀有可取，事有足錄，其誰曰不宜，故記之於此，以誌不忘云爾。歲癸酉昭和八年秋月，宣講社諸同人謹誌。

　　據此碑可知德善堂、誘善堂、馬公宣講社均是所謂善堂組織。澎湖各廟宇大都有善堂組織，當地的善男信女，競相入堂，俗稱「入善堂」。善堂乃集宗教宣導、社會教育、社會救助之混合組織，也可以說是文人箕壇與宣講制度的複合體，宗教意味較為淡薄。澎湖善堂之濫觴，源起於清咸豐三年（1853年）六月初三，地方有心人士為禱天消災與匡正人心，召集文人學士成立「普勸社」，以宣講聖諭，勸人為善為宗旨。其後，幾經演變，於光緒十三年（1887年）改為「一新社」，光緒十七年（1891年）借媽宮育嬰堂設壇，先奉慈濟真君，復增祀文衡帝君及三教祖師牌位，於是年三月十五日開堂濟世，額曰「樂善堂」，從此社堂一體，各種善事，俱樂而行之，成為一社會教育與社會救助之宗教團體，對地方的教化及社會的安定，貢獻良多[14]。

　　例如日治時期，明治三十四年（光緒二十七年，1901年）五月十五日，一新社諸人到城隍廟，祈請澎境主靈應侯（即城隍）

為澎民救改鴉片煙毒。城隍乃降壇賜詩，恩准開壇在此行善，並諭示轉求南天文衡聖帝關恩主，乞臨澎救改，已蒙允准。五月二十九日，城隍復降詩諭，公佈戒除鴉片條例六則，希眾人遵守，另設置符、沙、甘露水供戒煙者服用，嗣後文衡聖帝亦屢次諭示救改鴉片煙毒之法。一時轟動全澎，各鄉社紛紛抬轎前來求甘露水，取回供民眾飲用，戒除鴉片煙毒，聞靈驗異常，至今故老仍口耳相傳「一新社清水解毒煙」的事蹟⑮。

宣講社及誘善堂、德善堂以城隍廟為善堂，既然振興於此，所以城隍廟此次擴建，善堂諸社員及善信踴躍樂捐，貢獻獨多，廟中到處懸掛了昭和壬申年（七年）、癸酉年（八年）的匾額、柱聯，題名落款盡是些善堂組織，其故安在，可想而知了。

此外，日治時期與城隍廟有關者，尚有二事。其一：原於明治三十一年（光緒二十四年，1898年）在媽祖宮日語傳習所附設之日本學童就讀之高等小學校分班，於明治三十三年十月獨立，遷至城隍廟隔壁之風神廟，將附近屋舍及風神廟拆除，新建教室兩棟及宿舍，風神廟神像就近移城隍廟，後再移媽祖宮（今天后宮）⑯。另一事是：馬公市歷史最悠久之土地公廟「福德祠」（原稱「善後祠」，馬公市民俗稱「土地公間仔」，位於馬公第二信用合作社西鄰福德巷），此祠沿革不詳，據廟中沿革志稱係建於乾隆五十六年（1791年），但此一年代為扶乩所得，並非確證，據說神像原奉於城隍廟，後因廟中增祀六司官，土地公無處容身，乃遷建今址。大正九年（民國九年，1920年）財神廟（位在今台灣銀行址內）被拆，其神像即迎入廟中與土地公共祀，其說真假，已難考證，茲抄錄廟中「澎湖福德祠沿革志」以供參考：

　　且夫城隍與土治皆社稷之神也。陽設有縣令以理政治，陰自有神明以顯闡幽，陰陽同歸一理，其重要所在豈可忽哉，如吾澎福德祠其主神福德正神，原自城隍廟分出者。溯自乾隆四十四年（公元1779年）己亥十月，澎湖通判謝維祺捐俸，率監生郭志達等，在媽宮興建城隍廟，奉祀靈應侯城隍尊神燮理陰陽。配祀有文武判官及四部將，四十六年（公元1781年）辛丑春，因感廟內金身過少，即在東旁增祀註生娘娘，西旁即配祀福德正神以壯瞻觀，至乾隆五十五年（公元1790年）庚戌六月間，因遭劇烈風颮，廟宇損壞，當時新任通判蔣曾年即捐俸，修建擴充前落，添建後殿，並增本澎原有財神廟一間（在現在台灣銀行附近之處），此廟因市區改正而拆去，故將財神爺金身及左右執寶童子共三尊，奉寄在福德祠與福德正神合祀焉。至民國三十六年（1947年）又重修一次，廟前更擴大。憶自始創福德祠迄今已歷一百八十餘年春秋，而神靈顯赫，依然如昔，經常香線不斷，是全縣老幼人民所崇拜最靈應之神祠，誠不謬也。

　　總之，經過此次改建，而成今存現狀，規模寬敞宏大，廟分三落，前落為大門，二、三兩落為神殿，與東西廂房，形成四合院形式。廟後則為西洋式家屋一座兩間，出租予人。大殿正中奉祀城隍爺，東西兩室分祀註生娘娘與臨水夫人。東廂房則祀有註錄司、陰陽司、褒善司；西廂祀有註壽司、速報司、罰惡司。前後東西兩室分祠謝、范二將軍。迨民國六十八年因後殿漏水，予以翻修，迄至今日，無多大改變。

第四節　結語

　　光復之初，民國三十四年十一月十五日成立接管澎湖之委員會，翌日（十六日）開始全面接收事宜，並舉行全體慶祝「勝利光復」大遊行，時在馬公城隍廟前演戲十餘天，盛況空前❶。由此事即可見城隍廟自清代起迄今一直受到官民共同奉祀，虔誠信仰之一例。

　　城隍廟的香火算是澎湖地區數一數二的，除了廟址坐落於鬧市之中，爲交通要津之原因外，主要是城隍爺的職掌和人禍福有關，城隍之信仰，由原來城池壕溝之建築物，轉而爲保城之神，再一變爲保境之地方神；而其神功職能也由保固城池，一變爲祈雨求晴，招福禳災，再變成假神道求治之地方司法神，終成爲護國佑民之神祇。故民間俗信城隍掌管陰陽二界，陽界人間之善惡由其登錄審判，歸陰之後因功過而受賞罰，有時某些人作惡多端太損陰騭，即使在世，城隍也會加以懲罰，至於陰間冤鬼來到陽世討償，也須經其批准，是以城隍廟中懸有「當日肆無忌，滅理壞倫，君何幹去？今朝悔已遲，披枷帶鎖，爾自惹來」、「世事何須空計較，神天自有大乘除」、「善報惡報遲報速報，終須有報；天知地知爾知我知，何謂無知」、「奸貪似鬼，當貴驕人，到廟爾應破膽；眾善奉行，諸惡莫作，入門予以傾心」等等，令人有凜然悚慄善惡分明之感。而馬公市內素傳靈顯的廟有城隍廟、觀音亭、土地公間仔、陰陽堂……等等，故城隍廟中每日消災補運者

極多，冀圖透過求禱、禳解後，城隍能赦其冤業，避免陰鬼之糾纏，化解災難。也因爲城隍掌管鬼界，澎湖每年七月普渡，一向慣例是「城隍廟放，觀音亭收」，即七月普渡由城隍廟在七月三日領頭揭開序幕，在其普渡之前，不但馬公市，甚至全澎湖各廟，沒有任何一廟會先行舉行普渡。最後則由奉祀觀音大士之觀音亭結束普渡，故有此俗諺❸。

城隍爺的崇信也可從每年陰曆五月六日其神誕時做醮繞境的盛況看出。每年寺廟爲祝賀神誕，按例支公帳，延請道士做醮九日（天公三日，主神三日，眾神三日）。但實際上每年的醮事長達一月，因爲信徒酬神還願寄附之私醮太多，累旬越月欲罷不能，每年此時廟中也會附帶收到大批捐獻的白米及善款，以作爲濟助孤貧之用❾。

澎湖馬公城隍廟創建於乾隆四十四年（1779年），迄今已近二百三十年之久，其間數度重建，也頗有可以資談之事誼，茲將上文所述，予以簡化成大事表（表6-1），一則清眉目，一則省繁文，並做本文之結束。

表6-1　澎湖媽宮城隍廟大事記

年代	大事記要
約康熙二十三年 （1684）	創文澳城隍廟。
乾隆四十四年 （1779）	1.因文澳城隍廟規模狹隘，卑陋囂塵，加以媽宮地位日趨重要，遂改建於新址。興工於乾隆四十三年十月，落成於四十四年二月，廟為三進式，有中庭，有廂房，有圍牆，留有二碑記。是役捐獻者有台灣府知府蔣元樞，澎湖通判謝維祺，監工者海澄縣監生郭志達。 2.西嶼燈塔同年夏建成，謝維祺囑咐城隍廟僧人分司其事，兼司燈火，後年久廢弛。
乾隆五十五年 （1790）	夏六月初六，大風雨，水暴溢，廬舍多陷，城隍廟多損壞。
乾隆五十七年 （1792）	澎湖通判蔣曾年及當地居民踴躍捐輸修葺，並建後殿五間。
嘉慶三年 （1798）	嘉慶二年八月風災受損，三年澎湖通判韓蜚聲勸商賈重修。
嘉慶二十二年 （1817）	澎湖通判潘觀光以黃研罰項的番銀五十二元半之生息款，召匠修葺。
道光四年 （1824）	中殿前楹塌壞，通判蔣鏞籌款重修。
道光二十四年 （1844）	左營遊擊蘇斐然，監生張騰驤，捐款重新修建。
光緒十一年 （1885）	中法戰役，法人犯澎，二月十三日，媽宮百姓走避法人攻擊，時砲彈如雨，百姓口呼城隍神保佑，砲彈墜地未炸裂，百姓安然。三月，疫癘流行，百姓各設神位安奉，災氛頓止。繼又祈雨，隨沛甘霖，收成有穫，民困始蘇。通判程邦基上稟。劉銘傳與楊昌濬奏請朝廷加封賜匾，翌年奉旨加封，號為「靈應侯」，御賜「功存捍衛」匾。
光緒十二年 （1886）	廟燬砲火，通判程邦基飭紳士黃濟時、蔡玉成、徐癸山、許晉纓、許廷芳捐資重修，及闔澎十三澳百姓公捐，翌年春落成，重塑像，增前楹，製廟器，建照牆。餘資買市屋一所，出租取貲充廟費，另修建觀音亭。有碑記，及「你來了」、

（續）表6-1　澎湖媽宮城隍廟大事記

年代	大事記要
光緒十二年（1886）	「悔者遲」、「全澎保障」、「敕封靈應侯」、「功存捍衛」諸古匾。
明治三十三年（光緒二十六年，1900）	拆除城隍廟旁風神廟，改建為日人就讀之高等小學校，風神廟神像，就近移城隍廟內，續移天后宮後樓，再移大殿。
明治三十四年（光緒二十七年，1901）	五月，一新社諸人設壇城隍廟，祈請城隍降壇顯靈，為澎民救改鴉片煙毒，後降壇諭示，公佈戒除鴉片條例六則，另設置符、沙、甘露水供戒煙者服用，一時轟動全澎，各鄉社紛紛前來求甘露水，取回飲用，留下一段傳奇故事。
大正初年	此地傳聞鬼怪之說，致使城隍廟香火寥寥，堂庭陰鬱，足臨是地者頗寡。
大正十四年（民國十四年，1925）	陳朝熙召集同人到城隍廟設宣講堂，以勸善化惡，繼設誘善堂，次分設德善堂，互相勸化，香火復盛。
昭和六年—八年（民國二十一二二年，1931-1933）	因日久年湮，風雨剝蝕，棟宇傾圮，經鍾紅樟、許合發等諸人發起，得至澎四十二社及宣講社、德善堂、誘善堂、慈善堂諸善信踴躍樂捐，遂於昭和六年四月興工改築，八年四月完竣，費金二萬二千餘日元，另在廟後建置西洋式家屋一座二間，充為本廟公業。
民國三十四年（1945）	慶祝台灣光復，十一月在城隍廟前演戲十餘日，盛況空前。
民國六十八年（1979）	因漏水，翻修後殿。
民國七十五年（1986）	媽祖宮、城隍廟及觀音亭，原由三甲輪管，於是年陰曆正月初六，三甲在城隍廟做例行年度集會，於交接時，有人提出三甲固定各自管理一廟，經眾人同意，並擲筶得神明獲准，自此年起，由東甲負責城隍廟，南甲負責媽祖廟，北甲負責觀音亭。
民國七十九年（1990）	六月舉行「靈應侯出巡環島繞境護國祈安大典」，前後近一個月，參加繞境之車輛計五十二輛，繞境地區含媽宮、湖西、白沙、西嶼四鄉市六十九村里，未到望安、七美兩離島鄉。醮典之結束日舉行普度，聲勢浩大，極一時之盛。

註釋

❶澎湖民間俗傳文澳之城隍為「文城隍」，媽宮城隍為「武城隍」，雖不符史
　實，卻也可想見民間之予以合理化之解釋。

❷見《文澳城隍廟之研究與修護》（漢光建築師事務所，民國七十六年五
　月），頁16。關於文澳城隍廟創建之年代，據後文所引光緒十一年（1885
　年）劉銘傳與楊昌濬奏摺中，澎湖人士稟稱城隍神崇祀二百餘年一語，則
　上推二百餘年，約是1685年左右，此年是康熙二十四年，而康熙二十三
　年，澎湖新設巡檢司，則推論文澳城隍廟創建於康熙二十三年，應是一合
　理之推論。

❸胡建偉，《澎湖紀略》（台銀文叢第一〇九種），卷二〈地理紀〉「廟祀」，
　頁38。按，不僅城隍廟規模狹隘，不足以展敬，即廳署亦復如此，故胡建
　偉同書卷二「公署」載：「澎湖廳署，乃巡檢之舊署也。自雍正五年改設
　廳治，遂將舊署略加式廓，而大局規模並未革故而鼎新焉。嗣是歷任雖有
　修飾，亦不過因仍故轍而已。至乾隆三十一年，余抵任之後，缺者補之，
　圮者修之……，而體制斯略備焉。」

❹林豪，《澎湖廳志》（台銀文叢第一六四種），卷二〈規制〉「公署」，頁
　69。

❺林豪，前引書，卷十三〈藝文〉，蔣元樞，「創建西嶼塔燈碑記」，頁
　433。

❻此碑文另據何培夫編，《台灣地區現存碑碣圖說・澎湖縣篇》（國立中央
　圖書館台灣分館發行，民國八十二年六月初版）所採錄之碑文互校補，頁
　73。

❼蔣元樞，《重修台郡各建築圖說》（乾隆四十三年彩繪紙本，國立中央圖

書館編印，民國七十二年六月初版），頁57。

❽林豪，前引書，卷十三〈藝文〉，頁435。

❾同上註，頁439。

❿林豪，前引書，卷十一〈舊事〉「祥異」，頁371。

⓫林豪，前引書，卷二〈規制〉「祠廟」，頁56。另參蔣鏞，《澎湖續編》（台銀文叢第一一五種），卷上〈地理紀〉「廟祀」，頁4。

⓬林豪，前引書，卷十一〈舊事〉「軼事」，頁383。

⓭此摺末載〈劉壯肅公奏議〉，錄自光緒十二年正月二十七日京報宮門抄。轉引自羅剛，《劉公銘傳年譜初稿》（正中書局，民國七十二年七月初版），頁747。

⓮黃有興，《澎湖的民間信仰》（台原出版社，民國八十一年一版一刷），第一輯「宗教廟堂」、卷三「善堂」，頁66。

⓯同上註。

⓰蔡平立，《馬公市志》（馬公市公所印行，民國七十三年五月），卷一〈疆域〉第二節「日據時期之馬公市街」，頁108，暨卷十三〈文化人物〉第五節「馬公市區曾存現廢寺廟」，頁830。

⓱蔡平立，前引書，卷三〈開闢〉第五章「光復後之開拓」，頁244。

⓲余光弘，《媽宮的寺廟》（中央研究院民族學研究所，民國七十七年十月出版），第六章〈廟宇的創建興衰與整合〉，頁152-154。

⓳有關城隍廟繞境慶典過程，請參考黃有興，前引書，「重慶里城隍廟城隍爺的繞境」，頁176-179。

第七章

澎湖施公祠及萬軍井

——人與井傳說的辨誤

第一節　施琅生平

施琅 ❶（1621-1687年），字尊侯，號琢公，福建泉州晉江衙口人，生於明天啓元年（1621年），卒於清康熙三十五年（1696年），享年七十六歲。施琅原名「郎」，降清之後，易名爲「琅」，但某些史籍則記爲「烺」。

施琅的先世是在唐代由河南光州固始縣入閩，後再分居於晉江南潯鄉，衍爲潯江系，傳至施琅已是第十六世（見圖7-1）。施琅祖父名爲施一舉，父施大宣，弟施顯。明嘉靖、天啓年間，因遭逢兵燹而家道中落，出生於一個普通農民家庭。他「少有識度，膂力絕人」，年未及冠，從師「習戰陣擊刺諸技，于兵法無不兼精，遂智勇爲萬人敵」，也養成了自負自傲性格。

比長，應募入伍，由卒伍而先後擢爲千夫長、副將、游擊將軍、副總兵、後隨鄭芝龍降清。清順治四年（1647年），鄭成功慕名羅致，邀施琅加入反清義軍，施琅被任命爲左先鋒，成爲鄭成功部下最年少、知兵、善戰的得力驍將，他不僅教鄭成功「樓櫓旗幟、陣伍之法」，且屢建奇功，爲鄭成功出謀畫策，計取金廈。不久，因施琅殺犯法親兵曾德而觸怒鄭成功，施鄭失和，施琅父子三人被拘押。琅以計得脫，成功怒殺施父大宣及弟施顯，施琅從此歸清，先後被授爲同安總兵、福建水師提督。康熙七年（1668年），清廷調施琅入京爲內大臣，疏閒十三年。

順治十八年（永曆十五年，1661年），鄭成功率軍東渡，驅逐

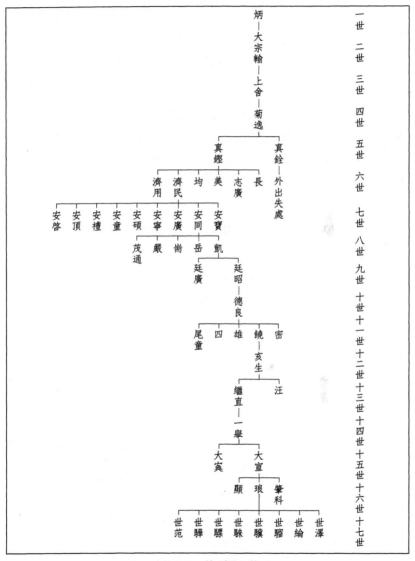

圖7-1　施琅系譜

佔領台灣的荷蘭人，旋於翌年五月卒於安平。以後鄭經襲爵延平
郡王，清廷則採取禁海遷界之策，迫使沿海居民遷入內地，「起
江浙，抵閩粵，數千里沃壤，捐作蓬蒿，土著盡流移」。康熙二十
年（1681年），由於鄭經病逝，長子克𡒉被弒，發生政變，政局不
安。其時，清廷已平定三藩之亂，欲乘機東指，施琅在福建總督
姚啓聖及大學士李光地等的力薦下，復出為福建水師提督，領命
東征台灣。施琅此時雖已花甲，但在長期閒置後，一旦復出，不
免急欲一展所長，於是一面整軍，一面上疏自請專征。此時朝中
大臣相繼上疏，請「暫停進剿」，同為前線將帥的福建總督姚啓
聖、巡撫吳興祚也在先取台灣或澎湖，南風或北風進討等重大問
題上，與施琅相左，雙方堅持不下。施琅先後五次上疏，慷慨陳
辭，力排眾議，甚至立下軍令狀：「事若不效，治臣之罪」，終獲
康熙支持，令施琅獨任征台，不限時日，相機進行。

康熙廿二年（1683年）六月率師進軍台灣，爆發澎湖之戰，
鄭將劉國軒敗走，未幾，東寧請降，佳報至京，正值中秋，康熙
大喜，賜所御龍袍，又褒以詩章，「加授靖海將軍，封為靖海
侯，世襲罔替，以示酬庸」，並特旨賜戴花翎。此後發生台灣棄留
問題，施琅先後上疏，大聲疾呼，力陳保台，尤以〈恭陳台灣棄
留疏〉貢獻頗大，此疏上後，康熙終於採納施琅建議，將台灣納
入版圖，設一府三縣，台灣成為中國海上重鎮。

此後琅年歲已大，曾二度入京朝見。至康熙三十五年（1696
年）二月，因出行郊外，偶感風寒，染痰壅氣喘之症而卒，葬在
惠安黃塘虎窟口。次年，康熙追贈太子少傅、光祿大夫，諡「襄
壯」，並給全葬，命官諭祭三次，並於泉州府學前建祠立碑祀之，

有司於泉州、福州、台灣立祠，配享文廟。民間也紛紛樹碑揚
譽，立祠紀念，「沿海里巷，比戶奔哭，如喪考妣，所在祀爲神
明」。雍正十二年（1734年）諭令入祀京師賢良祠，春秋崇祀。

第二節　神蹟考辨

施琅一生最大功業在於打敗鄭氏，攻取台灣，而其中又以澎
湖一役最爲關鍵。澎湖海戰之成功，施偉青在《施琅評傳》一書
中，從政治、經濟、軍事三方面，詳述獲勝原因，惜並未提及施
琅利用媽祖信仰，展開政治作戰一事。

施琅一向善於利用風水、迷信，以製造有利情勢，施德馨
〈襄壯公傳〉記載其年少時：「（施琅）將誕，母太夫人洪有神授
寶光之夢，覺有異之。遂生公。少倜儻。氣骨不類恆兒，鄉薦紳
庄公際昌一見大驚異。里有神宇曰定光庵，公垂髫詣神稽首，彷
彿見神靈隨之拜起，公亦默以自異。」❷

〈施襄壯公家傳〉亦有類似記載，並指出施琅「由是自負」。
並對外揚言是老虎投胎的「虎精」，甚且死了亦埋葬在惠安黃塘虎
口窟，〈襄壯公傳〉曾記載一事：

> （施琅）嘗統偏師入賊巢，而忌者後師不繼，雖勢極倉皇，公
> 故示鎮定。薄暮，迫賊壘而營，賊畏憚未敢犯。因乘夜從間
> 道旋，師迷失途，徬徨榛莽中，有群虎隨軍行止，委蛇導
> 引，得達于大道，與諸軍合，其靈異類若此。❸

　　也曾對外宣稱「公嘗夢爲北斗第七星者」❹，凡此種種例子，說明了施琅的確擅長製造各種神話傳說，助長聲勢，取得衆人信服。攻澎之役，也是如此。

　　施琅於康熙廿一年奉命征台之後，即選擇莆田縣的平海澳爲海軍基地，整船練兵，並散佈媽祖庇佑，湧泉濟師之傳說，且親撰〈師泉井記〉以誌其事。同年十二月，造出媽祖顯聖，以燈光引護舟人之說。攻澎之前，透過其標下左營千總劉春，散佈媽祖告訴他：「二十一日必得澎湖，七月可得台灣」。果於二十二日澎湖克捷，七月台灣投降。甚且捏造媽祖助戰之靈異：

> 及康熙二十二年六月十六、二十二等日，臣在澎湖破敵，將士咸謂恍見天妃，如在其上，如在其左右，而平海之人俱見天妃神像是日衣袍透濕，與其左右二神將兩手起泡，觀者如市，如天妃助戰致然也……且澎湖八罩虎井大海之中，井泉甚少，供水有限，自臣統師到彼，每於潮退就海崁坡中扒開尺許，俱有淡水可餐，從未嘗有。及臣進師台灣，彼地之淡水遂無矣。❺

　　除了運用媽祖神蹟外，連觀音菩薩和關聖帝君也不放過，杜臻《澎湖台灣紀略》提及：

> 初，琅將出師，夢觀音授以水一桶，覺而曰：水者，海也；一桶者，大一統也。我今茲必破賊矣！又，軍士有宿於關壯繆廟者，忽聞空中呼曰：選大纛五十杆，助施將軍破賊。琅聞之，益自喜，至是，果驗。❻

第三節　萬軍井考辨

　　上述這些種種神蹟，於鼓舞清軍，瓦解鄭軍，收攬民心，的確在當時發揮了可觀功效。但是值得注意的是，不論枯井噴泉，媽祖神像衣袍透濕，或千里眼、順風耳雙手起泡，顯靈所發生的地點不是澎湖，而是在莆田湄州嶼附近的平海澳（今莆田縣平海鄉）。至於澎湖發生的神蹟只有八罩島虎井一帶的沙灘挖掘出淡水一事，不料，施琅之後清修的台灣府縣廳志書，似乎把湄州平海澳誤以為是澎湖的「某一澳」，以訛傳訛，輾轉抄襲，訛傳至今，萬軍井（師泉井，又名大井）即是一例。

　　前述施琅奉命征台，率軍駐紮平海後，不久即出現媽祖庇佑、湧泉給師的傳說，並親撰〈師泉井記〉以誌其事：

> 今上御極之二十一載，壬戌孟冬，予以春命統率舟師祖征台灣，貔虎之校，犀甲之士，簡閱而從者三萬有餘眾，駐集平海之澳……平澳遷徙之壤，介在海陬，昔之井廬，盡成堙廢。始得一井於天妃行宮之前，距海不盈數十武，瀆滷浸潤，厥味鹹苦……祈籲神聰，拜禱之餘，不崇朝而泉流斯溢，味轉甘和，綆汲挹取之聲，晝夜靡間，歟涌滋溉，略不顯其虧盈之跡。凡三萬之眾，咸資飲沃，而無呼癸之慮焉……因鑴石紀異，名曰師泉，昭神貺也。❼

　　此記明顯的說明「師泉井」是在平海澳的天妃宮前。此後修

於康熙廿四年林謙光的《台灣紀略附澎湖》，及約修於康熙卅年杜臻的《澎湖台灣紀略》，均未提及澎湖師泉井之神蹟，直到修於雍正末年周于仁的《澎湖志略》才提及此事：

> 康熙二十二年六月靖海侯施琅奉命征鄭克塽，取澎湖，入廟拜謁，見神衣半濕，始知實默佑之。又師苦無水，琅禱於神，井湧甘泉，數萬師汲之不竭。今其井尚存，名曰大井。❽

乾隆廿四年胡建偉所修的《澎湖紀》更進一步的渲染爲：

> 媽宮社大井，康熙二十二年靖海侯施琅率師討鄭逆，先克澎湖，駐兵萬餘於此。先時，水泉微弱，不足以供眾師之食，侯虔禱於天后神，甘泉立湧，汲之不竭，兵無竭飲。至今此井水泉亦甚旺焉，但水味略覺有些鹼氣耳。❾

而修於道光九年的蔣鏞《澎湖續編》僅簡單地記載：「媽宮社大井，俗呼施井」❿。此外，刊於康熙五十九年的陳文達修《鳳山縣志》亦記載：

> 康熙二十二年，靖海將軍侯施琅奉旨徂征台灣，師次平海，時方苦旱，有井在妃廟之左，舊不能資百口，至是，泉忽大湧，四萬餘眾汲之裕如焉。⓫

一路演變訛傳至刊於嘉慶十九年謝金鑾撰的《續修台灣縣志》變爲：

> 二十二年，我師征澎湖，恍有神兵導引，及屯兵媽宮澳，靖

海侯施琅謁廟，見神衣袍半濕，臉汗未乾，始悟實邀神助。又澳中井泉，只可供數百口，日日駐師八萬人，泉暴湧不竭。[12]

很顯然的，清修諸種方志，把平海澳的神蹟逐步的附會到澎湖來，整個神蹟的發生次序是：

1. 平海澳的枯井湧泉及媽祖託夢。
2. 將士恍見天妃及平海澳人發現天妃廟裡神像衣袍透濕，神將兩手起泡。
3. 在大捷之後於八罩島虎井附近沙灘掘得淡水。

附會到澎湖，訛變為：

1. 征澎湖時恍惚中有神兵導引。
2. 及屯兵媽宮澳，施琅謁廟見神像衣袍半濕，臉汗未乾，始悟媽祖顯靈幫助。
3. 等屯兵完畢，淅米炊飯，本來只能供百人喝的小井，忽然噴湧不竭，足供萬人之需，這也歸功於媽祖的庇佑。

流言附會如此，所以林豪在《澎湖廳志》中不客氣地予以辨斥：

施襄壯侯奏疏云：八罩虎井大海之中，井泉甚少，供水有限。自臣統師到彼，每於潮退，就海崁坡中，扒開尺些，俱有淡水可餐，從未曾有。及臣進師台灣，彼地之淡水遂無矣！按邵乘錄〈師泉井記〉，以為禱神得泉之證，不知師泉井

固在內地之平海澳也……而紀略以媽宮街大街,指存施侯得
泉濟渴之處,考之奏疏,似未盡合,蓋施軍惟在八罩虎井,
故艱於得泉耳。若既入媽宮澳,則澎地已平,隨處可汲,何
必獨恃此一井乎?且從前劉國軒兵守媽宮港者亦多,何以並
無患渴,而所汲者又何井乎?❸

第四節　施公祠的創建

　　施公祠有二:一於台南,今施厝街尚存有施家住宅遺址:一
於澎湖,原稱施將軍廟,原廟建於何時已難詳考,杜臻的《澎湖
台灣紀略》、周于仁的《澎湖志略》、林謙光的《台灣紀略附澎
湖》、及胡建偉的《澎湖紀略》廟祠條目均未見到施將軍廟的紀
錄,直到蔣鏞《澎湖續編》始見記載,續編卷二〈地理紀·廟
祀〉,「施將軍廟」條記:

施將軍廟,廟在媽宮澳東街,前水師提督施琅平台有功,封
靖海侯,官民建祠祀之。通判蔣鏞查在澎奉差,因公遭風歿
於王事者,皆無專祀,因籌捐銅錢三十二千文,發交鹽館生
息,又籌捐銅錢四十千文,移營生息,附祭各木主於此以報
之。❹

　　此文指出施將軍廟是在施琅「平台有功,封靖海侯,官民建
祠祀之」,並未指出是在其「歿後」建祠祀之,是可知施將軍廟是

在施氏尚存時所建的生祠，而非至其死後方建廟爲祀，參以施琅親撰的〈施將軍廟碑記〉，碑末官職題銜爲「太子少保、靖海將軍、靖海侯世襲罔替，水師提督事務施琅立」 ⑮，更可確證。則知施將軍廟之創建，其上限，最早不超過康熙二十三年（1684年），最晚不遲於康熙卅五年，是施琅封靖海侯後所建的生祠。

　　施公祠早期叫「施將軍廟」，至道光十二年（1832年）蔣鏞纂修的《澎湖續編》中仍稱爲施將軍廟，然而何時改稱「施公祠」呢？現存施公祠中，嵌於廟西壁下段有一古碑，內容爲：「道光癸卯年（二十三年）葭月穀旦，施公祠重修。海壇右營戍澎各隊目兵丁等四百二十八名，共捐餉銀一百二十八兩四錢正。董事海壇劉（印）元成另捐餉銀二十兩正，海壇各伙房長全公立。」是知道光二十三年（1843年）施將軍廟已稱爲施公祠，則改名應在道光十二年至二十三年之間（1832~1843年）。

　　而施將軍廟之改稱爲施公祠，似與入祀木主有關，蓋澎湖陰陽堂收容文官衙中在職亡故而無後者，施公祠及昭忠祠則祀武營中無祀者，經查證，在施公祠神龕左側奉有許多神主（據說以前數目更多），字蹟清晰可辨者，有道光七年任台灣縣羅漢門巡檢兼攝台灣典史的「金日亨」，道光九年署理右營中軍守備的「黃聯陞」，另一個神主正中有一大牌，內列十人之姓名，經查證其中八人是道光十二年張丙之亂中殉職的低級軍官，有千總楊希盛、把總聶雲登、陳庚春、外委陳相坤、唐國賢、郭廷邦、邵清標、額外外委高清河等 ⑯。據此，似可推論：道光十二年後，因施將軍廟不再專祀施琅，兼入祀武職無後者，稱之爲「施將軍」，稱之爲「廟」，似有不安，遂改稱爲「施公祠」，要之改名爲「施公祠」與

入祀諸亂事歿者官兵神主有絕大關係。

第五節　施公祠的沿革

　　施將軍廟或創建於康熙二十三年，至道光十二年後改名爲施公祠，其間唯一有確證可查的重修紀錄是：道光二十三年，由當時海壇右營戍澎各隊目兵丁，及董事海壇人劉元成共捐餉銀，合力重修。今祠中尚有一匾，前簷上立戊戌年桂月重修的「福曜海山」匾，查干支爲戊戌年號的只有乾隆四十三年（1778年），道光十八年（1838年），光緒二十四年（1898年），民國四十七年（1958年），則或是乙未割台後，於光緒二十四年（明治二十年）曾一度重修所立，蓋其時爲日治時期，故不立廟號，只有干支。

　　施公祠原居「媽宮澳東街」，約在今省立澎湖醫院址，與海壇館爲鄰。中法戰爭中受損，日人據台澎後，1914年徵用土地建立醫院，施公祠與海壇館乃一同遷入原屬海壇標兵之伙房中共祀，由施琅當年部屬之後代項秀明重建。由於自清代中葉，施公祠即與海壇戍兵建立相當密切關係，至日治以來，施公祠之管理權一直在海壇人後裔之手。嗣後因爲有若干主事人擅自處分廟產，引起內訌不和，組織解體，現在的施公祠與海壇館之祭事，僅由住於其廟舍的項家負責。現在施公祠是項炎興先生在民國五十九年（1970年）重修，至今已殘破不堪❶。

　　施公祠現存古蹟，除二古匾：「福曜海山」、「寰海皆春」，暨道光癸卯年的重修古碑外，該祠中現奉有紅臉的施琅神像，尚

有五帝爺神像三尊、媽祖一尊（均是原奉於海壇館神像），另有土地公一尊及不知名神像二尊（一說是海山城隍，一說是施世范、施世驃），及兩側謝、范二將軍的巨大神像。迨及民國七十四年十一月，經內政部公告指定爲台閩地區第三級古蹟，原貌已被破壞不全，也非原址。要之，現存文獻沿革及口述資料均殘略不足，所考知者僅得如許！

第六節　班兵制度與海壇館

一、班兵制度與伙館

　　康熙廿二年，清廷收台灣入版圖，由於台灣孤懸海外，又是明鄭故地，加以當時兵餉繁重，全國一片裁兵之聲，施琅建議由福建各營額兵中抽調兵丁萬名到台防戍，既可守台，且使「兵無廣額，餉無加增」，獲得聖祖採納，制定班兵制度。最初台灣綠營分成水陸十營（即台灣鎮標中左右三營、台灣水師協中左右三營、澎湖水師協左右兩營、南路營、北路營、水師、陸路營各半），其陸營諸兵多由漳州、汀州、建寧、福寧、海壇、金門等六鎮標，及福州、興化、延平、閩安、邵武五協標抽調而來；水師則由福建的海澄、金門、閩安三協標，及廣東水師南澳鎮抽調而來。

　　班兵三年一換，既是由福建、廣東各營分別抽調來台，來台後又須零散分營，錯雜相維，以防結黨爲亂，致使台澎每營兵丁

竟有調自內地數營之事。營別不同，言語不通，兵弁不習，生活
不協，不僅造成操練困難，更各分氣類，彼此相鬥，擾民滋事，
不法生事常有所聞，舉其大者，如包娼、放債、開煙館、開當
館、開賭場、設局取利、搶取財物皆是，是以沈葆楨認為台灣有
十大積弊，居首的即「班兵之惰窳」❽。

　　而班兵亦有其自身痛苦之困擾，概要地說，其一，薪餉薄
少，嗷嗷度日。雖然清廷對班兵調戍有旅費之補助，但其數戔
戔，渡海之際常須候風，俟氣候許可方能登舟起程，況且船少兵
眾，候配需時，為此稽延時日，虛耗盤費。其二，戍守班兵，初
到台澎，無房舍可住，兵丁大半在民間租房而住，或支架帳房，
搭蓋草寮，暫時棲住。即使兵房建好，使兵有居所，但一直到清
末，台澎兵房大半都是官建的茅屋，而台澎風雨特多，時有地
震，所以「甫造旋坍，既坍復葺，葺完住暫，去則又空，展轉虛
糜，累公不少」，故營房常須修葺，並不合用。遂有伙館之建置，
伙館之產生，主要目的即為幫助各營班兵，解決調防駐紮的食宿
問題。澎湖媽宮的提標、海壇、南澳、銅山、閩安、烽火諸館，
即因此而創。

二、海壇館的由來及沿革❾

　　清代駐台澎班兵伙館演變而成的廟宇，是台澎地區民間宗教
的一個殊例，這類廟宇名稱一律都用「館」，而非一般習見的
「宮」、「殿」、「廟」等。目前澎湖所存會館有四：一是與施公祠
合併的海壇館（一稱海山館），一是提標館，一是銅山館（現更名
銅山武聖殿），一是台廈郊實業會館（現一名水仙宮，為三級古

蹟），並稱馬公四會館。餘如南澳館建物已拆，猶存殘跡；烽火館亦毀，僅存古井一口，古碑兩塊；原祀烽火館的神像仍存於故址民宅內。而閩安、南澳館建於何時何地，何時被毀，故老均無人知曉。

撥戍台澎班兵以地緣關係各分氣類，他們抵達澎湖之後，以祀神為名，建立伙館，一則作為調差之時落腳暫棲之地，一則充為在澎湖駐防期間聯誼社交之所。為擴大伙館功能，維持長久，往往會購買房產店業，以其租賃收入作為祀神香資，及其他公眾事業工作之開支。

這些清代班兵的伙館，除了主要館舍建築是「中祀神明，廊棲戍兵」外，又陸續增建許多附加建築，或提供兵丁眷屬住，或出租與民住。這些建築以廟館為中心，往往四周擴展，形成各營兵丁以廟館為中心的「角頭」。清代分佈於馬公市內伙房之確數及有關資料已難查考，據耆老指出各館館址及勢力範圍，約是：(1)海壇館位於今省立醫院東側內，其伙房及店業分佈在省立醫院之南側西側。(2)提標館位於海壇館與北極殿之間，即省立醫院東北角附近，其勢力圈在今馬公第二信用合作社以南，海壇館勢力以北。(3)銅山館位於今仁愛路中正路之交叉口，其勢力分佈於今中正路兩側並及仁愛路兩側，一直延伸至民族路附近。(4)南澳館位於現今馬公市的精華區，即真善美戲院附近。(5)烽火館偏處於民族路今馬公公車總站之南（見圖7-2）。

海壇館，顧名思義是清代海壇鎮派來的班兵所建廟館。該館創建於何時已無法確知，據現存於烽火館故址的重修碑記載烽火館「稽其始建自乾隆年間」，暨另一方乾隆三十年（1765年）的重

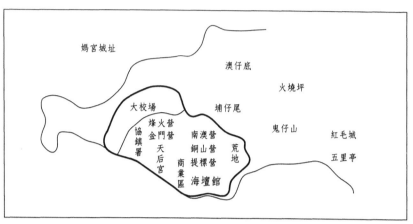

圖7-2　清代馬公市班兵伙館位置圖

修碑記載，則烽火館建立於乾隆初年應為合理推論，同理，以此
例彼，海壇館創建也不應遲於乾隆初年，更何況現居烽火館林家
所保存的古地契，其中有關海壇館的房契共有九份，計有乾隆二
十九年二份，四十七年一份，道光六年一份，十六年二份，二十
三年一份，二十九年一份，三十年一份。其中乾隆二十九年的一
份契文內容如下：

> 立賣杜契人黃望，有自置瓦屋壹所……坐落媽宮地方海壇媽
> 祖館後，東至左廳衙署邊，西至許家厝，南至媽祖館後，北
> 至左營軍局……賣與海壇左右兩營眾弟子楊法、徐慶等……
> 其銀即日全中收訖，其屋付眾弟子前去拆毀，起蓋為天后聖
> 母後殿……

同年之另一契約，除出面承購者是海壇人丁老、徐慶，另該

屋坐落於東外，餘內容相似。據此可知，海壇館以奉祀媽祖為主神，乾隆二十九年（1764年）時已有，並在該年買地擴建，則海壇館創建於乾隆初年應相當可信，若以康熙二十五年始行班兵制度推論，則創建於乾隆初年之推論尚嫌保守。

海壇館應該於乾隆初年已有，而其組織團體已難稽考。一般言，台灣的會館多設有董事或理事，負責主持會館業務，對內處理會館一般事務，對外代表會館與其他團體交涉談判。其任期有一定時間，可連任，不受薪，但由會館支給若干車馬費。此外，有時因事務繁雜，另請有一些受薪職員協理，如接待賓客、清理會館、安排祭祀、辦理宴會、催收租穀，及一般慈善工作等等皆是。

會館是為同鄉服務，為達到這個目標，經費自然是會館設立與維持的依賴，通常經費的來源是同鄉人的捐輸募集，其中又以同鄉中的達官商賈的捐助最為主要，如前述馬公烽火館的重建，就是由駐紮澎湖水師副總鎮江起蛟，率領其屬下左右營游擊、守備、千總、把總等軍官，及「烽火門換戍澎台班兵樂助共成」。此外，會館為維持發展，須有一固定穩當的收入，故多置有田產店厝為其產業，將產業出租，以其收入做祭祀及其他事務之用。據前引房契內容，如海壇館在乾隆二十九年為擴建館舍，曾購買館舍的西側及後方二民居，拆卸其屋以增建後殿。乾隆四十七年右營遊擊林廷寶任滿調職，將原有房屋一座捐贈，作為天后聖母香油之資。道光六年之契約，係把位在水仙宮前的公店出租。道光十六年協鎮詹功顯購店屋一座喜捨於該館為天上聖母之香資，同年同月同一賣主亦售給海壇館店屋一座。二十七年、二十九年海

壇館又分別購瓦厝一座。三十年海壇標百總林家華及樂隊林興啓購買坐落於烽火館口的瓦厝貳間。這些產業多半位居海壇館周圍，當然這些契約不能代表昔時海壇館的全部產業。依現有的地籍資料載明：在天后宮東南側，萬軍井邊的一間小店，產業是屬於海壇館的。且據耆老所言，現今施公祠及其東鄰的一大片產業，以前都是該館伙房，因此在海壇館鼎盛時期，其房地產業有數十頃至上百頃，應不成問題的。所以當年的海壇館宏敞奢麗，故老傳聞，光復初，今省立醫院的後院仍留有屬於海壇館的大戲台及拜庭遺跡。

這大片產業的由來，除了合法買賣外，我們很難不懷疑其中有巧取豪奪而來的。林豪在《澎湖廳志》中，曾提及「澎之患氣，莫如戍兵、胥役二者，或以文亂禁，或以武亂法，各挾其勢力，以魚吾民」，例如他又指出：「澎地本狹隘，媽宮澳尤甚，而各標戍兵橫暴習慣，其或佔地至十餘里外，如隔水之小案山，亦指為該標之管業，有明買遷葬者，則群起阻之，遂使民有死無葬地之謠。」❷

在戍兵橫暴驕橫的欺壓下，幅員不大的馬公市，精華地區在各標瓜分下，淪為伙館之產業及勢力圈。直到日治初期，殘留標兵依舊惡行不改。故老傳聞，海壇兵曾指其館舍後某一住宅之窗戶礙其風水，竟糾眾要強行封人窗戶，異族政權統治下猶如此蠻橫囂張，就可了解清代時強佔土地的可能性。

據「寰海皆春」、「福曜海山」二古匾，海壇館可能分別在道光十五年（1835年）及光緒二十四年（1898年）重修過。日治初期（明治二十九年，1896年）被佔用作為澎湖醫院，大正三年

（1914年）館舍拆除，建立醫院病房等設施㉑。施公祠也同被拆除，故海壇人項秀明將二者的神像木主等合併移入原來的海壇伙房，今施公祠現址。海壇館派下弟子在日治時期仍有組織，定期聚會聯誼，但光復後不久，若干主事者擅自處分廟產，引起糾紛，其組織因之瓦解，留下一約十平方公尺的店業在天后宮及施公祠間，以其租項勉爲香資之助，現在施公祠與海壇館的祭事，僅由住於其間的項家維持。

施公祠中尚保存原屬海壇館的軟身媽祖、五帝爺、海山城隍，及謝范二將軍神像，以及可能是海壇標下殉職官兵的神主牌。今馬公市民一般僅知道有施公祠，而不知有海壇館（或海山館），香火微渺，差堪維持。

第七節　結語

施公祠原名施將軍廟，原是紀念施琅平台後所創建的生祠，因此可能創建於康熙二十三年（1684年），最晚不會遲於施琅去世之年康熙三十五年（1696年）。道光十二年（1832年）後，或因入祀海壇營殉職官兵木主，不便專稱爲將軍廟，改名爲施公祠，今可確知者，道光二十二年（1842年）已稱施公祠，並在是年由董事海壇人劉元成及海壇右營戍澎兵丁共捐餉銀重修，格局不詳。施公祠原在媽宮澳東街，今省立醫院地址，與海壇館爲鄰。中法戰爭中曾一度受損，日治後大正三年（1914年）徵用土地建立醫院，拆除館舍，施公祠與海壇館乃一同遷建於原屬海壇標兵伙房

中共祀，由海壇人項秀明主持其事。此後僅在民國五十九年
（1970年）項炎興先生重修過一次，現已殘破不堪。

　　海壇館又名海山館，是清代駐戍澎湖的海壇官兵所共建的會
館，該館可能創建於乾隆初年，至遲於乾隆二十九年（1764年）
已有。館中奉祀媽祖，其建築論氣派規模雄於其他會館，至光復
初仍留有大戲台及拜庭遺跡。海壇館原位於今省立醫院東側內，
從乾隆年間到道光年間，陸續添購廟產，其伙房、廟業遍佈在省
立醫院之南側及西側，廟產眾多，鼎盛時擁有數十頃至上百頃。
道光十五年（1835年）及光緒二十四年（明治二十年，1898年）
可能重修過，迨至光緒二十二年（明治二十九年，1896年）被佔
用作爲澎湖醫院，民國三年（大正三年，1914年）與施公祠同被
拆除，遷建今址，與施公祠合併。光復初因主事者處置廟產不
妥，引起派下糾紛，導致組織瓦解，香火寥落。今施公祠所存原
海壇館古物有「寰海皆春」、「福曜海山」二古匾，及軟身媽祖、
五帝爺、海山城隍、范謝二將軍神像，及若干神主牌位。

　　至於萬軍井（又名師泉井、施井、大井）之湧泉傳說，純屬
訛傳，其發生之眞實地點應在莆田湄州嶼附近的平海澳天妃宮前
的水井，眞正在澎湖發生的神蹟只有八罩島虎井一帶沙灘挖掘出
淡水一事。造成這種附會訛傳，主要是清修的台灣諸府縣廳志
書，將平海澳誤解爲是澎湖的一澳，於是乎以訛傳訛，輾轉抄
襲，流傳至今，澎人深信不疑，雖經前賢近人的駁斥，但很難扭
轉民間的傳說及刻板印象。不過，若說當年施軍駐紮澎湖，曾汲
泉飲用此井，應當可信，不必因是訛傳附會，遂將此井的歷史價
值完全抹殺。

註釋

❶本節多據(一)施琅，《靖海紀事》。(二)施偉青，《施琅評傳》(廈門大學出版，1980年)，及(三)周雪玉，《施琅攻台的功與過》(台原出版社，民國七十九年)改寫而成，茲不再一一註明。讀者若對施琅生平有進一步興趣，可參閱清代台灣諸志書中所附列傳，此處以范咸，《重修台灣府志》(台銀文叢第一〇五種)為例，范志卷十一〈武備三〉「列傳」，記施琅：

施琅，號琢公，晉江人。明崇禎時，為遊擊將軍。及明亡，閩、粵事亦相繼敗，琅挈家屬入海依鄭氏。成功忌其能，因釁執之；會得脫，遁歸，家屬皆被害。

順治丙申，制府李率泰薦授副總兵，駐同安；薄廈門賊壘，擒其驍將數十輩，所招降萬餘人。晉同安總兵，擢福建水師提督；平金、廈沿海諸島。康熙六年，以「邊患宜靖疏」請搗台灣，得旨赴京面陳。尋以議裁浙、閩、粵三省水師提督，留京；晉爵內大臣伯。

康熙二十年，朝廷從姚啓聖請，特命琅征台。琅至閩，選舟師練習三載，以二十二年六月乙酉由銅山進兵入八罩，直抵澎湖。澎為台門戶，賊之精銳悉在焉；有眾二萬餘、艘二百餘，集於雞籠等嶼。倫鎮國公劉國軒亦擁精兵二萬屯於風櫃尾、牛心灣等處，環設砲城，以陸兵守之。其餘沿海賊舟，星羅碁布。琅令大小船於風帆上，大書坐將姓名，以知進退、定賞罰。丁亥昧爽，鼓角喧騰，兩師將合，琅先令曾成、藍理、吳啓爵、張勝、許英、阮欽為、趙邦試七艘衝殺賊□，收入八罩，獨駕小舟潛偵賊寨動靜。癸巳，與各鎮折師，分為八隊；每隊七舟，各三其疊。琅自統一隊，居中調度；留八十餘舟為後援。又分遣五十餘舟從東畔嶼內截寇歸路，以五十舟從西畔牛心灣、內外塹為疑兵牽制。忽北風驟發，勢相逆，

三軍股栗；琅巡師大呼曰：「無弓！稚天、稚皇帝之靈實式臨之」。須
臾，雷震風反，將士賈勇而前。賊舟發火矢交攻，煙焰迷天；官兵乘勢夾
擊。自辰至申，賊艘被焚，覆溺投水者無算。劉國軒遁入小舟從吼門出，
僅以身脫。既破澎湖，琅思以恩信給台人，凡降偽鎮營弁，將賞有差。給
士卒糧米，焚傷覆溺未死者以醫藥救治之，有欲歸見妻子者給舟送之；降
卒相謂曰：「是直生死而骨肉也」。歸相傳述，賊眾解體，望王師如時
雨。方駐師澎島時，士卒數萬乏水；隨地鑿井，甘泉湧出。於是軍聲大
振，鄭克塽始決計歸順；遣裨將馮錫珪、陳夢煒齎獻延平王金印一、招討
大將軍金印一、公侯伯將軍銀印五，來乞降。時七月二十七日也。八月壬
子，琅統舟師臨台地受降，令人民土番薙髮。官民有怨者，悉為捐釋。撫
殘黎、籍府庫兵仗，卹陣亡之殺傷者；雞犬不驚，壺漿載道。

捷書至關，上解所御龍袍馳賜，載褒以詩。加授琅為靖海將軍，封靖海
侯；予世襲。琅復念海外初平，所在土番雜處，為善後計，特疏詳陳台灣
棄留利害，請設郡縣以為東南數省藩籬；詔報可。版圖式廓，海波不揚；
江、浙、閩、粵四省數十年鯨鯤久靖，琅之功為多。

❷見施琅，《靖海紀事》（台銀文叢第一三種）中收施德馨〈襄壯公傳〉，頁
23-23。

❸同註❷。

❹同註❷。

❺見《天妃顯聖錄》（台銀文叢第七七種）收「歷朝褒封致祭詔誥、靖海將
軍侯福建提督施為神靈顯助破逆請乞皇恩崇加敕封事」，頁12。

❻杜臻，《澎湖台灣紀略》（台銀文叢第一〇四種），頁10。

❼施琅，《靖海紀事》中〈師泉井記〉，頁20-21。

❽周于仁、胡格，《澎湖志略》（台銀文叢第一〇四種），「宮廟」，頁34。

❾胡建偉，《澎湖紀略》（台銀文叢第一〇九種），卷之二〈地理紀〉「井
泉」，頁47。

❿蔣鏞，《澎湖續編》（台銀文叢第一一五種），卷上「井泉」，頁9。

⓫陳文達，《鳳山縣志》（台銀文叢第一二四種），卷之十〈外志〉「寺廟」，頁160。

⓬謝金鑾，《續修台灣縣志》（台銀文叢第一四〇種），卷二〈壇廟〉，頁64。

⓭林豪，《澎湖廳志》（台銀文叢第一六四種），卷一〈山川〉，頁23。

⓮蔣鏞，前引書，頁8。

⓯黃典權，《台灣南部碑文集成》（台銀文叢第二一八種），頁2。

⓰以上人名之考證是據鄭喜夫，《台灣地理及歷史》（台灣省文獻委員會，民國六十九年），卷九〈官師志‧文職表、武職表〉而來，頁253、185。

⓱蔡平立，《澎湖通史》（眾文出版社，民國六十八年），頁538。

⓲詳見許雪姬，《清代台灣的綠營》下篇「台灣的班兵」一書（中研院近史所第五四種專刊，民國七十六年）。

⓳非特別註明，本節多據余光弘《媽宮的寺廟》及筆者實地採訪而寫，茲不一一註明。

⓴林豪，前引書，頁315。

㉑井田麟鹿，《澎湖風土記》（成文出版社翻印，民國七十四年）。按，此條資料轉引自余光弘書，但經遍查原書，並無是項記載，不知余氏何所出？再遍查《澎湖事情》、《澎湖島》、《澎湖を古今に涉リヘ》等成文出版社所出版諸書，均無相關紀錄，姑誌之，待他日再查考。

第八章

澎湖媽宮觀音亭

——涼亭變成寺廟

第一節　觀音信仰在台澎

　　台澎的宗教，大都是明末清初以來，隨著移民人潮而傳入的，因此多數承繼中國南方的宗教傳統，佛教引入台灣即是在明鄭時期。鄭成功父子在台施政，重用陳永華爲輔佐，陳永華爲儒家之奉行者，除建聖廟，設學校外，也廣建寺廟，對佛教亦未加以禁抑。因而在此時期前後建了「龍湖岩」、「彌陀室」、「準提堂」、「萬福庵」、「觀音堂」（在寧南坊）、「觀音亭」（在鎮北坊）、「觀音宮」（在廣儲東里）和「竹林寺」等佛寺❶。當時所建佛寺，牽多奉祀觀音菩薩，如觀音亭、觀音堂、觀音宮、龍湖岩等皆是。

　　清廷領有台灣之後，佛教亦有相當的發展。除了在鼎革戰亂之際，心中有國亡家破之痛心而遁入佛門者，或禮佛念經，消極避世者外，清廷對於重要官員宅邸改爲寺廟，亦有相當影響，如寧靖王朱術桂之王邸，先是交給僧聖知改設爲觀音寺，康熙二十三年（1684年）被施琅改祀媽祖，稱「天妃宮」，宮後仍然建有禪室，付住持僧奉祀，讓該廟住持並兼任台灣府僧綱司事，管理僧侶事務❷。鄭家宅邸「北園別館」，於康熙二十九年被台灣總兵王化行、台廈道王效宗改爲「海會寺」（亦名開元寺、榴禪寺，海靖寺）。又如李茂春之夢蝶園之改稱「準提庵」，又改爲「法華寺」，著稱於世，爲曹洞宗海外名刹❸。

　　而清朝許多在台官吏，頗有護持梵刹之舉，亦建立許多寺

廟，如黃檗寺為左營守備孟大志於康熙二十七年建立，前祀關帝，後祀觀音、三世尊佛❹。觀音宮為同知洪一棟於康熙四十四年建❺。其餘由僧民募建者也不少，如廣慈庵為康熙卅一年某佚名僧募建於東安坊❻，彌陀寺為康熙末年僧一峰、監生董大彩、陳仕俊重興❼。在康熙年間，僅台灣縣轄區內，即有佛寺十四座之多，就陳文達纂修之《台灣縣志》之〈雜記志〉「寺廟門」中所載寺廟總數共六十座，約佔其23.3％，有五分之一強，由此可見佛教，尤其是觀音之信仰，在台灣民間信仰中之份量，不過就前述諸寺廟所供奉神佛，也可以發現非純然佛教，明顯地呈現儒、釋、道三教雜處現象，這種三教調和現象，迄至今日，並無多大改變，今日台灣民間供奉之神幛，上繪玉皇大帝、觀音菩薩、媽祖、土地公、灶君等神佛，即可想見三百年來之信仰流風。台灣如此，澎湖亦不例外，尤有過之。澎湖民眾自古以來以海為田，身家所繫，莫不祈求海上平安，元、明、清三代以來，對媽祖之崇敬最盛，澎湖天后宮是台澎地區最早創建之媽祖宮，即是一明證。其次，關公普受民間崇拜，其忠義氣節尤受軍人尊敬，因澎湖古來屢駐大軍，明清兩代祭拜最盛。而觀音之信仰亦是盛典所在，如施琅於康熙二十二年六月攻澎，除散佈媽祖顯靈助戰之靈異外，連觀音菩薩和關聖帝君也不忘加以運用，杜臻《澎湖台灣紀略》載：

初，琅將出師，夢觀音授以水一桶。覺而曰：水者，海也；一桶者，大一統也。我今茲必破賊矣！又，軍士有宿於關壯繆廟者，忽聞空中呼曰：選大纛五十杆，助施將軍破賊。琅

聞之，益自喜，至是，果驗。❽

　　上述這些種種靈異神蹟，於鼓舞清軍、瓦解鄭軍、收攏民心，的確發揮了可觀的功效。但是，值得我們注意的是，爲何眾多神祇中，獨獨挑上媽祖、觀音、關公，此三位神祇在軍隊在民間信仰之普及之虔敬，不言可喻了！寺廟爲民間信仰中心，澎湖寺廟之主神或副神頗多以觀音菩薩爲主，即可想見一斑❾，澎湖觀音亭尤爲明確例證。

第二節　觀音亭的創建與沿革

一、創建稽考

　　澎湖馬公觀音亭，位於澎湖縣馬公市中興里介壽路七號，評列爲第三級古蹟。其創建，據胡建偉《澎湖紀略》卷之二〈地理紀〉「廟祀」觀音廟❿：「廟在媽宮澳，距廳治五里。康熙三十五年；遊擊薛奎創建。乾隆二十九年重修。祀大慈大悲南海觀世音菩薩也。」

　　據此，則觀音亭之創建於康熙卅五年（1696年）似無疑議，但其中有一疑問？余光弘《媽宮的寺廟》載⓫：觀音亭在胡建偉及蔣鏞的書中均稱爲觀音廟，至光緒年間林豪所寫的《澎湖廳志》才稱之爲「觀音亭」。

　　澎湖縣政府發行之《澎湖》於〈宗教民俗篇〉第三目記觀音

亭：「康熙卅五年以前，已有小亭，遊擊薛奎建廟以後到道光年間，志書都書觀音廟。道光以後稱觀音亭」[12]。

按此二書均有錯誤，固然胡建偉之《澎湖紀略》與蔣鏞之《澎湖續編》於志書之「廟祀」項中均明確記載為「觀音廟」，但胡建偉《澎湖紀略》書前所刊之輿圖卻是印為「觀音亭」；蔣鏞所寫之「建修龍神祠記」，稱呼為「觀音亭」，可見其時名稱混淆，「亭」、「廟」皆可，未予以明確區分。何以如此？個人意見以為：其先或是亭子，至康熙卅五年遊擊薛奎予以重新改建擴大成「廟」，而民間仍沿習舊稱，故「亭」、「廟」不分，而以「亭」之稱呼為主。緣由民間相傳，明朝末年，觀音大士見媽宮港側風景秀麗，下凡駐足欣賞，留下足印，即是今日望潮亭下的水池。居民便在邊上造亭，所以叫作「觀音亭」，故康熙卅五年以前，已有小亭[13]。此說醫睹，看似荒誕不經，但細細審思，觀音亭之起源說法或不可取，但對於觀音亭之興建於明末清初（康熙之前）則不無可能。蓋觀音亭所在位置，為自昔西瀛勝境所在，素有望海弄潮，觀落霞，看漁火之美景，駐足片刻，令人俗慮盡捐，如入仙境，是繁忙的人們憩息遊玩之好所在，澎湖先民於此造亭，在海濱休憩歇息，欣賞景物，自是大有可能。我們試看乾隆初年澎湖海防通判胡格之〈跋嘉蔭亭〉詩句，或可想像當年建亭之情景及原因[14]：

太傅題詩之路，柳暗花明；右軍高會之亭，茂林修竹。凡茲喬柯飛棟，敢求海島殊方？第由文澳以達媽宮，每多躑躅；衝寒風而冒烈日，未免趑趄。雖蔭樾樹難栽，而堅緻之亭易

設。爰捐清俸，不日落成。庶幾扶杖婆娑，聊舒倦足；擔簦來往，藉息勞肩。坐看碧水渝漪，潮無聲而不怒；遙望遠山蒼翠，夕有照以皆紅。後之同心，幸為留意。

二、清代沿革

觀音亭於康熙卅五年，遊擊薛奎擴建為廟後，乾隆二十九年（1764年）重修，今觀音亭東邊龍王廟，懸有一乾隆二十九年之木質古聯：「乾隆甲申（廿九年）仲秋，祥雲靄靄來南海，甘露湛湛潤炎方，護理副總兵官戴福敬立」，查志書：戴福，字文煒，浙江仁和人，行伍出身。乾隆二十九年任右營遊府。三十二年陞福建省督標水師營參將 **⓯**。則此次重修或為戴福發起，重修後之景色，據林豪《澎湖廳志》之描述為：「廟外有放生池，隔水近山，煙波浩杳，景頗幽曠。」**⓰**

迨乾隆四十六年（1781年）予以全面拆除重建（撤基全修），蔣鏞《澎湖續編》〈地理紀〉「廟祀」載：「前廳陳銓會同澎協馬蛟，溫靖，烽火參將魏大斌，左右營遊擊黃必成，柴大紀，守備楊開春，謝恩，千總潘鍾，黃捷魁等勸捐，撤基全修。」**⓱**至嘉慶十年（1805年）十月，「澎鎮副總兵官王得祿，護協陳景星，遊擊聶世俊，盧慶長，守備時胡麟，黃定國復倡捐重修。」**⓲**此次重修，或與擊退海盜蔡牽事件有關，蓋「嘉慶九年，因蔡牽在洋滋擾，就媽宮口一帶自水仙宮起，至西城外止，沿海築石為埤，以資堵禦。所需石工，由營自行捐辦，並無動項報銷。嘉慶十年，蔡逆匪船攻岸，眾心惶恐，公（指王得祿）督率兵民晝夜

防禦，擊退。至今，民思念之」❶。則此次能順利擊退蔡牽，應有觀音顯靈助戰，或事前至廟裡禱告事後答庥之事，惜志書及民間均無相關之傳說可供參證。此次修建規模如何，志書所記闕略，僅能從嘉慶年間同安人許宏之詩〈到觀音亭〉想像一二❷：

> 梵宇經樓面吼門，紅城西嶼絡包分。映堦疊影臨風舞，繞洞潮音坐月聞。鐘響萬家驚夜夢，舟凌千頃渡慈雲。浮萍孤客登仙界，應淨凡心一念紛。

另，澎湖向未專建龍王廟。道光六年（1826年），通判蔣鏞會同協鎮孫得發、左右營遊擊黃步青、林廷福倡捐，擇觀音亭東邊舊廂屋四間拆建。蔣鏞〈修建龍神祠記〉紀其事❸：

> 澎地僻處汪洋，宦途客艘及本地士農工賈往來海上，穩渡安瀾，悉賴龍神默祐……迺澎地向未設立專祠，惟神像先後寄奉水仙、天后二宮，亦無專祭……顧建祠必須地靈，方足以妥神明而邀嘉貺。查觀音亭向來禱雨輒應，地甚靈爽，東邊舊有廂屋四，近就傾圮，各董事林超等禱卜建修。惟重新拆造需費不貲，爰會同協鎮孫得發、署左右營遊府黃步青、林廷福倡捐，闔轄士者商庶隨緣樂輸，共襄斯舉。用選董事林超等於道光丙戌年（六年，1826年）夏季興工，越四月而告成……用將題捐暨董事備書於圖，以誌不朽……

觀此文，我們可推知下列數點：

1.嘉慶年間所修之觀音亭，其東邊是廂屋，有四間，則左邊

應也是四間廂房，東廂房至道光初年已傾圮，遂被利用，拆建為龍神廟。則觀音亭照理在道光六年拆建龍神廟工程中，應會有若干修葺才對。

2.其時觀音亭向來以禱雨靈驗聞名，故龍神廟址選在其旁。我們參考前引乾隆甲申之古木聯：「祥雲靄靄來南海，甘露湛湛潤炎方。」正可互為印證史實。

3.觀音亭於其時有董事林超等若干人，並極有可能與新建之龍神廟董事人選大同小異，可惜龍神廟捐題暨董事名單之木匾今已失佚。

道光六年興建龍王廟，廟在觀音亭東邊，並且是利用其舊有廂房，於情於理，均會波及影響觀音亭，應有可能若干補葺。除此外，觀音亭尚有若干道光年間古聯匾，其一，懸於觀音亭西室省善堂，為蔣鏞所書，聯文如下：「道光三年仲秋月，澤沛楊枝頻年沐西天法雨，春生蓮座到處被南海慈雲。候補知州借補澎湖通判蔣鏞立。」其二，懸於觀音亭內東側龍王祠中，為信官沈朝冠於道光三年瓜月（七月）所立之匾，匾文：「如是觀」。其三，懸於觀音亭內側，為協鎮福建澎湖水師等處地方副總兵官詹功顯於道光廿一年荷月（七月）所立之古匾：「薄海蒙庥」。其四，在廟前廣場右側古鐘附近，有殘碑一方，碑文大略如下：「海壇劉印元成，即澎湖監生劉○○，敬買瓦店一座，喜助觀音亭佛祖香油，爰勒之石以垂永久是為序……立」，關於劉元成其人其事，林豪《澎湖廳志》卷七〈人物〉「鄉行」有記載[22]：「劉元成，其初由海壇移居媽宮市，遂家焉。生平精於心計，以居積致富。後見

同時刻薄成家者，多出不肖子，轉瞬間傾覆殆盡矣！由是廢然意沮，自反其所爲，出數千金爲各廟香資，並分散澳中之窮困者。謂人曰：『人生寄也，多資奚爲』！後其子孫淡薄食力，亦克自成立。」

其事屬實，今施公祠中，嵌於廟西壁下段有一古碑，文曰：「道光癸卯年（二十三年，1843年）葭月穀旦，施公祠重修。海壇右營戌澎各隊目兵丁等四百二十八名，共捐餉銀一百二十八兩四錢正。董事海壇劉（印）元成另捐餉銀二十兩正。海壇各伙房長全公立。」

天后宮中又有碑記：「壇越主海壇監生劉印元成，敬買萬軍井邊瓦店壹座二間，喜助澎湖天后宮天上靈母香油之資，道光二十五年八月住持僧信資。」

據此推測，劉元成買瓦店一座，捐助觀音亭香油之資，也應是道光末年之事。

道光年間，已不能確定觀音亭是否有所修繕。而咸、同年間，相關志書，更無一提及。直到光緒元年（1875年），林豪《澎湖廳志》記觀音亭「光緒元年，例貢生黃學周等鳩捐重建」[23]。黃學周爲澎湖例貢生，曾捐建義倉、觀音亭、助學文石書院、兼爲媽宮市團總，率勇守衛鄉梓，以如此一重要人物，相關志書，竟無一傳記，實在輕忽至矣！此次修建，廟貌煥然一新，而捐助者尚有其時澎湖水師副將吳奇勳，梁純夫〈新建武廟碑〉記[24]：

　　……澎湖自國初隸入版圖，設官以守，凡崇入祀典之神，皆
　　擇地建廟，以為民庇，而有司有特祭之，如觀音、天后、北

極、城隍諸神，皆素著靈異，嘖嘖人口，惟於武廟，獨無所聞焉……節年以來，鯨鯢不波，歲豐民樂，閭閻富厚，興作因時，都人士重修文石書院及觀音亭、北極殿諸起，吳公皆厚捐清俸，以為都人士倡，蓋欲振文風而錫民福也……鳩工庀材，經始於光緒元年乙亥七月，落成於光緒二年丙子六月。

光緒十一年中法戰役，法軍入侵澎湖，「法酋釘我大炮，毀我廟宇」[25]，「廟內羅漢經法夷毀掠，鐘鼓等物盡攜去」[26]。不但廟宇為法軍所毀，連廟內所存之名貴古物，及兩尊觀音佛像、法鐘均為法兵所掠奪，廟內廟外，面目全非。不過，有關廟內十八羅漢像之被奪走一事，據《澎湖縣志》〈文化志〉「勝蹟」所載：據年老之廟祝告稱「雖曾被掠，但即派人追回」，今仍祀於大殿內兩旁[27]。掠奪羅漢像者恐不是法軍，或是自己人，澎人才「敢」派人追回，蓋其時大亂，「是夜廣勇、台州勇大掠媽宮街，放火延燒店屋殆盡」[28]。軍紀敗壞如此，良莠不分，不必將一切惡行盡歸之法軍。

中法戰役，澎湖流傳頗多神蹟：如林豪《澎湖廳志》軼事記[29]：

光緒十年二月（按：應是十一年才對），法夷犯澎。十三日，媽宮百姓扶老攜幼，北走頂山，皆口呼城隍神保佑。時夷砲沿途雨下，顆顆墜地即止，無一炸裂傷人者，亦足異也。及事平，廳主程公據實，請大憲奏明加封。號為靈應侯。御賜「功存捍衛」匾額。程公重新廟宇，為文記之。

　　觀音亭之觀音菩薩也顯現靈異，今廟中大殿門內掛有一副木質對聯，聯曰：「寶珞耀雲端萬朵祥光震旦曼花隨法現。慈航橫海表幾聲梵響乾陀魚鼓逐潮來。東官，劉燦瑩謹獻並記」。聯文旁邊附記：「乙酉花朝（按即光緒十一年二月十二日），法夷犯順（顏字之誤？），余率師扼溝力禦，深夜忽見廟畔霞光照耀，若內典所傳珠瓔寶珞者，用是於砲彈煙雨之中，血戰兩晝夜，幸免傷痍，書於榜楹以誌神貺。」雖然靈異如此，觀音亭並未受到清廷的特殊禮遇，不若天后宮及城隍廟均曾得清帝賜匾尊崇。

　　戰後，諸多廟宇重建，城隍廟與觀音亭同時興修，程邦基〈重修城隍廟碑記〉載[30]：

> 乙酉秋，基蒞任籌善後。城隍為祀典正神，四民祈福。廟燬於兵，商之諸紳，以閤澎十三澳公捐錢二千貫有奇。十月既望興工……丙戌春落成（按即光緒十二年，1886年）……廟西觀音亭為傾圮，並建之。董事舉人郭鶚翔，生員黃濟時、徐癸山、蔡玉成、許晉纓、許廷芳……

　　今廟中前亭，尚存有光緒丙戌（十二年）春月，澎湖通判程邦基敬立之「大慈悲」匾。此次廟貌修建如何，史書記載不詳，不得而知，不過金門人林樹梅（其父林廷福，官澎湖遊擊，每巡洋，挈之以行）有一首詩，稍稍涉及，其〈乙酉侍任澎湖，丙戌冬月言歸，賦詩誌別〉詩中吟道：「澎山三十六，居處半漁寮。虎井風煙壯，龍宮暑氣消（原註：宮在觀音亭邊，時家君與孫協戎、蔣別駕建，祀龍神以祈雨者）。雲生香鼎嶼；雷沸吼門潮。環海如明鏡，昇平領聖朝。」[31]至光緒十七年（1891年），總兵吳宏

洛捐銀五百元修補，剩銀百餘置南門內店屋收租，以資香火[32]。
應可推知，光緒十二年之重建，規模不大，因陋就簡，所以不過
五年，就須加以修補了。此次修補所留文物，有「慈航普濟」
匾，上款是「光緒歲次庚寅（十六年，1890年）菊秋吉旦」，下款
是「總帶宏軍前營花翎儘先補用遊擊劉忠樑敬叩」。

三、日治擴建

嗣後，代遠年湮，風雨飄搖，廢墜衰頹，剝落尤甚，尤其甲
午之戰，日軍攻澎，觀音亭又慘遭狼煙，兩遭兵燹，損失甚大，
遂向澎湖廳長增永吉次郎及三浦街長申請擴張更新重建，得其許
可，於昭和二年（丁卯，1927年）仲春著手興工，「拓新基以宏
壯其寺宇，增前進以嚴其山門，置鐘鼓樓於廷堆左右，修放生池
於寺外西南，仍建立東西兩廂以為經堂、靜室、客舍、禪房之
所，其龍王祠則移祀於殿之西偏，與佛祖坐向並列」，「並修築福
德祠一所存舊蹟」，而「上棟日則用清和望日丑刻，適與孔聖廟同
時，尤為一時之盛紀者哉」[33]！經此增修，亭內設噴水池，四周
植樹，原放生池中增蓋涼亭，大增景致。此役於是年秋天工事告
竣，所費金額計二萬二十餘日元有奇。

此次規模浩大，所有樂捐善信士女，均題名勒石，以為徵信
與寺宇共傳不朽，今存有「街庄大字寄附金額芳名碑」、「諸善信
寄附金額芳名碑」，「改築發起人集金紀念碑」（於昭和三年孟春
之月鐫石），及眾多楹聯、匾額，洋洋灑灑，不勝記載收錄，而且
捐輸地區遍及闔澎，可見觀音菩薩信仰之盛！不過為圖維持長
遠，又有建店收租之舉，〈本寺廟油香店建築碑記〉詳敘始末：

是歲丁卯冬，澎湖觀音亭重新告竣。叨蒙諸善信踴躍樂捐，亦賴當事者及發起人經營之力也。惟是山形壯麗，廟貌清新，奈維持費尚未籌及，亦非久遠之計，爰是敬邀林介仁先生，及謝君靜觀，陳君長澤，黃君裕堂等公同時議，幸佛化有緣，並得魏齋女知修氏，肯同盡力，遂得謀成於戊辰（昭和三年，民國十七年，一九二八）秋月借地澄源堂前，建築內地式（指日本）家屋一座，分作兩棟，計開費工料金二千六百圓有奇。現賃內地人，所收租金永遠充作維持費，所有不敷金額，則由本住持設法補足，茲將從前所積油香金及此番善男信女自由寄進芳名，勒碑於左，以垂不朽云耳。歲次己巳麥秋之月吉旦，觀音亭住持蔡德修立。

碑下為捐輸名單，較特殊者有(1)「前澎湖總鎮吳宏洛大人金百円」；(2)「前盧如切師積立金百二十円」；(3)前倉聖牌位金五十円」等，則知：(1)前述總兵吳宏洛捐銀修補觀音亭，剩銀百餘，置南門內店屋收租，以資香火之事屬實，並遺愛至日治時期，仍發揮效用。(2)蔡德修住持之前為盧如切。(3)至於「前倉聖牌位金」指的是澎湖一地祭祀倉聖之送字紙習俗乙事，林豪《澎湖廳志》卷九〈風俗〉紀其事[34]：

士民最敬聖蹟，鳩資合雇數人，每月赴各鄉拾取字紙，積貯書院中，每歲送之清流，沿為成例。舉其端者，諸生陳大業也。同治十一年，紳士許樹基、陳維新、蔡玉成、陳雁標、林瓊樹等議，於送字紙時，士子衣冠，齊集書院，以鼓吹儀仗，奉製字倉聖牌位，迎至媽宮。及送畢，乃返駕於書院。

各澳輪年董理,於是四標弁丁及郊戶商民亦各備鼓吹,共襄
盛舉焉。

此外,昭和四年上元,另由薛佛然、王步程諸人發起,捐獻
觀音亭晨鐘暮鼓壹組,今捐輸碑文猶存。此次重建之面貌,藤島
亥治郎之《台灣的建築》一書附有照片,並描述道:「馬公觀音
亭是於康熙三十五年創建的小寺,它面對富於熱帶情調的海,白
色、粉紅色的牆壁接連著,赭瓦綠棟的屋頂所反射出來的情趣,
有富麗感又令人疼惜。」❸❺林介仁(號維藩,澎湖馬公長安里
人,咸豐四年生,民國二十二年病逝,享壽八十)亦有〈重遊觀
音亭〉詩讚嘆:「韶華荏苒過中秋,景色風光感昔遊。綠水依然
當日面,青山頓改舊時頭。重來猶是同蘇子,前度何妨學老劉。
最愛上人邀共話,禪機參破了凡愁」❸❻。

四、光復以來

光復以來,民國卅六年(1947年)隨著海邊中正公園之興
建,將內海風光包括在內,統稱為「西瀛勝境」,立牌坊於民生路
口,以觀音亭為勝境之中心,並陸續添建四座涼亭,地勢最高的
是北首的「介壽亭」;按著是寺前的「望潮亭」,就在放生池上;
向西是國際獅子會所建的「海豚亭」;再西,在縣立游泳池正面
的是「懷德亭」。此外,四十二年,「中國佛教會澎湖縣支會」成
立於觀音亭,西瀛吟社也一度設立於內,成為澎湖佛教聖地,晨
鐘暮鼓,香火鼎盛。民國四十六年(1957年),因廟宇蟻害嚴重,
各方集資修建,面目一新,關於此次修建,有〈重建觀音亭記〉

敘其始末：

> 查觀音亭為我澎民佛教信仰中心，位於馬公西瀛勝境，負郭
> 面海，風景清幽。凡來澎湖觀光者，多蒞止焉，為存梵宇莊
> 嚴，允宜重新廟貌，蓋此亭重建於中華民國十六年，歲次丁
> 卯，迄今已歷三十餘載。中經風雨飄搖，復遭二次大戰兵
> 燹，損害殊甚。嗣雖從事修葺，第以限於財力，僅及廂房部
> 份，餘則仍闕其狀也。故邇來椓題梁柱，或為漏雨滲柱，或
> 遭白蟻蝕毀。每當風雨侵襲，大殿兩廊，殆無立足之地，在
> 人猶感如此，神佛又何以堪？馬公三甲佛教信士怒焉心受。
> 爰發起組織觀音亭修建委員會，倡導重修之議，幸賴各方善
> 士支持勸贊，慷慨樂捐，用能於中華民國四十六年農曆丁酉
> 十月初二日，庀材興工，歷時一載，乃觀厥成。舉凡殿堂，
> 門廡，黝堊丹漆，莫不燦然合制，於是簷牙高啄，廟觀重
> 新，朗徹梵音，繽紛花雨，益增海濱靈秀之景色矣！爰記崖
> 略，並另勒樂捐善士芳名於石，永留紀念云。修建委員會，
> 民國四十八年歲次戊戌孟夏月旦。

該次擴建，捐輸者遍及闔澎諸鄉及眾多信士，而澎湖眾善堂
亦不落人後，計有：澎湖縣佛教支會諸信徒，興善堂、從善堂、
西街福善堂、坤儀堂、太祀堂、勸善堂、明善堂、赤馬啓善堂、
隨緣堂等。經此增修，精鑿細雕，有美輪美奐之觀，而周遭環境
亦頗有整修，如廟前放生池一所，池中原為木造瓦葺之涼亭，經
整修池底，乃改建水泥鋼筋之二層小亭，白柱紅欄，設計新穎，
登臨望潮，平添景趣，故命名為望潮亭。

除此，廟前廣場又添一勝蹟，矗立一對石獅，獅座下方有簡介，略云：此對石獅，乃於光緒十三年（1887年）十二月興建澎湖總鎮署時，遵古俗，立石獅於門前為驅邪鎮煞，遂聘本地林勇及彭海樂兩師傅共同雕塑。而昔之總鎮署則今之合作金庫，日據時期，日政府以署衙作為廳舍，沿而用之，兩獅仍留原處。歷經四十餘載，至昭和十年（民國廿四年，1935年），廳舍拆除，地方鄉耆不願石獅淪沒，隨之協議，移置觀音亭前。先是，應聘之兩師傅，為逞能顯才，各承其一，林勇師以精技塑雄獅，彭海樂師則以巧藝塑雌獅。其時石材難採。水泥未有，是以兩人以石灰、糯米漿、黑糖水，混煉成材而塑之，類此塑材，台澎僅此一對，於今歷經風霜，不朽不裂，壯麗依舊，唯恐兩獅由來失傳於後，故略綴一二，以昭其誌。另外，廟前「古鐘亭」中之古鐘乃海軍工作部協建，據周宗賢教授說是光緒十三年改建時之古鐘[37]，古物猶存，也是幸運。

第三節　龍神廟之興衰

既已探討觀音亭興建始末，對於附祀在東廂房之龍神祠，也應連帶探究一番。

澎湖信仰龍神之俗，由來頗遠，如《澎湖紀略》載：創建於乾隆四年（1739年）之嘉蔭亭（俗名五里亭，今之三官殿），「亭內中祀三官神，左祀文武二帝，右祀龍王神」[38]。龍王自古相傳為行雲施雨、安瀾平海之神祇，道光六年（1826年），通判蔣鏞因

「澎地僻處汪洋，宦途客艘及本地士農工賈往來海上，穩渡安瀾，悉賴龍神默佑。且此地風多雨少，尤藉神佑，常沛甘霖，用占豐稔」。而澎湖向未專建龍神廟，「惟神像先後寄奉水仙、天后二宮」，澎湖官民奉秋之祭缺如，祈禱亦無定所；乃會同協鎮孫得發、署左右營遊擊黃步青、林廷福倡捐，閤澎士耆商庶隨緣樂輸，擇觀音亭東邊舊廂屋四間拆建，並詳撥小船一百隻，每隻年納餉錢一百二十文之餉稅，撥充龍王廟春秋祭費❸。此次創建龍神廟之動機、經過、維持方法，蔣鏞撰有〈建修龍神祠記〉，文章如下❹：

> 澎地僻處汪洋，宦途客艘及本地士農工賈往來海上，穩渡安瀾，悉賴龍神默佑。且此地風多雨少，尤藉神佑，常沛甘霖，用占豐稔。自應立祠妥侑，以迓休和。迺澎地向未設立專祠，惟神像先後寄奉水仙、天后二宮，亦無專祭。原以轄隸台邑，郡城祀典修明，此地可無專設。第思官民居斯土者，滄海遙隔，春秋之祭缺如，祈禱亦無定所，於勸民而後致力於神之義猶有歉焉。顧建祠必須地靈，方足以妥神明而邀嘉貺。查觀音亭向來禱雨輒應，地甚靈爽，東邊舊有廂屋四，近就傾圮，各董事林超等禱卜建修。惟重新拆造需費不貲，爰會同協鎮孫得發，署左右營遊府黃步青、林廷福倡捐，閤轄士耆商庶隨緣樂輸，共襄斯舉。用選董事林超等於道光丙戌年（六年，1826年）夏季興土，越四月而告成。從此廟貌維新，神居永奠。並詳請與風神廟春秋二仲，各興祀典，以答鴻庥，庶幾安恬普濟，優渥頻施。人和而神降之

福。其肇於斯乎？用將題捐暨董事備書於區，以誌不朽。所有每歲收支各數，與風神廟共列印簿二本，一存署，一發房備查。

雖然龍神廟有官府撥小船餉稅以充春秋二祭之費，其後「又續徵尖艚銀十二兩，撥入祭費項下」[41]，但似乎受到照顧不多，恐怕淪於「等因奉此」之例祭祀典而已，吾人觀看上節觀音亭在道光、咸豐、同治年間均無補葺翻修之紀錄，亦可想見其旁龍神廟之際遇了。並且極有可能因無人維護而傾圮，最後才會併祀於觀音亭中[42]。

日治初期，日人井田麟鹿於明治四十四年（宣統三年，1911年）發行之《澎湖風土記》之「祠廟」中提及觀音亭及龍神廟，略謂觀音亭在媽宮城北之海邊，於康熙三十五年創建，廟外有放生池。而龍神廟在觀音亭東邊，於道光六年創建[43]。雖大體抄襲清代方志，並無新資料補述，但顯見龍神廟於日治初期還存在，並未拆毀。至昭和二年（1927年）觀音亭整個更新重建，龍神廟應該也是在此次工役中拆毀，廟中碑記載：「其龍王祠則移祀於殿之西偏，與佛祖坐向並列」。不過今龍神卻奉祀在東側廂房，應該是民國四十六年（1957年）底重修時，因西廂改作善堂，故龍神改祀東廂。

第四節　結語

　　闔澎公廟計有媽祖宮（天后宮）、觀音亭、城隍廟、武聖殿，及三官殿等五座廟宇，而以前三者合稱「三大古廟」最爲著名。三大古廟原由南甲（約當中央里及復興里）、北甲（約當長安里）、東甲（今之啓明里、重慶里）等三甲輪管，若今年東甲管媽祖宮，則明年變成管城隍廟，而後年負責觀音亭。此種年年易主之輪管制，固然避免某一角頭壟斷某一廟弊端，但也因此造成三甲推諉責任，尤以交接之際，遂使三大古廟在管理上日趨保守，以致香火日衰，廟宇日圮。於是在民國七十五年陰曆正月六日，三甲在城隍廟做例行年度集會，舉辦交接時，有人提出，年年交接之流弊，建議自該年起，各甲固定管理一廟。經與會人士在神前擲筶請示獲准後，自該年起，試辦三甲各管其區內之古廟，即東甲負責城隍廟，南甲負責媽祖宮，北甲負責觀音亭，直至今日❹。

　　觀音亭位於馬公市西邊海濱，它面海背山而築，遠離塵囂，百年來該廟附近一直是市民晨昏運動散步的最佳去處，亭前之海水浴場，尤其是弄潮消暑好所在，故早晚遊人如織，信步進入廟中參拜禮佛者比比皆是。再則觀音菩薩在我國民間被認爲是尋聲救苦，具大慈大悲的母性形象，及慈航普渡，拯救水手漁民於風濤海浪中之神祇，而禱雨靈驗尤具聲名，一向被認爲靈顯之廟宇，故其香火能夠長久保持不墜，不僅是清代駐澎文武官吏出錢出力創建維修，也一直受到馬公市民普遍膜拜，以傳統七月普渡

為例，一向有「城隍廟放，觀音亭收」之慣習，因城隍掌管鬼界，故七月普渡由其在七月三日領頭揭開序幕，其他廟宇不會先行普渡。而大士爺是普渡完畢押送陰鬼離境返陰間之神，故奉祀觀音大士之觀音亭是在七月的最後一日，負責最後一個普渡，其他各廟即在七月三日至三十日之間，擇一日或二日祭拜**❺**。

　　觀音亭創建於康熙卅五年，至今三百年，由一涼亭而寺廟，亭前二口泉井也已消逝而成今之放生池，其中變遷頗大，而歷次修建尤覺紛雜，尤其列為古蹟後，近年仿古法修護，預計於民國九十四年年底完工，廟貌一「古」，屆時必凸顯其莊嚴古樸。為省繁文，茲將歷次修建紀錄整理如**表8-1**，以明究竟，以醒眉目，兼為本文之結束。

表8-1 觀音亭修建大事記

次數	年代	修建原因	倡修人物	備註
1	康熙三十五年（1696）	不詳或云祭祀海難者	遊擊薛奎創建	民間相傳明末即已有小亭
2	乾隆二十九年（1764）	不詳	副總兵戴福（？）	今廟中存戴福敬立之木質古聯
3	乾隆四十六年（1781）	撤基全修	陳銓、馬蛟、溫靖、魏大斌、黃必成、柴大紀、楊開春、謝恩、潘鍾、黃捷魁	
4	嘉慶十年（1805）	或與擊退海盜蔡牽，答謝神恩有關	副總兵王得祿、陳景興、聶世俊、盧慶長、時胡麟、黃定國	兩邊是廂屋，有四間
5	道光六年（1826）	興建龍神祠，廂房也已傾圮	蔣鏽、孫得發、黃步青、林廷福	以觀音亭東邊四廂房拆建為龍神祠
6	光緒元年（1875）	不詳	吳奇勳、黃學周	同時興修者有文石書院、觀音亭、北極殿
7	光緒十二年（1886）	中法戰爭為砲火燬圮	程邦基、郭鶚翔、黃濟時、徐癸山、蔡玉成、許晉纓、許廷芳	與城隍廟同時興建，今廟中存有程邦基敬立之匾
8	光緒十七年（1891）	不詳	總兵吳宏洛、劉忠樑	吳宏洛捐錢五百元修補，餘銀百餘元，置南門內店屋收租，以資香火
9	昭和二年（民國十六年，1927）	代遠年湮、廢墜衰頹，且甲午之戰，慘遭兵燹	呂應、葉淵、許合發、鍾紅樟、許金平	增建前進山門，置鐘鼓樓、修改放生池、龍王祠移至於殿西，並修福德祠一所。翌年並建日式家屋賃租以充寺廟維持費
10	民國四十六年之前（1957）	二次大戰受損	不詳	限於財力，僅修補廂房部份
11	民國四十六年（1957）	白蟻蝕毀，漏雨滲柱	觀音亭修建委員會	歷時一年厥成，廟貌全新，亭前改建望潮亭

註釋

❶陳文達，《台灣縣志》（台銀文叢第一○三種），卷之九〈雜志‧寺廟〉，頁207-215。

❷高拱乾，《台灣府志》（台銀文叢第六五種），卷九〈外志‧寺觀〉，頁219。

❸高拱乾，前引書，頁219-220。

❹陳文達，前引書，頁207。

❺陳文達，前引書，頁213。

❻陳文達，前引書，頁208。

❼陳文達，前引書，頁212。

❽杜臻，《澎湖台灣紀略》（台銀文叢第一○四種），頁10。

❾詳見黃有興，《澎湖的民間信仰》（台原出版社，民國八十一年八月第一版），第二輯「澎湖一般人的宗教觀念」，表一，頁41-42。

❿胡建偉，《澎湖紀略》（台銀文叢第一○九種），卷之二〈地理紀‧廟祀〉，頁40。另，陳文達《台灣縣志》卷九〈寺廟〉亦記：「觀音堂（疑亭字之誤），在媽祖宮西，康熙三十五年，澎湖右營遊擊薛奎建。堂前有井二口，泉甘而美，為澎湖第一泉。」

⓫余光弘，《媽宮的寺廟──馬公市鎮發展與民間宗教變遷之研究》（中央研究院民族學研究所，專刊乙種第十九號，民國七十七年十月），第二章「闔澎所有的公廟」，頁29。

⓬《澎湖》（澎湖縣政府，民國七十年十月），第參篇宗教民俗第一章第二節第三目「澎湖佛教聖地──觀音亭」，頁（參）11。

⓭同註⓬。

⓮蔣鏞，《澎湖續編》（台銀文叢第一一五種），卷下〈藝文紀〉收胡格〈嘉
　蔭亭跋〉，頁92-93。
　按嘉蔭亭（俗名五里亭）其先是涼亭，後擴建為廟，至日治時期拆去廟前
　所建之亭，改建成今之「三官殿」（詳見余光弘，前引書，頁34-35），其
　過程足可提供一例證。
⓯胡建偉，前引書，卷之六〈武備紀〉，頁139。
⓰林豪，《澎湖廳志》（台銀文叢第一六四種），卷二〈規制・祠廟〉，頁
　66。
⓱蔣鏞，前引書，頁5。
⓲同註⓱。
⓳蔣鏞，前引書，〈武備紀・列傳〉，頁57-58。
⓴蔣鏞，前引書，〈藝文紀〉，頁115。
㉑蔣鏞，前引書，〈藝文紀〉，頁86。
㉒林豪，前引書，卷七〈人物〉，頁251。
㉓同註⓰。
㉔林豪，前引書，卷十三〈藝文〉收梁純〈新建武廟碑〉，頁445-446。
㉕林豪，前引書，卷十一〈舊事・紀兵〉，頁367。
㉖同註⓰。按林志記此事為光緒十年事，誤，應為十一年。
㉗《澎湖縣志》，卷十三〈文化志〉（澎湖縣文獻委員會，民國六十七年七
　月），第一章第四節「觀音亭」，頁20。
㉘同註㉕。
㉙林豪，前引書，頁383。
㉚林豪，前引書，卷十三〈藝文〉，頁448。
㉛林豪，前引書，頁512。
㉜同註⓰。
㉝廟中碑記記龍王祠移置西側，但今龍神奉祀在東側廂房，可能是民國四十

六年重修時，西廂作善堂，為著作善書之地，故龍神改置東廂。

㉞林豪，前引書，頁304。

㉟藤島亥治郎，《台灣的建築》(台原出版社，民國八十二年七月第一版)，頁176-177。

㊱同註㉗，前引書，第五章第二節乙〈文徵〉，收錄林介仁「重遊觀音亭」，頁153。

㊲據淡江大學周宗賢教授提供的幻燈片。

㊳胡建偉前引書，頁41。

㊴參見(一)蔣鏞，前引書，頁7，(二)林豪，前引書，頁64。

㊵蔣鏞，前引書，頁86。

㊶同註㊴。

㊷筆者懷疑龍神廟之衰廢，可能與澎湖兵制有關，蓋至道光末年班兵班期停換後，班兵老死無由遞補，以迄同治七年的裁兵，駐軍日漸減少老化，遂忽略了龍神廟之維修事宜。

㊸井田麟鹿，《澎湖風土記》(著者發行，明治四十四年五月)，頁90。

㊹余光弘，前引書，頁36-37。

㊺余光弘，前引書，頁152-153。

第九章

新竹長和宮

——行郊會館的興衰史

第一節　新竹開發概略

　　新竹縣，位於台灣西北部，東北與桃園縣接壤，西南與苗栗縣為鄰，東南與宜蘭交界，瀕台灣海峽，面積共一、五二八‧八○八四方公里。由於東南縣境之大霸尖山山脈往西北逶迤而下，故地勢在東南一帶為高，幾全是山地，西北則為鐵塔型，各山脈間夾有鳳山溪、竹塹溪（即頭前溪）、隙仔溪（即客雅溪）等溪流流向西北出海，是以每當季節風期，風從海岸吹入，為東南北三方所擋，匯歸一處，增強風勢，猛力掠過，故自昔以竹塹風出名，與宜蘭之雨併稱「竹風蘭雨」。新竹氣候溫和，雨暘順適，水利普遍，以茶葉、柑橘、通草、香粉、貢丸等地方特產馳名海內外。交通運輸發達，鐵路為清代台灣首創台北至新竹鐵路之終點，今日則縱貫鐵路可達南北，光復後鋪設橫線，經竹東而達內灣。公路四通八達，客貨車往返縣內及鄰縣各鄉鎮，自高速公路興建，交流道設在新竹市，更稱便捷快速。全縣原轄有一市（新竹市），三鎮（竹東、關西、新埔），十一鄉（竹北、香山、湖口、橫山、新豐、芎林、寶山、北埔、峨眉、尖石、五峰），民國七十一年七月一日，新竹市升格為省轄市，轄區減少一市。

　　新竹古名竹塹，以其為原住民竹塹社「番」所居，由蕃語之社名音譯而來。竹塹社「番」為平埔「番」大窩卡斯族（Taokas）之一系，即今之賽夏族也。古時之竹塹係指頭前溪、客雅溪及鳳山溪中流以下流域之原野而言，此片荒埔昔稱竹塹埔。竹塹社

「番」之由何年何地遷徙而來？渺不可稽，傳說雖多，似由香山、鹽水港以南海澨逐漸北遷之說較為可信。據傳明隆武元年（1645年）有紅毛人因海難船破，登陸於今之紅毛港，因而久住該地附近。由地名之流傳至今，及混血遺裔尚多散見於附近等事實，可見竹塹海岸早已有漢人或中外海寇船隻出入。明鄭時代，初隸天興縣，後隸天興州，永曆三十年（1676年）設通事於竹塹社，由是竹塹之名乃傳播於一般漢人間。清康熙廿三年（1684年），隸屬諸羅縣，期間有泉州同安縣人王世傑者，率其族親鄉人來竹開墾，至康熙末年，墾務漸進，居民日多，已形成大小村落數十莊。雍正元年（1723年），新設治，隸淡水廳竹塹堡，時雖以竹塹為廳治之地，惟當時竹塹，民少番多，淡水廳署乃僑置於彰化縣。雍正十一年（1733年），同知徐治民環植莿竹為城，始稱「竹塹城」，漸躍為北台之重鎮。其後居民日聚，望治日殷，至乾隆二十一年（1756年），廳署由彰化移於竹塹，從此防「番」與墾務進展順利，城廂各地陸續建莊，水利建設亦多就緒，住民生活益趨安定，書塾之設漸遍於里巷，竹塹一躍為北台第一邑。光緒元年（1875年），北路新設台北府，廢淡水廳，轄淡水縣、新竹縣、宜蘭縣及基隆通判廳。「新竹」之名從此而定，蓋取竹塹之「竹」，日新又「新」之意。十三年台灣建省，十五年（1889年）新苗分治，分新竹縣地為新竹、苗栗兩縣，以中港溪為界。時新竹縣治設於新竹。轄有竹塹、竹南、竹北三堡。日治期間，或因政局不穩，或因經濟需要，行政區劃更動頻頻，至大正九年（民國九年，1920年）竹、桃、苗合併為新竹州，轄新竹、竹東、竹南、苗栗、大湖、中壢、桃園、大溪等八郡。光復後，恢復為新竹縣

名。

新竹實為北台設治最早地區,乾隆間,竹塹附近漸次由閩粵人士拓墾,形成街市村庄。墾殖有成,人口增長,需求逐多,商人亦隨之日增,商業貿易趨於繁榮。嘉道間因淡水廳學宮之建置,文風丕振,人才輩出,乃有塹郊之組成。咸同以還,墾務政務,蒸蒸日上,區域開拓,發展至速,塹郊亦日趨發達壯大,積極參與地方事務。光緒年間,因對外交通之港口淤塞與中法戰役之打擊,商業日趨萎縮,經濟衰退,塹郊隨之沒落。影響所及,新竹地位一落千丈,以致治台史者,往往忽略竹塹,多著墨於「一府二鹿三艋舺」。

本章雖以長和宮為主,而該廟為新竹塹郊金長和之會館,因此長和宮之創建興修,在在均與塹郊有關,本文擬以新竹之塹郊為主軸,作一全面之探討,明其興衰沿革、組織貿易、衰落原因、功能貢獻,並及長和宮之創建修葺,與廟內匾聯石碑之稽考,期能略窺彼光輝史實之一頁。

第二節 塹郊之成立

塹郊之公號為「金長和」,其名稱由來無可稽考,或因「金長和」公號而建廟名「長和宮」,或是因「長和宮」廟名才取號「金長和」,兩者何是已不可知。至其成立年代,亦無確切文獻可徵,茲以《新竹縣采訪冊》卷五所收諸碑碣中有關郊行者為主,旁稽他文獻以探討塹郊成立之年代❶。

今存方志中記載竹塹有行郊者，以《淡水廳志》爲最早，其〈典禮志・祠祀〉「天后宮」條云：「一在北門外，乾隆七年（1742年）同知莊年，守備陳士挺建。嘉慶廿四年（1819年）郊戶同修。」❷《淡水廳志》修於同治十年（1871年），其時淡水廳治在新竹，則似乎嘉慶末季新竹已有郊之成立，然稽之《新竹縣采訪冊》所收諸碑碣與匾額，似又不然。

采訪冊中「員山子番子湖冢牧申約並禁碑」立於乾隆四十一年，碑末有「鄭恆利、羅德春、吳振利」等名號，嘉慶十六年之「大眾廟中元祀業碑」收有「益川號、吳振利、陳建興、羅德春」等；道光五年之「文廟碑」中有「吳振利、陳建興、吳金吉」等，彼等其先或爲墾號業戶，或爲殷戶舖號，至後來均爲塹郊中之行號或郊商，揆之乾嘉年間諸碑均以私名舖號捐獻勒題，獨未見「塹郊」之公號，應是其時尚未成立塹郊。

同書又收〈竹塹堡匾（四）〉，內載舊淡水廳歷任同知德政匾，計自嘉慶二十年至光緒十二年，共二十五方。其中「海邦所瞻」匾，落款爲「恭頌耘廬薛憲台，嘉慶乙亥年桐月吉旦竹塹眾舖戶立」，乙亥，蓋嘉慶二十年（1815年）也，可見此時塹郊尚未成立，若云眾舖戶未必落款郊號，則同時之「廉明愼勤」匾，落款爲「恭頌耘廬薛憲台，嘉慶乙亥年花月吉旦，新艋泉郊舖戶立」，新莊艋舺之泉郊眾舖戶既已公然題名，塹郊若此時已成立，並無遮掩躲閃之道理。再「澤遍民番」匾爲「嘉慶丙子年臘月吉旦，治下竹塹眾舖戶敬立」，而「德齊召杜」匾爲「嘉慶二十三年葭月穀旦，淡北新艋泉郊眾舖戶立」均可佐證此事實。直到「無欲而剛」匾，落款爲「恭頌懷樸司馬曹公祖大老爺德政，治下本

城紳士郊戶叩敬立」及「愛民民愛」匾為「治下新艋眾紳士郊舖總董等仝立」；匾文中之曹公祖（大老爺），即曹謹（字懷樸），道光二十一年任，二十六年卸篆，可知塹郊是於道光年間所組成，所出現的。其後出現諸匾，則大量出現郊舖字眼，如同治年間「潔己愛民」匾為「治下新埔紳士郊舖全叩」；「實心實政」匾為「治下閤淡紳耆郊舖全敬立」等等皆是顯例。

同書道光十六年（1836年）之「義冢捐名碑」中錄有「吳振利、羅德春、逢泰號、陵茂號、益三號」等，並較明白指稱彼等為「紳耆舖戶」。至道光十八年（1838年）「義渡碑」中，則明確稱呼為「郊商」，碑末之捐戶姓名中赫然有「塹城金長和公捐洋銀三百圓」。名為「塹城」，顯見塹郊之成立與淡水廳城（即竹塹城）之建置有關。淡水廳城之築建，起自道光六年（1826年）十一月地方紳士、舖戶具呈籲請，翌年六月初十日興工，於道光九年八月二十日工竣，此役之案卷，經劉枝萬先生整理標點，列入「台灣文獻叢刊」第一七一種，名為《淡水廳築城案卷》。書中所收「鄭用錫、林平侯等呈」文件中，籲請建城者，舖戶有「恆利、逢泰、益吉、泉美、泉源泰、振吉、寧勝、瑞吉、寧茂、振利、瑞芳、裕順、金吉、益三、德吉、隆源、湧源、集源、長盈、福泰、泉吉等」❸，均為其後塹郊之郊戶，書末所收之「淡水同知造送捐貲殷戶紳民三代履歷清冊底」、「淡水同知造送捐建各紳民銀數遞給匾式花紅姓名冊稿」二文件，乃獎賞捐建廳城之各紳民、殷戶、舖號，其中頗多即是後來塹郊中之郊商、行號❹，惟遍觀諸文件，均未見到有關「郊」或「金長和」之字眼，而塹郊諸行舖率集中竹塹城之北門，其會所「長和宮」亦在北門口（位

在崙仔庄，俗稱宮口），則似乎塹郊之成立在竹塹城興建後，故名「塹城金長和」，換言之，塹郊之成立或在道光八、九年左右。

另外，又據日治時期新竹公學校調查之《寺廟調查書新竹廳》中記載，其中「老抽分天上聖母會」成立於嘉慶二十三年（1818年），會員性質爲「同鄉人（郊商）」；「中抽分天上聖母會」成立於道光八年（1828年）；「新抽分天上聖母會」成立於光緒元年（1875年）❺。此調查若信實可靠，則塹郊早期是以「神明會」組織型態出現，而且早在嘉慶末年已有，但因其時尚未組織成「郊」之公會，所以早期乾嘉年間古碑，未見「塹郊」之公號，多以私名或行號勒名捐獻公益活動。至道光七年六月竹塹城興工，遂於八年正式組織成郊，名爲「金長和」。復次，日治初塹郊中抽分社之規約，其前云：「竊維我塹於道光間，建造聖母廟宇及聖母靈像，恭奉有年，即名曰長和宮」❻，參照上引諸史料，應可確定塹郊正式成立於道光年間。

其後道光廿二年之「湳子莊萬年橋碑」，碑末明確稱「塹郊金長和」。咸豐年間之「憲禁冢碑」及同治年間之「長和宮碑」、「大眾廟中元祀業碑」、「重修湳子莊萬年橋碑記」、「示禁碑」等大量碑碣中，處處可見塹郊金長和之名，可知塹郊其時商業繁榮，勢力駸盛，於咸同年間參與地方事務，此時爲塹郊鼎盛風光時期。

第三節　塹郊之組織及貿易活動

一、貿易概況

　　塹郊成立於道光年間，創始不可謂不久，而有關其組織結構、貿遷活動、商品經濟，歷來志書尠乏記述，有之，亦極其簡略，如修於道光年間之《噶瑪蘭廳志》卷五〈風俗〉「海船」條記：「蘭與淡（按指新竹）艋郊戶，其所云北船，惟至江浙而已。」❼所謂「北船」，同書卷五〈風俗〉「商賈」條解釋為：「北船（往江浙、福州曰北船，往廣曰南船，往漳、泉、惠、廈曰唐山船）有『押載』。押載者，因出海（船中收攬貨物司賬者曰出海）未可輕信，郊中舉一小夥以監之。雖有亢五抽豐，然利之所在，亦難保不無鑽營毫末也。」❽

　　又據同治十年（1871年）所修之《淡水廳志》〈風俗考〉「商賈」條載：

　　曰商賈：估客輳集，以淡為台郡第一。貨之大者莫如油、米、次麻、豆、次糖、菁。至樟栳、茄藤、薯榔、通草、藤、芋之屬，多出內山。茶葉、樟腦，又惟內港有之。商人擇地所宜，雇船裝販，近則福州、漳、泉、廈門，遠則寧波、上海、乍浦、天津以及廣東。凡港路可通，爭相貿易。所售之值，或易他貨而還，帳目則每月十日一收。有郊戶

焉，或贌船，或自置船，赴福州江浙者曰「北郊」；赴泉州者曰「泉郊」，亦稱「頂郊」；赴廈門者曰「廈郊」，統稱為「三郊」。共設爐主，有總有分，按年輪流以辦郊事。其船往天津、錦州、蓋州，又曰「大北」；上海、寧波，曰「小北」。船中有名「出海」者，司帳及收攬貨物。復有「押載」，所以監視出海也。至所謂「青」者，乃未熟先耀，未收先售也。有粟青、有油青、有糖青，於新穀未熟，新油、新糖未收時，給銀先定價值，俟熟收而還之。菁靛則先給佃銀，令種，一年兩收。苧則四季收之，曰頭水、二水、三水、四水。其米船遇歲歉防饑，有禁港焉，或官禁，或商自禁，既禁，則米不得他販。有傳幫焉，乃商自傳，視船先後到，限以若干日滿，以次出口也。❾

光緒二十四年（1898年）所修之《新竹縣志初稿》〈風俗考〉「商賈」條亦載有：

商賈：行貨曰商，居貨曰賈。貨之大者，以布帛、油、米為最，次糖、菁，又次麻、豆。內山則以樟腦、茶葉為最，次苧及枋料，又次茄藤、薯榔、通草、粗麻之屬。以上各件，皆屬土產，擇地所宜，雇船裝販。船中有名「出海」者，主攬收貨物。有名「押儎」者，所以監視出海也。有柁工焉，主開駛；有倉口焉，主帳目；其餘如水手供使令，廚子主三餐。近則運於福、漳、泉、廈，遠則寧波、上海、乍浦、天津以及汕頭、香港各地，往來貿易。所售之值，轉易他貨，滿儎而還，搬運入棧，各商到棧販售。每月逢三，到各商店

舖徵收貨值，名曰「收期帳」。以上皆現貨售賣，至所謂「青」者，乃穀未熟而先糶，物未收而先售也，有粟青、糖青、油青之類。先時給銀完價，俟熟，收而還之，古諺「二月賣新絲，五月糶新穀」，即此意也。各郊共祀水仙王，建立爐主，按年輪流辦理商務。竹屬米價頗廉，常多運販他處。倘遇歲歉防饑，有禁港焉，或官禁，或商禁；既禁，則米不得出口。有傳幫焉，外船到港運販，視船先到後到，限以若干日以次出口也。❿

此稿本文顯見抄襲《淡水廳志》，稍有增改，亦可推知：從同治十年至光緒二十四年之卅年間，塹郊之組織及貿易情形並無重大變異。難解者，其所敘述為新竹行郊情形，殆無可疑，而竟無隻字片語提及「塹郊」、「金長和」等字眼，令人莫解。又光緒二十三年所修之《苑裏志》亦提及塹郊：

台灣各大市鎮業商者有水郊，台北之南北郊、新竹之金長和郊類是。苑裏前為各廳縣轄地，非通都大邑，故無郊。然從前以米、糖、豆、麻、芌、菁等件，由船配運大陸者甚夥；布帛、什貨則福州、泉、廈返配，甚有遠至寧波、上海、乍浦、天津、廣東，亦為梯航之所及者。各商各為配運，名曰「散郊戶」。船之中有名「出海」者，司賬及買辦貨物；復有「押儎」者，所以監督出海也；然主持，皆出自郊戶。現金買現貨者，為「現交關」；物未交而先收金者，為「賣青」。米、粟有青，油、糖皆有青也，其價較現交關者為稍低。買賣亦有依期收賬者，亦有陸續支收至年末會算收訖者。樟

栳、茄藤、薯榔、通草、藤、苧各件，苑裏離番山太遠，故
絕少。港則以通霄、苑裏、福德為出入。日本新制，台灣各
處小船只准本島運載，不得擅往大陸，而大陸船只准於三大
口出入，例禁森嚴。因此，而苑裏之貨物，悉由南北搬來，
其價故比他處尤昂，商業為此稍沮。❶

光緒二十四年所修之《樹杞林志》亦載有：

台灣商業，各大市鎮皆有水郊，即如台北府之南北郊、新竹
之長和郊類是。樹杞林堡為新竹轄地，無港口往來船隻，故
無郊。然該地所出之栳、茶、米、糖、豆、麻、苧、菁等
項，商人擇地所宜，雇工裝販，由新竹配船運大陸者甚夥，
運諸各國者亦復不少。布帛、雜貨則自福州、泉、廈返配，
甚至有遠至寧波、上海、乍浦、天津、廣東，亦為梯航之所
及者。各商各為配運，名曰散郊戶。船之中有名出海者，司
賬及買辦貨物。復有押載者，所以監督出海也。然主持皆出
自郊戶。現金買現貨者，為現交關，物未交而先收金者，為
賣青。米、粟有青，糖、油、苧、豆、栳、茶亦有青也，其
價較現交關者為稍低。賣貨亦有依期收賬者，亦有陸續支收
至年末會算收訖者。惟樟腦、茄藤、薯榔、通草、藤、苧等
件，樹杞林堡離山未遠，故此物最盛。各商販若遇價昂，爭
相貿易。所買之貨，各雇工運至港口，乃商自傳，視船先後
到，限以若干日滿，以次出口也。❷

苑裏與樹杞林原屬舊新竹縣，兩地志書與上引之《新竹縣志

初稿》及《新竹縣采訪冊》，皆是日治初期所修，故內容多有雷同，可貴者在其歧異處，如指稱台灣對大陸航海貿易之諸郊為「水郊」**⓭**，未加入郊行之商人為「散郊戶」，均為其他文獻所未見，亦可見新竹地區之郊行頗為離散，並不團結，且並未全加入「金長和」公號組織，才會有如此記載。又如郊行之沒落乃日人據台後，不許台灣船隻駛往大陸，及限制大陸船隻來台，致引起物價上漲及物資缺乏，為郊行沒落之一重大原因。

綜上所引諸志，知：新竹行郊又稱「塹郊」、「金長和郊」，或簡稱「長和郊」，為「水郊」之一。其組織採爐主制，或按鬮或憑笠選出，按年輪流辦理商務，並負責祭祀事宜，其下則有郊書等職員若干**⓮**，詳細編制及職掌不得而知。祭祀神明以媽祖與水仙王為主。商船運載人員有出海、押載、柁工、倉口、水手及廚子等，輸出貨品有米、糖、豆、菁、麻、苧、樟腦、茶葉、通草、茄藤等農產品，輸入貨品則有布帛、陶器、鐵器、紙張等什貨。其貿易地區，近則福、漳、泉、廈，遠則寧波、上海、乍浦、天津、汕頭及香港。售貨之值，轉易他貨，滿載而還，至港載貨下船，先將所發貨件勛兩開明，交駁船前赴釐金分局報明課稅**⓯**，再將貨物搬運入棧，由次級之批發商到棧販售。至於外銷，則由商人擇地所宜及價昂土產，雇工裝販至港口，由自設之傳幫負責船期，視船之先後到以次出口。

二、交易方式

復次，其交易方式有現金交易及賣青兩種，結帳則有陸續支收至年末結算者，亦有依期收賬，於每月逢三之日到各商店舖收

賬者。其平日所用帳簿種類，有：進貨簿（上水簿）、出貨簿（支
貨簿）、存貨簿（貨底簿）、櫃頭簿（號頭簿）、現採簿、現兌簿、
棧房簿、日清簿、總簿等九類。兼辦零售經紀業者另有：日清
簿、草清簿、兌清簿、暫浮簿、小兌貨簿、採清簿、水客簿（外
水總簿）、出貨簿、府治簿、出貨蓋印簿、收帳簿等十一種類。至
於帳簿之用法年份首記在帳簿首，一月稱端月或元月，二月爲花
月，三月桐月，四月梅月，五月蒲月，六月荔月，七月瓜月，八
月桂月，九月菊月，十月陽月，十一月葭月，十二月爲臘月。貨
物之「出、入」改曰「去、來」，分記於帳簿之上下段。現款均大
寫，餘則用商場俗字，即「｜、〢、〣、Ｘ、ｇ、亠、亠、亖、
文、○」等碼子字，金額及數量單位書於數字之下❶。

三、收支開銷

　　塹郊之收入，亦不外乎捐款及課稅兩途。以捐款言，如官府
之徭役或地方公益事業，則臨時攤派或樂捐。以課稅言，於長和
宮置有公糧（即衡器）過量炭薪，每過量一擔炭薪，則抽錢五
文，充作香油錢，《新竹縣采訪冊》也記「又宮外公糧一枝，年
可收錢百餘千文」。餘如船隻進出、貨物買賣，均有「抽分」。最
重要者爲公業租項之收入，或由值東爐主向佃人支取租穀，而佃
人或納穀，或依時結價，俱皆兩可❶，或出賃瓦店收取租金，以
充祭祀費用之需❶。其收支歲費，據《新竹縣制度考》記❶：

收項
一、贌榔莊年贌小租穀九十石。佃人彭況。

一、番仔碑莊年贌小租穀九十石。同黃仔木。

一、番仔湖莊年贌小租穀九十石。同吳華。

一、泉州厝莊年贌小租穀五十五石。同鄭青山。

一、鳳鼻尾莊年贌小租穀六十七石三斗。同林立。

一、浸水莊年贌小租穀九十三石。同楊富。

共計年收小租穀四百八十五石三斗。

一、北門外米市街瓦店三座，年稅銀六十元。

開銷

一、水仙王二季祭祀值年爐主去穀一百二十石。

一、長和宮二季祭祀值年爐主去穀一百二十石。

一、宮內和尚全年伙食去穀三十石。

一、完隆恩地基去銀四角。

一、完納隆恩去銀一十八元七角。

一、雇人出莊辛金銀三十二元。

一、上元火燭鼓吹並雜費去銀五元五角。

一、值年爐主去穀五十五石。

一、每年納完錢糧去銀一十九元九角三點三釐。

一、聖誕祭祀去銀六十二元一角。

一、宮內盂蘭會去銀五十七元五角。

一、聖母飛昇誕共去銀六十三元七角五點。

一、水仙王聖誕去銀二十一元。

以上共計穀三百二十五石，銀二百七十九元八角三點。

《新竹縣志初稿》〈典禮志‧祠祀〉「水仙王宮」條亦附有歷年

租項，惟極簡略，稍有出入[20]：

一、榚榔莊水田年納小租穀九十石。
一、番仔陂水田年納小租穀九十石。
一、番仔湖水田年納小租穀九十石。
一、鳳鼻尾水田年納小租穀六十七石三斗。
一、泉州屋水田年納小租穀五十五石。
一、浸水莊水田年納小租穀九十三石。
一、北門米市街瓦屋三座，年納稅銀六十圓。
一、舊港老開成年納銀二圓。

　　此一文件，驟視之，似為長和宮之歷年租項開銷，實為一難得有關塹郊之收支公費帳冊。析論之：知其收項以租穀、稅銀為主，共計年收小租穀四百八十五石三斗，稅銀六十二元。其開銷，則泰半是祭祀費用與和尚全年伙食之供應，至於完納錢糧與雜項支出，僅佔部份，共計一年開銷穀三百二十五石，銀二百八十元八角八點三釐（按《新竹縣制度考》一書統計有誤）。光緒年間，米價最貴時，每石價銀三點七三兩，而常時則每石在銀一兩六錢五分至一兩八錢[21]，時新竹地方米每石價銀二圓，折算之，則長和宮一年盈餘有壹百零一元七角一點六釐，可謂頗有盈餘。

第四節　市場交易及行銷系統

　　清代台灣商業，初期均以市場為中心之簡單貿易，生產者與

消費者在市集上直接以物物交換或貨幣交易。雍正年間,行郊興
起,在島內各港埠頭組織諸郊,經營貨物輸出入,至咸同年間,
勢力駸盛,掌握台灣內外貿易實權,並從而控制市場。以新竹
言,其交易之行銷系統,行郊下,略可分為:文市(亦稱門市,
即零售商)、辦仲(在各埠頭設店,為行郊與生產者居間之商人。
又辦仲所派短期駐在生產地,貸放生產資金並接收生產品者,稱
庄友)、割店(批發商)、販仔(辦貨往各埠頭推銷者)等類。而
貨物之輸入系統,通常係由行郊經割店至文市,由文市出售給顧
客,然亦有行郊自兼割店售與文市者。鄉下埠頭係由販仔等經手
而供應文市業者。其他尚有出擔(肩挑零售)、路擔(露店、攤
販)、整船(又稱船頭,即經營船舶,航運各港交易者)、水客
(帶各行郊所委託貨物,搭乘他人船舶至各埠販賣者)等[22]。其間
關係如圖9-1。

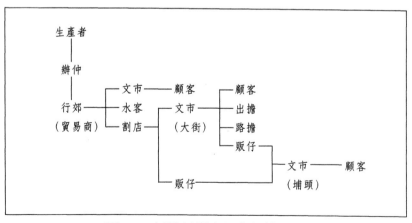

圖9-1 新竹行郊交易之行銷系統

　　新竹地方市集交易，並無詳確文獻可徵，但在清代，新竹街北門、北門外及南門等地，早已設有露店市場，並備有縣衙檢查核可，勒有「奉憲示禁」之公斗，做衡量之標準。在北門外天后宮（後面附祀水仙尊王，即長和宮，為塹郊之會所），亦置有公糧，以過量炭薪，每過量一擔，須抽錢五文，充作香油錢❷。當時已有米市、柴市……等，自然集結各地街市，並無綜合性之交易市場，茲分述如后❷：

1. 米市：一在縣城內北鼓樓外之米市街，另城外之水田街、九芎林街、樹杞林街、新埔街、北埔街、鹹菜甕街皆有。皆城廂礱戶及各村莊農人用竹籃挑運到此，排設街中為市。每日辰時（早上七點至九點）畢集，日晚則散。

2. 樟腦市：大部集中在城內南門街、樹杞林街、北埔街。

3. 柴市：一在縣署口，每日巳（九點至十一點）、午（十一點至十三點）二時為市。一在縣城北門外外天后宮口，每日未（十三點至十五點）、申（十五點至十七點）二時為市。一在縣東二十里九芎林街，每日辰、巳二時為市。一在縣東南二十五里樹杞林街，每日辰巳二時為市。在縣東南三十二里北埔街，也是辰、巳二時為市，另新埔街也有。

4. 草市：一在縣城南門外，俗名草埕，每日辰、巳二時為市。一在縣城北門外外天后宮口，每月未、申二時為市。

5. 炭市：一在縣署口，一在縣城西門內內天后宮口，每日巳、午二時為市。一在縣城北門外外天后宮中，每日未、申二時為市。一在縣東九芎林街，一在縣東南樹杞林街，

一在縣東南北埔街，皆是辰、巳二時爲市。

6. 魚市：一在縣城內太爺街，溪魚每日下午爲市，海魚無定時，大約下午爲盛。一在縣城北門內之米市街，視太爺街稍稀。

7. 菜市：一在縣署口，一在城內太爺街，一在縣城內南門街，一在縣城北門內，一在縣城北門外外天后宮口。

8. 果市：一在九芎林街（又名公館街），一在樹杞林街，一在新埔街，每日辰、巳二時爲市。

9. 苧市：在縣城內南門街，每日巳、午二時，內山客人挑運到此爲市。

10. 瓜市：一在縣城北門街，每年五、六兩月瓜熟時，每日辰、巳、午三時爲市。一在縣城內南門街，爲市與北門街同，而繁盛不及之。

11. 土豆市：在縣城北門外外天后宮口，每日辰、巳二時爲市。如遇土豆（花生）新出時，則於黎明爲市，日出則散。

　　這些各地街市，值得注意的是與塹城交通往來的關係。九芎林街的興起頗早，早在乾隆年間佃首姜勝智招佃開墾九芎林後，在其地形成市集，又名「公館街」，由於當時樹杞林未設市，石壁潭僅有小市，因此樹杞林、九芎林、橫山地區大市總聚在九芎林街，九芎林街成爲當時商業中心，且在乾隆末即成爲墾民的中繼站❷⑤。嗣後，墾民再由九芎林南下到樹杞林之三重埔、柯仔湖，越山經寶山、埔尾進入北埔。隨著五指山一帶的開拓，北埔街乃

成五指山地區首一的市場，作爲農產品輸往較大級集鎮的起點，及外地輸入貨品的終點。至光緒十二年（1886年）至少有二十家以上的舖戶，其中較著名者有金廣茂、金福茂、金同興、金同茂、金合振、新合利、萬興號、義興號等❷⁶。當時北埔街以腦市、米市、柴市、炭市最爲著名，這些市集均是每日皆有，貨品均由附近農村提供。同治初年，樹杞林設市，隨著橫山、樹杞林等地內山的開發，樹杞林街市容日盛，店舖日繁，反之，九芎林一帶屢被水沖，市容寖衰，逐被樹杞林取代商業中心。

　　以上這些地區所產農、山產、腦藤等，經由(1)塹城◀━▶土地公坑（新竹市高峰里◀━▶雙溪崎◀━▶雙溪；(2)塹城西門◀━▶茄苳湖◀━▶新城；(3)塹城東門◀━▶金山面（新竹市金山里）◀━▶水仙崙（今寶山鄉寶山村）◀━▶草山（同上）◀━▶大壢（寶山鄉仙鎮村）◀━▶埔尾◀━▶北埔等道路❷⁷，挑運至塹城，由舊港轉運出口，而日常用品亦由舊港上岸轉運至各地。要之，當時竹塹郊商從對岸大陸之福州、蓮河、泉州、頭北、溫州等地輸入貨品，再分散配銷至大湖、苗栗、南庄、三灣、月眉（今峨眉）、北埔、樹杞林、九芎林、新埔等地區小市場，這些地區小土產再集中竹塹銷往對岸，形成一市場體系。

第五節　知名郊舖與郊商

一、塹郊中次團體

　　塹郊金長和，此一商人集團下又分爲老抽分、中抽分、新抽分等三類。所謂「抽分」亦稱「抽解」，有二義，一是：唐及以後歷朝政府對國內部份貨物徵收的實物商稅。始於唐德宗建中三年（782年）開徵的竹木稅。一般十分取一，後代沿襲，主要抽竹木、磚瓦等建築材料，也有抽及礦產。降及明代，凡販賣竹木、柴草、石炭、石灰、磚瓦等貨之商人所納的實物稅即是。工部設場局徵收，數額因貨種、時地而定，所徵貨物，堆存以資工用。後因實物運解不便，改折銀徵收。至清漸改徵貨幣。另一義是：中國古代的外舶貨物稅，由市舶司徵收。未規定進口海舶貨物，除政府收購部份外，還要抽徵實物稅，稱「抽解」。稅率大致爲粗貨十抽其三，細貨十抽一、二，南宋時曾一度十抽其四。元沿宋舊制，稅率不同，粗貨十五抽一，細貨十抽一，此外另有三十分之一的徵稅。明初不徵外貿稅，明武宗正德年後復行抽分，稅率十分之二，至明後期改徵餉銀[28]。

　　清朝對於台灣沿岸各港口之商船課稅，採船徵法，但計擔數，不計精粗，惟新竹縣屬，另有「抽分」名目，抽分之貨品爲何？稅率多少？其詳不得知，不過於常理推測應不外乎米、糖等土產，至於其稅率，《淡新檔案》收錄有咸豐七年九月一件檔

案，與此有關，茲摘錄於下，以供參考[29]：

> 具僉稟。塹南四保大甲街總理職員謝玉麟、義首職員王崑
> 崗，暨各庄總董庄正人等，為蒙諭團練……奈團練供費宜有
> 條規，方能厥成。麟等爰集各庄總董庄正人等，僉議保內
> 「抽分」條目定規，如每家有租谷壹百石，該抽伍石，業主應
> 抽肆石，佃戶應抽壹石。米石出口，每□□抽銀□，照每百
> 袋該抽銀參元，餘可類推。若舖戶家資隨時從中的酌量捐
> 題，未知有妥，不敢擅專，合應僉稟請給憲示鑑定……保內
> 各家宜照抽分條規而行，不可違例……（批）……至需用局
> 費，每營壹百石議抽谷五石，業四佃一，應自與各庄業佃公
> 同商酌議定，免致推諉阻撓。所有出入米穀各貨抽分，前已
> 議著條款，札飭照辦矣……

若以此資料所提到的抽分作為參考基準，似乎稅率在5％左右，尚屬輕微。抽分課稅為塹郊收入之一，用在日常祭祀事宜、地方公事、職員薪資，及其他雜項為主，是以《新竹縣志初稿》卷二〈賦役志·釐金〉記新竹船戶抽分之半，充為竹塹育嬰堂費用[30]：

> 育嬰堂，在南城內龍王祠左畔。同治九年，官紳倡首捐項……
> ……原撥船戶「抽分」之半，以充經費……嗣因「抽分」一款
> 改歸釐金按給，嬰兒之項無從提給。

《淡水廳志》卷四志三賦役志〈賦役志·卹政〉亦記[31]：

育嬰堂，一在塹城南門內龍王祠右畔，購汪姓屋改造。一在
艋舺街學海書院後，購黃姓地基新造，俱同治九年官紳倡捐
合建。艋舺詳定撥三郊洋葯「抽分」每箱四圓之半，塹垣亦
撥船戶「抽分」之半，以充經費。……

《新竹縣制度考》復載[32]：

查育嬰堂前給嬰兒，係由本城糖米出口「抽分」項下提給。
……嗣抽分由官改歸釐金，而每月按給嬰兒之項，莫從提
給，由此截止，理合聲明。

　　不僅此，抽分之費亦曾用在竹塹城之興建，鄧傳安在〈捐造
淡水廳城碑記〉中載：「工用捐輸，皆屬殷戶司出納，不假手於
在官」、「維億之費出於官捐者十之二，餘皆取於士庶捐助，雖計
畝輸粟，按船出算，而人不以為苛。」[33]「按船出算」即是抽分
之項。此項稅收，至光緒十三年（1887年），奉巡撫劉銘傳諭定：
「將全台船貨釐金及抽分、斛船等項名目一概裁免，仿照內地按貨
抽釐，以除風弊。」以後「凡郊行儎貨下船，應將所發貨件斛兩
開明，交駁船前赴分局報明，由局逐一秤量，按則徵收給與完
單，方准盤上大船。倘不先赴分局報完釐金，擅行下船者，即以
偷漏論。除令繳足正款釐金外，照應完之釐三倍處罰，以示懲警」
[34]。

　　塹郊組織有老、中、新三抽分之分類，據《百年見聞肚皮集》
之解說為[35]：

然竹塹外天后宮創建自竹塹開港時，得諸船戶水郊祀奉，媽
祖廟之檀越施主中，分為老抽分、中抽分、新抽分、是由船
戶水郊抽捐供養，故稱三抽分。但水郊設有商會議堂，在水
仙王宮後殿，曾選置郊師一人主議會事務，凡郊商有事，關
於大要會議或商務交涉約束，暨就郊師議決。

　此說仍未解釋老、中、新之稱別，究竟是指郊戶加入金長和
之先後抑或是舖戶行號創業之先後？按，同治五年（1866年）之
「長和宮碑」列有老、新抽分，並未有「中抽分」，據個人看法：
前已言新竹地區頗多「散郊戶」，並未加入「金長和」組織，顯見
該地區郊戶之組織與管理頗為離散。因此嘉慶年間之老行號視道
光年間新加入之諸行號為「新」抽分，故其時只有「老、新」二
抽分。迨光緒初年續有一批新行號加入，遂又視之為「新抽分」，
而原來道光年間加入之「新抽分」升級為「中抽分」。至此乃有老
抽分（嘉慶年間組成）、中抽分（道光年間加入）、新抽分（光緒
元年加入）三類。至日治後僅存「中抽分社」，不見老、新抽分。
不過，據以上種種資料，似乎可以推論知塹郊金長和內部並未十
分和衷團結。蓋台灣各地行郊之組成，雖因交易地區、販售貨
物、宗族籍貫之不同，分成若干種類行郊，但絕無同一行郊內因
加入先後再分成若干次團體，是組織中另有派系、門戶之別，顯
見金長和內部之不和，有違「長和」之名，而「長和宮」之名與
塹郊「金長和」之名，或許正因此取名，其中頗有期許之深意。
我們從日據時所存塹郊中抽分社之規約中，刻意稱之為「中抽分
社諸同人公訂」不稱「金長和」，不見老、新抽分社，除了說明塹

郊內部之不能克衷和諧外❸⑥，也似乎說明了道光年間加入塹郊之中抽分社諸行號商舖才是塹郊正式成立之主要成員暨推動力，我們在前文推論塹郊成立於道光八、九年也可做一旁證。

老抽分之郊戶，據「長和宮碑」所載，同治年間有：金和祥、金逢源、謝寶興、林泉興、金協吉、金集源（後之集源號疑即是金集源）、范殖興、金振吉、陳振合、郭振德、金振芳、周茶春、吳金吉、陳建興、金德隆、吳萬德、王益三、吳振利、楊源發、金東興、吳金鎰、王振盛、王元順、金協豐、杜巒振、陳振榮、吳振鎰、吳萬隆、金瑞芳、金瑞吉、吳金興、吳萬裕（按即吳振利）、林萬興、陳協豐等計三十三戶。至於新抽分之諸郊戶，或則為：鄭用鑑、恆隆號、吳源美、吳福美、鄭恆升、李陵茂、郭怡齊、鄭恆利、鄭吉利、鄭同利、何錦泉、恆吉號、怡順號、利源號、吳鑾勝、振益號、振榮號、義榮號、曾德美、王和利、魏恆振、茂盛號、泉泰號、恆益號、義和號、正香號、勝興號等計二十七戶❸⑦。另前引中抽分社規約內提及「社內之人共有三十餘人」、「契劵交在振合號」，兩相對照，差距或不致太大。

船戶向與郊戶不可分，「長和宮碑」之捐獻名單中有竹塹諸港之船戶，茲一併抄錄於后：金洽吉、金勝順、張吉發、林德興、曾瑞吉、曾復吉、曾萬和、曾順益、金慶順、金益勝、金振吉、曾順成、曾振發、曾盛發、張和興、陳鎰隆、張吉盛、金順興、金順盛、許泉勝、曾順吉、金泉順、金瑞順、金成興、金順安、陳捷順、金新興等計二十七戶。

二、塹郊郊戶名單

除此外，《淡新檔案》所收錄諸文件，偶有提及塹郊諸行號暨附近地區諸行郊，茲爬梳史料，一併摘錄於下，謹供參考：

1. 「塹郊香山港長佑宮首事、總理張自得」、「金順和街公記」（咸豐十年四月，編號：一一〇一‧一，下同，茲省編號二字）。

2. 艋郊殷實頭人名單「泉郊金晉順、北郊金萬利、頭人總理蔡鵬桂、南北郊爐主、職員黃萬鐘、林正森、林國忠、吳光田、謝廷銓」（一一一〇一‧二）。

3. 「竹南四保大安街郊舖金萬和、監董事陳興、易雲，舖戶萬發號、協源號、源美號、吉金號、自成號、自源號、源榮號、丹成號等」（光緒八年、一一一〇‧六一）。

4. 滬尾街商號公記三十五枚：「豐源」、「濟生」、「德春」、「春和」、「萬美信記」、「福安兌貨」、「晉利」、「復興信記」、「□□」、「蔡晉發」、「祥興」、「崇興江記」、「泰興信記」、「泉和號」、「源順利記」、「長春」、「芳□」、「源泰」、「裕成」、「瑞□周記」、「德成兌貨」、「利興」、「德美印記」、「萬勝合記」、「永吉利記」、「晉益瑤記」、「源振兌貨」、「新興林記」、「復源勝記」、「德興」、「建泉」、「合和□□」、「榮源同記」、「□□□□」、「□□興記」（道光二十七年十一月，一一一〇八‧三）。

5.竹塹「本城舖戶瑞興號」、公記一枚「瑞興信記」（光緒六年二月，一一二〇五・五Ａ。

6.竹塹「金聯盛」、公記一枚「金聯盛兌貨，支取不憑」（光緒六年三月，一一二〇五・一〇）。

7.竹塹「本城內舖戶益合號」、公記一枚「益合」（光緒七年二月，一一二〇五・一八）。

8.竹塹「本城西門街商民振吉號即陳服，……緣服開張商賈、倚售貨物店舖……所倚係是茗葉、魚脯等貨，各府縣地方，亦有客商倚售貨物店舖，俗名九八行」、公記一枚「振吉號記」（光緒七年十一月，一一二〇七・一五）。

9.竹塹「本城西門街商民泉成號即倪連溪」、公記一枚「泉成」（光緒七年十一月，一一二〇七・一六）。

10.竹塹「本城舖戶高恆升」、公記一枚「恆升信記」（光緒九年六月，一一二一〇・二）。

11.竹塹「城內舖戶金源成」、公記一枚「金源成」（光緒十年十一月，一一三一五・七）。

12.竹塹「吳興……現住北門街前做生理」（光緒十三年閏四月，一一三二一・三）。

13.竹塹「舖民郭振春」（光緒十三年閏四月，一一三二一・四）。

14.竹塹「業戶林恆茂出資……買過本城泉源泰號王秀水番木大料三十五件……蓋用『恆豐』字樣烙號爲據」（同治九年閏十月，一一七〇一・五）。

15.中港「舖戶陳恆裕號，住竹南一保中港街，在中港街合本

開張恆芳號生理……由內地買載船料……埋寄在香山頂寮
合茂號店後」，（同治九年十一月，一一七〇一‧六。

16.竹塹「就各郊舖公同選舉……舖民郭尙茂……堪以頂充北
門總理」（道光二十三年五月，一二二〇二‧七）。

17.竹塹「舖戶寶源號、吉昌號等」、公記二十五枚「□連」、
「新福泰兌貨」、「茶瑞」、「三益合記」、「永昌合記」、
「金順利記」、「隆興信記」、「益興晉記」、「進興信
記」、「自成信記」、「金同成記」、「聚發長記」、「瑞茂
林記」、「怡盛源記」、「川盛梅記」、「政和林記」、「金
茂」、「吉昌」、「寶源」、「恆順信記」、「新興」、「協
源」、「尙□」、「泰昌」、「瑤興信記」（道光二十三年九
月，一二二〇二‧一一）。

18.竹塹「北門總理王禮讓……現住本城北門街內，開郊行生
理」（道光二十四年五月，一二二〇二‧二〇，按另前後
之西門總理洪德樑、南門總理陳大彬、北門總理鄭用鐘、
東門總理林揚芳、西門總理林承恩等人極有可能也是郊
商）。

19.苑裡及通霄「竹南三保宛裡街……舖戶恆生、恆美、文
興、聚利、發興、恆德等……吞霄街……全眾舖戶泉發、
瑞興、振吉、協利等」、公記三十四枚「長茂」、「聚
利」、「順美」、「恆升」、「合記」、「源美」、「合利順
記」、「登興」、「恆美」、「恆德」、「和成勝記」、「恆
合」、「□□」、「保生」、「長發勝記」、「文興勝記」、
「湧源勝記」、「源盛信記」、「發興勝記」、「古松林」、

「泉成」、「泉協信記」、「泉美」、「信興義記」、「□□
□記」、「□發□記」、「瑞興」、「協合」、「泉興」、
「泉發」、「益利翁記」、「壽仁堂」、「晉吉隆記」、「成
發」（道光二十二年十二月，一二二○三・四）。

20.通霄「舖戶廣發號、振利號等」、公記二枚「振利合記」、
「廣發號」（道光二十二年十二月，一二二○三・七）。

21.通霄「舖戶成美號、源美號、合利號、和盛號等」、公記
十四枚「恆順信記」、「豐發陳記」、「成美」、「源美」、
「聚利合記」、「萬利兌貨」、「□源」、「合利圖記」、
「和盛」、「榮勝」、「和源兌貨」、「復盛兌貨」、「協
和」、「松盛」（道光二十三年十一月，一二二○三・二
二）。

22.通霄「吞霄街舖民梁壬生……與妻子現住吞霄街生理」、
公記十三枚「恆順信記」、「豐發陳記」、「成美」、「源
美」、「萬利兌貨」、「□源」、「合利圖記」、「和盛」、
「榮勝」、「和源兌貨」、「復盛兌貨」、「協和」、「松
盛」、「聚利合記」（道光二十三年十一月，一二二○三・
二四、二七）。

23.通霄街眾舖戶推薦陳存仁接充董事，後附公記十六枚「成
美」、「永芳信記」、「益美信記」、「合利兌貨」、「泉
美」、「新謙泰」、「洽裕記」、「協和」、「瑞興」、「成
發」、「泉協信記」、「源泰」、「泉發信記」、「濟成信
記」、「壽仁堂」、「萬利兌貨」（道光二十四年四月，一
二二○三・二八）。

24.通霄街眾舖戶稟請由梁壬生暫充總理，後附公記十四枚：「承發號」、「協發信記」、「和發」、「廣源」、「新廣泰」、「義利法制」、「振順勝記」、「源發勝記」、「新廣成」、「源美」、「福仁名煙」、「振和合記」、「□□□」、「吉利」（道光二十五年五月，一二二〇三‧三二）。

25.芎林鄉「舖戶益齡號」（同治六年三月，一二二〇七‧四、五）。

26.竹北一保九芎林等庄僉舉徐安邦為總理，後附公記十五枚「魏祥衢」、「九芎林山下莊眾佃戶公記」、「源發兌貨」、「萬福益記」、「振隆劉記」、「化育堂」、「福成盛記」、「源勝」、「永成」、「□□芎林課□」、「昆和」、「劉萬昌記」、「振和兌貨」、「從順信記」、「林冠英記」（同治七年八月，一二二〇九‧二四）。

27.後龍「舖戶成金號」（同治九年十月，一二二一一‧一）。

28.銅鑼鄉人稟舉李逢年充當約首，後附公記二十枚「永興信記」、「濟安兌貨」、「榮盛」、「榮豐兌貨」、「接興信記」、「銀昌」、「同春兌貨」、「福盛信記」、「裕盛陳記」、「榮興信記」、「全興」、「義興兌貨」、「益成兌貨」、「福源兌貨」、「萬成信記」、「福昌兌貨」、「協和兌貨」、「復盛劉記」、「和生堂」、「源利信記」（同治十年十二月，一二二一二‧一）。

29.中港眾舖戶，附公記二十一枚「義成」、「金寶興」、「尊賢鍾記」、「源泰」、「合順□記」、「和盛」、「義發兌

貨」、「大安」、「榮昌信記」、「振昌信記」、「良記」、
「梓記」、「和成」、「萬興兌貨」、「寶和信記」、「梓□
謝記」、「陞昌兌貨」、「義盛兌貨」、「裕成源記」、「遠
美謝記」、「延年兌貨」（同治十一年十一月，一二二一
四‧二）。

30.後龍「會同墾局派往紳董……及該地各紳商郊舖妥議，僉
舉……舖戶監生蘇綸爲局董」（同治十三年八月，一二二
一五‧一）。

31.大甲街「郊舖泰和號、祥春號、興瑞號、金振順暨眾舖戶
等」、公記二十三枚「祥春」、「新泰和信記」、「興瑞兌
貨」、「金振順信記」、「隆發」、「和美」、「復盛兌
貨」、「泉扁（廈？）兌貨」、「勝吉兌貨」、「新振源兌
貨」、「金□春記」、「泉興兌貨」、「順興兌貨」、「協
發」、「萬吉兌貨」、「道生兌貨」、「成春兌貨」、「恆
勝」、「□隆」、「大甲隆源」、「金瑞兌貨」、「順源」、
「和順」（光緒九年九月，一二二二‧一）。

32.九芎林庄眾舖戶，後附公記十三枚中有「慶隆祀記」、
「合□兌貨」、「義昌□□」、「和順利□記」、「源順」、
「金義發兌貨」、「金福安」、「振順」、「源興」、「金源
昌」、「榮喜」、「源順德記」（光緒九年十一月，一二二
二三‧一）。

33.通霄「金和安眾舖戶等、巫怡順號、黃金和號」、公記三
十七枚「通霄街眾舖戶金和安公記」、「金安信記」、「金
源順信記」、「利源」、「勝利兌貨」、「永昌」、「勝

發」、「盛□」、「勝益」、「泉成」、「新勝發記」、「泉協信記」、「振憶」、「□□□□」、「德芳兌貨」、「□□□□」、「合順勝」、「順發」、「新永泰」、「□盛兌貨」、「源興」、「怡順」、「茂春」、「吞霄課館」、「恆隆兌貨」、「振成」、「合興」、「裕盛」、「德發兌貨」、「義盛」、「錦源兌貨」、「合順兌貨」、「通盛兌貨」、「金利信記」、「源利勝記」、「金永順」、「義利」（光緒九年二月，一二二二四・三）。

34.後壠「郊戶金致和」（光緒十二年四月，一二二二九・四）。

35.北埔眾舖戶，公記二十枚「金同興記」、「理元信記」、「德隆信記」、「逢原兌貨」、「瑞興」、「合利兌貨」、「萬興」、「同□」、「金長勝」、「振利」、「□□」、「□□□□」、「勝興」、「益興兌貨」、「義興兌貨」、「□興記」、「□壽」、「榮和」、「□通彭記」、「長壽居」（光緒十二年十二月，一二二三一・一）。

36.新埔金廣和、公記十枚「廣和宮公記」、「雙和曾記」、「金利兌貨」、「源茂兌貨」、「振和」、「進發」、「天德美記」、「萬安」、「鼎興」、「合裕兌貨」（光緒十三年閏四月，一二二三二・一）。

37.苑裏街眾舖戶、公記十五枚「正□□記」、「振合」、「惊錦信記」、「泉玉兌貨」、「恆泰」、「□□」、「□□」、「德安□□」、「自發兌貨」、「恆□」、「源興信記」、「永盛信記」、「昌盛信記」、「榮順」、「□□」（光緒十

三年閏四月，一二二三三‧一）。

38.大湖「舖戶振昌、振利、東益、福和、陳義合、金合源、益成等」、公記十二枚「獻福陳記」、「金福成公記」、「振利吳記」、「福源」、「金合源」、「東益信記」、「福和堂」、「陳義合信記」、「興盛」、「□□」、「□□信記」、「□□兌貨」（光緒十四年十一月，一二二三九‧一）。

39.中港舖戶、公記七枚「□□局號」、「榮昌□記」、「鎮和徐記」、「新興黃記」、「□□□記」、「德美黃記」、「接興」（同治十二年十一月，一二三〇一‧六）。

40.竹塹「本城舖戶益豐號」（光緒五年閏三月，一二四〇四‧三）。

41.「後壠、大安舖戶合興號即朱烏杙、益成號即梁琳」（光緒五年十月，一二四〇四‧一三）。

42.竹塹「本城舖戶金恆順號」（光緒五年十月，一二四〇四‧一五）。

43.竹塹「本城舖戶恆泰號」（光緒六年五月，一二四〇四‧一八）。

44.竹塹「本城舖戶恆春號」（光緒七年九月，一二四〇四‧二〇）。

45.「大甲街金萬興郊暨眾舖戶等」、公記九枚「大安□金興公記」、「泉成」、「萬吉兌貨」、「新隆源兌貨」、「大甲春兌貨」、「新義順兌貨」、「榮春兌貨」、「新恆瑞兌貨」、「□□」（光緒八年三月，一二四〇四‧二六）。

46.「淡水舖戶黃萬順、賴源和」（光緒九年十二月，一二四
　　〇四‧四一）。

47.竹塹「本城舖戶金德美」（光緒十年四月，一二四〇四‧
　　四九）。

48.「本城舖戶吳萬裕號即吳士騰……茲查有該（大安）□舖
　　戶王合發……」（光緒十年十二月，一二四〇四‧五四）。

49.竹塹「本城舖戶雙合號」（光緒十一年正月，一二四〇
　　四‧六三）。

50.大安「舖戶金勝發」（光緒十四年二月，一二四〇四‧八
　　七）。

51.竹塹「本城舖戶劉振春號、劉勝發號……本城舖戶郭蔡祥
　　一名，在該口生意有年」（光緒十五年十一月，一二四〇
　　四‧九七）。

52.竹塹「本城郊舖高恆升」、公記一枚「恆升號」（光緒十六
　　年四月，一二四〇四‧一〇四）。

53.竹塹「民人金協和……竊和籍隸竹城，貿易為業」（光緒
　　十七年八月，一二四〇四‧一一三）。

54.竹塹「民人駱財源……竊源籍隸竹城，貿易為業」（光緒
　　十七年八月，一二四〇四‧一一二）。

55.竹塹「本城舖戶榮源號」（光緒十七年八月，一二四〇
　　四‧一一三）。

56.竹塹「協和號」（光緒二十年三月，一二四〇四‧一二
　　七）。

57.竹塹「民人馬得利……竊利籍隸竹城，貿易為業」（光緒

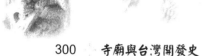

二十年三月，一二四○四‧一二八）。

58.竹塹「民人金駿發……竊發籍隸竹城，貿易爲業」（光緒二十年三月，一二四○四‧一二九）。

59.竹塹「舖戶勝記號及蘇進賢」（光緒二十年四月，一二四○四‧一三六）。

60.竹塹「民人金合和……竊和籍隸竹城，貿易爲業」（光緒二十一年正月，一二四○四‧一四四）。

61.竹塹「本城舖戶王義合」、公記二枚「復合兌貨」、「義合」（光緒二十一年正月，一二四○四‧一四五）。

62.竹塹「本城舖戶源春號」、公記一枚「源春兌貨」（光緒八年八月，一二五一一‧四）。

63.九芎林，公記十三枚「九芎林舖戶公記」、「姜源興」、「源豐」、「大□兌貨」、「□源」、「□□」、「源□」、「恆生」、「巒和」、「□□」、「九芎林下山□佃戶公記」、「和昌」、「□和□」（光緒九年七月，一二五一三‧四）。

64.中港舖戶，公記四十四枚「新竹縣中港義圍總局公記」、「中港金和順公記」、「珍□兌記」、「德成信記」、「興利」、「□□」、「利源」、「興吉」、「恆順信記」、「和成」、「錦發信記」、「恆生□」、「安發」、「瑞發兌貨」、「榮發」、「□□」、「□□□」、「合安□記」、「恆美兌貨」、「合安信記」、「洽安信記」、「福興兌貨」、「協□兌貨」、「裕記」、「泉順」、「泉春」、「義成信記」、「義□信記」、「興□」、「□發」、「□□」、

「振安」、「泉安兌貨」、「和興信記」、「恆陞」、「□□
□□」、「□□信記」、「□□」、「榮興□□」、「捷
勝」、「□□」、「泉盛陳記」、「泉興兌貨」、「恆□兌貨」
（光緒十二年二月，一二五一五‧六）。

65.竹塹「商郊吳順記」、「商郊戶內鄭人俊」（同治七年五
月，一二六〇二‧三）。

割台前所採輯之《新竹縣采訪冊》亦有零散之紀錄，茲整理
如下：

1.竹塹義倉之建，於同治六年淡水同知嚴金清諭「業戶林恆
茂、鄭永承、吳順記、李陵茂、鄭恆升、鄭吉利、鄭同
利、翁貞記、陳振合、何錦泉、陳沙記、鄭利源、恆隆號
等捐建」，此份名單，幾乎全是郊商或郊行，但可惜案卷只
明確的記載：「郊行吳順記捐穀四千石。」❸

2.義冢之設，據道光八年五月淡水同知李愼彝告示，中有
「據本城舖戶郭逢茂（即郭棠棣）稟稱……今該舖戶稟稱願
將以己業南勢一帶……充作冢地」❸。

3.六十甲圳（一名振利圳），道光初，吳振利濬。十六年十二
月，吳振利與田主鄭恆利等，及各佃人籌議，商由隆恩圳
陂長張王成備本修築，歸併一手管顧，同立約章，付陂長
執憑。後「十五年七月，吳振利捐銀三百圓繳縣，發交舖
戶陳和興生息，作爲遞年修理考棚經費」❹。

其他像(1)「創建試院碑」末之捐題名單「杜漢淮、蘇團芳、

林恆茂、鄭如蘭、蔡景熙、李陵茂、鄭以典、葉祥孚、陳其德、高廷琛、黃照卿、郭□合、何錦泉、杜鏡濱、張維巖、黃勝吉、林鳳儀、黃仕配、張程材、陳鳳岐、陳萬順、王瑤記、廖讚元、郭程銘」；(2)「大眾廟中元祀業碑(一)」中捐輸名單有「陳建興、益川號、林紹賢、林光成、吳金興、潘文助、吳振利、林元瑋、金和祥、洪贊光、益三號、羅德春、金逢泰、張文吉」；(3)「大眾廟中元祀業碑(二)」中有「同治六年間，有本城恆義號（即麥悔官）生理倒罷，積欠和等眾郊戶銀貨賬項」；(4)道光十八年「義渡碑二」捐題名單中有「禮部正郎鄭用錫、加五品銜林祥雲、新艋泉廈郊、塹城金長和、後壠眾行舖、塹城金瑞華、大甲金濟川鹽館、艋舺陳悅記、艋舺林榮泰、艋舺杜遠記、艋舺珍瑞記、大甲舖戶新義號、艋舺舖戶舖濟和、大甲舖戶協泰號、大甲舖戶新振興、大甲等堡舖民長成、恆勝……等五十七戶、粵莊舖民監生邱鳳池、源陞、元利……等五十六戶」；(5)道光二十二年「湳子莊萬橋碑」有「塹郊金長和、鄭用鍾、鄭用哺、吳奠邦、陵勝發、源泰號、鎰泰號、協裕號、德隆號、泉吉號、萬成號」；(6)同治七年「重修湳子莊萬年橋碑記」有「金長和、李陵茂、陳振合、吳萬吉、鄭恆升、翁貞記、恆隆號、金泉和、集源號、恆吉號、義榮號、振榮號、怡順號、錦泉號、利源號、和利號、鄭吉利」；(7)道光十六年「義冢捐名碑」有「林平侯、新艋泉郊金進順、艋舺廈郊金福順，紳耆舖戶：鄭用鍾、吳振利、曾昆和、吳稱其、金振成、周智仁、陳詞裕、金廣福、鄭長源、林元會、羅德春、劉聯輝、李青雲、逢泰號、陵茂號、源泰號、益三號……春貞記……鎰泰號、協裕號、德隆號、鄭武略、陳祖居」；(8)咸

豐三年「員山子番子湖冢牧禁碑」有「本城舖戶陳泉源、鄭恆利、張順發、吳振利、林九牧、林慶算、吳嘉記、官志交、林美士、林瑞源、童高秀、張成珠、林其回、詹瑞業、林清隱、林廉逸、童士添、林福孫等」；(9)光緒十三年「重修龍王廟」中倡捐各紳商士庶名單有「林恆茂、周茶泰、謝謙利、鄭永承、蘇團芳、李陵茂、曾萬春、鄭時霖、葉鼎記、蔣瑞章、鄭恆升、鄭吉利、王義合、曾昆和、林振榮、梁占魁、魏泉安、鄭利源、黃瑞利、范福興、王和利、王義芳、魏益記、曾德興、曾榮發、何錦泉、陳泉源、金新茂、陳振合、陳玉衡、黃義龍、陳和興、吳盛吉、陳廣義、洪合春、蔡福鎰、陳怡順、金德美、陳恆裕以上三十九戶」❹等等。上述名單有不少即是郊行或郊商，可惜史未明文，無法明確予以斷定。

　　以上史料之爬梳，本諸寧詳勿略之原則予以摘錄出來，茲再集中竹塹一地，並將明確寫出郊行或郊商者，整理如次：(1)咸豐十年張自得；(2)道光二十四年王禮讓；(3)光緒六年郊舖高恆升；(4)同治六年郊行吳順記。其他僅記載「舖戶」或從事「貿易」（非「生理」）者，依常理判斷，應該也是，不過為嚴謹學術之考慮，暫不開列。至若更周詳之名單，讀者有興趣者自可參考林玉茹《清代竹塹地區的在地商人及其活動網絡》（聯經出版公司，2000年）書末附表2〈清代竹塹城郊商資料表〉（頁400~408），表長，此處不引錄。

三、著名郊商

　　塹郊中特具代表性，財勢最稱雄厚者，據《台灣省新竹縣志》

載爲：

> 當時新竹財界，以內外公館（原註：即林占梅、鄭用錫之族
> 人）爲兩大勢力。行郊以鄭、林兩族之鄭恆利、鄭吉利、鄭
> 恆升、林恆茂及林泉興、陳建興、陳和興（原註：稱三興）
> 及周瑞春、羅德春、×××（原註：一缺詳；再註：稱三
> 春。筆者按，不知是否即是「曾萬春」或「洪合春」？）爲
> 巨商。❷

　　三興與三春，方志無傳，事蹟不詳。但提起內外公館之林、
鄭二家，可是大名鼎鼎。鄭氏在崇字輩時，雖漸有餘裕，尚未發
達。至文字輩時，人才輩出，有理財致富，購置田產成爲地主，
亦有讀書中舉，取得功名成爲士紳，使鄭家兼巨商、地主和鄉紳
三種身分。鄭家家族俱業商起家，分爲四大號：曰永承、永裕、
吉利、恆昇，各造有角板烏艚巨船，貿遷遍及天津、上海等大江
南北，及呂宋、嘮呅（即今新加坡）、檳榔嶼、新加坡各港灣❸。
惜《浯江鄭氏家乘》與《百年見聞肚皮集》等書有關鄭家經商資
料缺詳，難能做進一步了解。
　　內公館之林家，至林紹賢，善治生計，墾田習賈，從事帆船
航運，頗爲得手；復辦全台鹽務，致成鉅富，廣置田產，人稱
「萬生翁」，商號曰「恆茂」，負責全台鹽務，故有「恆茂課館」之
稱，另外還有「恆發」商號，專門從事貿易，貿易遠達呂宋群島
❹。不料嗣後林、鄭兩家卻因田界、水路問題起衝突，積怨成
讎，終於涉訟。林占梅後來且因佃農命案，與鄭家構訟，林氏因
久訟纏身，復受風寒，憂憤致命，含恨以終。訟則終凶，林鄭兩

家之紛爭，在新竹遂留下「銀牛相觸角」之俗諺。

第六節　塹郊與金廣福之組成

　　清代台灣之隘防制度，其先起源於明鄭時期之「土牛」、「紅線」，蓋嚴禁漢人侵越，同時也制止番人越出。其後隨著在台漢人生齒日繁，土地日闢，耕地漸侵入土牛界內，非設隘防守無法防止生番滋擾，尤無法積極進取墾拓，於是隘成為北台開拓墾土方法之一。

　　道光十四年淡水同知李嗣業積極開疆拓地，諭令新竹股戶粵籍姜秀鑾與閩籍周邦正二人，合組「金廣福」團體，聯合驅番拓墾。金廣福設有公館，統轄全部墾務，以此為中心，拓墾竹塹城東南城郊地區，此地區山巒起伏，為中港溪、鹽水港溪及客雅溪三水系之上游，約今北埔、峨眉、寶山三鄉，一面戒備，一面墾地。至同治間，墾地愈廣，各隘移入內山，規模愈大，時人稱之為「大隘」，號稱全台最大隘。

　　時賢已有人運用檔案、方志等資料對「隘」加以討論，近人吳學明著有《金廣福墾隘與新竹東南山區的開發》，則進一步就(1)金廣福組成的背景、經過，及其資金的籌措方式與運用。(2)檢討金廣福防番、開墾兩大功能運作情況。(3)透過土地開墾、水利興修以及聚落形成的探討，更進一步探究在金廣福開墾下的漢人社會發展特色，予以全面深入探討，其所運用資料率多未刊史料，乃「幸能得到開闢大隘粵籍墾戶首姜秀鑾裔孫之協助，得借閱大

批有關金廣福大隘之諭示、稟稿、墾照、契字、丈單、案底、族
譜、圖書等寶貴文件」，其珍貴可想而知。文中所述，極多有關隘
郊者，惜著者不知，文中所述不僅未提及任何「隘郊」之名號，
所述相關郊商多以「塹城聞名商戶」或「塹城經商鋪戶」含混稱
之。今茲據吳書撮述整理有關隘郊者於下：

　　清領台灣後，南部可墾荒埔所剩不多，移民逐漸北移，由於
地理環境限制，開墾形式隨之改變，因之墾戶扮演一重要角色，
彼等提供農具、種子，及開圳築堤，耗費甚鉅，故開墾資金之籌
措，頓成問題。而透過兩人或兩人以上認股出錢，籌集資金之方
式最為普遍，合資經營成為台灣開墾主要型態。金廣福大隘於沿
山諸隘中最大，獨具特色，由姜秀鑾負責總其成，「起造隘寮、
招募隘丁、把守該地方、鳩派隘糧，及築開圳招佃、墾闢田園、
建造庄屋、設立庄規」等，凡此在在莫不須有大筆人力、物力之
支出，而姜秀鑾個人財力有限，獨力難成，官府乃另諭飭姜秀
鑾、林德修勸捐定股，舉二人為總墾首，合串戶名金廣福，以在
城在鄉殷戶之財力，共同解決隘費不足之困境。

　　先是閩人多城居經商，因經商致富累積資金，須為資金謀一
投資出路；再則埔地愈墾愈深，「番害」也逐漸加重，隘寮隘丁
隨之添設，所需開墾資金隨之提高，已非一般移民所可承擔。兩
相因緣湊合，在城之閩商或以小租戶、或合夥、或獨資組成墾
號，將資金投入附近山區開墾，如咸豐二年十二月樹杞林總墾戶
金惠成之組成股份，計有「黃利記、林桓茂、蔡致記、何順記、
彭阿祿、許珠泗、陳建興、彭阿添、彭林山、陳阿生、郭村記、
陳敦記、張福貴」等十三人十四股[45]，此名單可明顯確知是塹城

郊商與在地粵籍墾戶合作組成。今既有官府出面諭知合組金廣福，而林德修曾任塹城西門總理，是塹城縉紳，此次授命與姜秀巒集城鄉殷戶捐資認股，並被推為閩籍墾戶首，向在城閩籍股戶招募股底銀，又與姜氏訂立大隘規約。林氏不久過世，改由周邦正接替為墾戶首，周氏在道光初年由福建安溪來台，來台十餘年，一方面在塹城經商，一方面在大甲從事水圳投資，人稱「周百萬」。

　　金廣福大隘所需隘費丁糧主要來自官方的資助，然而隘丁甚眾，隘糧不敷甚多，不足貼補，遂有賴殷紳捐派、隘糧大租、給墾埔底銀，及墾戶貼納隘糧等鳩集資金之方法[46]。

　　閩粵捐派中，閩籍捐戶中可確知為塹郊郊商者有：吳金桔（金吉號）、林恆陞（即林恆茂）、金鎰號、鄭恆利（即鄭用錫）、振益號、許泉記、德隆號、萬泉號（為大甲郊鋪）、鄭和順、羅德春、鎰泰號、陵茂號、新瑞芳、王益發、童泉陞（即童陞）、童高秀、蘇泉吉（即蘇陞）、集源號、鄭振興、林瑞源、林同興、金逢泰、瑞吉號、源順號、振裕號。餘如陳舒和、周邦正（在塹城經商）、鄭咸亨、涂阿慶、王天宮、陳阿生、鄭承福、許萬生、鄭亨記、黃源利、鄭貞利、周鼎瑞、吳有量、楊庭金、蔡致記、林印卿、林惠香、陳昆榮、林德和、林德悠、陳柳官等[47]，史籍有闕，無法證明彼等是否塹郊中之郊商郊鋪，於常理推論，亦應大部份均是。

　　在議貼隘糧中，據吳書所引之例，道光十五年正月有鹽水港墾首吳振利、鄭振記與金廣福所訂合約[48]，道光二十一年二月有王義方與金廣福所訂合約[49]，而王義方、吳振利與鄭振記正是塹郊郊

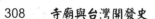

　　商與郊行。誠如吳文所言，以上諸人諸鋪「與其他資料對比，得知閩籍捐戶大都為塹城之鋪戶，除在城經商外，部份亦從事土地拓墾，如金逢泰、林同興、鄭長源、陳大彬等曾合夥承領土地，開闢田園」，事實上除此外，金德成、金福泉、金德發等墾號，均為塹郊聞名郊商李陵茂與許泉記所擁有之公號❺⓪。

　　然而塹郊郊鋪捐資合組金廣福之用意，一則出於官府之諭示派捐，二則以為商業資金之出路，三則加上樟腦利益之誘因，使得在當年閩粵械鬥頻傳的大環境下，居然會出現閩粵合資經營的墾號。結果是疊派不休，而金廣福墾務遲遲未成，所得僅埔地數甲，況塹郊郊商活動範圍仍以廳城附近之商業為主，此種土地投資，所得微薄，投資意願遂低，而閩籍郊商多為不在地之地主，取得土地後，勢必將土地轉租出去，而承租者大半為粵籍佃戶，此種現象在當時地緣意識強烈，械鬥頻生的時代而言，畢竟非閩商所樂見，於是莫不急於抽退或拒絕加派，咸豐同治年間，閩籍墾戶仍漸將股權拋售，因而粵籍墾戶轉而逐漸掌握金廣福。

　　要之，金廣福拓墾成功固有官方的協助，但閩粵兩籍殷戶之合作攤派，才是金廣福組成之主要憑藉，而開墾初期金廣福開山防番之資金，主要來自在城閩籍商業資金，以及在鄉粵籍農墾資金之結合；換言之，若無塹郊郊商之參與，金廣福之能否成功，頗堪疑問。此亦塹郊於新竹附近地區開拓助力之一大功勞也。

第七節　塹郊會所長和宮

一、長和宮之創建

新竹之天后宮有「內媽」與「外媽」兩座，內媽祖座坐於西門街一四八號，建於乾隆十三年（1748年）。長和宮則係外媽祖宮，由於新竹城之北門外，從西北可通頭前溪河口舊港，爲往昔與大陸貿易物資運輸路線，及城裡城外必經之路，因此長和宮建立在塹城外之北門口，亦有其選地之考慮因素。除爲交通要道外，也因建城之後，城門白天開啓，晚間關閉，無法配合漁民出入捕魚時間，乃在城外修建該廟。再則，此地又爲風水寶地，民間傳說新市竹爲一「鯉魚穴」，魚頭是關帝廟，魚尾是長和宮，長和宮兩旁的愛文街、城北街爲魚尾雙叉，魚臍則是城隍廟。

因以上諸原因，所以長和宮建置頗早，《淡水廳志》卷六志五〈典禮志・祠祀〉記：「一在北門外，乾隆七年（1742年），同知莊年、守備陳士挺建。嘉慶二十四年（1819年），郊戶同修。」❺¹《新竹縣志初稿》亦記：「天后宮，在縣城北門口，乾隆七年，同知莊年、守備陳士挺建。嘉慶二十四年，鋪戶同修。廟宇五十坪，地基百坪。」❺²時前殿祀天上聖母，後則祀水仙尊王，而且因各類型店舖行號店號匯集北門口，有米市、柴市、炭市、魚市等等❺³，熱鬧繽紛，北門大街成爲商業中心，竹塹郊商爲求近便，自然會以長和宮爲聚會議事之所，何況崇奉之媽祖、水仙尊王是海

神，職司庇佑航海平安，故為郊商海客所崇信，尊為安瀾之神，長和宮遂成水郊總匯之所，是以今廟中猶存二匾，可堪佐證，一是「嘉慶辛酉（六年，1801年）仲春（二月）」、「眾街水郊弟子奉」之「德可配天」匾，後可能損毀，遂在「昭和八年癸酉（民國二十二年，1933年）」重修塑立，由「老抽分會重修」。一是「嘉慶辛酉仲春」、「水郊眾弟子奉」之「慧光普照」匾，後在「昭和十年乙亥」由「老抽分會重修」。從此二匾亦可推知其時竹塹郊商尚未組成正式之商會，是以僅能籠統的稱呼為「眾街水郊」，亦可進一步佐證，老抽分會確是最早加入之會員，所以才肯在日治時期由他們重修嘉慶年間古匾；反之亦說明了老抽分會的舖戶成員大體上在嘉慶初年已出現，初只是神明會型態，未組成正式商會團體。

以後眾郊戶在嘉慶二十四年大力捐輸，予以修建，可能是在翌年完成，所以今廟中有一「嘉慶庚辰年（二十五年，1820年）桐月（三月）吉旦」、「董事郭尚安、吳建邦、吳世英、吳國舟（？）、陳展遠（？）、郭尚茂、金登□、郭治本仝奉」之「海邦砥柱」匾。而此一批人也非常有可能是「老抽分」初創者，今廟中尚存有一「創立老抽分會諸先烈神位」之長生祿位供奉。不過其時之建築，筆者懷疑是一落單進式建築，尚談不上「前後二殿」，蓋「長和宮碑」記：「我塹郊創建長和宮，由來已久。前殿崇祀天上聖母，而後蓋則崇祀水仙尊王。廟宇亦自清肅，然逕迂而曲，堂窅而深，未甚軒昂豁達。」不稱「後殿」僅稱「後蓋」似可見其時之簡陋，是以眾郊商遂在同治二年（1863年）十二月間，公議將老抽分東畔店地（即天后宮左側）重新起建新廟，充

爲水仙王宮，奉祀夏王，殿後另有竹安寺，奉祀觀世音菩薩。關
於此次興建，《新竹縣志初稿》記：「水仙王宮，在天后宮左
側，祀夏王，同治二年，鋪戶捐建。廟宇三十坪，地基五十坪。」
❸「長和宮碑」尤詳述始末：「同治二年十二月間，公議將老抽分
東畔店地重新起建，以爲水仙王殿，其規模較爲宏敞可觀。爰詢
請老抽分紳士，咸樂獻其地。謀及新抽分紳士，則樂供其費。因
倡是舉以成厥事者，則職員林君福祥之力居多。茲值落成，謹溯
始末事由，勒書於石，以垂不朽。」碑末落款是「同治五年歲次
乙丑臘月印塹郊衆紳士仝立」，可知斯役興於同治三年，完成於五
年歲末，費時三年才得以完成，可以想見此次工程之浩大，碑末
之「總共收來佛銀四千二百二十四大元整」、「總計開出佛銀四千
二百二十四大元正」，亦可佐證其花費之龐大。

　　另新竹耆宿蔡翼謀曾口述：「外媽祖廟是漁民出海打魚前，
祈求神明庇佑的所在。以前竹塹石城，晚間封閉，無法配合漁民
捕魚時間開啓，因此在城外修建這座廟。當時老抽分出六百石
租，中抽分出三百石租，新抽分出一百石租。船頭行負責抽收、
設料、買地、完成建廟。那個時候一百石租約納一萬石稻穀。日
據時代後期，實施皇民奉公化，廟產充公，租穀由助役負責收
取。」❸惜未明確指出是何時修建，不過既說是有塹城之後，應即
是指道光之後的同治年間此次修建。

　　花費如此鉅大，自可想見其時郊商之雄富擁貲，也因行號成
員日多，原有廟宇空間不敷使用，才有擴建之舉，更有需要購置
廟產以充廟中香資祭祀及郊中諸事之開銷，是以《新竹縣志初稿》
記其「歷年租項」中有「楝梛莊水田、番仔陂水田、番仔湖水

田、鳳鼻尾水田、泉州屋水田、浸水莊水田、北門米市街瓦屋三
座」,另「舊港老開成年納銀二圓」❺。而《新竹縣制度考》中記
「北門外長和宮、水仙王宮香油銀」中之「收項」與前文完全相
同,是其明證。

二、廟中文物稽考

　　不過,今廟中存有道光年間二匾,一是道光乙未（十五年,
1835年）仲冬（十一月）,「水郊眾弟子奉」之「萬世永賴」匾。
一是道光丁未年（二十七年,1847年）季春月（三月）吉旦,
「大夫第貢生鄭如梁敬立」之「海邦赫濯」匾。廟外側三方石碑中
之道光十五年,總理鄭用哺、吳建邦、鄭用銛（？）、郭尚茂,董
事李錫金、曾玉山、新陸勝、王益三……等眾行郊捐輸之碑文,
惜碑文漫漶不清,無法辨讀是為何事而捐題,碑末略可讀者有
「一總收題捐緣銀肆仟捌佰捌拾元……開用外尚剩銀二佰四十伍元
……」、「……生息以供……水仙尊王」等字句,參考以上二匾一
碑,似乎道光十五年尚有一次修建,而且日治時期之中抽分規約
中記載:「竊維我墅於道光間,建造聖母廟宇及聖母靈像,恭奉
有年即名長和宮」,也可證明其是。

　　同治初年之大肆新建,使得廟中留下頗多之匾碑,如(1)「同
治三年吉月」、「塹城眾董事敬立」之「盛德在水」匾。(2)「同治
三年吉月」、「塹城眾郊戶敬立」之「績著平成」匾,後於「昭和
八年癸酉」、「老抽分會重修」。(3)「同治四年仲夏月」、「裔孫
（林）福祥敬立」之「母儀配天」匾。(4)「同治丙寅（五年,
1866年）春月穀旦」、「兵部侍郎兼都察院右副都御史、福建巡撫

提督軍務兼理糧餉徐宗幹敬立」之「泛舟利濟」匾。(5)廟外側矗立之同治五年臘月所立之「長和宮碑」均是。

　　同治年之新建，立下壯麗偉固基址，光緒年間遂無甚修葺，今廟中僅存一聯一碑，一聯是「光緒十五年孟夏穀旦」、「候升同知直隸州本任埔裡通判權知縣事方祖蔭敬酬」所撰書之木聯：「四海安瀾稱后德、萬人再示頌慈恩」。一碑是廟外牆矗立之光緒十三年六月之「獺江祀碑」，碑文清晰可讀，《新竹縣采訪冊》亦收有此碑文。

　　另《百年見聞肚皮集》亦有記載長和宮若干事宜，如道光咸豐年間長和宮之住持有「天恩」、「和尚金」等二人，塹郊在水仙王宮開會商議時，和尚金必在議堂奔走，當差應命，原文如下⑤：

　　然竹塹外天后宮創自竹塹開港時，得諸船戶水郊祀奉，媽祖廟之檀越施主中，分為老抽分、中抽分、新抽分，是由船戶水郊抽捐供養，故稱三抽分。但水郊設有商會議堂，在水仙王宮後殿，曾選置郊師一人主議會事務，凡郊商有事，關於大要會議或商務交涉約束，暨就郊師議決。和尚金遇有水郊開會議時，必在議堂奔走，勤謹應命當差，備辨（辦）茶點，無不充足周到，又能巴結鋪郊家長，各位稱意，殷勤親切，故凡佛事供養、燈火香花、做敬奉齋、捐題募化，俱與容易便宜，所得樂施錢米，收入比較天恩師時倍加，年年出息不少，綽綽有餘裕，任憑揮霍，尚亦裕如。和尚金得此機會，洋洋自得，以其諸檀越施主信任無疑，可以放心肆意，行其所欲為。

又如同治初年戴萬生之亂 [58]：

民情洶洶，一城無主，城門緊閉，用砂包堆塞城門，交通不便，有越垣緣城，方能出入。全城紳商人等，開會議選林占梅為議長，公同舉立張師爺出為攝理淡防廳職，設協義廳於水仙宮。後依官衙辦（辦）法，差遣捕快，捉挐暴徒劫賊二三，依法押赴北門外城邊車埕地場斬決。

惟礙秋大老殉職，一城無主，難以服眾，百姓不得安寧，甚遺憾事。乃有提議設立臨時假廳長，得名具爾瞻方妥。然後募兵籌餉，並專差材幹能為之士，到福州陳情，請兵救援，算是上策。議決公同超選推舉張師爺，因張師爺曾為秋大老幕賓，現充鋪郊郊師，為人能幹善謀，老誠諳練，熟悉人名政事。得其承諾，遂設假廳事於北門外水仙王宮後殿，充當做衙門辨（辦）事處，用林覺、呂世宜、謝琯樵同參贊廳事，以該殿為集義廳，攝淡水廳篆，出告示安民心，籌辨（辦）餉糧，設軍儲會計、物資度支兩局，分理募兵籌餉。

也有提及長和宮之重新修整，惜未明確記下年代，但以和尚金交往之諸人年代稽考，應即是筆者前面推論之道光十五年事 [59]：

和尚金在新莊、艋舺盤桓經旬，始歸竹塹，時外媽祖宮廟宇多少舊象，諸水郊擬再重新修整，煥然一新，媽祖神像在塑鋪金，議訂要往湄州謁祖進香，出發有日，即使和尚金奉媽祖神像，隨駕至湄州乞火掛香。及期，和尚金同諸善信及水郊頭人，相將由舊港啟帆，向湄州進發。不幾日，到湄州，

入祖廟進香乞火，依例行事畢，和尚金乃對諸頭人道及欲往
興化探訪故舊相厚僧侶，並要往南海普陀山講求佛道，定明
年春三月歸廟，諸檀越請奉媽祖回竹塹，貧僧不在廟內，諸
香火請檀越祈代為照料為幸。水郊等眾許諾，和尚金自去，
水郊等眾即奉媽祖歸竹矣。

三、日治以來

到了割台前，日治初，時長和宮「廟宇五十坪，地基百坪」，
水仙宮「廟宇三十坪，地基五十坪」。《新竹縣制度考》又記其規
模：「天后宮（即媽祖廟），北門外。門一棟，堂五棟，前面空地
大凡一百四十五坪。又附屬水仙尊王廟，後面尚有一棟廟（即長
和宮），前面空地大凡一十坪。」[60]陳朝龍《新竹縣采訪冊》則有
更清楚詳盡的記載：

> 天后宮，……一在縣城北門外，名長和宮，又名外天后宮
> （以城內有天后宮，故別之曰外），正殿三間，左右廊各一
> 間，前殿三間。左為水仙宮，後為觀音殿，又後為四香別墅
> 三間，右為僧舍大小計七間。香燭租穀三十石，每年由金長
> 和公租支給，又店租銀一十二圓（店在縣城內北門街，年收
> 店租銀二十四圓，與內天后宮對分）。又宮外公糧一枝，年可
> 收錢百餘千文。

至於原來的水仙宮改祀觀音菩薩，陳書又記：

> 觀音殿，……一在縣城北門外長和宮後殿，三間。舊為水仙

宮，同治二年，郊戶改建水仙宮於長和宮左畔，以舊水仙宮改祀觀音佛祖，即今所也。

對於清末時塹郊與地方歲時信仰的活動，陳書復載：「郊戶所祀之天后香火，則自興化府屬之湄州分來；每三年則專僱一船，奉安天后神像駛往湄州進香一次，祭以少牢。回時各郊戶具鼓樂旗幟往海口迎接回宮，輪日演劇。」中元普渡則「各郊戶同日會普，謂之眾街普」**❻❶**。

日治時長和宮之興修補葺，經筆者之探訪，惜執事者或云不知，或稱資料已被取走，無可奈何，僅能就廟中現存文物建築做一稽考。今廟中有一「歲次乙卯仲冬穀旦立」、「信官程介眉敬酬」之「厚德配天」匾；一「丙辰年福醮紀念」、「閤竹眾紳商庶全敬叩」之「霖雨蒼生」匾，似乎大正四年（乙卯，西元1915年）、五年（丙辰）可能有小修，才有作醮之舉。又有一柱聯題「跡顯湄州坤雍永奠、神依淡北水道安瀾」，落款「昭和戊辰孟秋之月重修」、「林桓茂敬獻、李逸然（樵？）謹書」，則明確指出昭和三年（民國十七年，1928年）廟曾一度重修。廟中神桌上置有二籤筒，內各有十二地支之令牌，皆是昭和八年夏季所設，乃「老抽分會會員一同設置」。水仙宮正龕下之神桌乃明治三十二年（光緒二十五年，西元1899年）十二月捐獻，桌之邊角赫然落款「沐恩弟子魏泉安、陳桓豐、杜玉計、莊崑茂、吳吉記、連裕興、李怡泰、謝泉源、鄭邦露、李陵茂、周茂泰、興隆局、金德美、鄭利源、振榮號、怡順號全叩」，對照前節稽考得知之郊舖、郊商，重複頗多，幾乎可斷定即是日治初、光緒末之郊商及郊舖，為今存

最晚之塹郊古文物。除此外，再加上前述老抽分會重修昭和八年「德可配天」匾、昭和十年「慧光普照」匾，暨中抽分祭祀規約，正說明了日治時期，眾郊商祭祀活動之頻繁與熱烈，不過不用塹郊或水郊之名稱，僅用「老抽分」、「中抽分」之名稱，已顯示性質返歸趨向神明會之型態。至於「新抽分」無聞焉，不知是解散歸於沉寂，還是分別併入老、中抽分，則無可得知矣！

　　光復以來，又有幾許滄桑變化。廟中現有一匾「安瀾濟眾」立於「民國戊午年（六十七年，1978年）三月」，乃「新竹水仙宮、長和宮管理委員會、主任委員吳張炎暨水郊會派下一同」所敬立，凸顯了塹郊已純然是神明會組織，至於「水郊會」近況如何？是否尚存在？經詢問執事者亦是一問三不知。民國六十七年為響應復興中華文化，始奉文昌帝君，因此乃拆除長和宮室間，增建文昌殿，於六十九年五月發包興建，工程順利，於同年農曆十月完竣，於十月二十八日奉文昌帝君神像進殿安座。翌年（辛酉年）舉行建廟兩百四十週年建醮大典，今廟中有台南大天后宮「后德配天」、新竹市長和里里長楊金土「慈光宏達」之賀匾。民國七十九年（庚午年）十二月，續作整修，內外油漆，煥然一新，並製獻媽祖，觀音佛祖，水仙王神龕前雙龍幃幔、神冠、神袍。近年全面暫修，由慶洋營造公司負責，於民國九十年六月二十七日完工。

第八節　塹郊對地方之貢獻

　　台灣行郊實爲一特殊之商業團體，其所具有之功能已含括政治、經濟、社會、宗教等多元功能，舉凡如地方上之徭役、公益、宗教、教育等事業，幾無一不由彼等倡導、創建或重振。郊行之組織，不僅促進了台灣商務之發展，安定移民社會之秩序，更對社會建設提供了巨大之推動力量。

　　塹郊金長和成立於道光年間，盛於咸同年間，期間對新竹之社會建設與地方公益事業，莫不熱烈參與支持，踴躍捐輸，茲分述於後：

一、教育方面

　　教育爲百年之計，風俗之醇，人才之盛，端賴學校化陶之，我國自昔之文教設施，無非以設學宮廣學額，輔以書院，加之義塾等方式來培養人才。新竹地方之文廟、試院、書院、學田，在在皆有郊商鉅富之參與，或倡謀捐建，或慷慨輸獻，碑文俱在，如「文廟碑」、「創建試院碑」等是，昭昭可信[62]。

二、公益方面

　　清代台島道路不修，交通不便，兼之河流不一，野水縱橫，每逢大雨後，淺者固易架橋，深者非渡不爲功。故除在路旁由官民建置路亭以供行旅暫憩奉茶外，各大河溪多有官民捐置之義渡

或橋樑，以供旅人之便利。

　　道光十六年淡水廳同知婁雲，召集紳士、郊商等，廣爲勸
諭，在大甲溪、房裏河、柑尾溪、中港溪、鹽水港等六處，或設
渡船、或架木橋。事後撰有〈義渡碑記〉，詳記始末，內中捐戶姓
名有「新艋泉郊公捐洋銀一千圓」、「塹城金長和公捐洋銀三百
圓」。按淡北義渡較少，據婁雲詢諸紳耆郊行，知悉淡北各港溪所
設渡船，渡費低廉，均稱利濟，並無訛索之風，率由舊章，未改
設義渡❻。

　　橋樑部份，以萬年橋之修建最具代表性。萬年橋，舊名滴子
橋，在縣二里滴子溝，爲南北往來孔道。嘉慶間竹塹社屯千總錢
茂祖創建木橋，並於橋南北各砌石塊爲路，共計長一里許。道光
二十二年，舊橋朽壞，郊舖金長和及諸紳士鳩捐重修，並於橋南
北石路中間改敷石板，旁夾以石塊，以期永固。其後屢壞屢修，
塹郊商民糜資修葺，耗費不少，覺終非長久之計，遂於同治七年
由同知嚴金清、諸紳士及郊舖金長和捐資改建，仿三江運河式，
仍其舊址，纍石爲圓洞橋，橋上翼以石欄，更名萬年橋❻。

三、宗教方面

　　清代之台灣移民社會，因台島荒蕪初啓，天災疫害頻頻，加
以官府力量薄弱，兵燹屢屢，民間互助合作之風氣特盛，常有結
社組織，多由同鄉、同族或同業組成，以共同信仰神明爲中心而
結合之，因之促成寺廟之興建發達。故台灣廟宇不僅是民間信仰
中心，同時也成爲聚落自治及行會自治之中心，具有自衛、自
治、涉外、社交、教化、娛樂等多元功能。明乎此，知寺廟之興

地方發展息息相關，我拓台先民實善於運用寺廟推進地方建設，興辦慈善公益事業，進而教化百姓，平定變亂，維持社會治安，促進商務繁榮。

　　行郊係由同一行業之商賈組成，奉一神明，設幫會，訂規約，以時集議；內以聯絡同業，外以交接別途，自須有一集會辦事處。此辦事處或稱公所，或名會館，惟此多見於大陸各地行會，台島少見，多是附屬於寺廟，以充聯誼自治之所。故本省各大寺廟之創建興修，各地郊商莫不踴躍捐輸。塹郊之參與新竹地方寺廟修建，有文獻可徵者乃文廟、龍王廟及長和宮、大眾廟❻，他文獻不足徵，以籠統之「眾紳商、諸舖戶」等稱之，概不採納。其中長和宮爲塹郊之會所，亦爲本章之主體，已在前節詳述之，茲不贅。

四、慈善方面

　　本慈善事業主指助葬、救荒兩種。清代助葬事業，有供給土地於貧民埋葬，或合葬無緣枯骨，或寄託旅櫬，或協助埋葬等，其種類不外乎爲塚、寄棺、枯骨埋葬及孝舍等。台灣之義塚，由官建置者有之，紳民買獻者亦有之，任人埋葬，不收地價，勒石定界，以垂永遠，並嚴禁牛羊踐踏之害，誠爲義舉。

　　新竹地方之有義塚，約始於乾隆四十年（1775年）前後，惟嘉慶年間清廷曾下諭以凡無耕耘或無田賦之地，皆作爲塚墓或牧場，此後糾紛迭起。緣由道光十四年（1834年），金廣福墾號開始拓墾後，墾戶屢屢混界殘害塚墓，滿山遍野破罐露骨，致使訴訟不斷。咸豐元年（1851年），遂由諸紳士及郊行舖戶等向同知朱材

哲稟請，具呈金廣福等之弊害，朱氏乃差官屬前往查勘，其後勒石嚴明境界，設禁以防佔混踐踏。光緒年間，南門口巡司埔附近時有毀塚私營田園，或任牛車亂駛，毀塚墓尤甚，致暴露棺骸；七年（1881年）有諸紳士耆老及郊行舖戶等之稟請，又至南門城門建碑示禁。此後凡義山之開墾必須受官之准許，其例持續至清領台灣末期[66]。

清代之救荒設置有常平倉、義倉、社倉、番社倉等，新竹地方有常平倉、義倉、番社倉，而社倉則無文獻可稽。

義倉者，當年歲凶荒之際，貧民告糴無由，則開義倉之穀，而給民糴；義倉原由官方管理，後改由民間經理。新竹之義倉，係道光十七年（1837年）淡水同知婁雲創始，但未置倉廠，捐穀即由捐戶收存。至同治六年（1867年）同知嚴金清復倡，捐廉俸銀一千圓購穀一千石，並勸諭紳商、業戶捐穀四萬九千石，於同年在竹塹及艋舺各建明善堂爲義倉，附以義塾，另撥捐穀三千六百石充爲義塾經費，以興養立教。

竹塹明善堂（即義倉）在新竹城南門內，係購城內義倉口街金姓舊屋而改築，其房數共十二間，同治六年九月興工，翌年四月竣工，費銀二千九百七十二圓二角。此役主要捐輸者有業戶林恆茂、鄭永承、紳董吳順記、李陵茂、鄭恆升、鄭吉利、翁貞記、陳振合、何錦泉、陳沙記、鄭利源、恆隆號等，多爲聞名郊商。無如其後世風不古，有遇青黃不接之時，告糴者聚而請，收儲者置罔聞，明善堂之設，於是乎有名而無實。義倉至光緒十六年（1890年）改爲電報局，附設之義塾至翌年，由知縣葉意深移入明志書院，自爲塾長，另謀發展[67]。

五、平亂方面

　　新竹行郊內公館林家、外公館鄭家，與三春、三興為巨商。鄭家祖先原是福建漳州漳浦人，於乾隆四十年（1775年）遷居後壠（今苗栗縣後龍鎮）之溪州，至「文」字輩起家，聲名烜赫，有讀書中舉者（如鄭用錫、用鑑），有經商墾殖致富者（如鄭用鍾、用鈺），其家族又分為四大號，曰永承、永裕、吉利、恆昇，俱業商起家，貿遷遍及天津、上海、大江南北，及呂宋、嘮叻（今新加坡）、檳榔嶼等地，而鄭用錫其人，少遵父訓，力行為本，於道光三年舉進士。平時家居，里黨有舉，輒致其財力，鄉人稱善士。凡倡修學宮、橋渡、賑饑、恤寒，悉力為之。咸豐三年（1853年），林恭、吳磋以次起事，而漳泉又分類械鬥，全台俶擾。當是時，械鬥愈烈，延蔓百數十里，殺人越貨，道路不通。鄭用錫親赴各莊，力為排解，著「勸和論」以曉諭眾人。這其中倒有一段內幕，牽連新、艋、竹諸郊商，《百年見聞肚皮集》詳記其事，也可見眾郊商之熱心公益，平定紛亂，茲摘錄於下，以略見梗概[68]：

> 賦間（聞）無事，有一日，得頂港有人來下書，披閱之下，知是大龍峒陳維英迂谷先生，及林右藻、林柏邱兩紳商，並艋舺舉人蘇袞榮，廩生黃中理，僉同函信，函中所云事為新艋漳泉人，分籍械鬥，經累歲月，塗炭生靈，禍害不淺。今二比知悔，漏意謂，若有人出作魯仲連，便可排難解紛，因此邀請公及許超英到新艋磋商擬議等語。晚間又接林本源家

五少爺林國芳，暨新莊紳商數人，並艋舺黃林吳三郊家長，各通書信，先後投遞，其大意亦欲依賴公等出為周旋。公得信遂與許超英計議可否。許超英曰：「事無難處，到時見機而作，可也。」雖（遂）決偕行。不出三日，先到艋舺，會三郊家長，同來大龍峒，訪陳迂谷先生家。得迂谷先生殷勤禮遇，遂假宿焉。翌日，公與許超英集合陳迂谷、蘇袞榮、黃中理、林右藻、林柏邱諸氏，並艋舺黃林吳三郊家長，一齊到新莊見五少爺林國芳，新莊紳商人等，議定和約，既和不論理，各自引責，相好如初。公遂為作勸和文一章，刻石永垂鑑戒。以多年紛糾事，經一席話迎刃而解。雖曰人情有，天意在焉。自此新莊、艋舺漳泉籍人，賣刀買犢，棄利刃，負犁耜，化衽兵革而尚玉帛，同流合污，無分畛域，此咸豐三年事也。然斯時竹塹當閩粵反，經年始平，俗有「世事恰大咸豐三」，是謂此也。公因新莊和議告成，歸艋舺，回大龍峒與陳迂谷先生暢敘攸情，盤桓浹日，即招許超英同歸竹塹。

內公館之林家，其祖林紹賢，墾田習賈，復辦全台鹽務，富冠一鄉。傳裔至林占梅，性豪邁，好交名下士，濟困扶危，糜萬金在所不惜。道光二十五年，英人犯雞籠，沿海戒嚴，倡捐防費，得旨嘉獎，以員生加道銜。二十三年，防堵八里坌口，又捐巨款。二十四年，嘉彰各邑漳泉械鬥，募勇扼守大甲溪，絕其蔓延，並護閭閻，出資撫卹。咸豐三年，林恭之變，北路震動，奉旨會辦全台團練，又以捐運賑濟津米三千石，奉准簡用浙江道。同治元年（1862年），彰化戴湖春起

事，淡水同知秋日覲被戕，民心惶惶。林占梅獨籌維危局，備器械、出資餉、討軍實、修城濠、募勇士，部署甫定，而警報亦至，占梅力主戰守，以家資十數萬為餉糈，竹塹城中眾紳士郊商亦踴躍輸將，民心始定。旋奉巡撫徐宗幹檄准布政使，頒總辦台北軍務鈐記，通飭所屬聽令。後陸續克復大甲、牛罵頭、梧棲，梧棲為通商之埠，殷商聚集，占梅暗中潛結當地郊戶楊至器，遂得於同治二年二月取之。至十一月，率勇與官軍會攻，克復彰化，十二月振旅凱歸[69]。潮春之役，林占梅傾家紓難，保障北台，運全局於掌上，屢收要隘，再復堅城，固一時之傑，若舉有功於鄉里者，當推為先。

舉此二例，可以概括新竹郊商平匪亂、維治安、禦外侮、護鄉梓之貢獻矣！

六、其他方面

每一時代，每一社會均有其惡風劣俗，清代台島淡廳之地方惡習，約而舉之有四大害：如母家籍女病故索擾，賣業找盡纏訟，總董誣良為盜，命案任意牽連等是，為害中之最。於是諸紳耆暨郊舖金長和共向淡水同知向燾僉稟，請求嚴行禁革，以杜訟源而肅法紀。為此向燾特立碑示禁，以期互相勸勉，漸挽頹風，若有不遵，則執法嚴懲[70]。

至若擔任城工董事，管收店租生息，以備歲修城工[71]，或為人作保具結[72]，以求息訟，以杜爭端，並進而共同保舉董事總理

[73]，自行擔負行政大任等，一則可見塹郊在新竹之權勢，再則移風易俗，擔負行政，可想見其熱烈參與地方事務之積極態度矣！

第九節　塹郊衰微原因

《新竹縣采訪冊》中所收碑碣，同光年間最多，光緒年間有關塹郊者反而最少，甚有簡稱爲「郊舖、郊戶」，至後來根本以郊商之私人姓名或行號銜題，不見公號之稱呼，又恢復乾嘉時代之情況，可想見塹郊此時之衰微[74]。方豪先生曾就有關新竹萬年橋之修建前後文獻加以研究，獲得三點結論[75]：

1. 道光年間，鳩捐重修人以郊舖金長和居首，紳士舉名者三人，皆列金長和後。
2. 同治年間，捐款人同知之後爲紳士，舉名者三人，郊舖金長和列紳士後，居於末位。
3. 光緒年間，紳士舉名者二人，郊舖金長和且未列入。

此三點事實可作爲塹郊於光緒年間衰微之旁證。

塹郊衰微之原因固多，如：郊商私人向官府借款營商，遇邇年市面光景歉薄，生理賠累[76]；或其他行號向塹郊借款經商，因生理倒罷而致拖欠公款[77]，與海禁大開，洋行勢力侵入，遭受嚴重打擊等均是，但諸種因素中恐以(1)港灣淤塞；(2)內亂外患爲主，茲先分述新竹三港之沿革興廢：

一、港灣淤塞

(一)舊港（竹塹港）

　　舊港於清乾隆時稱爲竹塹港，至嘉慶十二年改稱爲舊港。該港每年三月至七月間多西南風，九月至翌年二月間多東北風而爲雨季，港位於新竹市西北四公里半之舊港溪與頭前溪分流再匯合入海之三角洲上。港口面北，因水淺，民船須利用滿潮時始能出入。

　　舊港至雍正九年（1731年）始因島內貿易而開港，惟因地形限制，自昔屢有塗流夾砂壅塞港口之患，是以《淡水廳志》載：「港分南北二線，可泊小船，候潮出入。如溪流沖壓，港路無定；晝則循標而行，夜則籌燈爲號。」嘉慶八年，因洪水港塞，妨礙船舶出入，經商民籌議各捐資金，於嘉慶十二年（1807年），在其附近新開停泊處，稱之新港，前之竹塹港改稱舊港。但未及二年，此新港亦被淤塞，商船難以出入。嘉慶十二年，淡水同知薛志亮勸諭商民招股創設老開成，濬復舊港。咸豐四年（1854年）以後，行郊多設棧於此，船舶出入日多，該港之開發亦日見興盛。其貿易地區以大陸對岸各地爲主，以泉州第一、福州、廈門、溫州次之，主要輸出品爲苧麻、水產物、棉織物；輸入品爲苧麻布、黃麻布、紙箔、陶器、木材等。其後貿易地區更延伸至天津、牛莊，進而至日本、朝鮮、呂宋、暹羅。然因咸豐七、八年間，諸商以該港南方四浬之香山港港水深，便於出入，自是大船多泊於香山港，舊港大受打擊。數年後，香山港亦被泥沙淤

塞，船舶復歸泊於舊港，惟已不及往時之盛。

舊港在日治時期，曾一度恢復盛況，至昭和七年（民國二十一年）十二月二日奉令廢港，從此該港僅被利用爲漁港[78]。

(二) 香山港

香山港位於鹽水港溪與客雅溪兩溪口之間，南北二公里半，海灣距深水外洋約六公里，岸去海口遠，海灘甚大，不能靠岸。《淡水廳志》載：「香山澳……距城西十里，離深水外洋五里。口門闊二十餘丈，深一丈二尺。潮漲至鹽水港而止，退即旱溪。三、五百石之船，乘潮可入，爲南北大路。」以今視昔，變遷驚人，今日之滿潮深不過五尺，潮退即可涉過，自然船舶出入不便，僅五十石以下之舟楫可繫碇。

該港之被發現，係在咸豐七、八年左右，因商人至竹塹港貿易時，發現竹塹港南方四浬有香山港，較竹塹港水深，爲一優良港灣，故內地商船每遭風暴，寄泊於此，從此大船多泊於該港，與大陸對岸貿易甚盛，一時成爲貨物集散地。當時又適際大陸移民來台頻盛，與中港遂成爲內地貿易商船出入頻繁之港。但未及數年，港亦被泥沙壅塞，出入之船舶大半復歸泊於竹塹港，復因八里坌開港，遂被禁止通商，其後僅成爲漁港[79]。

(三) 紅毛港

紅毛港位於新豐鄉紅毛口，南有鳳鼻山突出於海，北有小丘，成爲細長港灣，有新庄子溪、茄苳溪流入港內。港內滿潮時，水深八尺，平潮時平均六尺。港口雖小，而內較寬，就自然條件言，南北有山丘，港內廣闊，爲一良港。在明鄭之前，爲台

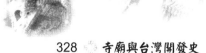

灣西北海岸一著名海舶交通門戶，明鄭以後，仍繼續利用，經常諸船輻輳，銅鑼之聲不斷。

　　清時曾在該港架設砲台，從事海防。咸豐十一年在該港設釐金卡，徵收釐金。該港出口貨，以樟腦、米穀、茶葉為主，入口貨為棉花、布匹、酒類、陶器、木材、石材、獸骨等，多由大陸對岸及台島中南部輸入，供應竹北二堡、中壢等地，極盛時為北台一重要物資集散地。其後因土砂淤積，海舶難於進口，遂逐漸衰頹。日本據台後，鋪設鐵道，運輸多賴鐵道，海運減少，終成廢港⑧。

　　近人林玉茹根據港口之泊船條件、商業機能、軍事機能，以及行政機能作為綜合指標，將清代台灣大小諸港口，分成五種等級，其中有關新竹諸港，略謂：1710年（康熙四十九年）以前之竹塹港為五級港；1731至1860（雍正九年至咸豐十年）之竹塹港為三級港；1861至1895年（咸豐十一年至光緒二十一年）為二級港；同時期之香山港為三級港⑧。所謂三級港，據林氏之定義為：大都可以容納閩、台兩地之大商船出入，或是港口雖因泥沙淤塞，只容航行於南北沿岸之小船停泊，但可由外口轉駁。在商業機能方面，一般已具備市街型態，或是作為內陸縣城、市鎮之貨物吞吐港，而本身並未形成市街。在軍事地位上，大部份是由千總、把總以上之中級將弁駐防，少見營盤駐紮之例。在行政設置上，最多派駐縣丞、巡檢專防，鮮見同知或通判之駐守。大部份的三級港並未被官方開作兩岸對渡港，因此通常與二級港有轉運關係，且往往具有民間人、貨、走私或偷渡型態，與大陸對岸時有往來。至於二級港之定義是：大都已由官方正式開口，作為大

陸與台灣之對渡門戶，一般言港口的泊船條件可以容許航行閩台
兩地之橫洋船或販艚船等等大商船自由出入；即使泊船條件惡
化，也可以尋找外口以停泊大船，再用船轉駁至內港。一個二級
港，通常有行郊、倉儲存在，已具備市街型態，具有區域性商業
中地機能，在軍事機能上，大都有營盤駐防，或至少有把總以上
武弁駐紮。在行政機能上，有海防同知或縣丞、巡檢駐防，稽查
海口。二級港大都為官方明令開放與大陸對渡的正口，通常必須
負責配運兵穀、配渡官兵，以及轉遞文報。其與一級港最大差異
在於：二級港的對外貿易範圍局限在中國大陸地區，腹地大都較
一級港小，而且禁止外商停留貿易，洋行、領事館與海關等設
置，付之闕如❽。

　　此說對照前述諸港興廢，雖未必全部符合，亦大體可通。竹
塹港為新竹地區主要港口，鄰近小港與之互動頻繁，本身也成為
淡水以南地區四個（竹塹港、後龍港、中港及大安港）次級港之
一。特別是竹塹港與淡水港距離最近，聯絡關係也最密切，由淡
水至竹塹的交通，水陸皆可通往，大體言，水路沿海岸向南行，
約費時五小時，陸路則需三十六小時，艋舺並有客船航運至竹塹
❽。而該港戎克船台灣沿岸貿易，北至基隆、淡水，南至鹿港皆
有，也即是說，與淡水、基隆、許厝港、笨仔港、紅毛港、香山
港、中港、後龍、吞霄、大安、梧棲、塗葛窟、鹿港等港區均有
往來。其中自然與淡水、鹿港之貿易往來最為重要，竹塹商人常
自艋舺取得鴉片，再轉輸鹿港❽。淡水港輸入貨物，也大都由沿岸
迴行本港，再分配至各集散市場，也即前述輸入品，大部由竹塹
港集中至竹塹城，再分配至大湖、苗栗、南庄、三灣、月眉、北

埔、樹杞林、九芎林及新埔等市場。反之,竹塹港並收集鄰近地區樟腦運往淡水出口。

至於香山港位於竹塹港與中港之中間,港口亦置文武口,稽查掛驗內地出入船隻。其後因竹塹港一度壅塞淤積,竹塹郊商改由香山港進出貨物,因此香山港也有郊行市街,但因始終是作為竹塹港外口,集散市場與竹塹港重疊,與竹塹港又有密切連結關係,也因此始終不能取代竹塹港地位。

總之,新竹地區自昔因陸地交通不便,地廣無人,野番出沒,野水縱橫,處處病涉,故居民多利用船舶交通,如舊港、紅毛港、香山港等是。諸港自康熙年間已有船舶往來。惟因地形之限,環佈礁砂,大船難近,「竹塹舊港、香山港,皆港門一線,大船雖可出入,必須乘湖遙立望燈,小舟帶引,方可出入,否則有淺涸之患。」㉟通航不便如此,加之新竹附近山陵高崇,平原不廣,溪流短急,諸港多位於溪流之口,易為泥沙淤積,且未常加疏濬,年久失修,港口遂不能用,失去港灣機能,終成廢港。於是不復可見往昔物資集散之商況,此後竹塹僅成為一消費地,大量物資殆皆須由外地進口,塹郊之逐年衰微,良有以也。

以上為新竹三港之榮衰沿革,三港因淤積壅塞而失去港口機能,自會對操持進出口貿易之塹郊一大打擊。

二、內亂外患

另一重大原因即是連綿不絕之內亂外患,結果造成社會之動盪不安,破壞地方之治安與建設,阻礙經濟建設與成長,新竹地區之民變與械鬥,導致商鋪罷市,郊商或助餉募勇,或斂資通

款，在在蒙受損失。以《新竹縣志初稿》卷五〈兵燹〉所載為例：先是乾隆五十一年林爽文起事，「塹城陷，巡檢張芝馨、把總高茂、尹貴、尹仰舟，外委虞文光等俱死之。」後由淡水同知幕賓壽同春偕原任竹塹巡檢李生椿、書院掌教孫讓，糾合義民萬餘人，收復塹城。嘉慶十年海盜蔡牽「復駛至竹塹、鹿耳門等處游奕」。嘉慶二十二年三月，「草烏匪船擾塹南各港口」。咸豐四年，「（黃）位竄大雞籠口，逸竹塹港。同知丁曰健平之。」[86]而同治元年彰化戴潮春起事，更波及竹塹，一城驚慌，《百年見聞肚皮集》記載：「城內街市，殺人越貨，白日搶劫，暴亂行為，死傷人命，百姓紛逃。」[87]對附近郊商股戶之影響，尤有一段深刻記載[88]：

> 不幾日，有自後壠走來之股戶舖郊，攜有眷屬老幼，相將避難來竹塹，云大會約某日取後壠，街眾無力抵抗，我等聞風先行逃走，以避賊鋒。不幾日，人又來報道，大會果於某日入後壠街信宿，便全隊抽退，其原因為街眾老弱幼少不堪受驚者，出避於外埔。聞大會入街，專事尋覓巨商大賈、殷實富戶，入門勒索，捐題軍餉，來狀可怕。哥老會首腦者坐大轎四，拋綏結綵，繫繡球裝飾，如王爺公坐輦轎，發軔用三進三退，開大鑼打大鼓，號頭奏笳嗚嗚叫，奔躍狂進入街時，坐轎首腦探頭出轎窗，爭佔大戶大舖郊，入則傳呼頭家家長，謂大哥有令，勸捐軍需，某號數萬，某號數十萬，盡封業戶粟倉。逃眾聞聲不敢回家，聚集在外埔朱王爺宮。

諸如以上所舉之內亂、民變、械鬥為例，所至烽火蔓延，焚

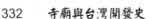

殺擄掠，郊商素稱殷富，尤爲覬覦之目標，焉能不受慘重損失。內亂頻仍，而外患亦至，其中以中法戰役打擊至深。

　　光緒九年，中法爲越南爭釁，爆發戰爭，台灣告緊，清廷分調劉璈、劉銘傳守南北。十年六月，法將孤拔率艦攻基隆，銘傳敗之。七月再犯，不勝而去，法軍遂改採封鎖政策，於是北自蘇澳，南至鵝鑾鼻，禁止船艦出入，台海被封鎖，長達七閱月。這期間對新竹之影響，《新竹縣志初稿》僅簡略地記載：「（十一月）二十三日癸亥，法兵輪停泊竹塹舊港口，開大砲擊燬商船。」❽其實遠比縣志所記尤要殘虐，《法軍侵台檔》收錄有「督辦福建軍務左宗棠咨報往來台澎漁商各船被法船轟擊情形」（以下簡稱左文），及「閩浙總督楊昌濬咨報法船在台灣洋面殘暴情況」（以下簡稱楊文），詳述法船之殘暴手段，關於新竹一地，左文中載❾：

> 十一月初五日，有法船一隻停泊新竹油車港，並拖帶商船一隻。又見商船一隻，已被法船開砲轟壞，擱在淺水之中；船上血跡淋漓，並有青菜、酒罈等物。嗣據泅水逃水手蔡連升供稱：「該船名『陳合發』，載運木板等物，自福建來台；在紅毛港被法船轟燬，焚燒殆盡，人盡死亡，僅存船底而已」。
>
> ——新竹縣稟報（新竹團練林紳士稟同）

> 十一月七日未刻，有法船一隻游弋紅毛港上之泉水空港。適遇竹塹郊行商船一號（船名「金妝成」）由泉州運載麵線、紙箔、雜貨；又有頭北船一號；均被法人開砲，尾追莫及，又見隨後有商船二號，已被法船趕上牽去。而法船又將龍皂漁船兩隻內有捕魚者共十六人盡行擄去，而空船放還。

——新竹縣稟（紳士稟同）

十二月初七日，有法船一號在距城八、九里之拔仔港外游弋。適逢兩隻商船進口，內一隻名「柯永順」，由頭北裝貨來台；被法開砲，貨客林三娘受傷。尚有一隻躲避不及，係被牽去；船民及人數，無從查悉。

——新竹縣稟

左文中又有轉記「泉州轉運局稟法船焚害民船情形」，載泉州諸船在新竹口外之悲慘遭遇：

1. 惠安小樵地方陳細糞隻船，於十一月初間由省出口，至十一月十二日駛至竹塹口外；遇法人兵船，被放火箭，射中大帆。該船急沖沙汕，船工、水手登岸脫逃，後開大砲，該船被焚。

2. 惠安獺密澳地方張草圭船，於十一月初四日在獺密揚帆駛至觀音澳，於十二日放洋，至十三日駛至竹塹地面；適遇法船，被其牽去滬尾口外。舵工、水手等人均被兜留，挑運沙泥；船貨放棄，漂流滬尾之南嵌地方，貨物被在地百姓搬空。

3. 同澳地方曾雅舵之船，同日揚帆駛至竹塹口外；均被牽去。舵工、水手亦被兜留；其船放棄，不知漂泊何處。

4. 晉江古浮澳地方金成利、金進發、金順興三船，在澳揚帆，於十一月二十一日早駛至香山之鳳鼻腳；忽遇法輪，均被牽去。其舵工、水手均禁在輪船上；將金順興船拖入

基隆，成利船被砲擊沉大額尾、金順發船擊沉八尺門之三灣鼻。至二十四日，法人將所挈去三船等人押在獅球嶺頂，令其挑運砂石，慘不可言。至二十五日，所挈去諸人皆暗約申刻逃走；即於山崗上墜下，不顧生死，拚命奔走。嗣後法人知覺，追趕前來，被洋銃擊斃金進發、金成利二船水手蔡扶、凍走二名；尚有數名，不知名字。其逃至六堵官軍得以安全者，計有六十二名。

據上引諸條，可見法艦撞遇商船民船，即肆行轟掠，殘暴萬分，也可知郊商損失慘重。何況以上所奏，僅是十一月初五至十二月初五，一閱月時間而已，而且這期間「聞在洋被害商船，甚多無人具報，候查明彙開」，則其他五、六個月時間，尚不知有多少船隻、人民，無辜被戮被轟。是可知內亂迭興，外患交侵之下，台灣社會經濟飽受創痛傷害。每次亂事一起，互市停止，百業俱歇。郊商擁資貿易，為保家衛國，輸力輸財，捐餉助防，募勇組團，輸耗鉅大，虧損日益，新竹塹郊亦難逃此劫，內亂外患之連綿不絕，對新竹郊商實具嚴重之打擊與影響。

第十節　結語

新竹行郊習稱塹郊，為水郊之一，公號金長和。其創立或可溯至嘉慶年間，確知者成立於道光八、九年間，咸同年間最稱繁盛，至光緒年間，因中法戰爭之摧殘及竹塹港、香山港、紅毛港

之淤塞而衰微，論其輝煌歷史亦不過七十年。

　　塹郊之會所爲長和宮，位於北門口，奉祀媽祖及水仙尊王，而此地爲通頭前溪舊港之要道，故郊舖與市集均聚結於北門街，其他如：頭重溪、頭份街、大湖口、貓裡街（今作苗栗）、署前、大甲街、四城門、中港街、新埔街、後壠街、香山街、吞霄街（今作通霄）、房裡街等亦有郊舖之分佈[91]。其組織採爐主制，以按鬮或憑筶選出，按年輪流辦理商務，其下則有郊書及若干職員協助。塹郊又分老抽分、中抽分、新抽分三類，未加入者稱散郊戶；郊商人物則以鄭、林兩族爲首，其他以三興、三春稱鉅。其貿易地區以福州、漳、泉、廈門爲主，而泉州尤盛，有時甚且遠至寧波、上海、天津、汕頭、香港，凡港路可通，爭相貿易，由商人擇地所宜或價昂土產，雇工裝販至港輸出。其輸出以米、糖、苧麻、樟腦爲著，輸入則以布帛、陶器、鐵器、紙箔等民生用品爲主，而堆積貨品之棧房，多集中於舊港。復次，其交易方式有現金交易與賣青二種，或至年末總結算，或於每月逢三之日結帳。餘如郊貨之搬運，致引起挑夫之紛爭承挑，有賴官府出面協調，諭示郊舖均分，俾得其平，爲郊史外一章[92]。

　　新竹地方，山高原狹，溪道支分，橫流氾濫，陸地交通不便，多賴海舶交通。無奈溪短湍急，其對外交通貿易之港灣，遂易受泥沙淤淺，其榮枯固繫於港灣之疏濬暢通也。其盛也，郊商雲集，爲北台一重要物資集散地；其頹也，郊商四散，地位一落千丈，淪爲神明會組織，乃使治台史者，每每忽略竹塹之歷史，令人惋嘆白雲蒼狗，變遷無情。惟新竹地方之發展，郊商亦盡其力襄助，促進地方建設之繁榮，舉凡如廳城之建築、學塾之興

建、寺廟之創修，總理之保舉，金廣福之組成，無不參與；至如平日之矯俗移風，懲惡解紛，作保具結，平匪息亂亦莫非行郊是賴；餘如地方公益，或舖橋樑，或捐義倉，或置義塚，或設義渡，則踴躍捐輸，共襄義舉；實亦可觀。

　　論新竹地方於咸同年間，政務、墾務之蒸蒸日上，成為北台一重要政經中心，其發展之速，固得官民協力合作，而塹郊居中襄贊之功亦不可沒也，惜今存遺跡僅一長和宮矣！

註釋

❶光緒十八年,新竹知縣葉意深,設採訪局於縣署,廩生陳朝龍應聘,出差縣下各地實查,寫成採訪冊十二本。舉凡山川、城池、莊社、街市、舖遞、營汛、橋樑、水利、祠廟、寺觀,及其他各類記載莫不詳盡。至若碑碣、坊匾等,悉皆搜羅無遺,故本章撰述,採用碑碣者以此書為主。此書後有佚失,缺書院、祠廟、坊匾、風俗及列傳等項。幸碑碣項無缺,民國五十一年七月由台灣銀行經濟研究室印行,列入台灣文獻叢刊(以下簡稱台銀文叢)第一四五種。茲將碑碣中有關郊行者,列表於后:

清朝年代	西元年代	碑名	頁碼
道光五年	1825	文廟碑	頁173-175
光緒十一年	1885	創建試院碑(一)(二)	頁177-179
同治五年	1866	長和宮碑	頁181-183
光緒十三年	1887	獺江祀碑	頁183-184
嘉慶十六年	1811	大眾廟中元祀業碑(一)	頁186-187
同治六年	1867	大眾廟中元祀業碑(二)	頁187-188
道光十八年	1838	義渡碑(一)(二)	頁193-199
道光廿二年	1842	浦子莊萬年橋碑	頁202-203
同治七年	1868	重修浦子莊萬年橋碑記	頁203-204
咸豐元年	1851	憲禁冢碑	頁208-210
光緒七年	1881	示禁碑記	頁210-211
道光十六年	1836	義冢捐名碑	頁212-214
咸豐二年	1852	員山子番湖冢牧禁碑	頁216-217
乾隆四十一年	1776	員山子番子湖冢牧申約並禁碑	頁218-219
同治十二年	1873	示禁碑	頁226-228
光緒十三年	1887	重修龍王廟	頁232-233

附註:以上概屬竹塹堡碑碣,竹南、竹北二堡碑碣,竟無一涉及郊行者。

❷陳培桂，《淡水廳志》（台灣省文獻委員會，民國六十六年二月），卷六志五〈祠祀〉「天后宮」，頁137。

❸見《淡水廳築城案卷》（台銀文叢第一七一種），所收之「鄭用錫，林平侯等呈」，頁1。

❹詳見前引書之〈淡水同知造送捐貲殷戶紳民三代履歷清冊底〉、〈淡水同知造送捐建各紳民銀數遞給區式花紅姓名冊稿〉，頁94-114。

❺轉引自陳惠芳，〈清代台灣的移墾與民間結社的發展〉，《教學與研究》，第四期，頁128。

❻《台灣私法物權編》（台銀文叢第一五〇種）第八冊，第四章第四節宗教，第十五條規，即塹郊中抽分社之規約，頁1448。

❼陳淑均，《噶瑪蘭廳志》（台銀文叢第一六〇種），卷五上〈風俗上〉「海船」，頁218。

❽同前引書，頁197。

❾陳培桂，《淡水廳志》卷十一〈風俗考·商賈條〉，頁286-287。

❿鄭鵬雲等，《新竹縣志初稿》（台銀文叢第六一種），卷五〈風俗考〉「商賈」條，頁一七七。

⓫蔡振豐，《苑裏志》（台銀文叢第四八種），下卷〈風俗考〉「商賈」條，頁83。

⓬《樹杞林志》（台銀文叢第六三種），〈風俗考〉「商賈」條，頁98。

⓭按《苑裏志》〈建置志〉「橋渡」項中指出房裏溪渡由大甲街「水郊戶」出辦（頁27），似乎「水郊」之稱呼在光緒年間頗為普遍，特別是在北部台灣。有關台灣行郊之種類及稱呼，可參考拙著《清代台灣的商戰集團》（台原出版社，民國八十二年六月一版二刷），第二章第四節，頁49-51。

⓮塹郊中職員之詳細編制及職掌，苦乏文獻，無法得知。《新竹縣采訪冊》收錄之「長和宮碑」中曾開列同治五年修建該廟之總理及董事名單。又，《淡新檔案選錄行政編初集》（台銀文叢第二九五種）第六十三號案卷，收

有光緒十二年正月九日「新竹知縣方，飭郊戶金長和、郊書吳士敬選舉挑夫首」（頁70），觀其諭文，如「為此諭，仰該郊戶書，即便遵照，迅邀各郊舖，公同妥議，所有船隻裝載貨物入港，有與郊舖交關往來之貨擔，概歸挑夫首搬挑」，「該郊戶書等，作速妥議，或有誠實、諳練、可靠之人，出為承充挑夫首額缺」，則似乎郊書之權責頗大，對內可召集各郊舖集議，對外代表郊舖應接官諭，且郊書吳士敬為舉人，或有功名者方能擔當此一職務，然則塹郊之「郊書」，或同於台南三郊之「稿師」耶？但此稱呼又有一二疑點，恁我氏《百年見聞肚皮集》曾提及：「水郊設有商會議堂，在水仙王宮後殿，曾選置郊師一人主議會事務。凡郊商有事，關於大要會議或商務交涉約束，概就郊師議決。」（頁98）又提及淡水同知秋曰觀某一幕賓張師爺在同治初年戴萬生之亂時，「現充舖郊郊師，為人能幹善謀、老成諳練，熟悉人民政事。」（頁120）「郊書」「郊師」何者為是，頗難斷定，茲姑以公文稱呼為主。從上引二件資料，似乎可確定郊書權力很大，不同於他地行郊職權掌控在董事或爐主手中，亦可凸顯塹郊之特色。

⑮有關郊貨進出口之手續及稅則，詳見《新竹縣志初稿》卷二〈賦役志〉「釐金」項，頁82-84。

⑯見《台灣省新竹縣志》（新竹縣文獻委員會，民國四十六年五月編纂，民國六十五年付印）卷六〈經濟志〉第七篇〈商業〉第一章〈沿革〉，頁4。

⑰同註❻。

⑱見《新竹縣采訪冊》所收之「大眾廟中元祀業碑（二）」，頁188。

⑲見《新竹縣制度考》（台銀文叢第一〇一種）所收「北門外長和宮、水仙王宮香油銀」文件，頁112。

⑳《新竹縣志初稿》卷三〈典禮志‧祠祀〉「水仙王宮」條，頁110。

㉑關於清代台灣米價，詳見王世慶，〈清代台灣的米價〉，《清代台灣社會經濟》（聯經出版公司，民國八十三年八月初版），頁78。

㉒同註 ⑯，前引書，第六卷第七篇第三章〈市集交易〉第一節〈清代〉，頁14。

㉓同前註。

㉔同前註前引書，及《新竹縣志初稿》卷一〈建置志・街市〉，頁21；與《新竹縣采訪冊》卷二〈街市〉，頁103。

㉕《樹杞林志》，頁126。

㉖見新竹縣北埔鄉慈天宮所懸光緒二年「志衛山河」匾。另參見《淡新檔案選錄行政編初集》，頁569-572。

㉗見吳學明，《金廣福墾隘與新竹東南山區的開發（1834～1895）》（國立台灣師範大學歷史研究所專刊，民國七十五年二月初版），頁263。

㉘關於「抽分」之解說，見⑴《經濟大辭典》〈中國・經濟史卷〉（上海辭書出版社，一九九三年三月初版），「抽分」條，頁357。⑵《中國歷史大辭典》〈明史卷〉（上海辭書出版社，一九九五年十二月一版），「抽分」條，頁275。

㉙《淡新檔案》（國立台灣大學，民國八十四年十月）第一編〈行政〉，編號一二四〇二・一，頁284。

㉚同註 ⑮。

㉛陳培桂，《淡水廳志》，頁100。

㉜《新竹縣制度考》，頁89。

㉝《新竹縣志初稿》卷六〈文徵〉，鄧傳安「捐造淡水廳城碑記」，頁228-231。

㉞同註 ⑮。

㉟怹我氏《百年見聞肚皮集》（新竹市立文化中心，民國八十五年二月出版），頁98。

㊱同註 ⑰。按此規約立於光緒二十三年三月，乃「中抽分社諸同人公訂」，不見老、新二抽分。

㊲同註 ❶，前引書，頁181。關於新抽分郊戶名單，乃是據碑文所列行號扣除老抽分名冊部份，謬誤自所不免。

又《台灣省新竹縣志》卷六經〈濟志商‧業篇〉第四章〈公司〉，收有「日據初年新竹市合股經營商號一覽表」(頁42)，乃根據光緒卅一年日政府調查所得製表，其中有許多似曾是塹郊之老郊戶，茲摘錄簡化如下：

店號	營業種類	股東數	創設年代
興隆	中藥行	二	光緒九年
金德隆	中藥行	三	光緒十一年
集源	染房	五	嘉慶廿五年
怡順	船頭行兼彩帛店	三	乾隆卅三年
振榮	船頭行	二	咸豐年間

㊳《新竹縣采訪冊》，頁64。

㊴同上註前引書，頁134。

㊵同上註前引書，頁145。

㊶同上註前引書，分見頁178、179、187、188、197、198、203、204、213、216、233等。

㊷同註 ❻。

㊸《百年見聞肚皮集》〈祉亭公逸事〉，頁23。

㊹見陳運棟，《內外公館史話》(華夏書坊，民國八十三年元月)，頁70。

㊺見咸豐二年十二月南興庄總墾戶金廣福、樹杞林總墾戶金惠成等全立合約字，轉引自吳學明，前引書，頁27。

㊻見吳學明，前引書，頁42。

㊼見吳學明，前引書中附表二──(一)「金廣福閩籍捐戶及其可能原捐銀數表」，頁62-64。

㊽見道光十五年正月金廣福、吳振利、鄭振記全立合約字，轉引自吳學明，

前引書，頁78。

㊾見道光二十一年二月金廣福、王義方等仝立合約字，轉引自吳學明，前引書，頁78-79。

㊿見吳學明，前引書，頁43。

(51)同註❷。

(52)《新竹縣志初稿》，頁110。

(53)同註㉔。

(54)同註(52)。

(55)《新竹市鄉土史料》，（耆老口述歷史叢書第十五種，台灣省文獻委員會，民國八十六年六月），頁151。

(56)同註⓴。

(57)《百年見聞肚皮集》，頁98。

(58)同上註，頁84、120。

(59)同上註，頁100-101。

(60)同註(52)、註(54)，及《新竹縣制度考》，頁49。

(61)陳朝龍撰，林文龍點校，《合校足本新竹縣釆訪冊》，（台灣省文獻委員會，民國八十八年一月），分見頁209、217、375、377。

(62)同註❶，前引書，及《新竹縣志初稿》卷三〈學校志〉，頁89-100。

(63)見註❶，前引書之「義渡碑」，頁193-199。

(64)見註❶，前引書之「滳子河義渡碑」「滳子莊萬年橋碑」「重修滳子莊萬年橋碑記」，及同書卷三〈橋樑〉項「萬年橋」，頁113。

(65)見註❶，前引書有關諸碑。

(66)見註❶，前引書卷五所收「憲禁冢碑」、「示禁碑記」、「義冢捐名碑」、「員山子番子湖冢牧禁碑」、「員山子番子湖冢牧申約並禁碑」等諸碑文，及同書卷三〈義冢〉「竹塹堡義冢」，頁131-140。

(67)參見《新竹縣釆訪冊》卷二〈倉廒〉「竹塹義倉」條，頁64；《新竹縣志

初稿》卷二〈建置志・倉廒〉「義倉」條，頁16；及《苑裏志》上卷〈建置志〉「倉廒」，頁23。

⑱同註㊲，前引書，頁42-43。

⑲連橫《台灣通史》（台灣省文獻委員會，民國六十五年五月印行），卷三三，列傳五〈林占梅列傳〉，頁691。

⑳同註❶，前引書所收「示禁碑」，頁210。

㉑同註⓮，前引書所收「城工店稅」文件，頁92-95。

㉒同註❶，前引書所收「獺江祀碑」，頁183。另《淡新檔案選錄行政編初集》，（台銀文叢第二九五種）中所收有關香山港浮出大枋，致民人爭奪紛紛，其中舖戶陳恆裕號投明香山總理、郊舖等，共同查驗具結，亦為一例。見此書第二六三號至二七一號文件，頁330-340。

㉓見《淡新檔案選錄行政編初集》中郊舖金長和保舉郊中商人任北門總理（第三二五號至第三四二號文件，頁414-234），吞霄舖戶等選舉吞霄總理（第三四四號至三五一號文件，頁425-432），及舖戶人等保舉陳存仁為竹南三堡董事（第三六一號至三六四號文件，頁446-448）。其他例證尚多，茲不多舉。

㉔碑碣中有關郊行者，茲統計如下表：

年代	碑數	有關者	佔有百分率
乾隆	4	1	25%
嘉慶	5	1	20%
道光	9	4	44.44%
咸豐	6	2	33.33%
同治	13	4	30.77%
光緒	12	4	33.33%
合計	49	16	32.67%

附註：本統計數字僅限於竹塹堡。

⑦⑤方豪，〈新竹之郊〉，《方豪六十至六十四自選待定稿》（著者發行，民國六十三年四月初版），總頁319。

⑦⑥《新竹縣制度考》〈小課經費〉「利息減一分具稟」，頁64。

⑦⑦見《新竹縣采訪冊》碑碣中所收同治六年之「大眾廟中元祀業碑」，頁187。

⑦⑧參見(1)《台灣省新竹縣志》第六卷第七篇第五章第四節〈港灣〉，頁66-73，及第十篇第五章〈海港〉，頁211-216。(2)陳培桂，《淡水廳志》卷七〈武備志‧海防項〉之「香山澳」「竹塹港小口」，頁171，及卷二〈封域志‧山川項〉之「竹塹溪」，頁17。

⑦⑨同上註。

⑧⓪同上註。

⑧①林玉茹，〈清代台灣港口的發展與等級劃分〉，《台灣文獻》，第四十四卷第四期，民國八十二年十二月，頁119-125。

⑧②同上註。

⑧③林玉茹，〈清代台灣港口系統的演變：顛峰期的轉型（1861-95）〉，《台灣文獻》第四十六卷一期，民國八十四年三月出版，頁101。

⑧④同上註前引文，頁114。

⑧⑤陳培桂，《淡水廳志》卷一圖說三「論沿海礁砂」，頁3-4。

⑧⑥《新竹縣志初稿》，卷五考三〈兵燹〉，頁200-215。

⑧⑦《百年見聞肚皮集》，頁119。

⑧⑧同上註。

⑧⑨同註⑧⑥。

⑨⓪詳見《法軍侵台檔》（台銀文叢第一九二種），光緒十一年「督辦福建軍務左宗棠咨報往來台澎漁商各船被法船轟擊情形」，頁347、356，以下楊文略同（頁369），茲不贅引。

⑨①同註⑦⑧，前引書，第四二號「新竹知縣李，對郊舖等告示」，頁45-47。

❷按郊舖船隻往來貨物及與郊舖交關往來之貨擔，必須雇夫、雇車挑運，原係由蕭姓包辦，引起官夫首之覬覦，致有紛爭不平，後由新竹知縣諭示，半歸蕭姓，半歸官夫首，同沾利益，以勻苦樂，遂得其平，乃息紛爭。詳見《淡新檔案選錄行政編初集》中第三七至四三號有關文件，頁40-47。

第十章

台北景美集應廟

——高姓族人開拓文山區的見證

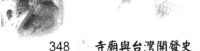

第一節　前言

　　景美區位於台北市南郊，新店溪以東，蟾蜍山以南，西南臨景美溪，兩溪沖積而成景美區西部平原，三面環山，景致天然。其地東臨木柵、南接新店、西連中和、北鄰古亭；地當台北市赴新店、坪林、烏來、深坑等地必經之交通要道。

　　景美區名之由來，源自乾隆年間開闢後，至嘉慶、道光之際漸成街肆，其地因郭錫瑠開水圳，在景美溪中設木梘，將新店溪溪水導入該區，因地當梘管之末尾，故稱「梘尾」，日治時期改稱「景尾」。光復後，民國三十九年自深坑鄉劃出設鎮，以其名不雅馴，改稱「景美」。民國五十七年七月一日併入台北市，名「景美區」❶。

　　景美區在清代時隸拳山堡，其地勢為一小型盆地，山地面積約佔三分之一，平地佔三分之二，昔年為霧里薛社，及秀朗社平埔人散居之地。康熙末葉，漢人自台北平原南下開拓。先是雍正年間有粵人廖簡岳入墾拳山之野，與秀朗社起釁，雙方死傷纍纍。嗣後又有泉州安溪人進闢，驅粵人而有其地，建立林口庄（約今羅斯福路四段水源地、公館一帶）。以後築成霧里薛圳、金合川（即瑠公圳）二水圳，灌溉田園，由是墾區擴大，來者愈多。開拓既緒，墾植有成，為答庇神佑，咸豐年間安溪大平高姓族人先在景尾竹圍內（今景美國小南側）築廟感恩，供奉守護神保儀尊王，並從祀林氏夫人。嗣因年久失修，風水不佳，同治年

間再遷建景尾下街今址。

　　景美集應廟饒富古蹟價值，不僅見證台灣北部開拓歷史，亦
反映北台安溪人與大平高姓族人渡台開拓史蹟，而「迎尪公」的
「古亭區大拜拜」亦深具人類學的研究價值，希望透過本文，探知
該廟原貌形制、歷史沿革，與高姓族人之深厚關係。

第二節　廟神之由來與傳說

　　景美地區的開拓者，主要以安溪人為主，安溪人的鄉土神向
以清水祖師為主，此地卻以保儀大夫為主。景美集應廟俗稱「尪
公廟」或「翁公廟」，「翁公」在男性輩份上屬於最高稱謂，以之
稱呼保儀大夫，可見它在安溪人心目中之崇敬與親切。

　　該廟供奉神祇有保儀尊王、林氏夫人、福德正神、大德禪師
等。在台灣，民間尊稱張巡為「保儀尊王」，許遠為「保儀大
夫」，也有說張巡為「保儀大夫」，許遠為「保儀尊王」，兩人封號
一直糾葛不清，而又有其他種種稱呼，如尪王、尪公、尪元帥、
翁公、汪公、許元帥、武安尊王、王公等等，而民間也有稱張巡
為大使公、大使爺、張元帥、張中丞、張睢陽、張巡千歲、英濟
王等，甚至又有指大使爺或大使公乃張巡、許遠與騎虎王雷萬春
三人之合稱。不過，在景美地區，當地居民較明確的，以張巡為
「保儀大夫」，許遠為「保儀尊王」。台灣民間以保儀尊王（或張、
許二人合祀）為主神的廟宇約有十八座，分佈在台北、雲林、嘉
義、高雄等地，其中又以台北縣市最多，較為有名的以景美集應

廟與嘉義雙忠廟爲代表。

按，張巡爲唐代鄧州南陽人，開元進士。唐玄宗安史之亂時，與睢陽太守（今河南商丘）許遠，死守孤城數月，日數十戰，氣不稍衰，而被圍數月，糧盡無援，掘鼠羅雀以食，最後殺愛妾林氏以饗士卒，城破與遠俱被執，猶罵賊不屈，遂壯烈捐軀。由於兩人孤軍奮戰，阻遏攻勢，保全江淮、江西一帶，功績巨大，而其壯烈氣概，尤爲罕見，所以當其死後，立即受到人們崇祀，稱雙（忠）廟。以後歷代皆奉祀，江淮一帶尤盛。嗣後神跡傳說愈多，明清以來，訛說漸起，有謂其前身爲張飛，後身爲岳飛。或以爲水神、瘟神，其形狀則赤髮青面，吻出四牙，形象猙惡，稱「青魁菩薩」。也有奉張巡、許遠爲東嶽押案、陰司都統使，於是又成爲陰間冥官❷。

台灣民間傳說保儀尊王殉國後，玉皇大帝嘉許他的忠義志節，封他爲神，專司驅逐蟲害，保護禾苗，當有蟲害時，民間即舉行尪公出巡，即可除害。此說之由來，日治時，日人鈴木清一郎曾有所調查與記錄，略謂：保儀大夫係唐朝安祿山造反時，死守睢陽的太守許遠，農民困苦萬分之時，就向本神祈雨，當天午夜果然沛降甘霖，使所有農作物都獲得復甦。從此以後，每八年舉行一次大祭，平日的香火也極盛。本神據說對五穀豐登與祈福很靈驗，同時對於驅逐蟲害也很有靈驗，所以深得農民的信仰。因爲此神是位武神，以前每當和原住民泰雅族作戰時，都要把此神迎出祭拜「放軍」，迷信放軍之後再和原住民作戰，就可變成刀槍不入的不死之身❸。除此，又謂許遠於唐末黃巢之亂時，牽河南固始高、林、張三姓移往福建安溪，爲該三姓祀爲守護神，而

台灣泉籍移民亦有奉爲守護神者。按，此說之不經失實，一看便知，張、許二人早在安史之亂已壯烈成仁，焉會在唐末還率三姓移民入閩。不過，景美集應廟之創建與此三姓確有關聯，詳見下節。

總之，張、許二神在閩、台之神格職能轉變成「戰神」與「驅蟲害神」，自有其時代背景與地理環境之因素，蓋此區位在台北盆地邊緣，靠近山區，開發較遲亦較難，尤其面臨三角湧、安坑一帶「番害」之威脅❹，不免虔誠祭拜，祈佑平安。另一方面該神能驅逐蟲害，尤其同治以後，茶葉貿易大興，包種茶須加花料拌和添香，台北盆地內廟區廣植梔子、茉莉、秀英、素馨等香花，成爲供花區域，香花亦有蟲害，乃請神明巡境，舉行「迎尪公」儀式，蟲害對稻禾、花料之收成影響甚大，爲保豐收，信仰更爲虔誠。

第三節 集應廟與高姓族人

景美的集應廟具有濃厚的地緣與血緣色彩，尤其與高姓族人攸關。

據高姓族譜記載：高姓祖先遷徙至閩，始於唐僖宗的黃巢之亂，時王緒陷河南固始，不得不南遷入閩避亂，初徙廣東潮陽，再抵漳浦、歐治、龍崗、泉州、安平，十七世祖高山（號積寶）元末避亂，入安溪，旋卜居大平。大平在清代屬安溪縣積德鄉新康里，後改稱大平或大坪，今轄七村。大坪鄉位於安溪縣西南

部，南與同安縣毗鄰，屬山間盆地，因地勢較為平坦，古稱平山。此處海拔八百多公尺，山頭雲霧繚繞，氣候土壤皆適合茶樹生長，是安溪縣的烏龍茶產區，尤以毛蟹茶遠近聞名，此亦景美高姓渡台在文山地區廣植茶葉的鄉土淵源。

　　高姓遷居安溪大平，聚族而居，至二十二世分為上派、下派；上派又分五房，下派分八房。上派五房始祖為高佛信，至第二十九世的高植甫為遷台第一世祖。植甫入台年代不詳，不是明末，就是清初，先在台北八里坌登岸，落腳北投，辛勤耕作有成，聞訊而來族人遂多，先後有上派三、四、五房族親，與下派長房、三房、四房、八房後裔。其中上派高姓在乾、嘉、道三帝年代紛紛渡台，居於上淡水八芝蘭（今士林）、上陴頭、萬盛庄、內湖庄、阿泉坑、頭重、深坑仔等。四房佛佑派下則在乾嘉間來台，聚居木柵、內湖。四房之貽椒一系入墾內湖、萬盛、興福各庄。下派長房積傳派下定居文山堡一帶。下三房積淵公派下乾隆初年徙台，入居文山堡、萬盛庄、內湖庄、頭前溪、新店庄、深坑庄等處。下四房積祥公派下，亦卜居文山堡、內湖庄一帶❺。總之，從清初以來，安溪高姓先祖支派相繼來台，他們同祖相親，同心開墾，繁衍開發，遍播台灣，均有高姓後裔。其中台北一帶，先是在北投、大安、古亭、松山，逐路開墾，來到景美、木柵地區，由上可知高姓族人大都在今景美、內湖、木柵、深坑、松山一帶力農從耕，台北盆地的開發，高姓先民功不可沒。

　　前言唐末黃巢之亂，中原士族紛紛南下，河南的高、張、林三姓結伴入閩，幾經輾轉，或有沿途隨身攜帶雙忠廟香火者，遇難禱之則解。後定居安溪大平，三姓乃在此建廟答謝，號稱「集

應廟」，每年二月初一由三姓輪流致祭，成為三姓保護神。清初三姓再度入台拓墾，自然也隨身攜帶香火，祈求庇佑。迨開墾就緒，乃從大平祖廟，奉來神像、香爐等奉祀，據說初奉祀於某高姓民家中，並未建廟❻。後因時日一久，三姓各相發展，人丁增加，墾植漸廣，不免有所齟齬衝突，神明遂受波及，三姓決定各自分立，以拈鬮分屬，高姓拈得老祖尪公，張姓拈得古香爐，林姓拈得尪娘林夫人像。林姓因尪娘神像毀於咸豐三年（1853年）之分類械鬥，遂未建廟立祠。

而張姓另雕保儀尊王神像供奉，張姓來台北有九房，淡水三房，木柵六房，或因木柵開發較晚，或因財丁不旺，張姓集應廟遲至光緒二十年（1894年）始落成，木柵今廟前「保儀路」街道名稱亦因而得名。該廟由木柵、淡水兩地張姓共祀，雙方議定每九年一次大祭典，七年在木柵，由當地張姓各房輪流主持，二年在淡水由當地張姓二房各自一年負責，屆時繞境北投、艋舺祖師廟、景美集應廟後，才回本廟，熱鬧繽紛。另外每年雙月份十六日由各房分備牲禮敬獻❼。

高姓自與兩姓分立後，結合族親，設有盟份，逐年輪祭，遂有設廟安神之議。本擬建於今台北市大安區六張犁尪山麓（今名紅公山，在市公車六張犁站附近），後因高姓大半聚居拳山堡，乃建於景尾竹圍內（今景美國小南側），時約咸豐末年。後以風水不佳，乃在同治六年（1867年）遷建景尾下街，即今日景美集應廟現址。由於該廟由高姓族人創建，歷次修建經費與主事也是主要來自高姓，而該廟祭祀又是由高姓房派輪流主持，所以說深具地緣與血緣色彩，故除十月十五日開放供全景美地區居民祭拜外，

每年一月十五日僅限高姓族人祭祀，亦可想見此廟與高姓族人密切之關係。而在明治四十一年（光緒三十四年，1908年）購買學海書院作爲高氏大宗祠前，高氏祭祖均在集應廟舉行，具有實質高氏宗祠或家廟之意味，更可明白兩者的深厚關係。

第四節　集應廟之創建與遞嬗

如前所述，高姓與張、林二姓因事分立後，原擬將廟建在六張犁原供奉尪公的某高姓民厝一帶，後因高氏族人聚居拳山堡較多，而以景美爲中點，才決定建廟在景美竹圍內（約今景美國小南側，而且昔年高厝也蓋在校內，後被徵收爲校地，才拆掉）❽。建廟時間一般籠統說法是咸豐年間，較明確者爲咸豐十年（1860年），個人較支持咸豐十年說，因爲這或與三姓到底因何事而衝突、而分立有關。

咸豐三年（1853年）艋舺爆發「頂下郊拚」，當時下郊的同安人採取附漳立場，艋舺三邑人（晉江、惠安、南安）大半由新莊遷入，並早與艋舺八甲的同安人有恩怨。而安溪人則素與兩方並無恩怨，且與此糾紛無關，乃嚴守中立。三邑頭人決定先發制人，「事前並向中立派之安溪人借用清水岩祖師廟，先行放火焚燒，趁火勢直搗下郊人之根據地八甲庄」❾。安溪人從中調停無效，最後三邑人燒燬安溪人祖師廟，向安溪人借路，殺進八甲庄（今艋舺老松國小附近），同安人逃離至大稻埕與大龍峒。個人推測三姓之衝突或與此事有關聯，當時三姓可能爲嚴守中立或同意

借路起紛爭，遂拈鬮分立，高姓得老祖、張姓得香爐、林姓得尪娘。嗣後從咸豐三年至九年，械鬥斷續進行，未嘗停止，交戰地點，大都在淡水河、大嵙崁溪、新店溪兩岸的漳泉雜居或交界處。因此在這俶擾不安歲月，諸事倥傯，人心惶惶，是較不可能有心思去重建廟宇。是以等械鬥明確告一段落，才在咸豐十年在景美竹圍內興建了集應廟，何況這地方又是「高厝」所在地。

　　另一方面械鬥之後，初期有待療傷止痛，其所帶來之影響有經濟停滯惡化與社會衝突矛盾，社會衝突自會更強化各祖籍的地緣群體凝聚力，大祭祀圈也漸形成。而經濟停滯惡化，也使居民收入大減，無力大事建設，此或者為竹圍集應廟建立後，因「年久失修、風水不佳」的時代背景有關，才又遷建於景尾下街。

　　同治六年（1867年）艋舺清水岩祖師廟重建，同年十一月，集應廟移建景尾下街現址（今景美街三十七號）落成，有前後兩進及左右廊。這不僅反映了安溪人已恢復財勢，有能力興建兩座大廟，也反映了景美的發展從早期的公館、溪仔口（即萬慶街祖師廟一帶）至景尾街（今景美街與景文街，範圍由橋頭至集應廟），地方日益繁盛。

　　到了光緒六年（1880年），可能正殿有所重建，所以在正殿前點金柱留下一對柱聯的題詞。另外在日治時期調查之《社寺廟宇二關スル調查·台北廳》亦提及該廟建設約有五十年，三十七年前因一場暴風雨破壞，由高姓出金修繕「廟前座」 ❿，或可佐證。光緒二十年（1894年）則再添建左側護龍。以上為清領時期修建紀錄。

　　進入日治時期，張姓也在木柵建保儀尊王廟，高、張兩姓竟

成拚場之勢，高姓五年一迎、三年一祭；張姓九年一迎、五年一祭，各別苗頭。時高姓分成五甲，主持每年正月十五日景美集應廟祭典，五甲分別是：(1)頭重溪甲（含今深坑、石碇）；(2)內湖甲（今萬隆、待老坑）；(3)大坪林甲（今新店、阿泉坑、六張犁）；(4)景尾甲（溪仔口，今景美街區）；(5)北投甲（含嗄嘮別、淡水、八里坌）。所謂五年一迎之「迎尪公」，乃是由高姓族人為主，前為神輿陣頭、具足儀仗，前往北投迎保儀大夫繞境（翌年則由景美、內湖交互迎回，周而復始）。午後則抬擁神輿浩浩蕩蕩自八甲町經古亭村、公館回到集應廟。儀式結束後闔族會食，宰豬殺禽、酒池肉林，極盡奢華。如大正六年（民國六年，1917年）輪由內湖甲進香，高姓乃置香舖於木柵附近平地，設席二百五十席以上，以饗萬人，每桌費金二十餘元，高達五千餘金，所費不貲[11]。

　　雙姓拚場，事關顏面，極盡奢華，所費巨大，久之，不免承受不起，適台灣末代舉人、高姓族親高選鋒回台主持重修宗祠工作[12]，見此情況，乃在大正十一年（民國十一年，1922年）一月十三日召集族人開會商討，盼改善慣例，節省冗費，以此來重修年久傾圮的集應廟與濟助貧苦族親。邀得眾諾，因此自大正十二年起，迎神賽會時，縮小排場，節省經費以備修廟、資助族中才俊之士向學[13]。適大正十三年因連續豪雨，新店溪氾濫，造成水淹新店、大坪林之慘劇，景美亦深受其害，不少居民都逃到景美集應廟避難[14]。於是在大正十四年，高姓族人鳩資重修集應廟，除原有石造大壁不動外，屋頂、石柱、木料、前進三川殿，及石堵等，俱予更新油漆，另加蓋右側護龍，旋於翌年落成，廟貌莊

偉，建築精巧，並於是年十二月十一、十二兩日舉行慶成作醮祭
典⓯。今廟中猶存有不少該年之柱聯、匾額可供作為此次修建紀
錄之參考。

　　除此外，安溪人在台北盆地的地緣組織相當緊密，艋舺清水
祖師廟成為盆地內安溪人最高層級的信仰中心外，景美集應廟亦
扮演深化加強安溪人地緣籍貫的重要角色。每年農曆四月十五日
起，安溪人供請該廟保儀尊王遊境，有時亦恭請忠順廟的保儀大
夫同遊。從景美，經新店、深坑、石碇、坪林、三峽、鶯歌，每
個村落停駐若干天，直到十月十五日返回原廟，促成祭祀圈內安
溪人往來更為頻繁，強化其團結⓰。

　　光復以還，歲月既久，有待修繕，民國四十八年起又大事整

表10-1　景美集應廟相關大事紀略

年代	西元	相關大事
同治六年	1867	集應廟遷於今址，具兩殿兩廊格局，高姓族人贈「太平世澤」匾
咸豐三年	1853	頂下郊拚，高、張、林三姓分立
光緒六年	1880	正殿可能重建，見正殿前點金柱落款
光緒二十年	1894	增建左護龍
光緒三十四年	1908	高氏族人購學海書院作為高氏大宗祠
大正十四年	1925	整修建屋頂、右柱、木料、三川、石堵，並加建右護龍
大正十五年	1926	置「威鎮東瀛」、「南閩遠服」匾
民國四十八年	1959	大整修，包括正殿神龕
民國四十九年	1960	續有修建，見「澤普黎庶」、「神靈顯赫」、「安邦護眾」匾
民國五十九年	1970	台北市市長高玉樹贈「積厚涼光」匾，陸軍二級上將參謀總長高魁元贈「源遠流長」匾
民國七十四年	1985	公告指定為第三級古蹟

修，於翌年告一段落，在廟中留有該兩年大量的柱聯、匾額及碑文可做紀錄。五十年添加三川殿前木柵欄，七十四年被列為國家三級古蹟，近年則有若干小型修繕工事，重新彩繪上漆石雕、木構件，凸顯明暗新舊強烈對比，有待進一步的整體規劃補修。

第五節　結語

雍乾年間，泉州安溪人紛紛來台拓墾，其分佈區在北台者，有淡水、北投、艋舺、泰山、樹林部份外，大都靠近山區，居台北盆地的邊緣地帶，例如南緣之三峽、鶯歌，部份在文山區之景美、新店、木柵、深坑、石碇。這些移民帶來了原鄉的生活習慣、民俗風情，與宗教信仰。其中來自安溪大平的高、張、林三姓一起來台拓墾，也從祖廟集應廟攜來守護神保儀尊王的香火，一方面介福禳禍，抗拒「番害」，安撫他們的焦慮憂愁，同時又成為同一地區原鄉移民之間聯繫的紐帶。

集應廟傳聞最初建於今台北市大安區六張犁附近的尪公山（或許地名即因此而來）。至咸豐初年，三姓也許因頂下郊拚中是否要保持中立，抑或同意借路給三邑人攻打同安人，產生爭執而決定各自分立，遂拈鬮決定，高姓得老祖保儀尊王神像，林姓得尪娘林夫人像，張姓則拈得古香爐，從此各自覓地奉祀，鳩資建廟。高姓族人原擬即在尪公山麓建廟立祠，但因族人頗多聚居拳山堡，往來不便，遂擇中點之景美興建，地在景美竹圍內高厝附近（今景美國小南側），時為咸豐十年（1860年），名曰集應廟，

而高姓族人亦藉此廟爲祭祖所在，等同高氏宗祠之意味。

　　或因械鬥之後，經濟停滯，不利發展，高氏族人以爲此廟風水不佳，乃在同治五年（1866年）遷建景尾下街今址（今景美街三十七號），於翌年竣工，形制爲前後兩進，有左右兩廊。光緒六年（1880年）六月因台北颱風大雨，有所損壞，乃修建廟宇。光緒二十年，再添建左邊護龍。由於景美是文山地區最先開發有成地方，景美集應廟逐成文山地區安溪人信仰中心，每年農曆四月十五日，神輿由景美巡駐新店、石碇、深坑，並經由擺接堡及海山堡的三峽、鶯歌、樹林等安溪人之村莊，於十月十五日返駕景美，供全景美區居民祭祀❶❼。

　　日治時期，因張姓也在木柵興建保儀尊王廟，高、張姓因昔年宿怨，竟成拚場之勢，於「迎尪公」時，各別苗頭，儀仗陣頭，殺豬請客，各擅勝場，極盡奢華，但也勞民傷財，所費不貲。時高姓族人分爲五甲：頭重溪甲、內湖甲、大坪林甲、景尾甲、北投甲，由輪值甲負責祭祀，周而復始，十年一輪。五甲輪值，唯有輪到北投才有迎香，其他各甲都是於祭典當天到集應廟祭拜。而每次要迎到北投時須將廟內老祖與其他神像一起迎到北投，放在北投一年，在這一年中，老祖也要到三峽、橫溪住兩個多月。每次要到北投迎香者須先到北投稻香里之集應廟過夜，次日沿士林、大龍峒、到艋舺祖師廟吃中飯，再迎回景美。昔時由輪值地方統一準備稀飯、麵條等點心供應，場面浩大，多達數千人，全用步行❶❽。

　　如此拚場，耗費巨大，幸賴高選鋒其人勸勉族親減省排場，以盈餘經費重修集應廟，也可嘉惠族中向學才俊。適大正十三年

（民國十三年，1924年），因連續豪雨，新店溪氾濫成災，集應廟亦波及受損，遂在翌年大修，並加建右邊護龍，於十五年完成，並在是年十二月舉行慶成建醮典禮。

　　光復以來，迭有重修，先是民國四十八年大事整修，於翌年告成。五十年再添置前殿木柵欄。嗣後則有若干彩繪油漆，近年由康源營造廠負責整修，已在民國九十四年三、四月完工。

　　集應廟坐東朝西，為兩殿兩護龍格局，正面為三開間形式，這種兩殿式，四合院，外加護龍，連成一完整封閉空間，是清代中期台灣廟宇普遍形式。回顧該廟一百三十年之歷史，不僅代表文山地區安溪人信仰中心，也見證反映了安溪人拓台史實，與景美地區發展歷史。尤其高姓族人從創建以迄今日，始終其事，一度為祭祖所在，不但說明高氏族人拓台歷史，也見證了高氏族人開發台北盆地的巨大貢獻。

註釋

❶ 詳見林萬傳，〈景美區地名沿革〉，《台北文獻》，直字第七十二期（台北市文獻會，民國七十四年六月），頁51-55。

❷ 詳見呂宗力、欒保群編，《中國民間諸神》（台灣學生書局，民國八十年十月），庚編〈張巡，附許遠、南霽雲、雷萬春〉，頁688-698。有關張巡、許遠兩人生平詳細事蹟，讀者有興趣者，可自行參閱《舊唐書》卷一八七〈忠義〉下，「列傳」十一之張巡、許遠兩傳；及《新唐書》卷一九二〈忠義〉中「列傳」一一七張巡、許遠兩傳，由於兩人傳文頗長，茲不引錄。

❸ 鈴木清一郎著，馮作民譯，《台灣舊慣習俗信仰》（眾文圖書公司，民國七十八年十一月增訂一版），頁528。

❹ 見《社寺廟宇ニ關スル調查‧台北廳》的景尾公學校長所報告撰述之〈集應廟〉，昭和十年，手抄本，未編頁數，藏國立中央圖書館台灣分館。

❺ 詳見高氏族譜編纂委員會，《渤海高氏族譜》（商工文化出版社，民國五十四年），頁7、32-38。另參見：(1)陳曉亮、萬淳慧，《尋根攬勝話泉州》（華藝出版社，1991年12月），第六節〈安溪縣‧大坪高姓衍台北〉，頁247-249。(2)許雪姬，〈台灣末代舉人高選鋒〉，《台北文獻》，直字一百期，（民國八十一年六月），頁2-5。

❻ 林衡道，〈台北近郊史蹟調查〉，《台北文獻》，第四期，（民國五十二年六月），頁77。

❼ 詳見溫振華，〈清代台北盆地漢人社會祭祀圈之演變〉，《台北文獻》，直字八十八期民國七十八年六月），頁34-36。

❽ 蔣秀純，〈耆老個別訪問記〉之一，《台北文獻》，直字七十二期，「訪

尹金城」，頁17：「訪林日春」，頁35。

❾陳君玉等，《台北市誌》，卷十〈雜錄〉（台北市文獻委員會，民國五十一年十二月），頁19-20。

❿同註 ❹。另再查台灣省文獻會編，《台灣省通誌》卷首下〈大事記〉，該年確有大風雨，文記：「六月十九、二十等日，台灣、台北兩府颶風大作，溪水陡漲，淹沒民田，死傷人口無算。」頁98。

⓫分見漢文版《台灣日日新報》：(1)大正五年二月二十四日，六版；(2)大正六年二月十一日，六版；(3)大正十一年一月十六日，四版；(4)同年六月十四日，四版；(5)大正十四年四月七日，四版；(6)昭和七年四月七日，四版。

⓬關於高選鋒生平，詳見許雪姬前引文。

⓭同前引報紙，大正十一年一月十六日，四版。

⓮見蔣秀純，〈景美區耆老座談會紀錄〉，《台北文獻》，直字七十二期，頁12。

⓯同前引報紙，大正十五年十二月十日，四版。另見《渤海高氏族譜》，〈台北景美鎮高姓集應廟小誌〉，頁31-32。

⓰溫振華，前引文，頁36。

⓱詳見王世慶，〈海山史話（上）〉，《台北文獻》，直字三十七期（民國六十五年九月），頁20。

⓲見蔣秀純，前引訪問記，頁34。

第十一章

花蓮吉安慶修院

——日本移民的信仰中心

第一節　日人移民花蓮

　　甲午戰爭，清廷失敗，被迫割台。日本既據台灣，台灣從此成為殖民地，而在帝國主義者眼中，被殖民地者所能提供的不外乎原料、市場、廉價勞工，及容納殖民母國的過剩人口等功能，因此，台灣也成為紓減日本人口壓力的移民地點之一。日本據台共計五十年（1895-1945年）。五十年來，移民政策前後四變：(1)為放任時代（1895-1905年），聽任其國人自由來台。(2)為獎勵私營移民時代（1906-1908年），至者多為企業家，而總督府對企業申請開墾者，須附帶招募其國人，始批准。(3)為官營移民時代（1905-1917年），日政府有鑑於移民事情，不宜委之私營，乃組移民委員會，專司妥籌，釐訂章程，嚴格遴選，總督府殖產局移民課負責執行。嗣後結束官營，復為私營移民❶。

　　日人既決定移民，總督府乃於明治四十二年（1909年）以預算三萬日元，開始著手官營移民事業。首先由殖產局林務課調查適合移民地區，分東部（中央山脈以東）、西部（三貂角至鵝鑾鼻）二區，調查各地適合開墾的面積，結果西部有九萬二千三百三十五甲，東部有三萬三千九百七十一甲之多。而且西部地區具有較少風土病（如瘧疾），衛生情況較好，交通便利，接近市場，工商業較發達等優點；但也不易取得大規模土地，餘地多還是荒瘠地或「番」地，及西部人口稠密，漢人居多數，日人將相形遜色等等不利因素。反之，西部擁有之優良條件，東部則無；不過花東

二廳，人口密度平均每平方公里不及七十人，漢人僅佔五萬三千多人，原住民則佔六萬多人，同化文化水平較低的原住民，建立「大和民族的模範農村」，自較西部容易實施。更何況總督府基於農業移民在同化、國防需要，及以台灣為熱帶殖民之實驗基點，以利將來南進之目的等因素考慮之下，因此，總督府決定以東部地區為官營移民試驗地❷。

於是翌年（明治四十三年），總督府以七萬九千多日元預算實施移民事業，並以敕令第二百三十號設立「移民事務委員會」、「移民課」、「移民指導所」等機關。初調查適合移民地區有花蓮港下之七腳川（吉野，今吉安）、拔仔、水尾（今瑞穗一帶）、針塱（大禹）、璞石閣（玉里）。台東廳下新開園（池上）、鹿寮鹿野）、呂家（卑南）、知本等處。但因台東廳原住民之起事抗爭，致專力於花蓮港廳❸。因此至大正六年（1917年）官營移民事業告一段落，所經營者不過是七腳川（吉野）、豐田、林田等三村。

先是，在獎勵私營移民時期，對於申請開墾者，以移殖日本農民等附帶條件，方才許可其開墾。當時申請件數計三十八件，而真正同意實行者僅有八件❹。其中花蓮港廳下有賀田金三郎所組成之「賀田組農場」，賀田氏依規定在日本招募農民男女計三百一十八人來花蓮墾殖，計有吳全城（今志學）五十三戶，鯉魚尾（壽豐）一百七十八人，加禮宛（嘉里）四十三人❺，是為日本人移民花蓮縣之先聲。然而不過二、三年，或因水土不服，衛生條件差，公共設施不足，病死相繼，有轉業者、有再次移民者，而逃亡歸國者亦眾。日政府有鑑於此，認為移民事業不宜委之私營，乃組移民事務委員會專司其事，於有關移民村設備、土木二

事、土地整理、移民之貸款補助、土地使用等事項均釐訂章則執行，並且為避免再蹈私營移民覆轍，在移民招募選擇上相當嚴格，但相對的，也提供移民相當優渥的待遇，如❻：

1.移住時的火車費、船費及行李運輸費予以五折優待。

2.供給移民自移住地最近港口上陸之日起，迄至抵達目的地為止之食物及消費。

3.給與半數之家屋建築費、半數之浴桶設備費（另半數貸款）及初年耕作所需要農作物之種苗。

4.貸予農具、耕牛一頭，初年度施用分之肥料，及前述半數貸款者，由移住後第四年起，分作十年攤還，不取利息。

5.移住前三年發給風土病預防藥品、住院費、治療費折算半價。

6.小學學費免繳三年。

7.補助開墾費用之一部，免費土地使用十三年。

另一方面，自從明治維新後，日本國內固然引進西方文明促成日本富強，但也產生一連串農業問題，如租佃地率不斷增加，農民大都淪為佃農，農村勞動力不得不大量外流；而相對地則是地主制日漸成長，農村日益貧窮❼，所以不少農民願意移民台灣。因此五年之中，共移民五百五十八戶，計二千八百九十四人，分住在吉野、豐田、林田等三村。

同一時期，明治四十一年（1908年）十二月，花蓮阿美族山崇爻九社中最強盛的七腳川社雖大舉抗日失利，但日軍傷亡慘重，也促使日府改革地方官制，以因應時變，於是花蓮港始設

廳，與台東廳分疆而治。翌年三月，歸順者一千三百二十二人，或投靠留居薄薄（仁里），荳蘭（田浦）、里漏（化仁）三社親屬家，餘七百九十一人或疏散至賀田庄（志學）、月眉庄（月眉）、十六股庄（十六股），及台東的海端原野（新七腳川社），僅有少數老弱數戶居留原處（今太昌村），總督府將舊有之地沒收入官府，闢為移民村❽。

　　明治四十三年二月，設荳蘭移民指導所，首先試移民日本德島縣模範農民九戶二十人抵七腳川❾，由於到七腳川的首批移民原住地多在德島縣的吉野川沿岸，因此六月時將七腳川地名改稱吉野村❿。翌年八月，首批移民九戶便在「移民指導所」直屬農場耕作，夫婦共耕者日給五十錢，實習研究「台灣特有的旱稻及蔬菜栽培法」。同年六月，荳蘭移民指導所改名為吉野村移民指導所。十月，日人第二批移民五十二戶移住吉野村。本年共計六十一戶，二百五十九人。其中德島縣人最多，佔五十戶。

　　明治四十四年（1911年）十一月，第三批移民一百七十六戶，八百三十三人，移往吉野村，分居在草分、宮前、清水三地。同年第四批移民四十九戶移往豐田村，分住在山下、森本、太平等地。大正二年（1913年，民國二年）四月，續移一批，其中一百三十九戶、六百七十四人住豐田村。七十三戶、三百零七人，分住在南岡、中野、北林的林田村。次年，有七十九戶移往林田村。大正四年十月，續有六十四戶、三百零六人，移吉野村。七戶、六十一人往豐田村。六十六戶、三百六十八人往林田村。大正六年三月，廢除吉野村移民指導所。由於移民人數，除整批移民外，也有個別移住者，詳實資料不僅不完整，而各資料

間因不同機構統計再加上逐年變遷又互有差異，只有取其大概，茲以大正十四年爲例說明，當時吉野、豐田、林田三移民村已建設相當完善，成爲當時的「模範村」，村落間與附近市街有幹線、耕作道路、輕便鐵道、灌漑水圳、排水道、醫療所、小學校、警察派出所、住民會自治組織、神社布教所等等設施，其他諸如三村落之人口統計、教育分配、土地利用開墾狀況、重要農作物之播收與經濟狀況等統計表（見表11-1至表11-5）列於註釋後❶。

　　以上三移民村落之吉野村，也即是今之花蓮縣吉安鄉，吉安鄉位於花蓮縣境北中部，東臨太平洋，西倚秀林鄉，南連壽豐鄉，北接花蓮市，依傍山麓，轄內地勢平坦，氣候溫和，田疇千頃，原爲阿美族棲息之區。吉安舊名七腳川，語出阿美族之「知卡宣」音，義爲薪柴盛出之地，漢人音譯爲七腳川，或譯「竹腳宣、竹腳川、直腳川」等諸名稱。昔爲崇爻九社中最強一社，後因抗日失利，被迫遷移池南、月眉、溪口，及台東之海端等地，分散其勢。而所遺土地，設爲官營土地，作爲移民之用。明治四十三年（1910年）該區初設荳蘭移民指導所，翌年六月易名「吉野村」。大正九年（1920年，民國九年）改爲吉野區役場。昭和十二年（1937年，民國二十六年）又改爲吉野庄役場。民國三十四年台灣光復後，始改設鄉治，初沿用吉野鄉之名，至三十七年實施地方自治，遂改名「吉安」至今。鄉轄十八村，有太昌、慶豐、吉安、福興、南華、北昌、宜昌、南昌、稻香、永興、化仁、仁里、干城、永安、勝安、仁和、仁安、光華等。但在日治時期，僅有田浦、荳蘭、宮前、草分、初英、南浦等轄區。而就當時人口分佈而言，今吉安段是爲最精華地區，多係日人麕集聚

居之所，田浦段則是原住民部落，南埔段係平地人居住多❶。總之，這批日本移民主要來自德島縣，少數來自北海道、新潟、秋田與千葉，數年之內，規模已達數百戶。

　　而日人所居之吉野村可略分爲三「部落」：宮前在北，清水偏西南，草分位居最南。宮前是吉野神社所在地；草分設有移民指導所、醫療所、小學校、布教所等公共設施。農業移民數以宮前最多、清水次之、草分最少。農民主要作物爲甘蔗、水稻、菸草、甘藷、蔬菜等❸。

　　村落既置，移民既來，自然帶來原有之宗教信仰，其中以佛教信徒最多，高居九成以上，其中又以眞宗信徒最盛，三村宗教狀況，有統計表如表11-6❹。

　　不過，在官方而言，自然以神社之設置爲緊要大事。三神社中以吉野神社最稱重要，爲住民春秋二祭所在，尤其每年六月八日鎭座祭典更是隆重盛大。吉野神社祭神包括天照大神、大國魂命、大己貴命、少彥名命，及征台戰死之北白川宮能久親王等，是吉野全村之守護神。神社於大正元年（1912年，民國元年）由總督府民政長官、殖產局官員及移民共同捐輸建成，不料同年遇風暴侵襲損毀，至大正四年再度修復。神社位居今慶豐村中山路

表11-6　各村宗教信仰狀況　　　　　　　　（單位：戶）

村別	神道	天理教	真言宗	天台宗	禪宗	日蓮宗	淨土宗	真宗	基督教	計
吉野村	6	3	78	6	28	9	10	189	2	331
豐田村	9	2	22		12	9	12	113		179
林田村	4	1	7		10	9		130		167
合計	19	6	107	6	50	24	31	432	2	677

資料出處：《花蓮港廳下的產業》。

二段，慶豐十街、慶豐十一街、慶豐三街的四條道路中間，略成正方形，佔地四千五百坪，目前已成廢墟難覓。神社前一帶稱「宮前」，即因位居神社前。

除此外，尚有眞宗本願寺派，於花蓮市建寺院一處，稱西本願寺，另有說教所、布教所，分佈於市區及吉安、林田、豐田、玉里等，偶向台人佈教。而本章之慶修院，則屬眞言宗高野派。新舊《花蓮縣志》謂其屬於眞宗本願寺派皆誤，蓋不明日本佛教宗派[15]。

第二節　日本東密概說

日治時代，除了原本傳承自中國的佛教外，由日本發展出來的佛教，也在台灣進行大規模，有計畫、有組織的傳教活動。日本佛教傳入台灣之初，大都是透過隨軍傳教方式，當初各宗本山各設臨時局，從事慰問日軍士兵及軍屬，兼及漢人。至明治三十二年（光緒二十五年，1899年）後，各宗派本山，因經濟困難，或全部停止佈教，或轉向較富裕的人，以求獨立自營，而且來台之軍警官商各界漸次增加，應付喪葬法事日趨頻繁，遂忽視漢人之佈教。其間陸續來台傳教之宗派，有眞宗木邊派、臨濟宗、淨土宗西山派、日蓮宗、天台宗、法華宗、華嚴宗、眞言派、眞宗本願寺派、曹洞宗、眞宗大谷派等八宗十二派。這樣在台灣自然形成了兩大佛教系統，一是日本佛教系統，信徒主要是日本人，另一即是台灣傳統的佛教系統[16]。

　　日本眞宗或稱「一向宗」，即中國的「淨土宗」，又叫「蓮宗」、「念佛宗」，專教人發願往生西方極樂世界。此宗修持方法是「念佛」，念的方法分為三種：(1)持名念佛；(2)觀想念佛；(3)實相念佛，其中又以出聲或默念「阿彌陀佛」的名號最為通行。只要一心至誠，念阿彌陀佛，可以往生極樂世界的淨土，故名淨土宗。淨土宗是西元四世紀時東晉的慧遠所創，至於日本的眞宗開創於源空（法然）門下的親鸞，親鸞後裔以血脈相承，形成大谷的「本願寺派」，另一支則是繼承親鸞法統的高田「專修派」。本願寺派在近代又分為東、西兩派，並分別傳入台灣。

　　另外日本「眞言宗」又名「密宗」，因以秘密眞言立宗，故名眞言宗。此宗注重儀式、觀想、結印（即俗謂掐訣）、持咒（即俗謂念咒），講求身、口、意三密相應，其中手結印，是身密；口念咒，是口密；心中觀想，是意密。三密相應，融成一體，即可感覺即身成佛，由於該宗主張通過三密修行而得解脫，以弘揚大日如來的眞言教法為宗，故得此名。密宗經典浩瀚，漢譯密藏經典計有四百部、六百八十一卷，經疏十四部、八十一卷，合計四百一十四部、七百六十二卷。其中作為本宗依據的主要是善無畏譯的《大日經》，不空譯的《金剛頂經》，和《蘇悉地羯羅》、《瑜祇經》、《略出念誦經》等。總之，此宗特色是儀規繁細，道場莊嚴。

　　密宗的成立，比較他宗為晚。據傳大日如來以眞言密法付金剛薩捶，秘而未出，至釋迦滅寂後八百年，龍樹菩薩在南天竺鐵塔裡，面見金剛薩捶，傳授密訣，密教就此傳於世。龍樹後傳龍智，龍智再傳金剛智、善無畏，到八世紀中葉，唐玄宗開元時，

由印度「善無畏」與「金剛智」二法師先後傳入中國。「善無畏」在長安、洛陽等地譯出密典多種，其中最主要的是《大日經》。「金剛智」也翻譯不少密典，並建立曼荼羅灌頂道場。印度密教分爲「胎藏界」、「金剛界」兩大系統，分由兩人傳入。繼起弘揚密宗的是不空，不空是斯里蘭卡人，拜金剛智爲師，並依「普賢」學密法，受灌頂。不空歷經唐玄宗、肅宗、代宗爲三帝所欽信，被稱爲三代國師，廣譯顯密經典，灌頂傳法，教化大盛，使密宗成爲當時相當有影響力的一個宗派，所以也有些人將不空視爲中國密宗的實際創始人。

不空門下弟子眾多，其弟子「惠果」又傳日本僧人空海。空海歸國後創立了日本的密宗——眞言宗，至今流傳不絕。不過，同樣是密宗，西藏所傳者爲「藏密」，日本所傳爲「東密」，在日本另有天台宗所傳的「台密」，兩者均影響日本神道教甚巨。而在中國，密宗到宋朝就式微了，這期間有若干印度沙門攜帶梵本經典先後來到中國傳教，所傳爲「無上瑜伽密法」，提倡樂空不二的雙身修法，與中國傳統倫理道德有所牴牾衝突，許多經典在翻譯時多被修改或用隱語表示，因此採秘密傳教，明太祖時下令禁絕，就此幾乎絕傳，今人所習知的反是西藏流傳的藏密。

日本眞言宗又稱「東密」，是因以東寺爲總本山而得名。空海於806年從唐歸國後，灌頂傳法，開創宗派，826年，昭賜京都東寺爲密教永久根本道場，此宗在日本皇室支持下，於平安朝隆盛至極，宗僧常應詔爲皇家祈禱。空海四傳後，分成廣澤、小野二派，以後又分出諸多支派，有「野、澤十二派三十六支派」之說。至十二世紀，有傳法院派覺鍐建圓明寺，開創「新義眞言」

派，原高野山眞言宗被稱爲「古義眞言派」。新義派以豐山長谷寺、智山智積院爲本山，古義派以高野山爲本山，稱「教相本山」其他寺院則稱「事相本山」。十七世紀，教相諸寺一度振興。後該宗派內又再度興起一個戒律宗，以復興戒律爲密法之本，稱「正法律」❼。總的說來，日本眞言宗自空海開始，對傳自中國的密乘做了系統總結發揮，建立了一宗的理論和修學體系。

　　大日如來係眞言密教金剛界和胎藏共同尊奉的主尊佛，《大日經疏》說：「梵音毗盧遮那者，是日之別名，即除暗遍明之義也。」意思即「光明遍照」，「遍一切處」，「大太陽」等，所以名叫「大日如來」，也有人認爲他是釋迦牟尼的另一種佛身。大日如來佛像，在中國因密教後來幾乎失傳，所以留存較少，一般大衆也較陌生。現存佛像在石窟佛像中較容易見到：如龍門石窟東山擂鼓三洞中的唐代大日如來，造型如菩薩形，頭髻猶如寶冠，宋代之後又是另一種造型，頭上戴有五寶天冠，天冠上有五化佛。還有的頭戴花冠，冠中有一小坐佛，口中射出兩道光芒，頭後也有流光放出，表現了流光遍照十方之意，這在四川的一些石窟中都能看見。現存五方佛造像最有名的便是泉州開元寺，寺內大雄寶殿佛壇正面供奉著丈八金身的佛像，氣勢不凡，造型生動。其他如山西大同善化寺、華嚴寺也有。

　　另外，今天在日本密教寺院流傳的佛像，數量不少，被指定爲國寶，重要文化財也有七十件左右。其中最古的是851年製作的安祥寺五智如來像，其他如高野山西塔大日如來像也具歷史性，建於886年；而高野山龍光院的四面大日如來像是較爲特殊造型的唯一遺作。總之，大日如來形象，皆頭部結高髻，戴寶冠、首飾

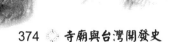

的菩薩形，但印相卻與菩薩不同，依照《大日經》雕塑的大日如來像，有雙手托在膝上的禪定印，稱爲「法界定印」。依據《金剛頂經》雕塑的，則兩手在胸前，右拳握右手二指的印相，稱「智拳印」。大日如來像雖稱如來，卻與其他如來不同，採用如王者扮相的菩薩形，而身上裝飾又比菩薩更爲華麗，究其理由，可能爲了象徵大日如來統轄如來、菩薩、明王、諸天等最高地位，所以採用了王者形象，以表尊貴❸。

不過，慶修院雖屬眞言宗，但其供奉的卻是不動明王。

明王是密乘所奉的一種本尊，爲威猛忿怒的鬼神相，是諸佛菩薩爲降伏魔障煩惱而示現的忿怒身，亦稱「金剛」、「教令輪身」。因爲是以智慧光明摧破煩惱業障，故稱「明王」。明王有五大明王、八大明王之說，五大明王一般所熟悉的是指：不動明王、降三世明王、軍荼利明王、大威德明王、金剛夜叉明王。另外再加穢跡金剛明王、無能勝金剛明王、馬頭明王等，合稱八大明王。通常說明王，多指五大明王中的不動明王而言。不動明王，梵名阿遮羅曩馱（Acalanadha），譯作「不動」或「無動」，亦稱「不動金剛」、「不動尊」，密號「常住金剛」，是五大明王之首尊，爲大日如來的忿怒身；一說是大日如來的使者，又一說是印度教的最高神祇濕婆神的別名之一。其誓願如《勝軍軌》所說的：「見我者發菩提心，聞我名者斷惡修善，聞我說者得大智慧，知我心者即身成佛。」

不動明王像的雕塑、繪畫在日本歷代遺作頗多，但在印度極稀少，在中國遺作也極少見，目前在台灣太魯閣、北投普濟寺、基隆仙洞，尚存有若干尊不動明王雕像。花蓮慶修院之具古蹟價

值與歷史意義也在此。關於不動明王像的造型，《大日經》云：
「不動如來使，持慧劍羂索、頂髮垂左肩、一目諦觀、威怒身猛
焰，安住在磐石，左眼斜視相。」又云：「通身青黑，身相圓
滿，極忿怒形，蹙眉怒目，上齒咬下唇，頂上安花六，出辮髮，
一索髮垂左胸前五結，右手向內垂當腰側持劍，左手屈臂開肘仰
掌，指端向左持羂索，面向右方，坐磐石上，光焰如迦樓之勢，
有火焰。」《大日經疏》中也有詳細說明：「如來使者也，作童子
形。右持大慧刀之印，左持羂索。頂有莎髻，垂屈髮於左肩。左
眼斜視，上齒咬下唇……額上有皺紋，如水波之狀，坐磐石上。
其身下卑，充滿肥盛，作忿怒之勢，極忿之形，是其密印之標幟
也。」總之，右手持劍，左手持索，頂髮垂左肩是不動明王像的
基本形象。再加上多面、多眼、多臂、多足，上半身裸體，下半
身穿裳裙，有胸飾、臂釧、腕釧等裝飾，同時身色也有黑色、青
色、赤黃色、白色、赤色等，依經軌之不同而異。而除了常見一
面兩臂像外，也有一面四臂、四面四臂四足、一面六臂六足等等
不一而足。在日本，最古的不動明王像是京都東寺御影堂的木雕
像，建於八世紀弘仁時代。至於京都曼殊院的黃不動尊像，高野
山明王院的赤不動畫像，京都青連院的青不動畫像，乃平安後期
的傑作❶。

第三節　八十八尊石佛

至於原分佈在慶修院庭院之八十八尊石佛，惜已陸續被偷竊

二十餘尊，剩存者已妥善安置在懿泉寺。此外，在台北市圓山臨濟護國禪寺萬靈塔的外面庭院，也有九尊從日本四國來的石佛。此八十八尊石佛不知是否是由慶修院創建人川端滿二遠從日本攜來奉置？（其中一尊上刻川端滿二名字），或是吉野村日本移民攜來？不管是誰，但其中自有一番虔誠心意。

　　按日本四國附近有八十八處靈場，是昔日眞言宗開基時弘法大師空海四十二歲時在四國苦練修行所設。這些靈場分佈散落在四國境內各地，規模盛大，建築壯觀，成為日本善男信女許願之地。這八十八所靈場依次附有番號，自一番到八十八番，全程長達一千三百公里，常有男女行徒，身穿白袍、鞋、襪、手套，頭戴斗笠，手攜禪杖，口中喃喃念著「南無大師遍照金剛」，結隊步行巡迴各靈場進香。此一路程，日人稱之為「御遍路」，中文或可譯為「朝聖之旅」或「行缽之路」，整個行程若徒步行走需時二個多月，不過今日頗多搭乘冷氣公車，縮短路程，大約二周便可完成；更簡便者，可在最後一站第八十八番大窪寺地下室內所供奉八十八寺佛尊，一一膜拜，繞行一周便算完成，但已失去昔年一番虔誠遍遊尋訪大師路程苦行心志。八十八番寺廟中，據說以第二十三番醫王山藥王寺最稱靈驗，神佛保庇，可醫治各種病痛，掃除凶煞。三十四番本尾山種間寺，寺潛水田稻種傳聞是唐代時空海大師自中國攜來繁殖。四十五番海岸山岩屋寺則最稱壯觀，廟建在大岩石壁中，地勢既高且險。至於到達最後一站八十八番大窪寺，已了結心願，所以又稱「結願所」，此時可將一路穿戴之斗笠、金剛杖、奉納杖等等置放此寺，完成結願[20]。茲將此「御遍路」八十八番靈場地址附錄如下[21]：

阿波的靈場＝發心的道場

一番	竺和山靈山寺一乘院	德島縣鳴門市大麻町板東京塚鼻126
二番	日照山極樂寺無量壽院	德島縣鳴門市大麻町字檜の上12
三番	龜光山金泉寺釋迦院	德島縣板野郡板野町大寺字龜下66
四番	黑巖山大日寺遍照院	德島縣板野郡板野町黑谷5
五番	無盡山地藏寺莊敬院	德島縣板野郡板野町羅漢字東林5
六番	溫泉山安樂寺琉璃光院	德島縣板野郡上板町引野寺の西北8
七番	光明山十樂寺蓮莘院	德島縣板野郡土成町高尾字法教田
八番	普明山熊谷寺真光院	德島縣板野郡土成町西原前田185
九番	正覚山法輪寺菩提院	德島縣板野郡土成町土成字田中198-2
十番	得度山切幡寺灌頂院	德島縣阿波郡市場町切幡129
十一番	金剛山藤井寺院	德島縣麻植郡鴨島町飯尾1525
十二番	摩廬山燒山寺性壽院	德島縣名西郡神山町下分字地中318
十三番	大栗山大日寺花藏院	德島縣德島市一の宮町西丁276
十四番	盛壽山常樂寺延命院	德島縣德島市國府町延命606
十五番	藥王山國分寺金色院	德島市國府町矢野718-1
十六番	光耀山觀音寺千手院	德島市國府町觀音寺49-2
十七番	琉璃山井戶寺真福院	德島市國府町井戶字北屋敷80-1
十八番	母養山恩山寺寶樹院	德島縣小松島市田野町恩山寺谷40
十九番	橋池山立江寺摩尼院	德島縣小松島市立江町字若松13
二十番	靈鷲山鶴林寺寶珠院	德島縣勝浦郡勝浦町大字生名字鷲ワ尾
二十一番	舍心山太龍寺常住院	德島縣阿南市加茂町龍山2
二十二番	白水山平等寺医王院	德島縣阿南市新野町秋山177
二十三番	医王山藥王寺無量壽院	德島縣海部郡日和佐町奧河內字寺前285-1

土佐的靈場＝修行的道場

二十四番	室戶山最御崎寺明星院	高知縣室戶市室戶岬町4058-1
二十五番	寶珠山津照寺真言院	高知縣室戶市室津2644
二十六番	龍頭山金剛頂寺光明院	高知縣室戶市元崎山乙523
二十七番	竹林山神峰寺地藏院	高知縣安藝郡安田町唐ノ濱25941
二十八番	法界山大日寺高照院	高知縣香美郡野市町母代寺476
二十九番	摩尼山國分寺寶藏院	高知縣南國市國分546
三十番	百百山善樂寺東明院(1)	高知縣高知市一宮2501
三十番	妙色山安樂寺(1)	高知縣高知市洞ク島町513
三十一番	五台山竹林寺金色院	高知市五台山3577
三十二番	八葉山禪師峰寺求開持院	高知縣南國市十市3084
三十三番	高福山雪蹊寺	高知市長濱857-3
三十四番	本尾山種間寺朱鷁院	高知縣吾川郡春野町秋山72
三十五番	醫王山清瀧寺鏡池院	高知縣土佐市高岡町清瀧丁568-1
三十六番	獨鈷山青龍寺伊舍耶院	高知縣土佐市宇佐町龍旧壽山601
三十七番	藤井山岩本寺五智院	高知縣高岡郡窪川町茂串3-13
三十八番	蹉跎山金剛福寺補陀落院	高知縣土佐清水市足摺岬21-4-1
三十九番	赤龜山延光寺寺山院	高知縣宿毛市平田町中山390

伊宇的靈場＝菩提的道場

四十番	平城山觀自在寺藥師院	愛媛縣南宇和郡御莊町平城2253-1
四十一番	稻荷山龍光寺護國院	愛媛縣北宇和郡三間町戶雁583-1
四十二番	一鿄山佛木寺毘盧舍那院	愛媛縣北宇和郡三間町字則273
四十三番	源光山明石寺丹手院	愛媛縣東宇和郡宇和町明石201
四十四番	菅生山大寶寺大覺院	愛媛縣上浮穴郡久萬町菅生二番耕地1173
四十五番	海岸山岩屋寺院	愛媛縣上浮穴郡美川村七鳥1468

四十六番　醫王山淨琉璃寺養珠院　　愛媛縣松山市淨琉璃町282
四十七番　熊野山八坂寺妙見院　　　愛媛縣松山市淨琉璃町八坂773
四十八番　清瀧山西林寺安養院　　　愛媛縣松山市高井町1007
四十九番　西林山淨土寺三藏院　　　愛媛縣松山市鷹子町1198
五十番　　東山繁多寺琉璃光院　　　愛媛縣松山市畑寺町32
五十一番　熊野山石手寺虛空藏院　　愛媛縣松山市石手2-9-1
五十二番　瀧雲山太山寺護持院　　　愛媛縣松山市太山寺町1730
五十三番　須賀山圓明寺正智院　　　愛媛縣松山市和氣町1-182
五十四番　近見山延命寺寶鐘院　　　愛媛縣今治市阿方636
五十五番　別宮山南光坊金剛院　　　愛媛縣今治市別宮町3-1
五十六番　金輪山泰山寺敕王院　　　愛媛縣今治市小泉1-9-18
五十七番　府頭山榮福寺無量壽院　　愛媛縣越智郡玉川町大字八幡甲200
五十八番　作禮山仙遊寺千光院　　　愛媛縣越智郡玉川町別所甲483
五十九番　金光山國分寺最勝院　　　愛媛縣今治市國分4-1-33
六十番　　石鎚山橫峰寺福智院　　　愛媛縣周桑郡小松町石鎚2253
六十一番　梅檀山香園寺教王院　　　愛媛縣周桑郡小松町南川甲19
六十二番　天養山寶壽寺觀音院　　　愛媛縣周桑郡小松町新屋敷甲428
六十三番　密教山吉祥寺胎藏院　　　愛媛縣西條市冰見乙1048
六十四番　石鐵山前神寺金色院　　　愛媛縣西條市洲之內甲1426
六十五番　由靈山三角寺慈導院　　　愛媛縣川之江市金田町三角寺甲75

讚岐的靈場＝涅槃的道場

六十六番　巨鼇山雲邊寺千手院　　　德島縣三好郡池田町白地763-2
六十七番　小松尾山大興寺不動光院　香川縣三豐郡山本町辻小松尾4209
六十八番　七寶山神惠院(2)　　　　　香川縣觀音寺市八幡町甲3875
六十九番　七寶山觀音寺(2)　　　　　香川縣觀音寺市八幡町甲3875

七十番	七寶山本山寺持寶院	香川縣三豐郡豐中町本山甲1445
七十一番	劍五山彌谷寺千手院	香川縣三豐郡三野町大見乙70
七十二番	我拜師山曼荼羅寺延命院	香川縣善通寺市吉原町1380-1
七十三番	我拜師山出釋迦寺求聞持院	香川縣善通寺市吉原町1091
七十四番	醫王山甲山寺多寶院	香川縣善通寺市弘田町1765-1
七十五番	五岳山善通寺誕生院	香川縣善通寺市善通寺町3-3-1
七十六番	雞足山金倉寺寶幢院	香川縣善通寺市金藏寺町1160
七十七番	桑多山道隆寺明王院	香川縣仲多度郡多度津町北鴨1-5-42
七十八番	佛光山鄉照寺廣德院	香川縣綾歌郡宇多津町1435
七十九番	金華山天皇寺高照院	香川縣坂出市西庄町八十場1713-2
八十番	白牛山國分寺千手院	香川縣綾歌郡國分寺町國分2065
八十一番	綾松山白峰寺洞林院	香川縣坂出市青海町2635
八十二番	青峰山根香寺千手院	香川縣高松市中山町1506
八十三番	神毫山一宮寺大寶院	香川縣高松市一宮町607
八十四番	南面山屋島寺千光院	香川縣高松市屋島東町1808
八十五番	五劍山八栗寺觀自在院	香川縣木田郡牟禮町3416
八十六番	補陀落山志度寺清靜光院	香川縣大川郡志度町志度1102
八十七番	補陀落山長尾寺觀音院	香川縣大川郡長尾町西653
八十八番	医王山大窪寺遍照光院	香川縣大川郡長尾町多和兼割96

原註：(1)三十番有兩所寺院。

　　　(2)六十八、六十九番是同一寺院。

第四節　慶修院之創建與沿革

慶修院之創建沿革，據《續修花蓮縣志稿》卷七第二章〈宗

教〉記載如下：

　　慶修院，坐落於吉安鄉吉安村十一鄰一三五號。原為真宗本
　願寺吉野佈教所，為日人川端滿二於民國七年（日大正七年）
　五月五日募建之日本式木造佛堂，供奉釋迦牟尼佛暨石刻八
　十八羅漢像，以吉野村日本移民為佈教對象。民國三十四年
　台灣光復，日人被遣送回國，苗栗縣法雲寺優婆夷吳添妹接
　管，改稱慶修院，屬曹洞宗，增祀觀世音菩薩及關帝君。民
　國五十三年，颱風襲境，佛堂受損，有所整修，但仍保持原
　來寺貌。七十二年，將原住持宿舍拆除，改建為二層樓鋼筋
　混凝水泥洋房，供作住宅與客堂。慶修院佔地一三三五坪，
　日式木造佛堂建坪四十坪，新建洋樓八十坪。其八十八尊羅
　漢像，現只存六十六尊，各具神情姿態，頗富藝術價值。每
　年農曆四月八日佛誕，依例有盛祭。

　　而原《花蓮縣志》卷五第二章〈宗教〉記慶修院屬真宗本願
寺派，「台灣光復後，西本願寺改為慈善院。吉野佈教所改為慶
修院」❸。此志書所記二說不僅過於簡單且錯誤不少，如上節所
述，慶修院屬真言宗高野派，創建於大正六年（1917年，民國六
年）舊曆十月十八日，由日人川端滿二募建並擔任「住職」，時佈
教師為堀智猛，北海道人❹。慶修院建成後，幾經修建，原貌已
不可知，再經修整而成現貌，今建築採出軒式入口、木欄杆、寶
形造四角鐵皮屋面的日本佛寺平面與造型，與本省常見的傳統閩
南式廟宇有決然的不同形式，成為少見日式風格佛堂。時供奉不
動明王，今神龕與神像皆存，神龕在懿泉寺納骨塔頂層，神像則

猶在神桌上。庭院則散佈川端滿二行遍日本四國八十八番寺院靈場，所請來供養的八十八尊石佛。至大正十一年十一月二十五日又在其旁增建木造宿舍。

　　吉野村眞言宗佈教所在日治時期的祭祀活動今已不詳，且無任何文獻記載，今所知者有：在大正十四年眞言宗信仰者有七十八人，是僅次於眞宗（一八九人）派別。至於原縣志所記載之佈教所，應創立於明治四十四年（1911年），大正元年（1912年）九月，毀於大颱風後再重建，並由眞宗本派本願寺派岡本泰道任佈教師與眞言宗之慶修院不同。

　　二次大戰末，1945年，日本戰敗，戰爭結束後，在吉野村墾拓的日本移民與其他散居台灣各地的日本移民，先後被遣返日本。而吉野佈教所的末代住持釋智猛也將所內供奉的弘法大師空海雕像背回日本。日僑返歸日本後，吉野村的移民以德島縣人為中心，組成「吉野會」，作為移民的一段懷念，時會員有四百餘人，但歷經一甲子滄桑，成員老朽凋零，僅剩四十餘名，終於2005年六月五日召開最後一次聚會並宣佈解散。

　　光復後，日本僑民被我國政府依法遣送回國，而苗栗人吳添妹因其姊夫在吉野村為日人做事之因由，而接管此一布教所，並改名「慶修院」，並廢原供奉之不動明王於側室，改祀釋迦牟尼佛暨觀音菩薩。然而民國三十五年四月花蓮土地整理處成立，規定土地申報權利種目，俾出憑證以定產權，過七月不報，視為無主公地，由縣政府代管。而吳添妹疏於申報，此一土地終歸屬縣政府產權，以今日視之，遂失一置產發財機會，不免是一損失。時慶修院佔地頗廣，約有一千五百坪，適因國府戰敗退守台澎，該

寺院某隅被國軍某一裝甲部隊徵用，建一帳棚停放軍車，該部隊後調清泉崗。該土地被縣政府收回，而吳添妹養子吳仕端因是吉安村村長，遂申請建屋舍做村民活動中心用，及民國七十三年四月七日吳仕端因車禍意外死亡，縣府收回改建爲今清潔隊使用。

另一方面，吳添妹未婚，孤苦一人，領養一子，迫於生計，兼且爲維持寺院運作，不僅闢土種菜，也常到野外撿拾螺類餵養毛豬出售，也常在年節舉辦法會、經懺，以貼補家用。但在寺院養豬出售之事爲若干鄉民所異議且不諒解，吳添妹晚年有意敦聘性良法師前來接掌慶修院，性良法師亦因此事不妥而未允。直至吳仕端過世後，不忍慶修院荒廢，遂前來接掌住持。後因建築殘額，有意拆除重建，因此地屬縣政府所有，遂於民國七十七年另於附近不遠地另建懿泉寺至今。

慶修院自吳添妹接管，因散在庭院之八十八尊石佛陸續被竊，一度安置佛堂內，後擔心木造地板的承重結構，又放置院外，還是被偷，今僅存六十餘尊，均安放在懿泉寺，由性良法師妥善安置。佛堂本體因颱風損壞，曾在民國五十三年、六十一年有兩次較大整修，但仍保持原貌，其他則僅是抽換屋頂鐵皮鋪面。吳添妹於民國七十一年十二月二日往生，其子吳仕端遂在七十二年三月將原住持宿舍拆除，改建爲二層鋼筋水泥洋房，供作住宅與客堂之用㉕。

第五節　結語

　　花蓮僻處東部台灣，開闢最遲，設治於光緒丁亥（十三年，1887年）。不旋踵，甲午戰敗，台灣遂淪陷於日本。日人治理花蓮，初設奇萊辦務署，隸屬台東，後改辦務署為出張所。明治三十二年（1899年）十二月，日人賀田金三郎設賀田組，開拓花蓮吳全城故地至加禮宛原野，並向日本國內招募農民，在台殖民，凡郵遞、運輸、拓殖、製糖、製腦、金融，皆自力經營。然應募雖多，以水土不服，「蕃」害屢起，日民有死亡者，有逃歸者，終告失敗，轉手台東拓殖株式會社。

　　日總督府有鑒於移民事，不宜委之私營，乃組移民委員，專司籌辦，委之殖產局移民課執行。適花蓮阿美族七腳川社變，襲擊隘勇線，日人討伐，逐散部落而沒收其地，闢為移民村。明治四十三年（1910年）二月，設荳蘭移民指導所，首先自日本德島縣移民模範農民九戶二十人。翌年六月，荳蘭改名為吉野村移民指導所。其後數年陸續移民，分置吉野村之草分、宮前、溝水；豐田村之山下、森本、太平；林田村之南岡、中野、北林等地。至大正末年，三移民村已建設完備，村落間與附近市街有幹線、耕作道路、輕便鐵道、灌溉水圳、排水道、醫療所、小學校、警察派出所、住民會、神社佈教所等等，號稱當年之「模範村」。其中吉野村尤為繁盛，戶數約三百三十戶，人口約一千七百餘人，年收入高達四十餘萬日元。

　　村落且置，移民既來，則自會帶來家鄉原有之宗教信仰，中以官方設置之吉野神社最稱重要，每年六月八日之鎮座祭典更是隆重盛大。不過，真正為村民信奉者乃佛教之真宗、真言宗、禪宗與淨土宗，其中又以真宗居盛，其次真言宗。真言宗又名密宗，因以祕密真言立宗，故名真言宗，此宗注重儀式、觀想、結印、持咒，三密相應（手結印是身密，口念咒是口密，心中觀想是意密），融成一體，即身成佛。密宗傳入中國，約在八世紀中葉，即唐玄宗開元時，由印度善無畏與金剛智二法師傳入「胎藏界」與「金剛界」兩大系統，並譯出《大日經》等密典。至不空法師弘揚密宗，其弟子惠果阿闍黎又傳日僧空海，空海歸國創立日本密宗——真言宗，至今流傳不絕，世稱「東密」，而天台宗所傳者為「台密」，西藏所傳者為「藏密」，在中國反而日久失傳。

　　空海所傳東密是以京都東寺為永久根本道場，是為其總本山。以後又分出支派，有「野、澤十二派三十六支派」之說，後又出現「新義真言派」，舊派遂被稱為「古義真言派」。古義派以高野山為本山，稱「教相本山」，其他寺院為「事相本山」。此派恭奉大日如來，意為「光明遍照」、「遍一切處」、「大太陽」等，有云為釋迦牟尼佛之另一法相佛身。然而，慶修院所供奉者卻是不動明王。因為是以智慧光明摧破一切煩惱業障，示現威猛忿怒之鬼神相，故稱「明王」，亦稱「金剛」。明王有五大明王、八大明王之分，通常泛稱明王皆指五大明王中之不動明王。不動明王梵名阿遮羅曩馱（Acalanadha），亦稱「不動金剛」、「不動尊」，密號「常住金剛」，其由來有三說：一說是大日如來之忿怒相；一說是大日如來之使者；又一說是印度教最高神祇濕婆神之

別名。其造型為：右手持劍，左手持索，頂髮垂左肩，身色則有黑色、青色、赤黃、白色、紅色等諸色。

　　吉野村於明治四十四年（1911年）即設有官方的眞宗布教所，並曾由眞宗本派本願寺派岡本泰道任佈教師，大正六年（1917年，民國六年）舊曆十月十八日，日人川端滿二另募建眞言宗吉野布教所，並兼任住職乙職，佈教師則由崛智猛擔任。寺院中不僅供奉不動明王，庭院四周亦佈滿石碑與八十八尊石佛。此八十八尊石佛可能是川端滿二遵循當年空海遺規，行遍日本四國八十八所寺院請回，成為吉野村眾信徒許願供養之佛。迨及大正十一年十一月二十五日又在寺旁增建木造宿舍一座。

　　吉野村眞言宗佈教所建築今存式樣採出軒式入口，有木欄杆、寶形造四角鐵皮屋面之造型，成為台灣少見之日式風格佛堂。惜其創建維持不久，即逢日本戰敗而放棄。光復後，由時居花蓮之苗栗人吳添妹接管，而改名「慶修院」，並廢棄原供奉之不動明王，改祀釋迦牟尼佛與觀音菩薩。

　　吳氏主持期間，常做法會、經懺等佛事，以補貼家用，並進行宗教活動。但因吳氏為佛教之「優婆夷」，終身茹素未婚，又不識字，並領養其弟之子（即吳仕端），一孤苦老婦為扶養孩子與經營寺廟，生計無著，遂養豬種菜以維持生活，此舉不免為若干鄉人不諒解，亦是無可奈何！吳氏於民國七十一年死後，隔一年其子吳仕端又因車禍意外死亡，不得不由性良法師接掌慶修院。而慶修院歷年既久，難免損壞，雖曾於民國五十三年與六十一年有較大整修，但終究不安，性良法師原有意重新翻造，但礙於是縣有土地，遂於民國七十七年擇地另建懿泉寺至今。而慶修院旁之

木造宿舍，也於民國七十二年三月拆除，新建二層鋼筋水泥洋房，供吳氏家人住居與客堂之用。民國九十二年經規劃整修，大體恢復舊貌，並委由青少年公益組織負責經營管理。

註釋

❶參見（一）東鄉實、佐藤四郎，《台灣植民發達史》（古亭書屋重印，民國五十七年），頁173。（二）鍾淑敏，〈日據時期的官營移民〉，《史聯雜誌》八期，頁74。

❷台灣總督府編，《官營移民事業報告書》（台北，一九一九年），頁54-57。

❸井出季和太著，郭輝譯，《日據下之台政》（台灣省文獻會，民國六十六年），頁557。

❹同上註，頁556。

❺（一）同註❷，頁10。並見（二）苗允豐，《花蓮縣志》，卷五（花蓮縣文獻會，民國六十八年），頁20。

❻同註❷，頁41-43。

❼參見（一）田村貞雄著，葛東萊譯，《殖產興業》（方智出版社，民國八十一年），第六章，頁247-250。（二）依田憙家，《日本通史》（台北，揚智出版社，民國八十四年），〈近代國家的建立〉，頁269-270。

❽苗允豐，《花蓮縣志稿》，卷一〈總記〉（花蓮縣文獻會，民國四十六年六月），「日據時期」，頁14-15。

❾參見（一）黃瑞祥，〈花蓮縣居民繁殖考〉，《花蓮文獻》四期，民國四十四年十月，頁93-94。（二）東台灣研究會，〈模範的內地人移民村吉野村的概況〉，《東台灣研究叢書》第二篇（東台灣研究會，大正十三年），頁71-79。（三）花蓮港廳，《花蓮港廳要覽》（花蓮：花蓮港廳，昭和十四年），頁26-28。

❿同上註。

❶東台灣研究會，〈花蓮港廳下的產業〉，《東台灣研究叢書》第二十六篇
（東台灣研究會，大正十五年），頁64-70。

表11-1　戶口數量分佈

村別	大正十四年	
	戶數（戶）	人口（人）
吉野村	331	1768
豐田村	179	911
林田村	167	689
合計	677	3368

資料出處：〈花蓮港廳下的產業〉。

表11-2　割當（分配）土地開墾狀況　　　　　　　　　　　　　　　　單位：甲

村別	割當（分配）總面積	開墾狀況				未開墾		
		田	畑（旱田）	宅地	合計	適地	不適地	合計
吉野村	1270	458	683	38	1179	31	60	91
豐田村	708	107	573	28	708			
林田村	746	101	547	25	673		73	73
合計	2724	666	1803	91	2560	31	133	164

資料出處：〈花蓮港廳下的產業〉。

表11-3　重要農作物的播收

種別		水稻	陸稻	甘蔗	煙草	蔬菜	甘藷	豆類	落花生	其他	合計
吉野村	作付（耕作）面積	582（甲）		278	82	140	96	33	20		
	收穫高（量）	5,675（石）		18,141,750（斤）	141,261	2,126,858	1,616,160	181（石）	440		
	價額（円）	122,605		87,080	52,338	67,962	14,545	3,239	3,080	17,712	368,561
豐田村	作付（耕作）面積	210（甲）		314	13	17	15				
	收穫高（量）	1,876,000（石）		18,915,075（斤）	23,787	249,020	261,240				
	價額（円）	39,213,00		90,792,36	9,418,63	8,092,90	2,220,54				16,011,92
林田村	作付（耕作）面積	192（甲）	8	226	36	180	50	6	40		
	收穫高（量）	1,618（石）	72	15,210,265（斤）	60,198	324,948	950,000	25	840		
	價額（円）	33,047	1,440	73,009	27,024	10,932	7,600	454	5,880		162,997

資料出處：〈花蓮港廳下的產業〉。

表11-4　經濟狀況

種別	收入		種別	支出	
	村名	金額（円）		村名	金額（円）
農產收入	吉野村	368,561	生活費	吉野村	212,425
	豐田村	165,749		豐田村	124,514
	林田村	162,997		林田村	91,862
勞動收入	吉野村	36,404	經營費	吉野村	142,959
	豐田村	25,422		豐田村	69,500
	林田村	16,110		林田村	74,165
副業收入	吉野村	6,778	雜支出	吉野村	43,240
	豐田村	3,957		豐田村	10,415
	林田村	5,448		林田村	10,354
雜收入	吉野村	35,905	合計	吉野村	398,624
	豐田村	29,186		豐田村	204,430
	林田村	6,656		林田村	176,381
合計	吉野村	447,648			
	豐田村	224,315			
	林田村	191,211			

資料出處：〈花蓮港廳下的產業〉。

表11-5　各村兒童就學狀況　　　　　　　　　　　　單位：人

村別	大正十四年		
	學齡兒童	就學兒童	就學比例
吉野村	325	311	95%
豐田村	219	182	83%
林田村	165	165	100%
合計	709	658	92%

資料出處：〈花蓮港廳下的產業〉。

⑫《吉安鄉土情》（花蓮：吉安鄉公所，民國八十四年），頁3-5。

⑬參見(1)鍾淑敏前引文，頁78-79。(2)《吉安鄉土情》，頁3-5。

⓮同註⓫。

⓯關於日本佛教宗派，據台灣社寺宗教刊行會，《台灣社寺宗教要覽・台北
州の卷》（台北，昭和八年，1933年）第十章〈神道佛教基督教各教別一
覽表〉記載如下：

二　佛教（十三宗五十六派）

種類	本部の名稱	所在地
天台宗	天台宗宗務廳	滋賀、茲賀、龕木村
同　寺門派	天台宗寺門派法務局	大津　城寺
同　真盛派	天台宗真盛派教務所	滋賀、茲賀、龕木村西教寺
古義真言宗	古義真言宗宗務所	和歌山、伊都、高野町高野山
真言宗醍醐派	真言宗醍醐派宗務所	京都、宇治、醍醐村
同　東寺派	真言宗東寺派宗務所	京都、下京、九條
同　泉涌寺派	真言宗泉涌寺派宗務所	京都、東山泉涌手
同　山階派	真言宗山階派宗務所	京都、宇治、山科町勸修寺
同　善通寺派	真言宗善通寺派宗務所	香川、伸多度善通寺派町
新義真言宗智山派	新義真言宗智山派宗務所	東京、芝、愛宕
同　豐山派	新義真言宗豐山派宗務所	東京、小石川、大塚坂下
真言律宗	真言律宗宗務所	奈良、生駒、伏見村西大寺
律宗	律宗宗務所	奈良、生駒、都跡村
淨土宗	淨土宗宗務所	東京、芝、芝公園地
同　西山禪林寺派	淨土宗西山禪林寺派寺務所	京都、左京、永觀堂
同　西山光明寺派	淨土宗西山光明寺派寺務所	京都、乙訊、乙訊村、栗村
同　西山深草派	淨土宗西山深草派寺務所	京都、申京、新京極櫻之
臨濟宗天龍寺派	臨濟宗天龍寺派宗務本院	京都、葛野、嵯峨町
同　相國寺派	臨濟宗相國寺派宗務本院	京都、上京、相圍來門前

種類	本部の名稱	所在地
同　建仁寺派	同　宗建仁寺派宗務本院	京都、東由、小松
同　南禪寺派	同　宗南禪寺派宗務本院	京都、上京、南禪寺福地
同　妙心寺派	同　宗妙心寺派教務本所	京都、葛野、花園村
同　建長寺派	同　宗建長寺派宗務院	神奈川、鎌倉小坂村之内
同　東福寺派	同　宗東福寺派宗務本院	京都、東由、本
同　大德寺派	同　宗大德寺派宗務本院	京都、東由、紫野
同　圓覺寺派	同　宗圓覺寺派宗務本院	神奈川、鎌倉、小坂村山之内
同　永源寺派	同　宗永源寺派宗務本院	佐賀、愛知、高野村
同　方廣寺派	同　宗方廣寺派宗務本院	靜岡、引佐、奧山村
同　佛通寺派	同　宗佛通寺派宗務本院	廣島、豐田、高坂村
同　國泰寺派	同　宗國泰寺派宗務院	富山、冰見、大田村
同　向嶽寺派	同　宗向嶽寺派宗務本院	山梨、東山、梨鹽山町
曹洞宗	曹洞宗宗務院	東京、芝、新堀
黃檗宗	黃檗宗宗務本院	京都、宇治、宇治村
真宗本願寺派	真宗本願寺務所	京都、下京、堀川通
同　大谷派	同　宗大谷派寺務所	京都、下京、烏丸通
同　高田派	同　宗高田派寺務所	三重、河藝、一身田町
同　興正派	同　宗興正派寺務所	京都、下京、七條通
同　佛光寺派	同　宗佛光寺派寺務所	京都、下京、新京
同　木邊派	同　宗木邊派寺務所	滋賀、野洲、中里村
同　出雲路派	同　宗出雲路派寺務所	福井、今立、為真野村
同　山元派	同　宗山元派寺務所	福井、今立、新横江村
同　誠照寺派	同　宗誠照寺派寺務所	福井、鯖江廳
同　三門徒派	同　宗三門徒派寺務所	福井、豐專照寺
日蓮宗	日蓮宗宗務院	東京、芝、二本榎一

日蓮正宗	日蓮正宗宗務院	靜岡、富士、上野村上條
顯本法華宗	顯本法華宗宗務本廳	東京、牛込、原
本門宗	本門宗宗務院	靜岡、富士、北山村
本門法華宗	本門法華宗宗務廳	東京、本鄉、駒込淺嘉
法華宗	法華宗宗務院	新潟、南蒲原、三條町
本妙法華宗	本妙法華宗宗務院	京都、上京西陣紋屋
日蓮宗不受不施派	日蓮宗不受不施派事務所	岡山、御津、金川町金川
同宗不受不施講門派	日蓮宗不受不施講門派宗務局	岡山、御津、金川町本覺寺
時宗	時宗教務院	神奈川、藤澤町、清淨光寺
融通念佛宗	融通念佛宗宗務所	大阪、住吉、平野上
法相宗	法相宗宗務所	奈良、登大路、興福寺
華嚴宗	法嚴宗宗務所	奈良、雜司、東大寺

又，本文之得以完成，得師大王啓宗教授大力協助，提供資料，謹此致最高謝意。

⑯《台灣省通誌》卷二〈人民志宗教篇〉第一冊（台灣省文獻會，民國六十年），頁53-54。

⑰以上參考（一）弘學，《藏傳佛教》（四川人民出版社，一九九六年十月出版）第三章、八章、九章；（二）郭朋，《中國佛教簡史》（福建人民出版社，一九九三年六月二刷）第四章第十節；（三）陳兵，《新編佛教辭典》（中國世界語出版社，一九九四年十一月初版）；（四）賴傳鑑，《佛像藝術》（藝術家出版社，民國六十九年八月二板）；（五）薛茂松，《佛光普照》（號角出版社，民國七十六年十月初版）諸書改寫而成，為省篇幅，茲不一一另行分註。

⑱參見（一）賴傳鑑，《佛像藝術》，第七章〈大日如來像〉，頁78-83；（二）初旭，《佛門精神》（北岳文藝出版社，一九九四年三月一版），〈密宗五方佛〉，頁150-152。

⓳參見（一）賴傳鑑，前引書，十七章〈忿怒的佛像，明王像〉，頁152-160；（二）陳兵，《新編佛教辭典》，〈五大明王〉條、〈八大明王〉條、〈不動明王〉條，頁249。

⓴此據師大王啓宗教授口述與提供諸廟簡介資料改寫而成。

㉑ めゐつく社編，《四國步く地圖Ｓ》（東京：めゐつく社，一九九八年六月六版），頁138-139。

㉒蔡學海，《續修花蓮縣志稿》卷七〈民族宗教〉（花蓮縣政府，民國八十年五月），頁74。

㉓苗允豐，《花蓮縣志》卷五〈民族宗教〉（花蓮縣文獻委員會，民國六十八年六月），頁51。

㉔東台灣新報社編纂，《東台灣便覽》（東台灣新報社，大正十四年八月發行），第六章〈東台灣官民錄〉，頁105。

㉕以上係據筆者實地訪談當事人吳添妹之媳張梅枝女士（民國八十七年九月二日下午）與釋性良法師（同年九月二、三日）口述資料整理所得，另前吉安鄉公所民政課長劉秀堯先生提供若干資料，特此申明，謹此致謝！

第十二章

金門朱子祠

——廟內讀書學聖賢

第一節　朱熹與金門

　　朱熹字元晦，後改為仲晦，號晦庵，六十歲後稱晦翁，又號雲谷老人、滄州病叟。祖籍婺源（今江西婺源縣，婺源於梁陳時為新安郡，故其署款又稱新安）松岩里，但卻是出生在福建南劍（今福建南平）龍溪縣城外毓秀峰下鄭氏館舍。他生於南宋高宗建炎四年（1130年），卒於寧宗慶元六年（1200年），享壽七十又一。

　　朱熹家世為婺源著姓，以儒名家。父名松（字喬年，號韋齋），受業於豫章羅從彥（字仲素，世稱豫章先生）之門，曾於宋徽宗政和八年（1118年）登進士，官司勳吏部郎。後以不附和議，觸犯秦檜，出任建州（今福建建甌）政和縣尉，丁外艱服，調劍州龍溪尉，監泉州石井鎮。建炎四年，朱熹出生之時，正是他父親朱松辭官，歸隱龍溪城外毓秀峰下鄭氏草堂教書之際，家境並不十分充裕，所以朱熹從小家貧，往往稱貸鄰里親友以給用，可以說是出身在一個沒落的官僚家庭。

　　朱熹自幼穎悟，就在深受二程理學薰陶的父親之直接教育下，開始學習儒家經典，五歲能誦《孝經》，十來歲便讀過《大學》、《中庸》、《論語》、《孟子》。當朱熹十四歲時（1143年），朱松病死，少年喪父，生活無所依靠。朱松死前，將家事託付給少傅劉子羽，並交待朱熹向籍溪胡憲（字原仲）、白水劉勉之（致中）及屏山劉子翬（彥沖）求教。熹遵守遺訓，從建州城南遷到

崇安五夫里居住，受學於此三人，三人也視同子侄，尤其是劉勉
之，以女妻之。朱熹在這段期間無所不學，舉凡禪、道、文章、
楚辭、詩、兵法，事事都學，時時留心。未幾二劉早歿，熹從胡
憲習業最久。年十九，登進士第；紹興二十一年（1151年），朱熹
二十二歲，授左迪功郎；被派任爲泉州同安縣主簿，二十三年秋
天才到同安縣赴任。在任期間勤敏公幹，治績卓著。除主簿職事
外，即開辦縣學，選秀民充弟子員，一時從學者眾，建經史閣，
作教思堂，延攬名士徐應中、王賓等以爲表率，日與講論正學，
規矩甚嚴。

　　在此前後，朱熹曾多次往見請益延平李侗（字愿中，世稱延
平先生），但正式受學於李侗卻是紹興三十年（1160年）的事，李
侗是程頤的再傳弟子羅從彥的學生，朱熹因得承襲了「洛學」的
正統，逃禪歸儒，奠定後來能集理學大成之基礎。二十八歲冬，
自同安罷官歸，惟以事親講學爲務，暇則往見延平請教，先後師
事十一年。

　　紹興三十二年（1162年）六月，剛即位的孝宗詔求直言。八
月，朱熹以監潭州南嶽廟的臣職上「封事」，提出三個建議：(1)帝
王之學不可以不熟講也；(2)修攘之計不可以不早定也；(3)本原之
地不可以不加意也。數說和議之害，復仇之利，反和主戰態度十
分鮮明。次年十一月六日（隆興元年，1163年），朱熹受詔垂拱殿
奏事，他慷慨陳詞，連上三札，又重申前議，主張以戰復仇，同
時，並陳古先聖王強本折衝，威制遠人之道，與言路阻塞，僥倖
鴟張之害。惜北伐戰敗，朝廷主和，他的主張無從實現，因此乾
道元年（1165年）任「武學博士」之職，教生徒習兵馬武藝，旋

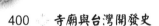

與執政不合，辭職歸家，從事理學之研究與講學活動。

乾道三年秋天，福建崇安發大水，朝廷任朱熹視察水災，並與縣官負責賑恤事宜，熹從而主張設「社倉」來解決農民青黃不接、糧食困難的問題。乾道七年，創立「五夫社倉」於五夫里，後又在福建建陽和浙江金華等地推廣。

淳熙二年（1175年），朱熹四十六歲，是年夏天呂祖謙從浙江來到福建崇安朱熹的「寒泉精舍」，留居旬日，講學其間，相與商討合編《近思錄》。及祖謙歸，他因送行，途經江西上饒鵝湖時，與陸九齡、九淵兄弟相會，互相質辨，雙方意見未能一致，一主張「即物窮理」，一主張「發明本心」，結果不歡而散，開啓後來程朱、陸王學派之爭，這就是朱陸有名的「鵝湖之會」。

淳熙四年，編成《論語集注》與《孟子集注》。五年，由於史浩推薦，被任命爲「知南康軍」（今江西星子縣），翌年赴任，時朱熹已家居著書、講學二十餘年。朱熹在職期間，辦賑濟、減賦稅、築江堤，而且積極辦學，宣揚理學。又訪白鹿洞書院遺址，奏復其舊，並訂定學規，而其學規也成爲各書院的楷模，使學子切實遵守。淳熙七年，朱熹爲陸九齡撰墓志銘，並上封事，提出「恤民」、「省賦」建議。八年八月，浙東饑荒，宰相王淮仕薦朱熹任提舉兩浙東路常平茶鹽公事。他即日單車就道，細訪民隱，於救荒之外，並請求懲辦貪官污吏，彈劾檢放不實。淳熙十四年，以周必大推薦爲江西提刑。

淳熙十六年（1189年）二月，孝宗內禪，光宗即位。紹熙元年（1190年），朱熹知福建漳州，在任期間，蠲減經總制錢，刊刻四經和四子書，改變風俗崇信，並核實田畝，畫圖造冊，行「經

界」，後因得罪豪強及當道，自劾不果行。時詆毀者，以爲朱熹本無學術，徒竊程頤、張載餘緒，假稱道學，以欺世盜名。在任不滿三月。四年十二月，除知潭州荊湖南路安撫使，朱熹六十五歲。紹熙五年（1194年），這年七月，光宗內禪，寧宗繼位。是年八月，經宰相趙汝愚推薦，被任爲煥章閣待制兼侍講。

朱熹任侍講，當時韓侂冑用事，擅權害政，利用進講機會，多次進言斥責侂冑，遂觸寧宗不滿，以爲干預朝攻，任職僅四十日即被罷免。十一月，回到福建考亭，十二月建「竹林精舍」，後更名「滄州精舍」，並更號「遯翁」，遯者，退也，表示朱熹厭倦政壇，從此退居林下之心志。時反對朱熹的黨派大加讒誣中傷，斥朱學爲僞學，朱黨爲逆黨，史稱「慶元黨禍」。然朱熹仍不屈不撓，日與諸生講學不休。寧宗慶元六年（1200年）三月，朱熹卒於福建建陽考亭家中，十一月，葬於建陽唐石里之大林谷，享年七十一歲。寧宗嘉定元年（1208年），賜謚曰文；理宗寶慶三年（1227年），贈太師，追封信國公；紹定三年（1230年），改徽國公；淳祐元年（1241年），配祀學宮。明太祖洪武元年（1368年），詔以朱子之書立於學宮，天下學者宗之。世宗嘉靖五年（1526年），祀稱先儒朱子。清聖祖康熙元年（1662年），從祀孔廟，升位十哲之次。身後榮譽，爲孔孟之後的第一人。

朱熹自十九歲登進士第，歷仕高、孝、光、寧四朝，其間立朝僅四十六日，爲官約十年，在宦途上頗不順遂，無從達其志，其餘四十餘年都從事講學和著作，學術成就震鑠千古，堪稱一代大儒，而於金門教化影響尤深。

金門一邑，始於唐陳淵闢土，宋朱子過化，歷代以還，人才

輩出，向稱海濱鄒魯，故朱熹學術思想，影響於金門後世者至
鉅。前述朱熹於宋高宗紹興二十三年秋，任同安縣主簿，時金門
爲同安縣綏德鄉所屬的翔風里，正是朱子教化之地，朱子在同安
五年，勤於治政講學，建經史閣，作教思堂，選秀民充弟子員，
並不時下鄉視學。當年視學金門，曾一遊陳淵祠，留下〈次牧馬
王祠〉之詩，詩曰：「此日觀風海上馳，殷勤父老遠追隨；野饒
稻黍輸王賦，地接扶桑擁帝基。雲樹蔥蘢神女室，岡巒連抱聖侯
祠；黃昏更上靈山望，四際天光蘸碧漪。」❶及睹庵前豐蓮山一
帶，林木風景之盛，曾說：「此日山林，即他年儒林。」❷又一
傳說，朱子採風浯島，時值仲夏，兄田疇偏植花生高粱，心憂居
民常食二物，必多患痲瘋；及再次來浯視學，時際初冬，蘿蔔繁
生，乃欣然釋懷，蓋蘿蔔之性，適足解前二者熱毒，面告鄉紳，
可以釋慰矣❸。

　　朱子又精易學、風水，常留心自然山川形勢，據說風水學經
典之作〈雪心賦〉爲朱子所作，不過儒家講究風水和一般看風水
之術士，內涵大不相同，儒者相墓，偏於說理，術家則好任法
❹，如《朱子語類》卷一記：

> 冀都是正天地中間好箇風水。山脈從雲中發來，雲中止高脊
> 處，自脊以西之水，則西流入於龍門；西河自脊以東之水，
> 則東流入於海；前面一條黃河環繞。右畔是華山，聳立為
> 虎，自華來至中為嵩山，是為前案，遂過去為泰山，聳於左
> 是為龍，淮南諸山是第二重案，江南諸山及五嶺，又第三、
> 四重案。

　　而金門士林傳說，凡各鄉能與鴻漸山相照者，必人文蔚起，也緣以朱子嘗至鴻漸嘆曰：「鴻漸腦已渡江矣」，又曰：「鴻漸反背皆是同（安），乃向浯也」。《康熙輿地志》：「鴻漸高冠群山，浯洲隔海望之，尤爲竦秀。」故林焜熿《金門志》載：「其山脈有謂起自仙人旗……一說自秀山發脈，歷鳳漸山、小嶝、角嶼而過青嶼。語云：『天弧天角，龍躍渡江。』鴻漸非耶天弧天角乎……以故浯洲各鄉，凡鴻漸照到者，無不吉利，惟浯東相去較遠，故發科較遲。」❺朱子亦曾在金門立燕南書院，《滄浯瑣錄》載：「朱子主邑簿，採風島上，以禮導民，浯既被化，因立書院於燕南山，自後家弦戶誦，優游正義，涵泳聖經，則風俗一丕變也。」❻燕南山即今之太文山，俗或呼爲燕龍、嚴龍，或嚴人山（按皆是異字同音），在古坵村後，書院遺址，明代已無可詳考。當年朱子在該處設書院，必係附近居民甚多。山巔原有太文巖寺，祀清水眞人，俗稱燕南宮或清水公宮，明時建，清光緒年間重建，民國三十八年（1947年）始廢。寺之後殿原祀有文昌，推想或書院圮坍，開山僧人就廢址改建佛寺，文昌帝君固爲書院原有神像，乃移供於後殿❼。

　　總之，自宋以後，漳泉各地，爲紀念朱子教化，或設專祠，或配祀學宮，備極尊崇。金門爲朱子教化之地，人民風俗，向極淳樸，尤其朱子知漳州時揭示之古喪葬嫁娶之儀，即《朱子家禮》一書，迄今近八百餘年，猶爲金門民間遵行勿衰，可想見其遺風餘照。而且自宋迄今，金門士人論文章氣節，皆以朱子聖賢之學爲宗，故有元一代九十年間，金門士人絕無仕元室者。明清兩代，金門士人有四書、五經評著者，頗不乏人❽，此皆與朱子當

年教化大有關係,是金門歷來科第輩出,不獨以文章重,諸德業可師者,足以示儀型而風後進,紫陽教化之功不可沒❾。

第二節　金門歷來書院

朱子祠即浯江書院,其前之金門書院,宋有燕南,元有浯洲,明則無考。

燕南書院,據《滄浯瑣錄》云:「朱子主邑簿,採風島上,以禮導民,浯即被化,因立書院於燕南山,自後家弦戶誦,優游正義,涵泳聖經,則風俗一丕變也。」❿林焜熿《金門志》又云:「燕南書院,在浯洲。宋時建,今莫詳其蹟。」⓫燕南即今之太文山,在古坵村後,燕南俗呼燕龍、巖龍或巖人山。解知〈孚濟廟記〉載朱熹簿邑時,有〈次牧馬祠〉詩,詩曰:「此日觀風海上馳,殷勤父老遠追隨,野饒稻黍輸王賦,地接扶桑擁帝基,雲樹蔥蘢神女室,岡巒連抱聖侯祠,黃昏更上靈山望,四際天光蘸碧漪。」則朱文公應曾徜徉於豐蓮山。而《同安縣志》載朱熹在紹興二十一年(1151年)任同安主簿,二十三年秋抵任,五載秩滿,則朱子觀風過浯,當在此五年之中(1153～1158年),燕南書院或建於其時。

浯洲書院,在金山鹽場司之西。元司令馬某建,有租贍士,至明已廢,嘉靖間金門名士洪受曾有一文〈興復浯洲書院議〉紀之:「浯洲在勝國為弟子員者,不知其幾,然有書院而又有贍士之租,亦見有司者之加意也。聞之故老,當時書院有學官一員,

以主其事，今址尚在，宜講而興之……有書院，則立祠有其地。
有學官，則主祭有其人。歲時之間，率子弟以行禮，則人自知敬
學，而興高山仰止之思，其於風化之助豈小也哉！幸留意焉。」
❷又在〈鄉賢崇祀議〉文中建議：「古所謂鄉先生者，其沒也，
則祭於社……後世專祀於學官，則鄉社之人，不無遠於尸儀型之
嘆也……誠設浯洲書院而崇祀於其中，則一洲鄉社之人士，見儀
型之在目，而當祭之時，亦將翕然於俎豆之間矣！其感發而興起
者，當何加耶。」❸觀此二文，是可知浯洲書院至明嘉靖前已
廢，且有明一代未在金門另設有書院。迨至清代道光癸未年（三
年，1823年），就其古址而重建之，名爲「金山書院」，內祀文昌
星君，楊秉均〈重建金山書院碑記〉云❹：

> 金山書院者，昔之浯洲書院也。明之世，人文蔚起，結構煥
> 然，厥後傾頹，而年代漸遠，湮其舊址，遂為農人稼圃之
> 地。乾隆庚子歲（按四十五年，1780年），卜鎮後浦文衙署之
> 西，踵浯江之名，以補其題。逮道光癸未歲，諸同人忽有復
> 古之志，就其古址而重建之，顏之曰金山書院，董事姓名呂
> 世修、黃鳴鶯、蔡鴻略、楊學之、蔡占魁、楊秉均、陳元
> 音、陳夢篆、張基壯、蔡煌、張世品、蔡尚光、黃志修、張
> 興濟、黃超吟、陳明微、張善濟、張美榮、戴國俊，共費建
> 造銀壹千陸佰參拾壹圓，由進士鄭用錫等及各鄉倡捐，至祭
> 費則由周史雲等捐充，捐資姓名已刻石不錄。

惜早已廢，院址即今沙尾市場。金門今僅存者，浯江書院
矣！

第三節　浯江書院之創建與始

　　金門為朱子過化之地，故建祠以祀，祠在浯江書院。浯江書院之創建，諸志乘頗多紛歧，或云「雍正二年設金門所社學，其書院之權輿，顧故址湮沒」❶，或云「雍正己未，縣丞盧國泰建」❶，皆有誤，今浯人率以為創建於乾隆四十五年，亦未詳考。浯江書院之創設應可溯源於康熙丁卯年（二十六年，1687年）。

　　按〈欽命金門總鎮大元勳陳公（陳龍）功德紀〉碑文中有：「癸亥夏（康熙二十二年，1683年），載整水軍同靖海將軍侯施公東克澎湖，八月撫有台灣，置郡縣焉……于今又五年矣。島之婦子嬉於室，島之苗黍藝於郊，蜃煙晝靜，里門夜開，乃猶以此邦夙敦詩禮，立書院，延里中士黃君顯為諸生師，安攘並施，教養兼事，豈不偉歟！……康熙歲次丁卯臘月之吉，金門紳董士民同勒石。」❶碑文記載清初陳龍曾立書院，延師長，斑斑史實，豈不明確。至乾隆三十二年（1767年）金門通判王忻之〈去思碑〉亦記載❶：

　　　　官長者，民之父母，而荒僻之區，尤所仰賴以安……乾隆三
　　　　十一年，安海通判移駐金門，我府尊王公，於八月間新蒞茲
　　　　土，以廉居心，以德化民……除口稅而工商不煩，輕賦徭而
　　　　士農樂業，尊崇道學則書院祀紫陽，振起文風而生徒增月
　　　　課。種種美績，雖武城之歌詠，單父之彈琴……使我公功

德，與金山洆水，同垂以不朽云。乾隆三十二年丁亥六月，順天府丞提督學政陳桂洲撰。

而乾隆三十五年金門通判程煜之〈德政碑〉文復記[19]：

……洆固海濱名區，風土人物，誌書足記。厥後風移俗易，士氣浸微，豪富紛爭，貧窮究竄。自公蒞斯土，廉明方正，鋤奸殄暴，教養咸周，恩威並著……迺以書院舊規狹隘，不足廣培多士，復捐清俸，倡建堂廡，費靡千餘金，置膏火，延名師，為多士式，海濱鄒魯，於焉不替……凡我洆士庶，沃膏戴德，銘刻難忘，相與歡欣鼓舞，紀績署前，俾觀風者有所採，而洆民永以頌明德於不朽……乾隆三十五年庚寅臘月，順天府丞提督學政陳桂洲撰。

然而林焜熿《金門志》所記頗有出入[20]：

洆江書院，在後浦丞署西。初為義學，猶卑狹……前通判程某，規創基址未成。乾隆四十年，通判移駐馬家巷，議將署料拆卸運往水頭。職員黃汝試以拆卸可惜，請變價建為書院，繳銀一千五百員，塑像朱文公及先賢像於中。

既云「倡建堂廡，費靡千餘金」，林氏志書又言「規創基址未成」，豈不矛盾。經查《馬巷廳志》才得一索隱解答，廳志卷之九〈官署〉記[21]：

舊通判署在府署右……乾隆三十一年移駐金門洆洲嶼，就縣丞署樓止……其金門縣丞署，雍正十三年建。乾隆三十五

年,署通判程煜重修。三十九年……改駐海疆要地……於馬
家巷孔溝建治。前任胡邦翰詳變價給金門士庶為書院,前為
公館。價銀一千五百元……

同書卷之六〈學校〉又記❷:

金沙書院,即金門舊署,變價建馬巷署。金門士民共捐二千
餘員。以后進五間,書房兩間,又三間,弁兩廂,給士子肄
業,其二堂花廳、大堂以外,仍為往來聽治之所。

按金門舊縣丞署在後浦西門,民間俗呼「文衙門」。清雍正十
二年(1734年)移同安縣丞駐金門,十三年建署。乾隆三十一年
(1766年)縣丞移駐灌口,而以原駐晉江安海之泉州府通判移駐金
門,且就縣丞署棲止。乾隆三十五年,署通判程煜重修。四十五
年,縣丞復自灌口移駐金門,判署仍為丞署。綜合上引史料,明
顯地可看出程煜假公濟私,藉口倡建書院,以倡捐所得改為修建
衙署。也因此林志文中稱呼程煜為「程某」,頗有鄙夷之意,蓋意
在言外,可不慎乎!如今要將判署拆卸運走,黃汝試自是不甘又
捨不得,因當初興建時「費靡千餘金」,是以黃汝試也「繳銀一千
五百員」予以買下充作書院,並名為「金沙書院」。金沙亦即金
水,也即是黃姓族人所居之水頭,則「金沙書院」豈不就等同
「黃氏書院」,以衙門充為黃家書院,自會引人抨擊,認為黃俊
(汝試)托大猖狂,極有可能此一書院名稱替黃家引來後來之禍
患。

黃汝試即黃俊,字伯葵,諱汝試,諡懋齋,誥贈奉直大夫。

生於康熙四十一年（1702年），卒於乾隆四十八年（1783年），享壽八十又二。黃汝試爲金門水頭人，乃酉堂之始祖。其少貧，以販魚網罟爲生，中年轉行，至廈門營商，往來北洋，歷經奮鬥，積貲百萬，擁船十數艘。晚年葉落歸根，安老於鄉梓。乾隆三十年，創建酉堂，供黃氏子孫課讀，四十年獨力續成黃氏宗祠前進，並於是年又獨力買下判署，充爲書院，義哉黃俊之行也[23]。

《金門志》續記其後之衍變[24]：

四十六年仍設縣丞，新丞歐陽懋德至，無樓所，商諸紳士，即義學地建爲書院。汝試復捐銀四百七十六員，合監生徐行健一千員，及鄉之好義者闢之。後爲朱子祠，翼以圍牆，中爲講堂，祀文昌；前爲儀門、爲大門，東廊學舍八間，西廊學舍八間，外爲大庭、照牆，諸神俊自署中遷入，而判署仍爲丞署。汝試復議捐膏火銀二千員，置田產以充學租，且欲於隙地建魁星樓。未幾歿，歐亦陞去。汝試子監生如杜，置海澄港尾鄉苗田種五石五斗，契銀二千零四十四員，年可得租粟一百零九石八斗，後以訟被官侵沒。嘉慶間，縣丞李振青重修，捐銀百六十員，配典生息，爲春秋祭費，而膏火仍無所出。道光間，興泉永道倪琇，遊擊楊繼勳勸捐，島人吳獻卿體父琳公遺志，捐銀四千員，官紳共捐一千員，合五千員，配典生息，立規考課，由道甄別。附建西廊學舍二間爲福德祠，東廊學舍二間爲客燕齋。其東廊第七間祀吳琳公、獻卿父子。西廊第三間祀巡道倪琇、縣丞歐陽懋德、李振青等。

　　此文略有錯誤，文中所提及之「遊擊楊繼勳」，誤。按，楊繼
勳閩縣人，道光元年十一月護理金門鎮水師總兵官，至道光三
年，續由潘汝渭代任護理。關於此次捐輸膏火，巡道倪琇另有
〈浯江書院碑記〉詳述[25]：

> 金門人文藪也，其地為紫陽過化，歷代顯宦名儒，先後接
> 踵，科目尤甲全邑。國朝登巍科、隸仕版者，更不乏人。斯
> 地靈之獨鍾乎？抑亦庠序之培植，風厲有以基之耳！考志
> 乘：雍正二年，設金門所社學，其書院之權輿，顧故址湮
> 沒。乾隆四十五年，始建浯江書院。監生徐行健董其成，復
> 有職員黃汝試捐膏伙二千金，惜沒於晉江令，是以堂構雖
> 新，膏伙缺如。會立齋楊公權總兵事，與紳矜林文湘、許鳴
> 鑣、林宣、文成章、林如鏞、許飛雄、許作文、黃廷珪、林
> 焜煌、陳省三、王星華、許朝英議勸捐。鄉彥吳獻卿者，承
> 父琳公志，捐洋銀四千員，為膏伙資，計現銀二千，店屋估
> 抵二千，其子學元又捐銀四百，修院合，諸紳矜續捐銀一千
> 五百餘元，事聞於余。余喜以為前此雖有社學，而未有課賞
> 之規也，雖有書院而未有膏伙之設也，成茲舉者，良足嘉
> 矣。因奉大憲章，酌配典商，按季收息，並令紳矜議定章
> 程，通詳報部，為經久計。是役也，非余之振興，及楊公之
> 慫恿，與吳家之樂輸。然非諸紳矜之踴躍從事，亦不能相與
> 有成也。因紳士之請，欲壽貞珉，為記其顛末。至捐題芳
> 名，另勒一石。

　　樂捐人士姓名，《金門志》有附錄，可窺見鄉人之重視，名

單如下[26]：

> 儒林郎吳獻卿捐銀肆千員，內交現銀二千員，又貳千員交繳
> 典買店屋十六坎存賬。州同吳學元捐修學舍建置器具共銀四
> 百員。金門總鎮府郭繼青、陽江總鎮府文應舉、監生許德
> 彝，各捐銀一百員。署閩安協總府林廷福、林仁風、童雙
> 興、邱源發、薛德裕、童金興、李恆升、董林鄉，後水頭
> 鄉，各捐銀六十員。禮部員外郎鄭用錫捐銀五十員。古寧頭
> 鄉捐銀四十七員。珠浦叢青軒許氏、薛德成、董和勝，各捐
> 銀四十員。又監生歐陽世長、黃光士，各捐銀三十員。洪崇
> 憲、顏日觀，各捐銀二十四員。盤山鄉上保捐銀二十二員，
> 下保捐銀十八員。監生蔡行猷、魏崇文、林真烈、許允登、
> 傅梓生，各捐銀二十員。許源成捐銀十四員。鄉賓劉希勝、
> 莊從觀、許文斌、洪爾祖，各捐銀十二員。生員黃道衡、監
> 生邱希功、黃鶴算、河圖許萃軒、許源興、薛允華，各捐銀
> 十員。監生許成鳳、許振成、蔡簡觀、許廣興、林冰忠，各
> 捐銀八員。黃次觀、陳漢觀、協茂號、方燕享、傅夏老，各
> 捐銀六員。監生黃箴爵、集興號、陳成興、黃振源、周岱
> 老、黃梧觀、振泰號、郭利豐、林秋香、林陣觀、吳正乾、
> 郭一壺、葉合興、郭尚錦、林蔭觀、葉合順，各捐銀四員。
> 平林聚奎社續捐銀二十員，徐家續獻浦邊園四坵、田一坵。

仔細覽閱，此一名單，率皆宦裔、監生、生員、商紳身份，
又有各鄉邑之樂捐，名單末之平林聚奎社即平林之社學，且其中
頗多「續捐」，可見浯洲各邑人士之熱烈響應。明清兩代金門士民

休養生息，教化涵濡，昉辟薦、登科第、起歲貢、育黌序，彬彬甲於上都，且不獨以文章重，從此樂捐乙事，概可想見其餘，真不愧「海濱鄒魯」之譽。

　　嗣後，周凱繼倪琇為興泉永兵備道，禮士愛民，以興養立教為己任，留有〈浯江書院碑記〉，詳具始末及建築，足以補前敘之不足，碑文如后[27]：

> 金門書院，宋有燕南，元有浯洲，明無考。今日浯江，因國朝乾隆四十六前，移通判駐馬家巷，虛其署，島中士黃汝試購為書院，祀朱子先儒。後設縣丞，縣丞歐陽懋德至，謀於眾，仍前署。就署西義學改建焉。徐行健董其成，汝試願捐銀二千為膏伙，尋卒，其子如杜，以海澄田充之，訟於府，斷如數輸銀存晉江庫，久之被沒，田亦失。嘉慶間，縣丞李振青，捐銀為祭祀資。道光元年，興泉永道倪公琇，以文勸眾紳士鳩賓錢一千算，吳獻卿捐賓錢四千算，子學元又捐四百算，膏伙始具。牒大府，由道延師課藝。書院在後浦鄉，前為大門、儀門，中為講堂，後為朱子祠，祀先儒，東西廊凡十有八齋，中廚皆備。余繼倪公任督課亦六年矣。為記其原始，並書前後捐輸姓氏於他石。道光十六年五月（缺）日記。

　　要之，古來書院，均重祭祀，通常規模較大之官立書院，都祀有朱文公及其他先賢牌位，浯江書院亦不例外，所記：「書院在後浦鄉，前為大門、儀門，中為講堂，後為朱子祠，祀先儒，東西廊凡十有八齋，中廚皆備。」正是其寫照。

第四節　朱子祠之沿革

　　朱子於宋高宗紹興二十三年，任同安主簿，五載秩滿，政績優良，使士思其教，民懷其惠。故在宋寧宗嘉定中，同安縣令毛當時，即在縣學宮之左，建祠以祀朱子，泉州同知葉適曾記其事，此爲同安有朱子祠之始。自宋以後，漳泉各地爲紀念朱子教化，或設專祠，或配祀學宮，備極尊崇。

　　金門朱子祠，原設浯江書院。浯江書院之創設，如上節所考，或可追溯至康熙二十六年，至乾隆三十一年，書院中已有祭祀朱子之置。乾隆三十五年，通判程煜一度以書院舊規狹隘，倡建堂廡，但於翌年即調職離去，規創基址未成。旋由黃汝試以一千五百員買下，變充爲書院，塑朱子及先賢像於中。四十六年後被徵收爲縣丞署，於是就縣丞署西之義學原址，闢地建爲書院。前爲儀門、大門、中爲講堂，祀文昌，左右東西廊各有學舍八間，外爲大庭、照牆；後爲朱子祠，翼以圍牆，將諸神像自署中遷入，此爲今朱子祠之由來也。此後朱子祠與浯江書院即爲一體，一而二，二而一，不可分也。嘉慶間，縣丞李振青重修，捐銀配典生息，爲春秋祭費。道光初年，續由興泉永道倪琇撰文，與護理金門總兵楊繼勳勸捐，合眾紳矜樂輸，添建西廊學舍二間爲福德祠，東廊學舍二間爲客燕齋，東廊第七間祀吳琳、獻卿兩父子，西廊第三間祀巡道倪琇、縣丞歐陽懋德、李振青等人。並以捐銀，立規考課，配典生息，永爲定制。

　　嗣後，朱子祠多兼充作他用。如金門不立明倫堂，每遇萬壽聖節，及恭接詔書，俱於書院內行禮。每月朔望日文武於城隍廟、觀音亭拈香畢，即在廟前宣講聖諭十六條❷。又如，光緒二十年（1894年），丞署發生地震，代理縣丞沈先斗假浯江書院爲公署，日坐訟庭，對於民刑訴訟，準情酌理，依法判決，案無留牘❷。光緒二十四年，金門饑，紳商採米平糶，以浯江書院及金山書院爲平糶局❸。

　　光緒三十年（1904年）冬，縣丞李受祿奉文籌設學堂，詳情由興泉永道延年，諭給紳董楊都試、林乃斌、許維舟，會同辦理，議就浯江書院改設小學堂一所。以書院原有租息，及新籌豬捐各款，充作經費。逐於第二年春開辦，由書院董事輪年經理。然因距縣太遠，縣丞任輕，不負學務專責，敷衍數年，迄無成績❸。及民國四年（1915年）設縣治，另行呈請立案，由勸學所專責會同校長辦理，內附設國民學校。是由清末縣主之小學堂，一變爲民初之縣立第一高等小學校，後再變爲浯江國小。時每屆春秋二季，設位致祭孔朱如儀，不旋踵祀典廢，祠宇尚存❸。

　　另，林樹梅創修於前清道光十六年，伊子林豪續修於同治十三年之《金門志》，原版之仿宋木刻，寄存浯江書院，幾盈一室，其刻工之浩大，概可想見。是書計六冊，約三十萬言，民國初元，曾經一度翻印，僅有五部。除少數學人各置一部，餘書強半束閣難售。嗣以變亂相尋，黌宮學府，充作兵營，而士卒無知，竟以書籍木版供薪爨，藏書之家，身死而亦佚，至今版燬書亡，僅王植棠先生家藏一部❸。而金門耆宿顏西林先生亦藏一部，幾成孤本，實應亟亟商量，借出景印，以存原版其貌。

　　民國五十三年（1964年），金城鎮公所駐用朱子祠，並於該年於講堂右廂建辦公室，其正堂與前庭大都坍壞。五十七年旅星金門會館捐款，新建圖書大樓，奉金門政委會令，金城鎮公所遷入新建圖書大樓，原機構之社教館則遷進朱子祠，作爲今後講學、藏書、閱覽、展覽之社教中心。先是，五十六年，奉金門政委會兼主任委員尹俊上將指示修建，撥款補助，於六月竣工，正堂仍照原有規格翻修，另增添屏風設備，前庭爲適合實用，改建現代式平屋，並於門額親題「古浯江書院」，是爲祠前大廳部份之修建。翌年，爲遵循先總統蔣公「推行中華文化復興運動」及「保存歷史文物與鄉土文獻」之昭示，續由政委會兼秘書長蕭政之先生指示，再將朱子祠重修，由縣政府撥款與社教館負責修建，於同年十二月完竣。十六日，隆重舉行落成典禮，司令官尹俊上將親自主持，已故國學大師錢穆先生暨夫人胡美琦女士應邀來金參加盛典，並請胡女士主持剪綵儀式，錢先生且於當晚七時於講堂主講「朱子學術」，深獲歡迎。

　　金門朱子祠整修落成時，正值全國熱烈推行復興中華文化，蕭政之先生乃假祠前講堂創設「四書講座」，定每周一晚舉行研究《論語》二小時，聘金門高中國文教師夏明翼、夏宗彝兩先生爲講師，以盧錫銘、黃集美兩先生擔任記述。同時舉辦民眾參加之「四書講座」，由李怡來、李朝啓兩先生主講。稍後，各中學復設《論語》研究分班，一時蔚成金門軍民研讀《論語》之熱潮，並將歷年講述筆錄，刊行《論語講論錄》。民國六十三年十月，政委會秘書長張少白先生，另創設「金門文化講座」，由全國中華文化復興運動推行委員會與金門分會合辦，原設四書講座則合併舉行，

定每月舉行一次，內容擴大為論孟學術、國內外政治問題、現代學術思想與匪情研究等。並於每年陰曆九月十五日朱子誕辰時，均舉行祭典❸。

　　民國五十八年二月，於朱子祠講堂重立先賢牌匾十九方，以表彰先賢德業，砥礪後人。時祠額「朱子祠」為錢穆先生所書，祠中正面懸掛錢夫人親繪之朱文公畫像，像兩旁為朱子生前書題福州鼓山名勝聯句三拓本，聯曰：「鳶飛月窟地，魚躍海中叉。」左右壁掛錢先生所撰述之「朱子生平」與「朱子學術」兩木牌。後又設置書櫥，陳列朱子及金門先賢著作書籍，金門文獻叢書、金門文庫等。祠前大廳左右兩壁，分掛巨幅的「朱子學規」與先總統蔣公之「自勉四箴」，以資勉勵。此外，祠前大廳內四周楹間，裝掛紀念金門歷代鄉賢之匾額與進士題名錄、武功題名錄。其中正面一方「海濱鄒魯」，係民國四年福建巡按使許世英所題，經重刻著。餘十八方牌匾如下：(1)「理學名賢」（指宋丘癸）；(2)「忠臣」（指明陳顯）；(3)「孝子」（指明顏應佑）；(4)「品德完人」（指明黃偉）；(5)「名宦鄉賢」（指明蔡貴易、蔡獻臣、茶守愚三人）；(6)「會元傳臚」（指明許獬）；(7)「廉隅清節」（明蔣孟育）；(8)「正言讜論」（明張廷拱）；(9)「父子進士」（明張鳳徵、張繼桂父子）；(10)「允文允武」（明蔡復一）；(11)「採花宰相」（明林釬）；(12)「正氣浩然」（明盧若騰）；(13)「五桂聯芳」（明萬曆十七年己丑科，金門瓊林蔡獻臣、蔡懋賢，浦邊蔣孟育、西園黃華秀、陽宅陳基虞五人，聯捷登第，人稱一榜五進士）；(14)「八鯉渡江」（明萬曆十六年戊子科一榜八舉人，有蔡獻臣、陳基虞、蔣孟育、黃華秀、黃華瑞、張繼桂、趙維藩、呂

大楠）；(15)「伯爵軍門」（明洪旭）；(16)「參贊大臣」（清蔡攀
龍）；(17)「海邦著績」（清李光顯）；(18)「大海揚威」（清邱良
功）。

　　民國五十九年增建書院東廂一棟。六十年，重建左邊廂房平
屋一列，爲社教館辦公室。六十六年，將前庭平屋一排改建爲新
式二層樓房，供爲圖書館閱覽室。六十九年，講堂因樑柱椽木蛀
腐乃徹底拆除，改用鋼筋水泥依原式重建，以上均由縣政府撥款
給社教館負責修建。七十三年，右廂房一列，由縣府撥給中正國
小改建爲樓房式教室，社教館則遷設於中正圖書館，原址讓與救
國團支隊部，僅留樓上做視聽圖書館[35]。

第五節　浯江書院之規制

　　我國書院之設立，發端於唐，至五代時規制漸備，宋元時臻
於極盛，迄於明清，仍能維持不墜，連亙一千餘年。到了清代，
除設文廟外，又有儒學、義學、社學、書院與書房等教育機構，
其中尤以書院之功厥偉。蓋因儒學偏重科考舉業，不認眞講學，
而社學、義學、書房則屬於基礎教育，又偏重科舉準備。職是之
故，書院遂成爲清代地方教育之中心，擔負起地方文運與普通教
育之職責。

　　浯江書院之建置背景及沿革，略如上述，以下則針對書院之
組織經費、宗旨、修業，及所附祠祀、相關人物等各項加以說
明：

一、組織

書院是官設學校以外之另一教育體系，是一種公益事業團體，其所有權不在官府，也不在任何個人，而是屬於社會的，類似今日以公益為目的之財團法人。清代書院之設置需官府核准，並予以監督，故地方官憲、書院院長、紳耆諸總理及董事，三者構成書院之管理體系。地方官憲負責經費之籌措、學生之招收、院長及職員之任免，教師薪俸和學生膏伙及其他雜費之開銷。是以前述金門總兵陳龍「立書院，延里中士黃君顯為諸生師」，金門通判程煜「復捐清俸，倡建堂廡，費靡千餘金，置膏火，延名師，為多士式」，嘉慶十一年之金門縣丞李振青「重修，捐銀百六十員，配典生息，為春秋祭費，而膏火仍無所出」。林焜熿《金門志》卷六〈名宦列傳〉並予補充詳記❸：

> 浯江書院，久無膏伙，（李振青）割俸分期課文、修學舍、置祭費，舉卓異陞去，旋為同安知縣，調台卒，島人祠之浯江書院。

道光元年興泉永道倪琇與護理金門鎮水師總兵官楊繼勳勸捐，官紳共捐五千員，膏伙始具，配典生息，立規考課，由道甄別。舉此數例，皆是明證，足可徵實。

諸董事除與地方官憲一樣籌措經費外，負總務全責，包括庶務、會計、財產、徵租、祭祀、打雜等等。至於官憲與董事職權之大小，端視該書院創建方式而定。清代書院創建，大致有三類，一是官憲倡建，二是官民倡建，三是民間倡建。官民建者，

是地方官與紳民合力合資所建，有地方官邀集紳民創建，有紳民稟請地方官領銜倡建，此類型書院爲數不少，因此諸董事自是有較大權力，除負責院務外，對院長任命也有推薦之「備聘」權，「浯江書院規條」詳述書院章程，考課規定、董事職權與延聘山長，規條如下[37]：

一、每年官課第一期，值年董事預先請官出示，訂日開課。閤屬生童，須到禮房報名造冊。屆期齊到書院聽候請官點名。以後十六期俱照冊中之名填卷，免開火食。若開課不與考，以後不得混交。

一、加濫交板文者，察出，將本名扣除。其賫伙挨給下名支領。

一、書院興建已久，或有損壞，值年董事不得擅行修理，須於大利之年，由稽查、董事集眾妥議，另舉辦理。

一、所置店屋，每月稅錢，原比民產減收。須與招稅時，先與該佃戶約定，若店屋損壞，該佃戶應自行出錢修理，不干書院之事。異日若要別稅，舊佃戶不得藉口索貼習難。

一、每年定額之費，俱有舊帳可查，值年董事可照舊開發。此外，如有別用，應由稽查集眾議定，才准開銷。

一、書院帳目，交各典鋪輪掌。所有利息租錢，應歸管帳者收存。若有抗稅，報知董事，鳴官究追。值年董事若要開費，須向管賬支取，隨時報明登記。值年董事不得擅行收錢，私自開賬。

一、每年正月初間，舊董事將全年所用經費，著管賬者，逐一造摺報明金門分縣，由分縣轉詳道憲存案。另抄一紙付稽查同核，然後榜於書院講堂，憑眾公核。如有混開等弊，值年稽查有失察之咎，與董事管賬三人分別賠償。其接辦之董事，定正月十五日即將賬簿契據及用餘之項，與新接管賬者公同交收。

一、院中所有置買椅桌器具，填明一簿，至交賬之日，將此簿器具移交。新董到院，逐一查點收清。如有遺失，董事與院丁分賠。

一、原定官課師課各八期，近因后塘諸鄉續捐，充入生息，每年添考師課一期，合共十七期，不得短考。

一、董事出缺，由稽查傳集各紳矜公議妥舉，請官存案。

一、嗣後若有存項，應配入典商生息，或典買大街店業，不得擅買偏僻店厝。稽查、董事，亦不准擅自出借，以致利息虧欠，經費不敷。如違，著該稽查、董事罰賠。

一、每年延聘山長，由值年稽查、董事集眾妥議，由值年董事送官；如有官薦，亦須公議妥洽，然後送官。不得支取乾束修，粉飾從事。但現時束金無幾，以致山長不能久住，俟經費寬裕，議加每月薪水可也。

據此規條，可知浯江書院設有董事若干人，其中二人，一值年，負責院務；一稽查，負責查核。下有管賬與院丁，如挑工、跟丁、水火夫工等。董事一年一輪，於每年正月十五日辦理交接。書院事務，幾乎端賴值年董事、值年稽查、管賬三人負責，

故有混開、虧欠、遺失等等弊端，概由此三人分別賠償。山長一職，則由值年稽查、董事公議延聘，或書官薦，公議妥洽才延攬。

　　至於院長，即宋以來之「山長」，乾隆三十年（1765年）諭令改名爲「院長」，不過民間仍習稱「山長」。清廷對院長資格要求頗嚴，首重品格，次求學問，務必經明行修，足爲多士楷範，而且規定院長必須專任，聘請時必須以禮相延。但事實上，常有儒學教授、教諭、訓導或其他文行優長者兼任之，如林焜熿《金門志》卷六〈名宦列傳〉記道光五年之金門縣丞蕭重 [38]：

> 蕭重，號遠村，宜隸靜海人。博學工詩。嘉慶間，補興化莆田巡檢，自號三十六灣梅花主人。遷金門縣丞。寬厚愛人。金門地磽确，常苦旱重，賦詩禱城隍，是夕大雨，復依韻謝焉。詩學韓杜，與諸生林文湘爲莫逆交，倡和文讌無虛日。書院課士，手自評閱，文士翕然稱之。既去任，寓浯江書院，署曰：「客燕」。日吟詠其中，貧不能辦裝，島人或進薪米，始供朝夕。著有《剖瓠存稿》、《左傳樂府》若干卷，門下士爲之刊行。

　　時浯江書院前有井，名曰：「甲花」，取其吉兆，蕭重有詩吟之，惜已佚 [39]。按，明清科考，以鼎甲爲最光榮之出身，是以士子孜孜兢兢，惟科名是尚。金榜題名後，有傳臚大典，有瓊林宴，一甲三名之狀元、榜眼、探花，簪花披紅，接受各界之道賀，爲無上之榮耀，故「甲花」之名，蓋取「鼎甲簪花」之意。

　　浯江書院之山長除上述之黃顥、蕭重外，尚有晉江舉人洪曜

離，林焜熿《金門志》書前「後序」有洪氏之文，略云：「曜離以樗櫟庸材，謬叨書院講席，不揣謭陋，思與浯江諸友切劘，期於通經學古，論執之暇，樂數晨夕，談及遺事。」文末署「光緒八年十月晉江舉人洪曜離謹序」，是可確知洪曜離為光緒八年（1882年）浯江書院之山長。除上述三人外，《金門志》附錄之〈金門志纂輯姓氏目錄〉記有「副貢生掌教浯江書院，王乃斌，號香雪，仁和人」、「舉人掌教浯江書院，許廷奎，字錫瑤，南安人」，惜〈金門志續修姓氏〉並無列有掌教者姓名，另外《金門縣志》卷十〈編餘雜錄〉，收有一則「楊雪滄聯」，記金門詩賦之學，迄清季猶盛。光緒間，紫陽書院山長楊雪滄，兼主浯江書院講席，訓士著重通經，論文尤重詩賦，而且舉李、杜、歐、蘇為準則，一時騷壇工駢體者，頗不乏人。楊嘗留題浯江書院一聯云：「大海正攜琴，互答好音，片席忝居二島長。名山仍負笈，商量舊學，一燈有味廿年前。」❹三百年來浯江書院山長可考者僅此六人（黃顥、蕭重、洪曜離、王乃斌、許廷奎、楊浚），文獻殘闕如此，徒呼奈何！

二、經費

　　書院經費來源主要有二：一是學租，一是捐款。學租是指從書院所擁有之土地和建物中獲取租稅，包括田地、園地、家屋、店鋪、魚塭、蔗廍、水圳等等。至於土地和建物之來源有下列二種情況：一是官莊、抄封田地和其他沒收之官有地；一是官員、紳民私人的捐地，抑或以捐款購得之土地。要之，經費由來大致是官署公銀、官莊、抄地、官有地、官員私捐、地方紳民捐獻皆

是。證諸前文所引之：(1)乾隆間金門通判程煜「復捐清俸，倡建堂廡，費糜千餘金，置膏火，延名師⋯⋯」；(2)黃汝試「繳銀一千五百員」買下署料，復「捐銀四百七十六員，合監生徐行健一千員，及鄉之好義者鬮之」，黃汝試「復議捐膏火銀二千員，置田產以充學租⋯⋯汝試子監生如杜，置海澄港尾鄉苗田種五石五斗，契銀二千零四十四員，年可得租粟一百零九石八斗，後以訟被官侵沒」；(3)嘉慶間金門縣丞李振青予以重修，「捐銀百六十員，配典生息，爲春秋祭費。」林焜熿《金門志》〈循吏傳〉也記：「浯江書院，久無膏伙，（李振青）割俸分期課文，修學舍，置祭費。」(4)道光元年，興泉永道倪琇與護理金門總兵官楊繼勳勸捐，「儒林郎吳獻卿捐銀肆千員，內文現銀二千員，又貳千員交繳典買店屋十六坎存賑。」其子「州同吳學元捐修學舍，建置器具，共銀四百員」。他如官宦、紳矜、鄉彥等復續捐一千五百餘元，爲經久之計，議定章程，酌配典商，按季收息，浯江書院規模體制遂得大備。舉此數例，足可說明浯江書院經費之來源。

　　經費之支出，主要有人事費、獎助金、祭祀、事務雜費四項。人事費包括院長之薪俸、津貼及員工之薪津。院長薪俸津貼名目頗多，有束脩、贄儀、節儀、聘金、膳金、煙茶雜費、酒席費、來往盤費等等，其名目與金額，自然各地各院不一，財務狀況好者，待遇佳，否則則否。

　　獎助金是支給生童之費用，包括膏火、賓興、花紅、文具費。膏火是名義上資助生童焚膏讀書的賞金，視生童在月課成績良否而獎賞，非人人可得。賓興是資助生員應鄉試或舉人應會試

之旅費，花紅是官課時名列前茅的獎金。要之，膏火、賓興、花紅全為獎勵生童、生員讀書之費用，為經常性支出之一大宗。

祭祀費是指早晚香燈費、春秋祭祀費、迎聖祭祀費、普渡費等等之支出。事務雜費，包括書院移建及修補費、院內傢俱及生童桌椅購置費、課卷費，及其他油燭紙筆雜費、開館閉館之開銷費、捐贈義學金等等雜費，也是經費開銷中經常性之支出。

經費之經手支配，通常官府不直接介入，以避免嫌疑，而由書院總務職員負責，如上引規條中之「書院賬目，交各典舖輪掌。所有利息租錢，應歸管賬者收存」、「值年董事若要開費，須向管賬支取，隨時報明登記。值年董事不得擅行收錢，私自開賬」，並且規定「每年正月初間，舊董事將全年所用經費，著管賬者，逐一造摺報明金門分縣，由分縣轉詳道憲存案。另抄一紙付稽查同核，然後榜於書院講堂，憑眾公核。如有混開等弊，值年稽查有失察之咎，與董事、管賬三人分別賠償。其接辦之董事，定正月十五日即將賬簿契據及用餘之項，與新接管賬者公同交收」等等，均可說明賬目之管理。

關於浯江書院之經費支出，林焜熿《金門志》錄有道光年間「書院每年費用條目」，極具參考價值，茲轉載於后，以供參考⓭：

> 一、山長束金每年一百二十員、平七十九兩一錢。挑工並籤船錢一千文。下馬飯、下馬筵各開錢三千文。開館散館俱辦筵錢三千文。跟丁賞錢肆千文。水火夫工錢二千文。

一、值年董事籌儀，及管賬、院丁辛金計共三款，每年各支
　　九員六角、平六兩二錢三分六釐。

一、春秋兩次祭丁，俱開銀一十四員、平九兩二錢四分。

一、祭文昌、魁星、朱子，俱開錢三千文。

一、祭魯王墓費錢四千文。

一、書院奎閣油火錢每月共支六百文，全年共錢七千二百
　　文。

一、每期課發榜，額取生監超等共六名，每名賣伙八百文。
　　童生上取共六名，每名賣伙八百文。中取共六名，每名
　　賣伙四百文。又新舊生第一名各領賞給二百四十文。第
　　二名三名各領賞給一百六十文。合共每期給錢壹拾參千
　　壹百貳拾文。

一、柒月普渡費錢捌百文。

一、拾字紙工資，每月錢壹千文，全年共錢壹拾貳千文。

一、科歲考入泮賀儀各陸拾員、平參拾玖兩錢。五貢賀儀陸
　　拾員、平參拾玖兩陸錢。中舉人賀儀壹百員、平陸拾陸
　　兩。進士賀儀壹百貳拾員。

一、鄉試卷資肆拾員、平貳拾陸兩四錢。

一、值年監院籌儀肆員、平貳兩陸錢四分。

一、分縣禮房筆資陸員、平參兩玖錢陸分。道禮房筆資肆
　　員、平貳兩陸錢四分。

　　其中「拾字紙工資」乙項，即是敬惜字紙，雇傭夫役早晚巡
邐街巷，負責撿拾，加以焚化，投送於海。林焜熿《金門志》卷

十〈四風俗〉記❹:

> 後浦敬字亭凡五、六處。書院每年製竹簍分送,又催院丁各
> 處收拾字紙,焚灰送海,沿為常規。顧市上買賣食物,用印
> 刻標者,或代以他式,亦敬惜字紙之一端。

三、宗旨與學業

自宋代以來,書院在我國教育制度上,日趨重要,在教育體
系中,它始終居於輔助性質,為補救學校制度課而不教之缺點,
講明正學以求政教合一之效用,故而講學較為自由,易發揮教育
之理想,後雖兼具培養應試掄選之人才,但其學風宗旨並不因而
改易。

清廷所訂之書院教育宗旨是在導進人才,廣學校所不及,且
鑑於府、州、縣學學級平行,無遞升之法,國子監則道里遼遠,
四方之士難以群集,因而擬以書院作為府、州、縣學之上級遞升
學校。而書院修業年限並無硬性規定,書院畢業並不能取得任何
學位與資格,也不具有參加科舉之條件,能否應舉,端看其有無
生員、舉人身份,而不論其是否書院在學或出身。是知浯江書院
既稟斯旨而設,負有興賢育才之大任,為達此目標,書院率訂有
學規,大體上上承宋明理學,著重品格修養,下治經史詞章,旁
及舉業科考。是以每逢朔望,有司偕紳矜及軍民人等,齊集浯江
書院前,俱聽講聖諭十六條,林氏《金門志》載❹:

> 朱子祠,在浯江書院。金門不立明倫堂,每遇萬壽聖節,及

恭接詔書，俱於書院內行禮，每月朔望日，文武於城隍廟、
觀音亭拈香畢，即在廟前宣講聖諭十六條。

聖諭十六條為康熙九年頒行，其內容為：一、敦孝弟，以重
人倫。一、篤宗族，以昭雍睦。一、和鄉黨，以息爭訟。一、重農
桑，以足衣食。一、尚節儉，以惜財用。一、隆學校，以端士習。
一、黜異端，以崇正學。一、講法律，以儆愚頑。一、明禮讓，
以厚風俗。一、務本業，以定民志。一、訓子弟，以禁非為。
一、息誣訟，以全良善。一、戒窩逃，以免株連。一、完錢糧，
以省催科。一、聯保甲，以弭盜賊。一、解讎忿，以重身命。❹

而道光年間興泉永道周凱亦曾明示諸生「讀書明理」之學
規，《金門志》記❺：

> 周觀察書「讀書明理」四字，掛於書院講堂上，而注其下
> 曰：「凡六經四子書，及古今圖籍子史諸集皆書也。今人未
> 窮一經而從事制藝，其朝夕咿唔者時文也，非書也。有志之
> 士，當讀有用之書，以為致用之本。」

書院講學有兩大要點，一是講書，一是考課，均由院長負
責。講學即一般升堂講書，批答疑難，查閱生童讀書進度。講書
在講堂中進行，開講前有「開講式」，儀式莊嚴，講後附以默坐，
使其潛思反省。講書以外時間，生童自行在齋舍排定「讀書日
程」，按表自習。院長居於書院中宿舍，與生員共同起居，遇有疑
難，隨時為之批答，平時則校閱生童之「讀書日程」紀錄，督導
其功課。明白此，自會明瞭何以浯江書院之建築空間，設有講

堂、東西廊之學舍、廚房，專供院長住宿之「客燕齋」，及準備伙食之「水火夫工」等院丁。

至於考課，亦為院長之責，按月對書院生童加以考試，書院之考課，通常每月兩次，一是官課，由官府行之；一是師課，由院長行之，其日期並不統一，官課在先，師課在後，以評定其優劣。是以「浯江書院規條」規定：「每年官課第一期，值年董事預先請官出示，訂日開課。閤屬生童，須到禮房報名造冊。屆期齊到書院聽候，請官點名。以後十六期，俱照冊中之名填卷，免開火食」、「原定官課師課各八期，近因后塘諸鄉續捐，充入生息，每年添考師課一期，合共十七期，不得短考」。

書院生童來源不一，有書院自選之才俊，也有儒學、義學保送來的，其入學資格，有生員、有童生，也有兼收幼年童生。其名額不一，有的招生廣泛，有的嚴格，只要是學區內的生童，皆可參加其月課。試觀浯江書院規條所訂之「閤屬生童，須到禮房報名造冊」及「如濫交板文者，察出，將本名扣除。其膏伙挨給下名支領」，似乎浯江書院所收以全金門地區之生童為主，類屬廣泛型態。

書院通常正月甄試入學，二月「開館」，並開始考課，十一月停止月課，十二月初旬放假，稱為「散館」，準備過年，此所以規條訂有：「開館散館俱辦筵筵錢三千文」、「每期月課發榜，額取生監超等共六名，每名膏伙八百文。童生上取共六名，每名膏伙八百文；中取共六名，每名膏伙四百文。又新舊生第一名各領賞給二百四十文。第二名三名各領賞一百六十文。合共每期給錢壹拾參千壹百貳拾文。」另每年正月十五日新舊董事交接，二月初入

學上課，《金門志》〈風俗〉記：「二月朔，社師前後入學」、「四月朔，各辦香餅祭神，餽塾師，名曰光眼餅」等，皆是年例行程課表。

四、祠祀

古來書院，皆重祭祀，浯江書院亦不例外，浯江書院或稱朱子祠，即因如此。前記(1)金門通判王忻〈去思碑〉文，記「尊崇道學則書院祀紫陽」；(2)乾隆年間，黃汝試「請變價建爲書院……塑像朱文公及先賢像於中」，後即義學地建爲書院，「後爲朱子祠，翼以圍牆，中爲講堂，祀文昌……諸神像自署中遷入。」(3)道光間重興，「附建西廊學舍二間爲福德祠……其東廊第七間祀吳琳公、獻卿父子。西廊第三間祀巡道倪琇、縣丞歐陽懋德、李振青等。」周凱〈浯江書院碑記〉亦載其時浯江書院「前爲大門、儀門，中爲講堂，後爲朱子祠，祀先儒」，皆是其明證，而且據此可知浯江書院所祀，有朱子、文昌帝君、魁星、福德正神，與諸先哲先儒。按朱子祠配祀鄉賢，初有許升、王力行、呂大奎、丘葵，及至清代，配享六子，清黃家鼎祭朱子祠文：「左則許、呂，林接其裾。右則王、丘，許踵其趺。」❹是爲明證。此六子爲❹：

1. 許升：同安人，字順之。朱熹簿同安，升年十三，從之游，及熹去任，復從游於建陽，其學益進。及卒，熹深惜之，著有《孟子說》、《禮記文辭》、《易辭》等。
2. 呂大奎：南安人，字圭叔。楊昭復（朱子再傳門生）弟

子。淳祐進士，累官潮州教授，袁州、福州通判，朝散大夫行尚書員外郎兼國子編修實錄檢討官，並兼崇政殿說書。後知漳州軍，節制左翼屯戌軍馬。未行，蒲壽庚降元，令大奎署降表，大奎變服逃入海，為壽庚所追殺。所著書悉遭毀，其門人所傳有《易經集解》、《春秋或問》、《學易管見》。

3.林希元：字茂貞，號次崖，明正德十五年（1520年）進士，授大理評事。世宗時以議獄事被論，棄官歸。大臣交薦之，起為寺正。遼東兵變，希元亟言姑息之弊，謫知欽州。時安南不貢，廷議征討，擢希元兵備海道，希主必征之策，與督臣異議，罷歸。希元慷慨鯁直，才識練達，晚年益究義理，有《易經四書存疑》，又有《林次崖文集》行世。

4.王力行：同安人，字近思，宋孝宗淳熙年間，師事朱子，苦學善問，深得其旨趣。所著有《朱子傳授支派圖》、《文公語錄》一卷，《朱子大全集》載其問答甚多。

5.丘葵：字吉甫，同安金門人，居小嶝，號釣磯。早有志於紫陽之學，初從辛介甫，繼從吳平甫授《春秋》，親炙呂大奎、洪天賜之門最久。宋末遣子隨張世傑入粵勤王。宋亡，耕釣自給，號釣磯翁，所著有《易解疑》、《詩直講》、《春秋通義》、《禮記解》、《經世書》、《四書日講》、《周禮補亡》等。元廷慕其賢，遣御史來徵，葵避不見，既而率達魯花赤賚幣至家，力辭不出，有〈卻聘詩〉答之，所著書為彼取去，僅存《周禮補亡》及《釣磯詩集》傳世，卒年九十。

6.許獬：字子遜，號鍾斗，金門后浦人。九歲能文，語多驚
　人。明萬曆二十九年（1601年），會試第一，殿試二甲一
　名，授編修。鍾斗性嚴峻捐急，殫心力學，矢口縱筆，精
　義躍如，海內傳誦其文曰「許同安」，年僅三十七而卒。所
　著有《四書合喙鳴》、《易解》、《叢青軒文集》、《八經類
　集》，及存笥稿《制義》五百餘首。

　　除以上諸配祀鄉賢先儒外，另附祀有功書院之倪琇、歐陽懋
德、李振青、吳琳與吳獻卿父子等，獨可怪者，竟未有黃汝試之
位，汝試先是捐銀一千五百員買下判署充爲書院，再捐銀四百七
十六員，就義學地闢建爲浯江書院，復議捐膏火銀二千員，尋
卒，其子如杜欲以海澄田充之，結果敗訴，斷如數輸銀存晉江縣
庫，久之被沒，田亦失。前後輸銀近六千銀元（包括田產），遠超
過吳獻卿父子孫三代之四千餘元，而竟無一祠位以爲追念，實在
有失公道！
　　此外，浯江書院每年費用條目中列有：「春秋兩次祭丁，俱
開銀一十四員，平九兩二錢四分」、「祭文昌、魁星、朱子，俱開
錢三千文」、「祭魯王墓費錢四千文」、「書院、奎閣油火錢每月
共支六百文，全年共錢七千二百文」、「柒月普渡費錢捌百文」，
舉此數條，足可窺知浯江書院之重祭祀，其費用亦是經年地、常
態的支出。而每年九月八日之歲祭尤爲大事，關於祭祀之祭文與
儀禮，今尚存有光緒十九年（1893年）馬巷廳通判黃家鼎一篇
〈祭朱子祠〉文，茲迻錄於后，以供參考，兼爲結尾❽：

　　書院歲祭，定九月八日，余以錄囚至金，萬二尹鵬偕紳董請

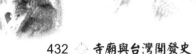

主奠,因擬此篇:維光緒十有九年,歲次癸巳,秋九月庚辰朔,越七日丁亥,宜祭之辰,知馬巷廳事具官黃家鼎,謹以羊一、豕一,致祭於浯江書院先賢徽國朱文公之靈曰:烏虖,千古道統,刜自唐虞。禹湯文武,相繼都俞。成周之季,道在師儒。篤生宣聖,為世楷模。麟書始啓,鳳德非孤。不逢側席,乃嘆乘桴。退而傳道,七二之徒。惟學一貫,徑有歧趨。漢魏唐宋,派別攸殊。穿鑿訓詁,拘泥方隅。出奴入主,非墨是朱。晦冥否塞,道愈榛蕪。我公崛起,上接泗洙。以德為矩,以禮為符。居仁由義,守轍循塗。異端必黜,元化獨扶。大學綱目,語孟菑畬。抉理及奧,味經在腴。旁逮詞賦,雅雅魚魚。持此致用,豈陋豈迂。奈何季世,學不愈愚。正心誠意,與俗齟齬。黨人傾軋,路鬼揶揄。詔禁偽學,閩海饑饉。雲霧四塞,莫破陽烏。億公簿同,遺愛未渝。至今婦孺,飲食猶腴。況此浯江,公曾來居。存神通化,澤被海壖。明德匪遙,舊學猶敷。刜為講院,弦誦喁于。莘莘俎豆,循循詩書。配享六子,為世璠璵。左則許(許升,字順之)、呂(呂大奎、字圭叔)、林(林希元,字次崖)接其裾。右則王(王力行,字近思)、邱(邱葵,字吉甫),許(許獬,字鍾斗)踵其趺。馨香可格,車服未徂。儼然山斗,燦其球輿。嗟嗟公往,邪說漸誣。近者異教,天主耶穌。託為上帝,人雜言污。流俗披靡,應若鼓枹。微言已絕,大義誰呼。具官承乏,憂心瞿瞿。竊聞憲典,侮聖必誅。矧其狂吠,等於巨盧。願告士庶,簧鼓先袥。脩我律度,黜彼恣睢。常飭籩籃,如銘几

杆。優游佩劍，告誡諄訏。庶幾他族，永息喙咮。蘋蘩潔矣，酒醴甘乎。襄廩庭廡，想像履絢。公靈如在，飲此一壺。尚饗。

註釋

❶林焜熿，《金門志》（中華叢書委員會印行，民國四十五年七月），卷三〈規制〉附錄（一），頁59。

❷郭堯齡編纂，《朱熹與金門》（金門縣文獻委員會，民國六十三年十月四版），第一章（二）敦化金門，頁6。

❸見《金門先賢錄》第一輯（金門縣文獻委員會，民國五十九年五月），所收「敦化金門的朱熹」，頁12。

❹李人奎，《李人奎談風水》（時報文化出版公司，民國七十六年四月初版），頁51。

❺林焜熿，前引書，卷一〈分域略二〉「形勢」，頁6。

❻林焜熿，前引書，卷十四〈風俗記五〉「士習」，頁352。

❼同註❸，頁11。

❽如明嘉靖教諭張應星之《易經管見》、《四書大要》。隆慶間國子監助教洪受之《四書易經從正錄》。萬曆舉人陳榮選之《四書旨》、《易旨》、《禮記集註》、《書經解》等；陳如松之《學庸解語鈔》；進士蔡復一之《毛詩評》；蔡獻臣之《四書合闡講義》；會元許獬之《四書合喙鳴》、《易解》。崇禎舉人楊期演之《易經管見》。清康熙進士張星徽之《春秋四傳管窺》、《先儒精義會通》，及盧安椿之《學庸講義》。詳見《金門縣志》藝文存目。

❾有關本節朱熹之生平行誼多據：(一)張立文，《朱熹思想研究》（中國社會科學出版社，一九八一年九月）第二章，〈朱熹生活的時代、身世和經歷〉，頁40-87頁。(二)郭堯齡，前引書，第二章〈朱子的生平及著作〉，頁10-21，等二書參考寫成，茲不再另行一一分註，以省篇幅。有關朱熹生

平詳細事蹟，讀者有興趣者，可參閱《宋史》卷四二九〈列傳〉卷一八八「道學」三之朱熹傳，或黃宗羲《宋元學案》卷四十八〈晦翁學案〉中之「文公朱晦庵先生熹」，因傳文過長，茲不引錄。

⑩同註❻。

⑪林焜熿，前引書。卷三〈規制志九〉「書院」，頁63。

⑫同上註，頁68。

⑬同上註。

⑭《金門縣志》（金門縣文獻委員會，民國五十七年二月初版），卷四〈政事志〉第四篇〈教育〉第二章〈學校教育〉，頁517。

⑮同註⑪。

⑯同上註，頁63。

⑰同註⑭，前引書，卷二〈土地志〉第四篇〈勝蹟〉第二章〈古蹟〉，頁206-207。

⑱同註⑭。

⑲同註⑭，頁207-208。

⑳同註⑪。

㉑《泉州府馬巷廳志》（光緒癸巳年木刻本，台北市福建省同安縣同鄉會，民國七十五年十月重印），卷三十九〈官署〉，頁78。

㉒同上註，卷三十六〈學校〉，頁57。

㉓詳見拙稿〈金門黃氏酉堂之歷史研究〉，另收入拙書《從古蹟發現歷史——卷一：家族與人物》（蘭台出版社，二○○四年八月），頁385-425。

㉔同註⑪，頁63-64。

㉕同註⑪，頁68-69。

㉖同註⑪，頁67。

㉗同註⑪，頁69-70。

㉘林焜熿，前引書，卷三〈規制志七〉「祠祀」，頁56。

㉙同註⑭，卷八〈人物志〉第二篇〈名宦列傳〉第一章〈循吏〉「沈先斗」，
　頁281。

㉚同註⑭，卷一〈大事志〉「歷代祥異記」，頁102。

㉛同註⑭，頁521-522。

㉜同註⑭，頁523。

㉝見《金門縣志》下冊（金門縣文獻委員會，民國五十七年二月初版），卷
　後收錄之〈王植棠金門縣志之纂修與保全始末〉，頁938。

㉞以上參見：(一)郭堯齡前引書，第九章〈金門朱子祠〉，頁119-126。(二)
　《金門縣志》（金門縣立社會教育館編印，民國八十一年初版），上冊卷一
　〈大事志〉，頁173；卷二〈土地志〉第四章〈廨署〉，頁261-263。

㉟同上註。

㊱林焜熿，前引書，卷六〈名宦列傳〉，頁153。

㊲同註⑪，頁64-66。

㊳林焜熿，前引書，卷六〈名宦列傳〉，頁154。

㊴林焜熿，前引書，卷一〈分域略三〉「山川」，頁11。

㊵同註⑭，卷十〈編餘雜錄〉，頁840。

㊶同註⑪，頁64-66。

㊷林焜熿，前引書，卷十四〈風俗記五〉「士習」，頁353。

㊸林焜熿，前引書，卷三〈規制志七〉「祠祀」，頁56。

㊹陳文達《鳳山縣志》（台銀文叢第一二四種），卷三十二〈規制志〉，頁21-
　22。

㊺林焜熿，前引書，卷十四〈風俗記五〉「士習」，頁352-353。

㊻見《泉州府馬巷廳志》，附錄卷下「金門浯江書院祭朱子文」，頁363。

㊼六人略傳據：(一)郭堯齡〈前引書，頁102-104。(二)《中國人名大詞典》
　（台灣商務印書館，民國四十九年六月台二版）參考寫成，茲不另行分註。

㊽同註㊻。

參考書目

壹、中文資料

一、重要史料

丁曰健等，《治台必告錄》，台灣文獻叢刊第17種（以下簡稱文叢本），台北，台灣銀行經濟研究室印行（以下簡稱台銀），1959年7月。

丁紹儀，《東瀛識略》，文叢本第2種，台北，台銀，1957年9月。

中央研究院歷史語言研究所編，《明清史料》戊篇（全十本），台北，中研院史語所，1953年3月初版。

王必昌等，《重修台灣縣志》，文叢本第113種，台北，台銀，1961年11月。

王瑛曾等，《重修鳳山縣志》，文叢本第146種，台北，台銀，1962年12月。

不著撰人，《安平縣雜記》，文叢本第52種，台北，台銀，1959年8月。

不著撰人，《新竹縣制度考》，文叢本第101種，台北，台銀，1961年3月。

不著撰人，《嘉義管內采訪冊》，文叢本第58種，台北，台銀，1959年9月。

不著撰人，《台灣番事物產與商務》，文叢本第46種，台北，台
　　銀，1960年10月。

朱其昌編，《台灣佛教寺院庵堂總錄》，大樹，佛光出版社，1977
　　年。

朱其麟編，《台灣佛教寺院總錄》，台北，華宇出版社，1988年。

朱景英，《海東札記》，文叢本第19種，台北，台銀，1958年5
　　月。

台灣銀行經濟研究室編（以下簡稱台灣經研室），《清會典台灣事
　　例》，文叢本第236種，台北，台銀，1966年5月。

台灣經研室編，《福建省例》，文叢本第199種，台北，台銀，
　　1964年6月。

台灣經研室編，《台灣私法人事編》，文叢本第117種，台北，台
　　銀，1961年7月。

台灣經研室編，《台灣私法物權編》，文叢本第150種，台北，台
　　銀，1963年1月。

台灣經研室編，《台灣私法商事編》，文叢本第91種，台北，台
　　銀，1961年3月。

台灣經研室編，《台灣私法債權編》，文叢本第97種，台北，台
　　銀，1960年11月。

台灣經研室編，《台灣教育碑記》，文叢本第54種，台北，台銀，
　　1959年7月。

李元春，《台灣志略》，文叢本第18種，台北，台銀，1958年5
　　月。

余文儀等，《續修台灣府志》，文叢本第121種，台北，台銀，

1962年4月。

沈茂蔭，《苗栗縣志》，文叢本第159種，台北，台銀，1962年12
月。

何培夫，《台灣地區現存碑碣圖誌》，16篇17本，台北，中央圖書
館台灣分館，1992至1999年6月。

周元文等，《重修台灣府志》，文叢本第66種，台北，台銀，1960
年7月。

周　凱，《廈門志》，文叢本第95種，台北，台銀，1961年1月。

周鐘瑄，《諸羅縣志》，文叢本第141種，台北，台銀，1962年12
月。

周璽等，《彰化縣志》，文叢本第156種，台北，台銀，1962年11
月。

林百川等，《樹杞林志》，文叢本第63種，台北，台銀，1960年1
月。

林會承編，《2001年台灣文化資產保存年鑑——古物、古蹟、歷
史建築》，台南，國立文化資產保存研究中心籌備處，2002年
4月。

林　豪，《澎湖廳志》，文叢本第164種，台北，台銀，1963年6
月。

胡建偉等，《澎湖紀略》，文叢本第109種，台北，台銀，1961年7
月。

范咸等，《重修台灣府志》，文叢本第105種，台北，台銀，1961
年11月。

柯培元，《噶瑪蘭志略》，文叢本第2種，台北，台銀，1961年1

月。

郁永河，《稗海紀遊》，文叢本第44種，台北，台銀，1959年4
　月。

姚　瑩，《中復堂選集》，文叢本第83種，台北，台銀，1960年9
　月。

姚　瑩，《東槎紀略》，文叢本第7種，台北，台銀，1957年11
　月。

姚　瑩，《東溟奏稿》，文叢本第49種，台北，台銀，1959年6
　月。

徐宗幹，《斯未信齋文編》，文叢本第87種，台北，台銀，1960年
　10月。

徐亞湘編，《台灣日日新報與台南新報戲曲資料總編》，北縣，宇
　宙出版社，2001年4月。

高拱乾等，《台灣府志》，文叢本第65種，台北，台銀，1960年2
　月。

唐贊袞，《台陽見聞錄》，文叢本第30種，台北，台銀，1958年11
　月。

倪贊元，《雲林縣采訪冊》，文叢本第37種，台北，台銀，1959年
　4月。

曹仁虎，《清朝文獻通考》，清乾隆32年刊本，台北，新興書局影
　印，1963年。

陳文達等，《台灣縣志》，文叢本第103種，台北，台銀，1961年6
　月。

陳文達等，《鳳山縣志》，文叢本第124種，台北，台銀，1961年

　　10月。

陳培桂等，《淡水廳志》，文叢本第172種，台北，台銀，1963年8
　　月。

陳盛韶，《問俗錄》，北京，書目文獻出版社，1983年。

陳淑均，《噶瑪蘭廳志》，文叢本第160種，台北，台銀，1963年3
　　月。

陳朝龍等，《新竹縣志初稿》，文叢本第61種，台北，台銀，1959
　　年11月。

陳朝龍等，《新竹縣采訪冊》，文叢本第145種，台北，台銀，
　　1962年7月。

陳朝龍等，林文龍點校，《合校足本新竹縣采訪冊》，南投，台灣
　　省文獻會，1999年。

陳壽祺，《福建通志》，278卷，中國省志彙編之九，同治10年刊
　　本，台北，華文書局，1968年10月。

陳壽祺，《福建通志台灣府》，文叢本第84種，台北，台銀，1960
　　年8月。

連　橫，《台灣通史》，文叢本第128種，台北，台銀，1962年2
　　月。

黃叔璥，《台灣使槎錄》，文叢本第4種，台北，台銀，1957年11
　　月。

黃典權編，《台灣南部碑文集成》，文叢本第218種，台北，台
　　銀，1966年3月。

黃典權編，《台南市南門碑林圖志》，台南，台南市政府印行，
　　1979年。

黃耀東編，《明清台灣碑碣選集》，台中，台灣省文獻委員會，1980年1月。

溫國良編譯，《台灣總督府公文類纂宗教史料彙編》，3冊，南投，台灣省文獻會，1999年至2001年。

董天工，《台海見聞錄》，文叢本第129種，台北，台銀，1961年10月。

福建通志局，《福建通紀》，20卷，台北，大通書局影印，1968年11月。

鄭用錫，《淡水廳志稿》，南投，台灣省文獻會，1998年。

蔡振豐等，《苑裏志》，文叢本第48種，台北，台銀，1959年7月。

蔣師轍，《台游日記》，文叢本第6種，台北，台銀，1957年12月。

蔣鏞等，《澎湖續編》，文叢本第115種，台北，台銀，1961年8月。

劉良璧等，《重修福建台灣府志》，文叢本第74種，台北，台銀，1972年3月。

劉枝萬編，《淡水廳築城案卷》，文叢本第171種，台北，台銀，1963年5月。

劉枝萬編，《台灣中部碑文集成》，文叢本第151種，台北，台銀，1962年9月。

劉家謀等，《台灣雜詠合刻》，文叢本第28種，台北，台銀，1958年10月。

劉銘傳，《劉壯肅公奏議》，文叢本第27種，台北，台銀，1958年

10月。

劉　璈，《巡台退思錄》，文叢本第21種，台北，台銀，1958年8
月。

盧德嘉，《鳳山縣采訪冊》，文叢本第73種，台北，台銀，1960年
8月。

戴炎輝編，《淡新檔案選錄行政編初集》，文叢本第295種，台
北，台銀，1971年8月。

謝金鑾，《續修台灣縣志》，文叢本第140種，台北，台銀，1962
年6月。

薛紹元等，《台灣通志》，文叢本第130種，台北，台銀，1962年5
月。

藍鼎元，《平台紀略》，文叢本第14種，台北，台銀，1958年4
月。

二、一般論著

(一)專書

于本源，《清五朝的宗教政策》，北京，中國社會科學出版社，
1999年9月。

王世慶，《清代台灣社會經濟》，台北，聯經出版公司，1994年。

王世慶，《淡水河流域河港水運史》，台北，中研院中山人文社科
所，1996年12月。

王兆祥等，《中國古代廟會》，台北，台灣商務印書館，1998年11
月。

王志宇，《台灣的恩主公信仰——儒宗神教與飛鸞勸化》，台北，

文津出版社，1998年。

王志鴻等，《台北縣的舊街》，北縣，台北縣立文化中心，1994年。

王見川、李世偉，《台灣的宗教與文化》，台北，博揚文化出版社，1999年。

王見川，《台灣齋教與鸞堂》，台北，南天出版社，1996年6月。

王見川，《台灣的民間宗教與信仰》，台北，博揚文化出版社，2000年11月。

王見川等，《台灣的寺廟與齋堂》，台北，博揚文化出版社，2004年1月。

王見川等，《台灣的宗教與文化》，台北，博揚文化出版社，1999年11月。

王見川等編，《台灣齋教的歷史觀察與展望》，台北，新文豐出版社，1994年9月。

王振復，《中國建築的文化歷程》，上海，上海人民出版社，2000年12月。

王啓宗，《台灣的書院》，台北，行政院文化建設委員會，1984年6月。

王清雄，《鹿港勝蹟志》，鹿港，台灣本土文化書局，2002年10月。

王詩琅，《艋舺歲時記》，高雄，德馨室出版社，1979年6月。

王榮國，《福建佛教史》，廈門，廈門大學出版社，1997年9月。

王翼漢，《台灣寺廟全集》，台中，鸞友雜誌社，1977年9月。

王效青主編，《中國古建築術語辭典》，山西人民出版社，1996年

10月。

內政部，《古蹟管理維護論述專輯》第一輯，內政部，1993年4月。

內政部編印，《民俗及有關文物保存維護論述》專輯，1996年6月。

內政部編印，《古蹟管理維護論述》專輯，內政部，1993年4月。

內政部編印，《古蹟解說理論與實務》，內政部，1995年6月。

內政部編印，《古蹟管理維護講習會教材暨參考資料彙編》，內政部，1987年6月。

文建會編印，《文化資產維護研討會專輯》，台北，行政院文化建設委員會，1989年7月。

尹章義，《台灣開發史研究》，台北，聯經出版公司，1989年12月。

方　豪，《方豪60-64自選待定稿》，台北，作者印行，1974年4月。

史式等，《台灣先住民史》，北京，九洲圖書出版社，1999年9月。

仇德哉，《台灣之寺廟與神明》，南投，台灣省文獻會，1983年。

仇德哉編，《台灣之寺廟與神明》，台中，台灣省文獻委員會，1983年。

石萬壽，《台灣的媽祖信仰》，台北，台原出版社，2000年1月。

江燦騰，《台灣佛教百年史之研究（1895-1995）》，台北，南天出版社，1996年。

江燦騰等編，《台灣佛教的歷史與文化》，台北，靈鷲山般若文教

基金會國際佛學研究中心，1994年。

任繼愈編，《中國道教史》增訂本，上下二卷，北京，中國社會
　　科學出版社，2001年9月。

余光弘，《媽宮的廟宇》，台北，中研院民族學研究所專刊19號，
　　1988年。

余光弘，《清代的班兵移民──澎湖的個案研究》，台北，稻鄉出
　　版社，1998年5月。

宋光宇，《宋光宇宗教文化論文集》上、下冊，宜蘭，佛光人文
　　社會學院，2002年7月。

宋嘉泰，《台灣地理》，台北，正中書局，1956年。

李亦園，《信仰與文化》，台北，巨流圖書公司，1978年8月。

李亦園，《宗教與迷信》，台北，巨流圖書公司，1978年。

李亦園，《文化的圖像（下冊）──宗教與族群的文化觀察》，台
　　北，允晨出版社，1992年。

李汝和，《清代駐台班兵考》，台中，台灣省文獻委員會，1971年
　　5月。

李世偉等，《台灣宗教閱覽》，台北，博揚文化出版社，2002年7
　　月。

李世偉，《台灣的民間宗教與信仰》，台北，博揚文化出版社，
　　2000年11月。

李世偉，《日據時代台灣儒教結社與活動》，台北，文津出版社，
　　1999年。

李國祁，《中國現代化的區域研究──閩浙台地區（1860-
　　1916）》，中研院近史所專刊第44種，台北，中研院近史所，

1982年5月。

李重耀，《台灣傳統建築術語辭典》，台北，藍第國際工程顧問公司，2000年4月2刷。

李乾朗，《傳統建築入門》，台北，行政院文化建設委員會，1999年6月增訂一版。

李乾朗，《廟宇建築》，台北，北屋出版社，1983年。

李乾朗，《傳統建築》，台北，北屋出版社，1983年。

李乾朗，《台灣的廟宇》，台中，台灣省政府新聞處，1986年。

李乾朗，《台灣建築史》，台北，雄獅圖書公司，1986年。

李乾朗，《傳統建築工匠流派與作品之調查研究》，台北，行政院文化建設委員會，1988年。

李乾朗，《古蹟入門》，台北，遠流出版社，2000年7月初版二刷。

李乾朗，《台灣傳統建築匠藝》1-5輯，台北，燕樓古建築出版社，2002年1月。

李乾朗，《台灣古建築圖解事典》，台北，遠流出版社，2003年7月。

李　喬，《中國行業神崇拜》，北縣，雲龍出版社，1996年。

呂大吉主編，《宗教學通論》，台北，恩楷出版社，2003年4月。

呂宗力等，《中國民間諸神》，台灣，學生書局，1991年。

呂宗力等，《中國民間諸神》上下卷，河北教育出版社，2001年1月。

呂理政，《傳統信仰與現代社會》，台北，稻鄉出版社，1992年12月。

阮昌銳，《中國民間宗教之研究》，台北，台灣省立博物館，1990
年。

何松山，《碑石探幽》，南京，東南大學出版社，1995年12月。

何培夫，《台南市寺廟匾聯圖集》，台南，台南市政府，1985年1
月。

何培夫，《台灣古蹟與文物》，台中，台灣省新聞處，1997年12月
再版。

何培夫，《台灣碑碣的故事》，南投，台灣省政府，2001年12月。

何錦山，《福建宗教文化》，天津，天津社會科學院，2004年4
月。

林仁川等，《台灣社會經濟史研究》，廈門，廈門大學出版社，
2001年3月。

林文龍，《台灣史蹟叢論》3冊，台中，國彰出版社，1987年。

林永根，《台灣寺廟楹聯集》，南投，草屯弘化敬化堂，1983年10
月。

林治平編，《基督教入華百七十年紀念集》，台北，宇宙光出版
社，1977年12月。

林治平編，《基督教與中國本色化》，台北，宇宙光出版社，1990
年3月。

林美容，《台灣人的立場與信仰》，台北，自立晚報出版部，1993
年1月。

林美容，《鄉土史與村庄史——人類學者看地方》，台北，台原出
版社，2000年9月。

林美容，《媽祖信仰與漢人社會》，黑龍江，黑龍江人民出版社，

2003年3月。

林國平等,《福建民間信仰》,福州,福建人民出版社,2001年7月2刷。

林國平,《閩台民間信仰源流》,福州,福建人民出版社,2003年7月。

林勝俊,《台灣寺廟的職權與功能》,高雄,復文圖書出版社,1985年6月。

林惠祥,《民俗學》,台北,台灣商務印書館,1968年。

林會承,《台灣傳統建築手冊》,台北,藝術家出版社,1988年。

林會承,《台灣傳統建築手冊——形式與作法篇》,台北,藝術家出版社,1989年9月1日。

林會承,《清末鹿港街鎮結構》,台北,境與象出版社,1989年8月再版。

林衡道,《台灣的歷史與民俗》,台北,青文出版社,1972年3版。

林藜,《蓬壺擷勝錄》,自立晚報編輯委員會,1972年2月。

周宗賢,《台灣民間結社的本質與機能》,台北,河洛圖書出版社,1978年2月。

周明德,《海天雜文》,北縣,台北縣立文化中心,1995年4月2刷。

周憲文,《清代台灣經濟史》,文叢本第45種,台北,台銀,1957年3月。

卓神保,《鹿港寺廟大全》,彰化,鹿港文教基金會,1984年7月。

卓克華，《從寺廟發現歷史》，台北，揚智文化出版公司，2004年9月。

段玉明，《中國寺廟文化》，上海，上海人民出版社，1997年1月二刷。

施添福，《清代在台漢人的祖籍分佈和原鄉生活方式》，台北，台灣師範大學地理系，叢書第15號，1987年。

洪敏麟，《台灣地名沿革》，台中，台灣省政府新聞處，1979年6月。

吳詩池，《文物學概論》，上海，上海文藝出版社，2002年5月。

吳瀛濤，《台灣民俗》，台北，振文書局，1980年。

范國慶，《寺廟行政》，台中，瑞成書局，1985年8月。

徐曉望，《福建民間信仰源流》，福州，福建教育出版社，1993年12月。

徐曉望，《媽祖的子民——閩台海洋文化》，上海，學林出版社，1999年12月。

陳小沖，《台灣民間信仰》，廈門，鷺江出版社，1993年12月。

陳孔立，《清代台灣移民社會研究》，廈門，廈門大學出版社，1990年。

陳支平主編，《福建宗教史》，福州，福建教育出版社，1996年11月。

陳支平，《福建六大民系》，福州，福建人民出版社，2000年6月。

陳正祥，《中國文化地理》，台北，龍田出版社，1982年4月。

陳伯中，《經濟地理》，台北，三民書局，1979年7月三版。

陳其南，《台灣的傳統中國社會》，台北，允晨出版社，1988年4
　　月再版。

陳其南，《婚姻家族與社會》，台北，允晨出版社，1993年。

陳宗仁，《彰化開發史》，彰化縣立文化中心，1997年6月。

陳宗仁等，《彰化政治發展史》，彰化縣立文化中心，1997年6
　　月。

陳金讚，《內湖傳家寶》，台北，作者發行，2000年8月。

陳　香，《台灣竹枝詞選集》，台北，台灣商務印書館，1983年。

陳建才編，《八閩掌故大全——地名篇》，福州，福建教育出版
　　社，1994年1月。

陳玲蓉，《日據時期神道統治下的台灣宗教政策》，台北，自立晚
　　報文化出版部，1990年。

陳玲蓉，《台灣宗教政策》，台北，自立晚報出版部，1992年4
　　月。

陳紹馨，《台灣的人口變遷與社會變遷》，台北，聯經出版公司，
　　1979年5月。

陳器文，《玄武神話、傳說與信仰》，高雄，麗文文化公司，2001
　　年9月。

莊吉發，《故宮檔案述要》，台北，國立故宮博物院，1983年12
　　月。

莊芳榮，《台灣地區寺廟發展之研究》，作者印行，缺出版單位、
　　時間。

莊芳榮，《古蹟管理與維護》，台北，台灣學生書局，1983年11
　　月。

曹永和，《台灣早期歷史研究》，台北，聯經出版公司，1979年。

曹永和，《台灣早期歷史研究》續集，台北，聯經出版公司，
　　2000年10月。

曹煥旭，《中國古代工匠》，台北，台灣商務印書館，1999年2
　　月。

連　橫，《台灣語典》，文叢本第161種，台北，台銀，1963年3
　　月。

程大學，《台灣開發史》，台北，眾文圖書公司，1990年。

葉大論，《鹿谿探原》，台北，華欣文化公司，1990年5月。

黃文博，《台灣信仰傳奇》，台北，台原出版社，1989年。

黃有興，《澎湖的民間信仰》，台北，台原出版社，1992年8月。

黃榮洛，《渡台悲歌》，台北，台原出版社，1989年7月。

黃美英，《台灣媽祖的香火與儀式》，台北，自立晚報出版部，
　　1994年2月。

黃俊銘，《新竹市日治時期建築文化資產調查研究》，新竹市文化
　　中心，1999年6月。

黃慶生，《寺廟經營與管理》，台北，永然文化出版社，2000年11
　　月。

程士毅，《彰化的自然環境與原住民》，彰化縣立文化中心，1997
　　年6月。

溫振華等，《淡水河流域變遷史》，台北縣立文化中心，1999年3
　　月二刷。

郭松義等，《清朝典制》，長春，吉林文史出版社，1993年5月。

彭明輝，《舉頭三尺有神明——中和地區的寺廟與聚落發展》，台

北縣立文化中心，1995年5月。

傅朝卿，《日治時期台灣建築（1895~1945）》，台北，大地地理出版公司，1999年12月。

張世賢，《晚清治台政策》，台北，中國學術著作獎助委員會，1978年6月。

張珣等編，《當代台灣本土宗教研究導論》，台北，南天書局，2001年6月。

張建隆，《尋找老淡水》，台北縣文化中心，1996年7月。

董芳苑，《台灣民間宗教信仰》，台北，長青文化公司，1978年。

董芳苑，《信仰與習俗》，台南，人光出版社，1995年增訂版。

楊緒賢，《台灣區姓氏堂號考》，台中，台灣省文獻委員會等，1979年6月。

廖風德，《清代之噶瑪蘭》，台北，正中書局，1990年10月。

漢寶德，《明清建築二論》，台北，境與象出版社，1972年。

漢寶德，《為建築看相》，台中，明道文藝雜誌社，1987年6月。

漢寶德，《古蹟的維護》，台北，行政院文化建設委員會，1999年6月增訂一版。

蔡相煇，《台灣社會文化史》，北縣，國立空中大學，2001年8月3刷。

蔡相煇，《北港朝天宮志》，雲林，北港朝天宮董事會，1995年。

蔡相煇，《台灣的祠祀與宗教》，台北，台原出版社，1990年。

蔡相煇，《台灣的王爺與媽祖》，台北，台原出版社，1989年。

蔡相煇等，《台灣民間信仰》，北縣，國立空中大學，2001年6月。

劉枝萬，《台灣民間信仰的由來》，台北，聯經出版公司，1983年。

劉枝萬，《台灣民間信仰論集》，台北，聯經出版公司，1983年12月。

盧錦堂等編，《台灣歷史人物小傳——明清時期》，台北，國家圖書館，2001年12月增訂再版。

闞正宗，《台灣佛教一百年》，台北，東大出版社，1999年。

戴炎輝，《清代台灣之鄉治》，台北，聯經出版公司，1979年。

鍾華操，《台灣地區神明的由來》，台中，台灣省文獻委員會，1979年6月。

闞正宗，《台灣佛寺的信仰與文化》，台北，博揚文化出版社，2004年10月。

瞿海源，《重修台灣省通志》卷3《住民志宗教篇》2冊，南投，台灣省文獻會，1992年4月。

瞿海源，《台灣宗教變遷的社會政治分析》，台北，桂冠圖書公司，1997年5月。

羅莉，《寺廟經濟論》，宗教文化出版社，2004年8月。

蘇東洲等，《關羽崇拜研究》，成都，巴蜀書社，2001年9月。

關山情，《台灣古蹟全集》，台北，戶外生活雜誌社，1980年5月。

(二)論文

王世慶，〈民間信仰在不同祖籍移民的鄉村之歷史〉，《台灣文獻》第23卷第3期（1972年9月），頁1-38。

王國璠，〈台灣民間信仰概述〉，《台北文獻》第7期（1964年10

月），頁48-75。

史久龍，〈憶台雜記〉，《台灣文獻》第26卷第4期（1976年3月），頁1-23。

石萬壽，〈台南市宗教誌〉，《台灣文獻》第32卷第4期（1981年12月），頁3-56。

阮昌銳，〈義民爺的崇拜及其功能〉，《人文學報》第3期（1978年4月），頁165-187。

李國祁，〈清代台灣社會的轉型〉，《台北市耆老會談專集》（1979年9月），頁251-279。

李添春，〈台北地區之開拓與寺廟〉，《台北文獻》第一期（1962年6月），頁67-76。

李添春，〈台灣住民之家神及其對神之觀念〉，《台灣風物》第18卷第2期（1968年4月），頁9-14。

林文龍，〈寺廟竄改史實與偽造文物闢謬〉，《台灣風物》第33卷第4期（1983年12月），頁69-82。

林秀英，〈蘆洲的寺廟與聚落〉，《台灣文獻》第29卷第1期（1978年3月），頁176-180。

林衡道，〈宜蘭縣寺廟祀神之分析〉，《台灣文獻》第22卷第2期（1971年6月），頁9-22。

林衡道，〈台北市的寺廟〉，《台北文獻》第2期（1962年12月），頁53-72。

林衡道，〈台南市各祠廟祀神之調查研究〉，《台灣文獻》第13卷第4期（1962年12月），頁100-106。

林衡道，〈台灣民間信仰的神明〉，《台灣文獻》第26卷第4期、

第27卷第1期（1976年3月），頁96-103。

林衡道，〈台灣的寺廟與祭典〉，《台灣文獻》第27卷第2期（1976年6月），頁72-75。

林衡道，〈台灣農村寺廟分佈情形之調查——漳泉移民村落與粵東移民村落寺廟之比較〉，《台灣文獻》第13卷第3期（1962年9月），頁153-167。

卓克華，〈台灣寺廟對地方的貢獻〉，《台北文獻》直字第38期（1976年12月），頁187-198。

施振民，〈祭祀圈與社會組織——彰化平原聚落發展模式的探討〉，《中研院民族學研究所集刊》第36期（1973年），頁191-208。

洪敏麟，〈清代關聖帝廟對台灣政治社會之影響〉，《台灣文獻》第16卷第2期（1965年6月），頁53-59。

高麗珍，《台灣民俗宗教之空間活動》，師大地理所碩論，1988年。

陳乃蘗，〈台灣各縣市日據時期社寺廟台帳存留情形表〉，《台灣文獻》第9卷第4期（1958年12月），頁127-133。

陳其南，〈清代台灣漢人社會的開墾組織與土地制度之形成〉，《食貨月刊》復刊第9卷第10期（1980年1月），頁380-398。

陳其南，〈清代台灣漢人移民社會的歷史與政治背景〉，《食貨月刊》復刊第10卷第7期（1980年10月），頁293-305。

陳其南，〈清代台灣社會的結構變遷〉，《中研院民族學研究所集刊》第49期（1980年），頁115-147。

陳秋坤，〈清初台灣地區的開發〉，《食貨月刊》復刊第8卷第5期

（1978年8月），頁221-233。

莊英章，〈廟宇與鄉民生活——一個漁村的個案研究〉，《民族學通訊》第12期（1971年10月），頁11-12。

黃克武，〈清代板橋的開發與寺廟〉，《台北文獻》直字第45、46期（1978年12月），頁387-410。

曾振名，〈褒忠義民廟的社會功能〉，《民族學通訊》第15期（1977年3月），頁18-19。

溫振華，〈淡水開港與大稻埕中心的形成〉，《師大歷史學報》第6期（1978年5月），頁245-270。

溫振華，〈清代台灣漢人的企業精神〉，《師大歷史學報》第9期（1981年5月），頁111-139。

張金鶚，〈台灣廟宇建築與人民生活信仰〉，《台灣文獻》第29卷第3期（1978年10月），頁165-186。

蔡文輝，〈台灣廟宇占卜的一個研究〉，《思與言》第6卷第2期（1968年7月），頁85-88。

潘朝陽，〈新竹縣地區通俗宗教的分佈〉，《台灣風物》第31卷第4期（1981年12月），頁27-50。

劉枝萬，〈清代台灣之寺廟〉，《台北文獻》第4、5、6期（1963年6月、9月、12月），頁101-120，45-110，48-66。

劉枝萬，〈台灣省寺廟教堂名稱、主神、地址調查表〉，《台灣文獻》第11卷第2期（1960年6月），頁37-236。

鍾秀清，〈艋舺的街市形成與民間信仰〉，《民俗曲藝》第43-44期（1986年9月-11月），第43期，頁8-31，第44期，頁4-42。

鍾靈秀，〈義民廟與地方發展〉，《人類與文化》第17期（1982年

6月），頁83-91。

(三)博碩士論文

文　芸，《日治時期台北三市街店屋立面風格之研究》，淡江大學
　　建築研究所碩士論文，2000年。

文毓義，《台灣傳統寺廟的空間系統及其轉變之研究——以鹿港
　　廟宇實調為例》，東海大學建築研究所碩士論文，1985年。

李天鐸，《台灣傳統廟宇建築裝飾之研究——木作雕刻彩繪主題
　　之意義基礎與運用原則》，東海大學建築研究所碩士論文，
　　1985年。

李淑惠，《台灣傳統建築彩繪之美麗與哀愁》，台南藝術學院博物
　　館學研究所碩士論文，1998年。

宋光宇，《在理教——中國民間宗教合一信仰的研究》，台灣大學
　　人類學研究所碩士論文，1974年。

宋　和，《台灣神媒的社會功能——一個醫藥人類學的探討》，台
　　灣大學考古人類學研究所碩士論文，1978年。

林本炫，《當代台灣民眾宗教信仰變遷的分析》，台灣大學社會學
　　研究所博士論文，1998年。

林淑玲，《寺廟政策與寺廟活動之研究——以兩座媽祖廟為例》，
　　東吳大學社會學研究所碩士論文，1990年。

林經國，《台南市媽祖廟建築變遷之研究——廟宇的傳統與現
　　代》，成功大學建築研究所碩士論文，1997年。

周雪玉，《施琅之研究》，私立中國文化學院史學研究所碩士論
　　文，1979年。

周雪惠，《台灣民間信仰的宗教儀式行為之探討》，東海大學社會

學研究所碩士論文，1989年。

姚村雄，《台灣廟宇石雕裝飾藝術之研究》，台灣師範大學美術研究所碩士論文，1991年。

姚麗香，《台灣地區光復後宗教變遷之探討》，台灣大學社會研究所碩士論文，1984年。

吳振聲，《中國建築裝飾藝術的理論與實際》，文化大學藝術研究所碩士論文，1971年。

高麗珍，《台灣民俗宗教活動的空間活動——以玄天上帝爲例》，台北師範大學地理學研究所碩士論文，1988年。

陳朝奧，《1945年以前台北市城市的形式轉化研究》，台灣大學土木工程學研究所碩士論文，1984年。

黃勝雄，《民俗宗教建築及活動土地使用秩序問題之探討——以台北市媽祖廟爲例》，中興大學都市計畫研究所碩士論文，1992年。

張玉珍，《台灣寺廟石雕藝術》，文化大學藝術研究所碩士論文，1979年。

張志成，《台灣南部地區民間信仰與廟宇建築之發展研究》，成功大學建築研究所碩士論文，1999年。

張　珣，《社會變遷中仰止鄉之醫療行爲———一項醫藥人類學的探討》，國立台灣大學考古人類學研究所碩士論文，1981年。

蔡相煇，《台灣寺廟與地方發展之關係》，私立中國文化學院史學研究所碩士論文，1976年。

蔡相煇，《明清政權更迭與台灣民間信仰關係之研究》，私立中國文化大學博士論文，1984年。

蔡淵絜，《清代台灣的社會領導階層（1684-1895）》，台北師範大
　　學歷史所碩士論文，1980年。

盧月玲，《台灣佛寺的現代功能——佛光山田野研究》，台灣大學
　　考古人類學研究所碩士論文，1981年。

閻亞寧，《光復以後台灣地區建築演變與社會變遷關係之探討》，
　　成功大學建築研究所碩士論文，1981年。

貳、日文論著暨譯本

丸井圭治郎，《台灣宗教調查報告書》第1卷，台北，台灣總督
　　府，大正8年（1919年）。

不著撰人，《社寺廟宇ニ關スル調查・台北廳》，中央圖書館台灣
　　分館藏，大正6年（1917年）。

田中一二著，李朝熙譯，《台北市史——昭和六年》，台北，台北
　　市文獻會，1998年。

吉岡亦豐著，余萬居譯，《中國民間宗教概說》，北縣，華宇出版
　　社，1985年6月。

伊能嘉矩，《台灣文化志》，日本東京，刀江書院，昭和3年初
　　版。台北，南天書局影印本，1994年。

伊能嘉矩，《大日本地名辭書續編——台灣》，東京，富山房，明
　　治42年（1909年）。

伊能嘉矩著，楊南郡譯，《台灣踏查日記》，台北，遠流出版社，
　　1997年。

台灣慣習研究會編，《台灣慣習記事》第1卷-7卷（日本明治34年
　　1月至明治40年8月），台北，古亭書屋影印本，1969年。

台灣總督府編，《史蹟調查報告》第2輯，台北，台灣總督府，昭和2年（1927年）。

台灣總督府文教局編，《現行台灣社寺法令類纂》，台北，帝國行政學會台灣出張所，昭和10年（1935年）再版。

村上直次郎等著，許賢瑤譯，《荷蘭時代台灣史論文集》，宜蘭，佛光人文社會學院，2001年6月。

李獻璋，《媽祖信仰研究》，日本東京，泰山文物社，昭和54年（1979年）。

岡田謙著，陳乃蘗譯，〈台灣北部村落之祭祀範圍〉，《台北文物》第9卷第4期（1960年12月），頁14-29。

東嘉生，《台灣經濟史研究》，台北，田宮權助發行，日本昭和19年（1944年）初版。

相良吉哉，《台南州祠廟名鑑》，台南，昭和8年（1933年），古亭書屋影印本，2002年3月。

宮崎直勝，《寺廟神昇天——台灣寺廟整理覺書》，台北，日本東都書籍株式會社台北支店，昭和17年（1942年）。

徐壽編，《台灣全台寺廟齋堂名蹟寶鑑》，台南，國清寫眞館，昭和6年（1931年）。

國分直一著，邱夢蕾譯，《台灣的歷史與民俗》，台北，武陵出版公司，1991年。

陳金田譯，《台灣私法》，南投，台灣省文獻會，1990年。

黃昭堂著，黃英哲譯，《台灣總督府》，台北，自由時代出版社，1989年。

曾景來，《台灣宗教と迷信陋習》，台北，台灣宗教研究會，昭和

13年（1938年）。

鈴木清一郎著，馮作民譯，《增訂台灣舊慣習俗信仰》，台北，眾
　　文圖書公司，1990年10月3刷。

增田福太郎著，黃有興譯，《台灣宗教論集》，南投，台灣省文獻
　　會，1991年9月。

增田福太郎，《台灣の宗教》，日本東京，養賢堂，昭和14年
　　（1939年），古亭書屋影印本，1975年8月。

增田福太郎，《台灣本島人の宗教》，日本東京，明治聖德紀念
　　會，昭和13年（1938年），古亭書屋影印本，1975年8月。

劉寧顏等譯，《台灣慣習記事》，南投，台灣省文獻會，1991年。

臨時台灣舊慣調查會，《臨時台灣舊慣調查會第1部調查第3回報
　　告書》，《台灣私法》（下分3卷6冊，暨附錄參考書7冊），台
　　北，臨時台灣舊慣調查會，日本明治42年至44年（1909至
　　1911年）陸續發行。台北，南天書局影印本，1983年。

參、英文論著暨譯本

Brian Morris著，張慧瑞譯，《宗教人類學導讀》，台北，國立編
　　譯館，1996年。

Bronislaw Malinowski著，朱岑樓譯，《巫術、科學與宗教》，台
　　北，協志工業出版社，1978年。

Ernst Cassirer著，于曉譯，《語言與神話》，台北，久大出版社，
　　1990年。

Ernst Cassirer著，黃龍保等譯，《神話思維》，北京，中國社會科
　　學出版社，1992年。

James W. Davidson著,蔡啓恆譯,《台灣之過去與現在》,台北,台銀經濟室,1972年。

J. G. Frazer著,徐育華等譯,《金枝》,北京,中國民間文藝出版社,1987年。

Prasenjit Duara著,王福明譯,《文化、權力與國家——1900-1942年的華北農村》,南京,江蘇人民出版社,1994年。

R. Keesing著,于嘉雲等譯,《當代文化人類學》,台北,巨流圖書公司,1981年。

W. A. Pickering著,吳明遠譯,《老台灣》,台北,台銀經濟室,1979年。

喬治・馬偕,林耀南譯,《台灣遙寄》,台北,台灣省文獻會,1959年3月。

黃德寬譯,《天主教在台開教記》,台北,光啓出版社,1991年。

張仲禮著,李榮品譯,《中國紳士——關於其在十九世紀中國社會中作用的研究》,上海,上海社會科學院出版社,2002年1月4刷。

張仲禮著,費成康、王寅通譯,《中國紳士的收入》,上海,上海社會科學院出版社,2001年1月。

後　記

　　台灣寺廟爲重要的歷史遺蹟，往往能補文獻資料之不足，在台灣史研究的眾多史料中，獨樹一格，具有特殊之價值。例如從各地寺廟成立時間，可以看出拓墾先後；從各地寺廟的分佈、規模與香火盛衰，可以看出各地祭祀圈、經濟發展與民間信仰活動之情形；又從各地寺廟所供奉的神祇，可以看出各地不同祖籍移民的分佈與據點；而且每隔若干年代，寺廟必定會有所修建，寺廟的修建，不僅是寺廟機能、空間的擴充，或僅是外觀樣式的改變，背後其實牽扯地方派系、氏族、豪強的運作與角力，因此寺廟歷次的興建修繕，不能表面的視之爲單一事件，而必須放在當時整個地域社會中去考察去探索。

　　古蹟是人類社會發展與文化活動留存之證物，具體反映每個地方、每個時代的生活方式。在台灣，古蹟群中以寺廟之份量、數目佔得最重也最多，是民間社會文化的重要表徵。因此寺廟的創建、增建之舉，也即是說每次的修建，不僅記錄了寺廟自身歷史因革與發展軌跡，更反映了當時社會、經濟、政治、文化、社群等等的興衰變遷。

　　職是之故，台灣寺廟古蹟之所以可貴，是它可以凝固時間，讓歷史的某一段紀錄忠實地表達出來，成爲時間膠囊，一部台灣開發史可以說即濃縮在寺廟史中。這種價值可以與文字歷史互相印證，更可以修正文字記載的偏差與謬說。

　　總之，台灣寺廟古蹟的研究實爲台灣史研究的重要課題，更是一個切入點，其所涉及領域，已涵括歷史學、人類學、宗教學、社會學、建築學等等學科理論，成爲科際合作整合的具體標的。

　　1989年我因意外因緣，應漢光建築師事務所之邀，合作研究撰寫澎湖台廈郊的會館——「水仙宮」古蹟，從此踏入了一個在傳統史學中可稱爲前無古人的新領域——古蹟史的研究，迄今約撰寫了七十本調查報告書，其中寺廟就佔了近四十本，可見在台灣古蹟中寺廟所佔有的份量與關鍵。這其中雖有若干篇章，加以增補改寫，發表在學報期刊，更多的是敝帚自珍，等待機會彙刊。直到2000年歲暮的意外中風，「人死留名、虎死留皮」，才開始比較積極地加以分類編輯出版。其中寺廟部份先行交給揚智文化公司印行，取名爲《從寺廟發現歷史》，於二○○三年十一月出版，不料倖獲國科會社科中心審查通過，予以全額獎助出版，更居然不過半年售罄，於翌年九月再版發行。尤其重要的是普獲同道、友好的稱譽，鼓舞了我這中風「殘餘人」的信心與堅持走下去的動力。這裡，我只摘錄名史家尹章義教授的若干評語以爲代表：

　　「古蹟史研究難度最高，已刊文獻絕少，已刊文獻堪用者更少，一難；研究古蹟必備建築學、人文地理、宗教學等跨學科知識，二難；必須實地研究，三難；故學者能從事古蹟史研究者絕少，不自量力之輩，灰頭土臉事小，一事無成，無法交稿而誤事者事大。」

　　「作者爲台灣古蹟史翹楚，已刊文獻資料網羅一尺，論文皆以

實地調查所得，與人、時、空間、事物、條件、流變與事件相關之歷史本體（實物）或反映本體之初始訊息（第一手中的第一手資料），撰寫成論文、集合成書，世罕其匹，不研究古蹟史者，不知其難，亦不知作者成就之大。」

章義兄與我，亦師亦友，我對他亦敬亦畏，評語不免有所溢美，我只能視為勉勵之語，陶醉一時可以，絕不敢妄尊自大信以為真，章義兄在文末更提出針砭與期待：「作者個案極佳，但就學術之立場，個案既多，應做綜合性、解釋性、哲學性之分析與研究。如古蹟形成之條件（人文、自然）？古蹟之立地條件（何以立在古蹟所在地）？古蹟得以保存形成古蹟之條件？古蹟何以評定為古蹟？古蹟之社會、文化、經濟、教育功能？最終形成古蹟理論，應予期待！」

除了多數的肯定外，當然也會有一些批評，這些批評多半出自不明白古蹟研究案的生態與流程，趁此〈後記〉撰寫機會我將之綜合起來，簡單地回答如下：

一、古蹟史定位的問題：由於古蹟的研究、修復與再利用，也不過是近三十年的事，可說是還在起步的雛形階段，起步晚、歷史淺，尚有待各學科同道的齊心努力，共同建構成一門「古蹟學」的學門，因此現階段的研究，偏重在「應用研究」，較少「理論研究」，這也是我個人在公開演講時，一再以四句話來形容古蹟史研究的特質與原則：「引經據典，立足田野，析論意涵，突出實用」的道理，也即是古蹟史研究引用理論、建構理論較少，成為現階段的問題與狀況。

　　二、重複性的問題：某些批評者認為每篇緒說部份頗有重複的現象，我也知道，但這是無可奈何的困擾，因為每一地方總有許多寺廟列為古蹟，因此在撰寫研究報告時，不免總要先敘述或探討該地方的開拓史實作為背景，成為認知該寺廟的時空框架，才能切入探討寺廟創建的原因，因此難免同一地區的寺廟古蹟的開拓史實背景自會重複，甚至完全相同的現象。同理，研究供奉同一主神的寺廟，在探討該神明的由來與信仰變遷，也會產生神明敘述重複的相同問題，簡單地說凡是碰到同一地區同一神明的寺廟古蹟研究時，必定有同地同神重複的問題，這是避不開的，我已儘可能予以詳略輕重的區隔處理，但多少還是免不了重複的困擾，知我、罪我，也無可奈何了！

　　三、非預期性與問題意識的問題：現今古蹟的調查研究修復案幾乎全部是由建築界業者、學者去標案，標得後，才將「歷史研究」部份委託給我個人負責研究撰寫。因此對我而言，我是被動的（我常私下與友好開玩笑說是「被應召的」），不是主動的，所以不知何時何人會交什麼案子給我研究，因此這些古蹟史研究對我而言，挑戰性極高，在沒有任何準備下去研究去調查，而且還有時間限制（多半不超過半年，有的甚至不到一個月）。因此無法像一般撰寫學術論文者一樣，在前言先拋出問題意識來，如何找資料，用何種理論，預期如何解決，這對古蹟史研究是不可能的，因為你不知道會碰到什麼樣的案子，這案子有什麼樣的問題，只有順著時間長河的脈流，且戰且走，逢山開路，遇河搭橋，此所以史學界同道長期從事古蹟史研究者絕少的根本原因——難度太高，挑戰性太強，因為你不知道會碰到什麼問題，能不

能解決，有時也不知從何處找尋資料解決。更要面對期初、期中、期末三次的嚴謹審查，審查者出身學科背景又不同，有歷史學者、人類學者、地理學者、宗教學者、建築學者、考古學者，每人標準不一，意見紛歧，常無法形成共識。

四、然而這裡便不免會碰到一個躲避不開的問題，寺廟古蹟應該要寫什麼？或可以不必寫什麼？古蹟史是一門嶄新的學科與領域，亦無古人先賢著述可依循、可規範，又要作爲古蹟修復之依據，屬於應用研究層面，這下子只有自闢新徑，獨出心裁了。近二十年的研究與撰述，個人因長期持續地從事古蹟史的研究，當然也有一些心得與規範，大體而言，寺廟古蹟的研究至少要具備三項要求：(1)寺廟創建時代背景與成因；(2)歷次的修繕與擴增改建情形與紀錄；(3)廟中古文物的由來與稽考。餘如祭典、神明、組織（如董事、總理、住持、顧廟、管理委員會、財團法人董監事會等等），祭祀圈及其他項目，則視個案而定，不必一概而論。至於建築部份（格局、形制、風水、構件、建材、藝術價值、測繪等），則另有建築學者撰研，彼此分工合作，合而爲一，有些批評者認爲我沒有寫建築藝術與價值，這是不明分工體制與職責。

總之，寺廟古蹟史既不是廟史，也不盡然是宗教史，二十年來個人寫作的脈絡與方法，是以每一座寺廟古蹟的設立沿革爲基點，從而追溯漢人移民開發台灣的史跡，整體而言。是以台灣開發史的角度去探討寺廟，因此內涵涉及地域聚落的開拓，時代的政局，家族豪強的介入，地方派系的運作，及族群的械鬥與遷徙

等等，二十年來依然維持我歷史學科的本色與本領，不做其他學科的附庸，當然我並不是指我未參考其他學科學者的研究理論與成果。

從二〇〇三年十一月出版《從寺廟發現歷史》，深受學界肯定，市場銷售良好，書商與我大受鼓舞，才有信心繼續出第二輯，書名暫定為《重現台灣寺廟歷史》，第二輯同前書一樣收輯了十二座寺廟研究，蒐羅與編排原則則是隨手擷拾，湊泊成書，既非按寫作、發表時間，或寺廟創建時代的先後順序，也未按寺廟的特質分類，只有稍稍地按照地域空間彙集，有北台、中台、花蓮、澎湖及金門，至於宜蘭、台東、南部台灣寺廟個案，近十年我皆未接到委託案，並無論文成果，所以無從收入。

本書是個人寺廟古蹟研究成果的系列結集，也是預計分成四輯出版的第二輯。本輯由揚智文化公司向國立編譯館申請獎助出版，蒙該館列為學術叢書，同意獎助出版。期間二位匿名審查者費心仔細看過，並提出種種寶貴意見，包括將書名改為《寺廟與台灣發展史》，個人欣予樂從，其他部份也大體遵循修正。在此，敬向兩位匿名審查者特致申謝，本書能更加完善，完全歸功兩位嚴謹之審查與建議。

揚智叢刊 44

寺廟與台灣開發史

作　　　者／卓克華
主 編 者／國立編譯館
著作財產權人／國立編譯館
地　　　址／台北市和平東路一段179號
電　　　話／(02)3322-5558
傳　　　真／(02)3322-5598
網　　　址／http://www.nict.gov.tw
出 版 者／揚智文化事業股份有限公司
發 行 人／葉忠賢
總 編 輯／林新倫
校　　　對／呂佳真
登 記 證／局版北市業字第1117號
地　　　址／台北市新生南路三段88號5樓之6
電　　　話／(02)2366-0309　2366-0313
傳　　　真／(02)2366-0310
網　　　址／http://www.ycrc.com.tw
　E-mail　／service@ycrc.com.tw
郵撥帳號／19735365 葉忠賢
法律顧問／北辰著作權事務所　蕭雄淋律師
印　　　刷／大象彩色印刷製版股份有限公司
ＩＳＢＮ／957-818-780-7
ＧＰＮ／1009500492
初版一刷／2006年3月
定　　　價／新台幣450元

國家圖書館出版品預行編目資料

寺廟與臺灣開發史 / 卓克華著. -- 初版. --
臺北市 : 揚智文化, 2006[民95]
面 ; 公分. -- (揚智叢刊 ; 44)
參考書目:面
ISBN 957-818-780-7(平裝)

1. 寺廟 - 臺灣 2. 民間信仰 - 中國

272   95003354